普通高等教育规划教材

会　计　学

第 4 版

陈金龙　主编

机 械 工 业 出 版 社

本书针对非会计学专业的教学目的和特点，通过大量的图表，试图让学生了解会计信息的产生过程及其产生过程中所采用的各种确认、计量及报告方法。在内容的安排上，根据理解财务报表的需要，全书大体按会计目标、财务报表项目、会计账户设置、会计处理、报表填制等顺序进行，与会计实务的账务处理顺序不同。

本书是为非会计学专业的经济管理类专业学生编写的。全书内容丰富，体系合理，既可作为高等院校教材，也可作为自学用书。为了便于学生学习，本书许多章后都附有进一步学习指南。此外，为了便于学生理解和掌握本书内容，还编写了与之配套的《会计学学习指导与考试指南》。

图书在版编目（CIP）数据

会计学/陈金龙主编．—4 版．—北京：机械工业出版社，2017. 7（2018.6重印）
普通高等教育规划教材
ISBN 978-7-111-57106-3

Ⅰ. ①会… Ⅱ. ①陈… Ⅲ. ①会计学—高等学校—教材 Ⅳ. ①F230

中国版本图书馆 CIP 数据核字（2017）第 138307 号

机械工业出版社（北京市百万庄大街 22 号 邮政编码 100037）
策划编辑：曹俊玲 责任编辑：曹俊玲 马碧娟
封面设计：张 静 责任校对：佟瑞鑫 刘秀芝
责任印制：李 昂
河北鑫兆源印刷有限公司印刷
2018 年 6 月第 4 版第 2 次印刷
184mm × 260mm · 21. 25 印张 · 521 千字
标准书号：ISBN 978-7-111- 57106-3
定价：46.00 元

凡购本书，如有缺页、倒页、脱页，由本社发行部调换

电话服务 网络服务
服务咨询热线：010-88379833 机 工 官 网：www. cmpbook. com
读者购书热线：010-88379649 机 工 官 博：weibo. com/cmp1952
教育服务网：www. cmpedu. com

金 书 网：www. golden-book. com

前　言

会计学是一门实践学科，也是一门政策性很强的学科。随着经济环境的变化，会计学的教学内容和教学方法也应相应进行改革，以适应日益发展的经济社会对会计的要求。目前，对会计学教学内容和教学方法改革的影响因素主要有以下三个方面：

第一，随着我国经济向更高层次发展，各种业务创新层出不穷，为适应这种经济发展形势，会计学的教学内容也不断膨胀。现在，会计规范中除了《企业会计制度》《金融企业会计制度》《小企业会计制度》外，还有陆续颁布的企业会计准则。2006 年，财政部修订和颁布了《企业会计准则——基本准则》和 38 项具体会计准则，为保持我国会计准则与国际财务报告准则的持续趋同，财政部在 2012 年发布了一系列准则征求意见稿后，于 2014 年正式修订了 5 项、新增了 3 项企业会计准则，发布了 1 项准则解释，并修改了《企业会计准则——基本准则》中关于公允价值计量的表述，《小企业会计准则》也已实施。目前，会计学教学内容与以往相比，无论是深度还是广度，都有很大的拓展和提高。

第二，大学教学改革强调知识的广和博，对每一门课程的教学课时都进行了压缩。目前，大多数学校非会计学专业的经济管理类专业本科阶段，会计学课程一般不超过 54 课时，而且以后也没有后续课程。要在一个学期的教学中使学生了解会计学的基本理论、基本方法和基本技能，掌握阅读和理解财务报表所需的基本知识，对教学内容的合理安排是个非常重要的问题。即使是会计学专业的本科生，按照传统的教学安排，要在中级财务会计中系统讲授目前财务会计的内容也非易事，因此，对会计学专业的本科生，也需要合理安排各门课程的教学内容，将原来属于中级财务会计的部分内容转到初级财务会计中。

第三，会计电算化的发展，使得一些原本针对手工记账的会计基本规范大大简化，会计学教学可以从中腾出时间，将教学重点转移到会计理论与会计政策上，以增强学生理解会计信息的能力。

针对上述环境的变化，会计学的教学改革应根据教学目标进行。对非会计学专业的经济管理类专业学生而言，其学习会计学的目的是理解和应用会计信息，而不是从事会计信息的产生和加工工作。会计学教学的重点应放在对会计基本理论与会计政策的理解上，对于加工会计信息所需的基本技能可以适当简化。

本书针对非会计学专业的教学目的和特点，通过大量的图表，试图让学生了解会计信息的产生过程及其产生过程中所采用的各种确认、计量及报告方法。在内容的安排上，根据理解财务报表的需要，全书大体按会计目标、财务报表项目、会计账户设置、会计处理、报表填制等顺序进行，与会计实务的账务处理顺序不同。全书分为三大部分。第一部分为会计核算基本方法，共四章，第一章主要叙述会计的产生和发展历史、会计目标与会计信息使用者、会计信息的内容与形式等；第二章主要介绍会计核算的基本方法——复式借贷记账法；第三章介绍会计假设，并重点介绍其中的会计分期，以及由此形成的两种会计确认基础；第四章简单叙述从会计凭证、账簿到财务报表的会计循环。第二部分为企业会计核算实务，共十章，主要介绍资产负债表和利润表各项目的确认、计量、记录和报告，是学生掌握和理解企业财务报告所需的基本知识。第三部分是财务报表的编制与分析，共两章，主要介绍资产负债表、利润表和现金流量表的格式和编制方法，以及财务报表分析的基本方法，是提高会计信息应用能力所需的基本知识。

本书内容丰富，体系合理，既可作为高等院校非会计学专业的经济管理类专业教材，也可作为自学用书。为了便于学生自学，本书许多章后都附有进一步学习指南。此外，为了便于学生理解和掌握本书内容，我们还编写了与之配套的《会计学学习指导与考试指南》。

本书由华侨大学陈金龙主编，负责全书的提纲拟定及全书定稿前的修改、补充和总纂。参与本书第 3 版编写的有曾繁英、衣长军、阴长霖、林永明、柯明斯、王海英等。本次修订主要由詹荣花协助完成。

本书根据财政部2006 年颁布的《企业会计准则——基本准则》和38 项具体准则及其应用指南编写而成。在财政部颁布的准则中，有 1 项基本准则和 16 项具体准则是修订的，还有 20 多项具体准则是新颁布的。财政部于 2014 年正式修订了 38 项中的 5 项、新增了 3 项企业会计准则，发布了 1 项准则解释，并修改了《企业会计准则——基本准则》。2016 年 5 月 1 日起，我国全面实施“营改增”政策，部分会计核算分录发生变化，本书由此做出修订。

由于编写时间仓促，加上水平有限，本书在内容安排和表述上可能存在不当，甚至有错误之处，恳请读者批评指正。

编 者

目 录

第三部分　财务报表的编制与分析

第一部分　会计核算基本方法

会计是以反映与控制企业和各单位的经济过程为内容，以为用户提供决策有用信息为目标的管理信息系统。其工作过程可以用确认、计量、记录和报告四个环节来描述。后面两个环节属于会计核算基本方法，而前面两个环节属于会计理论与会计政策。随着会计理论研究的不断深入和经济环境的不断变化，会计政策会相应发生变化，但会计核算的基本方法却大体保持稳定。现代会计的基本方法——复式记账法，尽管经历了500多年的历史，至今仍然是现代世界通用的记账方法。本部分分为四章：第一章介绍会计的含义、会计的发展及其职能的演变、会计目标和会计信息使用者、会计信息的内容和形式、会计职业和会计工作规范等内容；第二章介绍现代会计的基本方法——复式借贷记账法；第三章介绍会计假设并重点介绍其中的会计分期，以及由此形成的两种会计确认基础，即应计制和现金制，并介绍在应计制下期末账项调整的基本内容和基本方法；第四章按会计循环顺序介绍编审凭证、设置与登记账簿、结账与编制财务报表等会计基本方法。通过本部分的学习，力求让学生对会计的基本理论与方法有一个基础性的了解，为以后各章的学习打下良好的基础。

第一章

总　论

第一节　会 计 概 述

一、会计的含义

会计是什么？不同背景的人会给出不同的答案。如果你是一名企业记账人员，会计就是记账、算账和报账。如果你是一名企业高级管理人员，你就必须在企业经营过程中制订一系列计划，包括产品销售计划、成本控制计划、利润计划等。因此会计不仅是记账、算账，而且也是企业管理活动的一个重要组成部分。如果你是一位证券投资者，你在进行投资时就需要了解投资项目的盈利能力和发展前景。如果你是一名银行信贷员，你就需要了解贷款对象偿还债务的能力等。这些信息都可以由会计信息来提供。由此可见，会计又是一个信息系统，向企业利益相关者提供企业的财务状况、经营成果和现金流量等会计信息，有利于其做出决策。

我国会计学术界曾经就会计的含义展开大量的研究，逐渐形成了“管理活动论”和“信息系统论”两个主流学派。“管理活动论”认为，会计是人类进行经济管理的一种活动，会计本身就具有经济管理的职能，因此会计应主动地对经济活动进行控制、监督或者管理。“信息系统论”是西方会计理论的观点。该观点认为，会计是旨在为提高企业和各个单位的经济效益，加强经济管理而建立的一个以提供会计信息为主的经济信息系统。尽管两种学派在表达上有一定的差异，侧重点有所不同，但本质上并无矛盾。“信息系统论”侧重于会计目标，按照现代会计理论的基本观点，会计是为用户提供决策有用的信息，侧重于向信息使用者提供何种信息；而“管理活动论”则侧重于会计的内容和过程，在会计信息形成的过程中，要采用适当的手段对企业的经济活动过程进行控制和反映，这种控制和反映，本质上就是一种管理活动。

由此可见，会计既是企业的价值管理活动，又是一个信息系统，是企业利益相关者了解企业重要信息的渠道，也是资本市场上引导投资和配置社会资源的基本信息来源。鉴于此，本书将会计的含义界定为：

会计是以反映与控制企业和各单位的经济过程为内容，以为用户提供决策有用信息为目标的管理信息系统。

二、会计的发展演变

经济越发展，会计越重要。由此可知，会计的发展与经济的发展息息相关。世界会计的发展史实际上就是一部世界经济发展史的写照。

（一）我国会计发展史

宋代、元代之前，我国经济领先于世界，这注定了我国在会计发展史上必然占据一席之地。早在原始社会末期，伴随着私有制的出现，为了便于保护私有财产，在生产过程中便逐步产生了用货币作为主要计量尺度的计量和记录方法，会计便拥有了独立的职能，而不再是生产的附属职能。与之对应，那时就出现了“结绳记事”等原始计算、记录的方法，这就是我国会计的萌芽标志。

1. 古代：中式会计

商代是我国“官厅会计”的创始时期。到了西周时期，我国开始出现以“会计”命名的会计机构。根据“官厅会计”核算的具体内容考察，“会计”最开始的含义是“零星算之为计、总合算之为会”，这就是说，“会计”既有日常的零星核算，又有年终的综合核算，通过日积月累到岁末的核算，达到正确核算政府财政收支的目的。同时，西周王朝也建立了较为严格的会计机构，设立了专管钱粮赋税的官职，而且建立了所谓“以参互考日成，以月要考月成，以岁会考岁成”的“日成”“月要”“岁会”等报告文书，形成了旬报、月报和年报的会计报表雏形，发挥了会计核算与会计监督的重要职能。我国“会计”命名的出现，是我国会计理论发展的一种表现，而完备的会计机构是我国古代会计发展的一个重要标志。

历史到了唐宋之时，我国的会计核算与账簿体系有了长足进步。我国账簿体系的设置，由开始的单一流水账，到后来的“草流”（也称“底账”）、“细流”和“总清”三账，一直使用到明清时期。会计核算方法也从原始社会末期的“盘点结算法”发展成为“三柱结算法”，即根据本期的收入、支出和结余三者之间的关系，通过“入－出＝余”的公式，结算本期财产物资增减变化及其结果。到了唐、宋两代，我国会计核算方法由“三柱结算法”发展到“四柱结算法”，即通过“旧管＋新收－开除＝实在”进行结账，为我国通行的收付记账法奠定了基础。

到了清代，政府会计取得了显著进步，如“四柱结算法”已经成为系统反映清政府经济活动全过程的科学方法，成为中式会计方法的精髓。明末清初，我国商人又进一步设计了“龙门账”，把会计科目划分为“进”（收）、“缴”（付）、“存”（资产）和“该”（负债）四大类，并设总分类账，编制“进缴表”和“存该表”，与现代西方会计的利润表和资产负债表有异曲同工之妙。继“龙门账”后，我国又出现了“四脚账”，对每一笔业务，既登记“来账”，又登记“去账”，反映同一事项的来龙去脉。“龙门账”和“四脚账”是我国复式记账方法的最初形式，为我国后来复式记账法的发展奠定了基础。

2. 近代：“中式簿记”与“西式簿记”并存

辛亥革命以后，我国会计学家积极引进西方会计，使我国会计事业有了较大发展。在20世纪30年代曾发起了改良中式簿记的运动，这对中小型企业曾起过一定的作用。

3. 现代：从制定多种统一的会计制度到企业会计准则的制定与实施

新中国成立以后的计划经济时代，我国由财政部制定多种统一的会计制度。改革开放以后，财政部开始着手制定会计准则，上市公司率先执行会计准则。我国会计准则的发展历程分为以下两个阶段：

第一个阶段是过渡阶段（1992～2006年）：在这个阶段我国制定、修订了16项具体准则和1项基本准则。其特点是，对于16项具体准则没有规定的业务，要执行《企业会计制度》和《金融企业会计制度》中的有关规定。大体发展过程是这样的：1992年11月30日，财政部发布《企业会计准则——基本准则》，1993年7月1日起开始实施；1993~1996年，财政部起草了30余项具体会计准则征求意见稿和草案，但没有全部正式颁布实施；1997年5月~2001年，财政部陆续发布了13项具体会计准则，其中，2001年年初财政部一次发布了8项企业会计准则，有5项准则是对以前准则的修订；2002年和2003年又发布了3项新的会计准则并修订了1项会计准则。

第二个阶段是重新制定（2003~2006年）并全面实施阶段（2007年至今）：1998年10月，财政部会计准则委员会成立，到2003年，会计准则委员会成功地进行了换届改组，加快了准则重新制定的脚步。2006年2月15日，新企业会计准则正式对外公布，它包括1项基本准则和38项具体准则。其中，基本准则以财政部部长令的形式对外发布，具体准则在2006年2月15日以财政部文件的形式对外颁布。新颁布的企业会计准则自2007年1月1日起在上市公司范围内施行，并鼓励其他企业执行。执行38项具体准则的企业不再执行旧准则、《企业会计制度》和《金融企业会计制度》。2014年，财政部正式修订了5项、新增了3项企业会计准则，发布了一项准则解释，并修改了《企业会计准则——基本准则》中关于公允价值计量的表述。至此，保持我国会计准则与国际财务报告准则的持续趋同。

（二）西方会计发展史

会计的英文是“accounting”，其字面含义是对某些事件或行为进行计算、解释或报告。西方会计的发展与资本主义经济关系的产生与发展有着密切联系。

1. 近代会计

现代会计的基础是复式记账法，它的起源可以追溯到12世纪。在15世纪末，复式记账在意大利威尼斯及邻近地区开始广泛使用，而财务报表也首次由意大利佛罗伦萨市的一家银行编制。第一本载有复式簿记的书是意大利数学家帕乔利（Pacioli）于1494年所著的《数学大全》，这本书对复式借贷记账原理做了系统介绍，并介绍了以日记账、分类账和总账三种账簿为基础的会计账簿体系。随后这本书被翻译成不同国家的语言，传播到全世界，复式记账法至今仍然是世界通用的记账方法。这本著作也被称为近代会计发展史上的第一个里程碑。

伴随着资本原始积累的进行，一些企业采取了发行股票的方式筹集资金，但是由于这些企业对外披露的信息有限，外界利益相关者不太了解企业资信等信息，以致有的企业筹集资金后，并没有给这些投资者如公司之前承诺的预期回报，引起了投资者的愤怒。例如震惊世界的英国南海公司事件。由于购买踊跃，南海公司的股票供不应求，公司的股票价格狂飙。从1720年1月的每股128英镑上升到7月的每股1 000英镑以上，6个月涨幅高达700%。然而，南海公司的经营每况愈下，盈利甚微，公司股票的市场价格与上市公司的实际经营前景完全脱节。最终，由于经营业绩不佳，公司股票又重新回到了起点，投资者损失惨重。科学家牛顿在事后不得不感叹：“我能计算出天体的运行轨迹，却难以预料到人们如此疯狂。”1720年6月，为了制止各类“泡沫公司”的膨胀，英国国会通过了《泡沫法案》（The Bubble Act）。自此，许多公司被解散，公众开始清醒过来。《泡沫法案》在1825年被废止。一年之后，股份制银行被允许成立。1844年《股份公司注册和管制法案》生效，该法案第一次将公司作为一个独立的注册范畴，这标志着“英国公司法历史上的一个新时代”。正是在这种历史背景下，英国成为世界上最早创立会计师制度的国家，苏格兰特许会计师协会

（ICAS）早在1854年便在英国苏格兰的爱丁堡市诞生了。它被称为近代会计发展史上的第二个里程碑，标志着会计的重心从对内披露信息转向了对外披露信息，以有利于企业利益相关者做出正确决策，这也形成了现代会计的雏形。

2. 现代会计

随着18世纪至19世纪在英国发源的工业革命的发展，企业进入了大规模机器生产的时代，尤其是在西方社会进入资本主义成熟阶段后，这种大规模的企业对资金的需求大增，使许多企业的所有权形式发生了重大和深远的变革。很多企业的所有权由个人单独持有逐渐转化为集体持有。这种变革导致企业规模迅速扩大，出现了大量股份制企业形式。在这种情况下，现代的商业组织为了适应日益复杂的经营环境，大部分要雇佣职业经理人负责企业的日常管理。随着企业所有权与经营权的分离，传统的会计需要做出修改，以适应新的环境。由于作为投资者的股东和作为经营者的职业经理人对信息的需求是不一样的，为了满足投资者投资决策和保护投资者利益的需要，并同时满足企业日常经营管理的需要，与之相呼应，在20世纪30年代到50年代，会计发展成为两大分支：财务会计和管理会计。这标志着现代会计的诞生。财务会计主要向企业外部决策者提供会计信息。企业外部决策者主要包括所有者、债权人、供应商和政府机构等。此时会计主要发挥信息的社会功能。财务会计向外界披露的载体是财务报告，其核心是财务报表。管理会计主要服务于企业内部决策者，为他们提供决策所需的财务信息。企业内部决策者主要包括高层行政人员、部门经理及企业内部员工。此时会计主要发挥信息的内部管理职能。利用这些信息进行的决策主要有产品成本和价格决策、生产和采购决策、规划预算、资本投资分析和绩效评估控制等。

20世纪50年代到70年代，人类社会经历了信息革命，使社会各个方面取得了长足进步。由于信息技术的突破，商业环境更加复杂，企业之间的竞争更加激烈，资本市场更为成熟，会计信息已经成为人们了解企业的非常重要的手段。与时代发展相适应，为了有效推动资本市场的良性发展，使企业行为更为规范，会计制度、会计准则也随时代而不断修订着。

第二节 会计目标与会计信息使用者

一、会计目标

会计目标也称财务报告（财务报表）目标或财务会计目标，它是指人们通过会计实践预期要达到的境地或标准。国外会计理论界对会计目标的研究已经形成两种不同的观点，即“受托责任观”和“决策有用观”。“受托责任观”认为，财务报告的目标是向企业资源的所有者如实反映资源的受托者（企业管理当局）对受托资源的管理和使用情况，财务报告应主要反映企业历史的客观信息，强调信息的可靠性；而“决策有用观”则认为，财务报告的目标是向会计信息的使用者（主要包括企业现在的和潜在的投资者、债权人及企业管理当局和政府）提供对他们进行决策有用的信息。对决策者有用的信息主要是关于企业现金流动的信息和关于经营业绩及资源变动的信息。一般来说，在资本市场不是十分发达的情况下，“受托责任观”较符合实际，它可以使企业的会计行为与其经济行为目标相一致。在资本市场比较成熟的条件下，“决策有用观”更能体现会计的社会功能。

目前美国、英国等资本市场发达国家在制定会计准则时，均采纳“决策有用观”。国际会计准则委员会（International Accounting Standards Committee）在制定国际会计准则时也采用了“决策有用观”的观点。20 世纪 70 年代，美国注册会计师协会（American Institute of Certified Public Accountants，AICPA）针对财务报表目标进行了专门的研究，将会计目标分为一般目标、特殊目标和特定目标。特鲁布拉德委员会（Trueblood Committee）在 1973 年提出了一份研究报告，其名称为《财务报表的目标》，这项研究报告提出财务报表有 12 个不同层次的目标。其中，一个基本目标是制定经济政策；四个特殊目标是指财务报表必须能够满足企业外界不同报表使用者的要求；两个一般目标是指会计必须能够反映出企业的盈利能力和社会责任的履行情况；还有五个目标是说明各项财务报表必须提供可靠和相关的会计信息。其相互关系如图 1-1 所示。

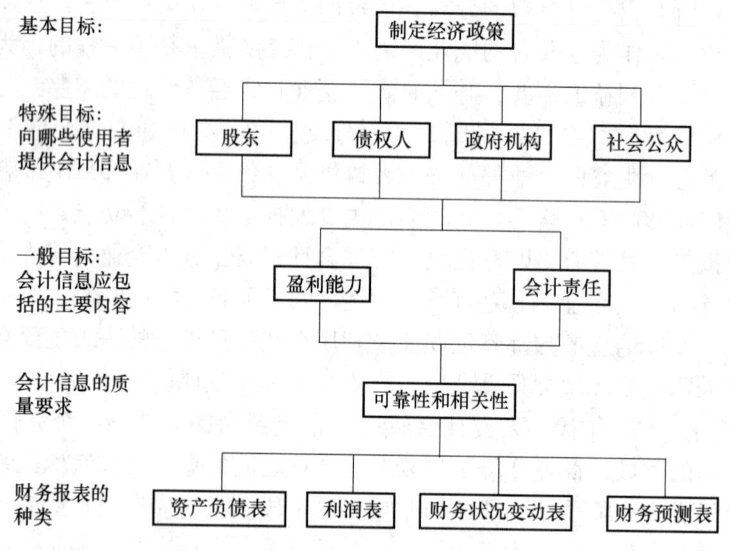

图 1-1 账务报表目标的相互关系

上述会计目标的描述，已被美国财务会计准则委员会（Financial Accounting Standards Board，FASB）所接受，且被纳入一份讨论备忘录《会计和财务报表的概念结构——财务报表的要素及其计量》之中，并考虑以它作为发展会计原则的一个基础概念。总体来说，会计目标或者财务报表目标包括以下三方面内容：①会计信息的用途；②向哪些人提供会计信息；③什么是有用的会计信息。

我国资本市场尚不成熟，虽然无法与发达国家相比，但经过 20 多年的发展，也取得了长足的进步，尤其是 2005 年我国股份制度改革完成，为我国会计准则采用“决策有用观”奠定了基础。2006 年，我国财政部颁布了新的《企业会计准则》，将会计目标界定为：向财务报告使用者提供与企业财务状况、经营成果和现金流量等有关的会计信息，反映企业管理层受托责任履行情况，有助于财务报告使用者做出经济决策。由此可见，我国会计准则界定的会计目标体现了“决策有用观”与“受托责任观”的有效融合，这与我国当前资本市场不断成熟密切相关。

二、会计信息使用者

会计信息的使用者包括所有者、债权人、企业管理者、政府机构和社会公众。企业的规模、组织形式、资金来源渠道不同，其利益关系群体不同，会计信息的使用者也有所不同。

1. 所有者

所有者是企业利益相关者中最为重要的群体。当企业是独资企业或者合伙企业时，其所有者与经营者合二为一，所有者通过参与企业的经营管理了解企业的财务状况和经营成果，会计信息对所有者来说可能并不是很重要。但是，今天公司制企业是占据着社会主导的经济力量，它的一个典型特征就是所有权与经营权分离。通俗地说就是，所有者出钱但不出力，管理者出力但不出钱。企业的日常管理实际上由所有者授权给管理者，这就要求所有者，尤其是外部所有者，在企业公布财务报告时，必须仔细阅读财务报告，做出正确决策，如是否继续聘任管理者、企业投资决策是否正确等。

2. 债权人

债权人是企业重要的利害关系人，也是企业重要的出资者之一。企业成立之初所需资金主要由所有者提供，成立之后所需资金，特别是流动资金，主要通过银行贷款获得。金融机构在进行信贷决策时，需要了解企业的偿债能力。财务报告是金融机构了解企业偿债能力的重要信息来源。在利率市场化条件下，银行通过企业提供的财务报告还可以分析贷款的风险程度，由此决定贷款的利率水平。

3. 企业管理者

企业的管理者包括董事会成员，经理，企业计划、财务、人力资源、供应、市场营销、技术等方面的管理者等，他们也是会计信息的主要使用者。公司的高层管理者需要根据会计信息做出一系列与经营有关的决策，如筹资决策、投资决策、利润分配决策和营运资本管理决策等。随着企业规模的扩大，专业分工越来越细，作为一般管理者往往只能了解自己所在部门的情况，对其他部门以至整个企业的情况往往无法全面了解，此时会计信息可以为企业内部决策提供重要的信息支持。

4. 政府机构

企业的会计资料从微观上讲，可以作为政府课税的基础资料。尽管税务部门在征税时不会完全按照企业提供的财务报表征税，但企业提供的会计资料仍然是征税的基本依据。企业财务报告从宏观上看还可以成为政府宏观决策的依据。基层企业财务报表，通过有关部门的统计和汇总，可以反映国民经济运行的基本状况，可以作为政府检验宏观政策效果和进一步实施某些经济政策的依据。

5. 社会公众

除此之外，企业还有一些其他利益关系群体，这些利益关系群体包括供应商、客户、工会等。供应商通过会计信息了解企业的未来物资需求、企业信用状况，以便做出营销计划调整和信用政策决策；客户通过会计信息了解企业未来各项服务承诺的可实现情况，以便做出购买决策；工会通过会计信息了解企业的盈利情况和未来发展前景，为工资谈判提供信息支持。

会计信息使用者决策的重点和所需信息并不完全相同，甚至存在较大差异。若按不同的需求分别提供财务报告，可能成本较高，且无法满足及时性要求，所以会计部门主要提供对各类使用者都有用的信息，即通用财务报告。这种财务报告主要服务于所有者和债权人等外部信息使用者，当然也可以用于企业内部管理当局。会计部门也根据需要提供产品成本、费用开支等方面的信息，用于内部成本控制、预算控制和定价决策，这种信息一般不对外公开。此外，会计部门有时还会根据管理需要提供一些特殊的会计信息。

第三节　会计信息的内容与形式

美国财务会计准则委员会认为，会计应主要提供有关企业财务状况和经营成果的信息，根据这些信息，所有者和债权人就可以预测企业未来的盈利状况和支付能力。由于采用表格的形式作为会计信息的载体，既可以使会计信息简单明了，同时又便于实现输出信息标准化。因此会计信息主要通过资产负债表、利润表和财务状况变动表三张财务报表来体现。但是许多会计学家认为这些报表并不能使所有者和债权人确切地预计企业未来的现金流量，而未来现金流量是衡量企业未来偿债能力的一个重要依据。例如，美国会计学家希思（L. C. Heath）在 1978 年发表的《财务报表和偿债能力的评价》一文中指出，财务状况所包含的主要内容是企业的偿债能力。一个企业偿债能力的大小取决于企业在未来时期的现金收入是否能够满足现金支出的需要，但此数据并不反映在这些财务报表之中。希思建议用现金流量表替代财务状况变动表。美国财务会计准则委员会接受了希思的观点，在 1984 年所发表的第 5 号财务会计概念公告中指出，在企业财务报表中，应包括现金流转状况的信息。1987 年 11 月，美国财务会计准则委员会发布第 95 号财务会计准则公报《现金流量表》，要求企业从 1988 年 7 月起必须以现金流量表替代财务状况变动表。

我国的会计改革在新中国成立初期采用的是苏联模式。改革开放后，为了适应吸引外资的需要，借鉴西方会计模式颁布了《外商投资企业会计制度》。1993 年对内资企业的会计制度进行全面改革，基本思路也是借鉴西方，特别是美国的会计模式。1993 年的财务报表体系包括资产负债表、损益表和财务状况变动表，1998 年颁布《企业会计准则——现金流量表》后，以现金流量表替代财务状况变动表，至此，我国开始与国际会计准则初步接轨。到 2006 年，随着我国财政部颁布新的企业会计准则，我国才称得上真正与国际会计准则接轨。新准则颁布后，要求上市公司于 2007 年正式对外呈报所有者权益变动表，所有者权益变动表成为与资产负债表、利润表和现金流量表并列披露的第四张财务报表。

正规的财务报表有固定的格式和报表项目，企业不得随意变更。首先我们通过下面这个简单的案例对财务报表有一个基本了解，随后本书将告诉我们编制报表的基本原理与方法。

【例 1-1】　小王是一名来自西部地区的、在东南沿海地区主修会计学专业的大三学生，他发现由于我国东西部经济发展的不均衡，东部地区即将淘汰的一些产品，如旧电器、旧手机等电子产品，西部地区的居民却十分乐意购买。当然，小王得出这个结论是基于他做的 10 000 份问卷调查的统计分析结果。由于小王本人只有 5 000 元现金，而做这些生意起码需要 50 000 元以上资金，于是小王的第一项任务就是筹集资金。由于小王在大学三年学习过程中，在证券公司和银行都实习过，接触过一些客户，于是他做了一份可行性分析报告，与一些客户进行了深入沟通，最终他以年息 10% 借入 1 年期资金 45 000 元。这样，小王的资金问题就解决了，于是开始了第一次经商……

刚开始，小王只有 5 000 元现金，他的财务状况如表 1-1 所示。

表 1-1 小王初始的资产负债表 单位：元

资 产		负债和所有者权益	
现金：	5 000	资本：	5 000

由于小王还没借款，他投入经商的资本就只有 5 000 元，负债为零。又由于资金不足，小王向客户借款 45 000 元，年息 10%，此时小王的资产负债表如表 1-2 所示。

表 1-2 小王借款后的资产负债表 单位：元

资 产		负债和所有者权益	
现金：	50 000	借款：	45 000
		资本：	5 000
资产合计：	50 000	负债和所有者权益合计：	50 000

表 1-2 左边表示小王拥有 50 000 元的现金资产；右边表示这 50 000 元现金资产的资金来源于两个方面：一是小王自有的 5 000 元，二是借入的 45 000 元。

现在小王决定用 50 000 元中的 42 000 元收购旧电器、旧手机等货物，收购后，小王只剩 8 000 元现金，此时小王的财务状况如表 1-3 所示。

表 1-3 小王采购后的资产负债表 单位：元

资 产		负债和所有者权益	
现金：	8 000	借款：	45 000
存货：	42 000	资本：	5 000
资产合计：	50 000	负债和所有者权益合计：	50 000

小王根据西部某地区当地居民的支付能力以及旧货的新旧程度，决定总体将 42 000 元的货物以 66 000 元的价格售出。由于小王的市场判断能力正确，这些货物很快售完。由于小王决定长期到这一地区做生意，所以允许其中一个顾客以赊销方式购置一部售价为 500 元的手机。此时小王有 73 500 元现金和 500 元应收账款，其财务状况如表 1-4 所示。

表 1-4 小王销售产品后的资产负债表 单位：元

资 产		负债和所有者权益	
现金：	73 500	借款：	45 000
应收账款：	500	资本：	5 000
存货：	0	利润：	24 000
资产合计：	74 000	负债和所有者权益合计：	74 000

表 1-4 右边多了一项利润，该项目是小王经商所得，也是小王由于这次经商增加的自有资金的一部分。通过表 1-4 可以看出小王的资金来源，总资金 74 000 元中，有 5 000 元是开始投入的，45 000 元是借来的，24 000 元是经营所得。表 1-4 左边说明的是小王的资产结构，目前拥有资产 74 000 元，其中，现金 73 500 元，顾客欠款 500 元。资产中顾客欠款记在应收账款项目，该款项能否如期收回，有一定风险。本例中小王的确发生了这种风险，该欠款顾客到期无法偿还，这样小王就出现了 500 元的坏账，此时小王应从利润中扣除 500 元，此次经商利润还剩下 23 500 元。此时小王的资产负债表如表 1-5 所示。

表 1-5　小王出现坏账后的资产负债表　　单位：元

资　　产		负债和所有者权益	
现金：	73 500	借款：	45 000
应收账款：	0	资本：	5 000
存货：	0	利润：	23 500
资产合计：	73 500	负债和所有者权益合计：	73 500

虽然销售得特别好，借款也尚未到支付期，小王还是决定将借款 45 000 元归还，同时支付利息 4 500 元。此举的目的在于，第一次合作就提前偿还而且支付的利息并未减少，这样可以增进合作的机会，为下一次融资提供更好的机会。归还借款后，剩下现金 24 000 元（73 500 – 45 000 – 4 500），其中利息的支付使小王的经营利润又少了 4 500 元，只剩下 19 000 元，结果如表 1-6 所示。

表 1-6　小王偿还借款本息后的资产负债表　　单位：元

资　　产		负债和所有者权益	
现金：	24 000	借款：	0
		资本：	5 000
		利润：	19 000
资产合计：	24 000	负债和所有者权益合计：	24 000

现在小王决定拿出所赚利润中的 1 000 元用于消费，如请同学吃饭，其余的资金用于明年做生意的本金，并且他决定将剩下的 23 000 元中的 21 000 元存入银行，此时小王的资产负债表如表 1-7 所示。

表 1-7　小王利润分配后的资产负债表　　单位：元

资　　产		负债和所有者权益	
现金：	2 000	借款：	0
银行存款：	21 000	资本：	5 000
		利润：	18 000
资产合计：	23 000	负债和所有者权益合计：	23 000

以上只是通过小王的资产变化来了解其经营状况，还可以专门用一张表来描述小王的整个经营情况，这就是利润表，如表 1-8 所示。

表 1-8　小王的利润表　　单位：元

项目	金额
主营业务收入：	66 000
主营业务成本：	42 000
主营业务利润：	24 000
管理费用——坏账：	500
财务费用——利息：	4 500
营业利润：	19 000

主营业务收入表示小王经营主要产品取得的收入，主营业务成本表示这些销售出去的产

品的采购成本，主营业务利润表示销售这些产品的毛利，因欠款产生的坏账作为一项管理费用，支付的利息在会计上一般作为财务费用，最后得到的经营利润是经营收入减去经营成本费用后的余额。

实际工作中，企业的财务报表项目要复杂得多，如资产项目很多，负债项目也很多。下面分别介绍现实生活中的资产负债表、利润表和现金流量表。

一、企业财务状况信息及其报告

企业会计信息的一个重要内容就是财务状况信息。所谓财务状况，是指某一特定日期企业拥有的资源及其分布，企业资金的来源及其构成方面的情况。反映企业财务状况的报表称为资产负债表。企业财务报表，不管是资产负债表还是利润表与现金流量表，一般都要列出两个会计期间的数据，以便进行比较，这种报表有时也称为比较财务报表。

【例 1-2】 表 1-9 是惠强公司 2016 年 12 月 31 日的资产负债表。

表 1-9 资产负债表

编制单位：惠强公司　　　　2016 年 12 月 31 日　　　　单位：元

资　产	年 初 数	年 末 数	负债和所有者权益	年 初 数	年 末 数
流动资产：			流动负债：		
货币资金	153 000	209 000	短期借款	250 000	300 000
应收账款	255 000	305 000	应付账款	250 450	280 000
存货	390 000	485 000	应付职工薪酬	10 000	12 000
非流动资产：			应交税费	6 000	5 000
固定资产	730 000	630 000	非流动负债：		
无形资产	0	45 000	长期借款		45 000
			负债合计	516 450	642 000
			所有者权益：		
			实收资本	1 000 000	1 000 000
			未分配利润	11 550	32 000
			所有者权益合计	1 011 550	1 032 000
资产总计	1 528 000	1 674 000	负债和所有者权益合计	1 528 000	1 674 000

由于报表分析是一项十分繁杂的工作，这里仅以本年度数据为基础，做简单粗略的分析。我们可以了解到惠强公司如下信息：

（1）惠强公司拥有的资产价值为 1 674 000 元，这些资产中，以货币形式存在的有 209 000 元，客户欠款 305 000 元，存货价值 485 000 元，固定资产价值 630 000 元，还有一项无形资产 45 000 元，可能是专利权或其他，具体可以查会计账簿记录。

（2）惠强公司购置这些资产的资金来源有两个渠道：第一，企业的所有者以资本形式投资 1 000 000 元，还有企业以前盈利中累计留下来的没有分配给投资者的利润 32 000 元；第二，企业通过负债筹措资金 642 000 元，这些负债中，长期借款有 45 000 元，可以作为长期资金使用，剩下的 597 000 元属于流动负债，只能作为短期资金使用，其中应付职工薪酬 12 000 元和应交税费 5 000 元，是企业应支付给职工和税务机关的，一般在下月月初偿还，利用价值不大，而短期借款300 000元是企业向银行借入的流动资金贷款，需按借款合同规定的日期偿还，应付账款280 000元是企业采购材料时应付而未付的货款，企业应按采购合同的规定按期偿还。

（3）根据表1-9，还可以对惠强公司的财务状况做进一步分析：①所有者权益占资金来源总额的61.65%（1 032 000/1 674 000），而所有者提供的资金是企业可以长期使用，不需偿还的永久性资金。由此可见，惠强公司有较强的长期偿债能力，债权人的风险较低。②企业的长期资本包括所有者提供的资金和长期借款获得的资金，合计数为1 077 000元，与长期资产（固定资产和无形资产）合计数675 000元相比，处于比较理想的状态。③负债中的短期借款、应付账款、应付职工薪酬和应交税费合计597 000元，需要在短期内偿还，而企业可以用于偿债的货币资金和应收账款只有514 000元，存在一定的资金缺口，如果应收账款不能及时收回且产品销售不理想，则企业有可能出现短期的债务危机，财务人员应加强资金的预算管理。

二、企业经营成果信息及其报告

企业的经营成果可以用利润和与利润相关的指标来反映。利润指标可以通过编制利润表来报告。

利润表由收入、费用和利润三大部分组成，通过利润表，会计信息使用者不仅可以了解企业利润的实现情况，还可以了解企业利润的形成构成、利润的主要来源等，最终对企业的未来持续盈利能力做出判断。

【例1-3】 表1-10是惠强公司2016年度的利润表。

表1-10 利润表

编制单位：惠强公司　　2016年　　单位：元

项　目	本期金额	上期金额
一、营业收入	1 020 000	915 000
减：营业成本	760 000	685 000
财务费用	25 000	20 000
管理费用	100 000	90 000
二、营业利润	135 000	120 000
加：营业外收入	0	0
减：营业外支出	0	0
三、利润总额	135 000	120 000
减：所得税费用	33 750	30 000
四、净利润	101 250	90 000
五、每股收益：		
（一）基本每股收益	—	—
（二）稀释每股收益	—	—

与资产负债表不同，利润表反映的是整个会计期间的经营成果，利润是通过该会计期间的收入扣除该会计期间的费用得到的。由表 1-10 可知，企业本年度收入构成中营业收入占 100%，说明企业营业收入在总收入中占据绝对主导地位；企业营业成本和费用合计为营业收入的 86.76%，说明企业盈利空间有限，亟待提升企业的盈利能力。当然，也有可能是这个行业本身竞争激烈，利润空间较小的原因所致，而不是企业本身盈利水平不高。

三、企业现金流量信息及其报告

企业的现金流量情况也是会计信息的重要组成部分。利润表虽然可以反映企业的盈利能力，但是企业偿债必须用现金来偿还。企业有利润并不意味着企业有足够的现金，因为构成利润来源的收入，并不一定代表实际收到的现金，如有些利润可能无法收回。为了了解企业是否拥有足够的现金，并由此判断企业未来获取现金的能力和偿还债务的能力，企业还必须提供有关现金流量的信息。反映企业现金流量的报表称为现金流量表。

现金流量表将企业的现金流量主要分为经营活动产生的现金流量、投资活动产生的现金流量和筹资活动产生的现金流量。经营活动产生的现金流量是企业通过自身经营活动创造现金流量能力的反映，可以说明企业在不动用外部筹资的情况下通过经营活动产生的现金流量是否足以偿还负债、支付利润和对外投资。它也是评价获取现金流量能力、偿债能力、支付能力最重要的指标。投资活动产生的现金流量可以反映企业资源的扩张情况，以及投资的未来盈利能力。筹资活动产生的现金流量主要为经营活动和投资活动服务，使企业经营活动和投资活动能够运转通畅。

【例 1-4】 表 1-11 是惠强公司 2016 年度的现金流量表。

表 1-11 现金流量表

编制单位：惠强公司　　2016 年　　单位：元

项　目	本期金额	上期金额
一、经营活动产生的现金流量		
销售商品、提供劳务收到的现金	950 000	855 000
收到的税费返还	20 000	10 000
经营活动现金流入小计	970 000	865 000
购买商品、接受劳务支付的现金	660 000	600 000
支付给职工以及为职工支付的现金	110 000	100 000
支付的各项税费	50 000	40 000
支付其他与经营活动有关的现金	49 000	45 000
经营活动现金流出小计	869 000	785 000
经营活动产生的现金流量净额	101 000	80 000
二、投资活动产生的现金流量		
购建固定资产、无形资产和其他长期资产支付的现金	45 000	41 000
投资活动产生的现金流量净额	-45 000	-41 000

（续）

项　目	本期金额	上期金额
三、筹资活动产生的现金流量		
取得借款收到的现金	105 800	98 450
分配股利、利润或偿付利息支付的现金	80 800	78 450
支付其他与筹资活动有关的现金	25 000	20 000
筹资活动产生的现金流量净额	0	0
四、现金及现金等价物净增加额	56 000	39 000

由表1-11可以看出，企业本年度的现金来源主要是经营活动产生的，经营活动收支相抵，为企业增加了101 000元的现金，而投资活动本年度没有现金收入，只有购买无形资产支出一项，金额为45 000元；筹资活动虽然通过借款增加了105 800元的现金收入，但分配股利80 800元和支付其他与筹资活动有关的现金25 000元后，收支刚好相抵，没有为企业增加现金净收入。现金流量表的现金净额56 000元，刚好就是资产负债表中货币资金的年末数与年初数差额。

第四节　会 计 职 业

目前会计职业主要包括以下三大类：①企业会计；②非营利组织会计；③公共会计（注册会计师职业）。

一、企业会计

企业会计是为诸如工厂、商店、宾馆等营利性单位服务的会计。根据其工作重点不同，企业会计还分为财务会计、管理会计、内部审计等几种。

1. 财务会计

财务会计是以企业会计准则为主要根据，对企业已经发生的交易或事项，通过确认、计量、记录和报告等主要会计程序进行加工处理，并借助以财务报表为主的财务报告形式，向企业有关利害关系群体提供以财务信息为主的经济信息，并分析财务报告、评价企业偿债能力和获利能力等。财务信息的主要使用者是企业的所有者（股东）、债权人、企业管理层、政府机构等。财务会计主要采用的会计方法包括设置会计科目、复式记账、填制凭证、登记账簿、成本计算、财产清查、编制报表等技术和方法。在会计电算化条件下，登记账簿、结账和编制财务报表等程序性工作可以由计算机自动完成，会计人员的主要工作是确认、计量经济业务，并通过填制凭证加以反映，同时将工作重点放在规划资金收支、筹措和安排使用资金，为提高经济效益寻找对策等方面。财务会计的一个重要组成部分是税务会计。税务会计的主要任务是计算企业应纳税额、合理进行税收筹划、降低企业税负等。

我国的会计职业采用持证上岗制度。要成为一名会计人员，首先要取得财政部门颁发的会计证，然后通过会计专业技术资格考试逐步向初级会计人员、中级会计人员和高级会计人员发展。大学毕业且经过一定年限的工作经历的会计人员，可以直接报考中级会计人员资

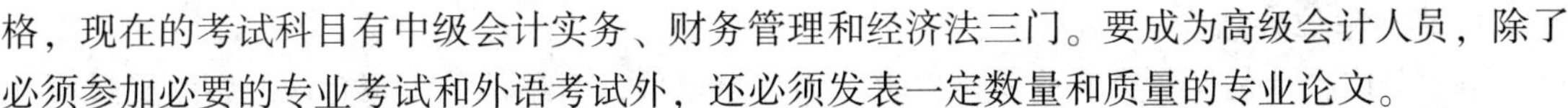

格，现在的考试科目有中级会计实务、财务管理和经济法三门。要成为高级会计人员，除了必须参加必要的专业考试和外语考试外，还必须发表一定数量和质量的专业论文。

2. 管理会计

管理会计是从传统的财务会计中分离出来，与财务会计并列，着重为企业进行最优决策、改善管理、提高经济效益服务的一个企业会计分支。管理会计主要包括“规划与决策会计”和“控制与业绩评价会计”两大部分。

“规划与决策会计”是为企业规划未来的生产经营活动和确定是否从事某项活动或在几个方案中选择最优方案的过程服务的。它首先是利用财务会计信息，对利润、成本、销售及资金等进行科学分析，在此基础上，将确定的目标任务以数量形式加以汇总、协调，编制企业的全面预算，再按预算的要求加以分解，明确各个部门的责任。“规划与决策会计”的工作主要包括经营预测、短期经营决策、固定资产投资决策和全面预算等。

控制与业绩评价是指企业分析过去、控制现在以及通过预算与实际执行情况的对比来确定部门的经济责任。它首先是利用标准成本制度对日常发生的经济活动进行追踪、收集和计算，确定产品的标准成本和各个部门的费用标准；然后根据责任会计的要求将实际发生数与预算数进行对比和分析，编制日常业绩报告，以评价和考核各个部门的业绩和成果，同时将经营过程中发现的重要问题反馈给有关部门，以便及时调整经济活动，改进管理工作。

目前西方一些发达国家有专门从事管理会计的管理会计师，管理会计也有向规范化、准则化发展的趋势。但在我国，中小企业的管理会计与财务会计尚未分离，财务会计人员既要从事对外财务报表的编制工作，也要从事企业内部成本管理、财务决策工作。不过，在大型企业，其管理会计与财务会计已有效分离，各自独立核算。

3. 内部审计

内部审计是指企业内部专设机构和人员对企业内部经济活动进行审核和检查工作。内部审计的重点在于评价企业内部控制制度的科学性、有效性和经济性，评价各部门的管理责任及其履行情况。其目的在于查错防弊、改进管理，提高企业的经营管理能力和资源利用效率。内部审计报告仅为内部使用，不对外公开。

二、非营利组织会计

非营利组织会计是服务于诸如政府机关、学校等非营利组织的会计。在我国，非营利组织会计也称为预算会计，具体包括财政总预算会计、行政单位会计和事业单位会计三类。

1. 财政总预算会计

财政总预算会计是指各级政府财政部门监督政府预算执行和各项财政性资金活动的专业会计。财政总预算会计的主要职责是进行会计核算，反映预算的执行情况，实行会计监督，参与预算管理，合理调度资金。我国财政总预算会计的管理体系共分为五级，一级政府要建立起一级总预算，每一级政府的总预算都在财政部门设立财政总预算会计。

2. 行政单位会计

行政单位会计是指各级行政机关和实行行政财务管理的其他机关、党政组织，以货币为计量单位，对单位业务活动进行全面、系统、连续的核算和监督的专业会计。行政单位会计核算政策性强，业务范围较窄，核算较为简单，不需要成本核算。

3. 事业单位会计

事业单位会计是指各类事业单位以货币为计量单位，对单位预算资金及经营收支过程和结果进行全面、系统、连续的核算和监督的专业会计。事业单位会计的特点是经费既有行政拨款，也有自己的营业收入；可以进行成本核算，也可以不核算。

三、公共会计

公共会计是向企业、事业和行政单位提供会计、审计和咨询服务的会计职业。公共会计的载体是会计师事务所，从业人员一般要具有注册会计师资格。注册会计师是具有一定的会计专业水平，通过国家或特定组织主办的考试合格，由注册会计师协会发给证书，可以接受当事人委托从事审计、咨询和验资等业务的会计工作者。中国注册会计师全国统一考试制度于 1991 年创立，之前，在我国，考生只需在连续五年内通过中国注册会计师资格考试的五门考试科目，即会计、审计、财务成本管理、经济法和税法，就可以取得注册会计师资格考试全科合格证，再经过会计师事务所两年的工作经验，就可以申请成为职业注册会计师。但是 2009 年 1 月 15 日，中国注册会计师协会发布《注册会计师考试制度改革方案》，改革的主要内容是考试实行“6 + 1”制度，考试分专业阶段和综合阶段，专业阶段考试科目在原有考试科目会计、审计、财务成本管理、经济法、税法基础上增加公司战略与风险管理，共 6 门考试科目，综合阶段考试科目根据《中国注册会计师胜任能力指南》要求进行考核。

第五节　会 计 规 范

为了确保企业之间会计信息的可比性，各单位对外提供的财务报表必须按统一的会计规范进行编制。行业、规模不同，编制财务报表所依据的会计规范也会有所不同。目前我国指导企业会计工作的会计规范主要包括会计法、会计准则、会计制度和上市公司信息披露要求等。

一、会计法

《会计法》全称为《中华人民共和国会计法》。我国于 1985 年首次颁布实施《会计法》，后经两次修订，其主要目的是规范会计行为，保证会计资料真实完整，加强经济管理和财务管理等工作。

《会计法》全文共七章五十二条，除了指出立法目的、规定适用范围、划分会计工作管理权限以及国家统一会计制度外，还分会计核算、会计监督、会计机构和会计人员、法律责任等方面，规定了会计工作应当达到的要求。修订后的《会计法》有以下突出要求：

（1）强调会计信息的真实、完整。

（2）突出单位负责人对会计信息真实性的责任。

（3）确立记账的基本规则，保证会计核算依法进行。

（4）针对公司、企业的特点，增加了“公司、企业会计核算的特别规定”，如不能随意改变资产、负债、所有者权益的确认标准和计量方法；不得虚列或隐瞒收入，推迟或提前确认收入；不得随意调整利润的计算、分配方法，编造虚假利润或隐瞒利润等。

二、会计准则

会计准则是企业会计工作的规范，也是评价会计工作质量的准绳。从世界各国的情况来看，会计准则既可以由民间机构制定，如美国财务会计准则委员会、英国会计准则委员会等都是民间制定会计准则的机构，也可以由国家机构制定，如我国由财政部制定，日本由大藏省制定。

会计准则一般分为两个层次：一是基本会计准则，即那些适用面广，对会计工作具有普遍指导意义的准则，如会计概念、会计假设、会计要素、会计确认和计量的基本原则、会计信息的质量特征等；二是具体会计准则，即确认、计量和报告会计主体的某项具体业务时所应遵循的准则。我国目前已经颁布的企业会计准则包括 1 项基本准则和 41 项具体准则，具体如下：

《企业会计准则——基本准则》
《企业会计准则第 1 号——存货》
《企业会计准则第 2 号——长期股权投资》
《企业会计准则第 3 号——投资性房地产》
《企业会计准则第 4 号——固定资产》
《企业会计准则第 5 号——生物资产》
《企业会计准则第 6 号——无形资产》
《企业会计准则第 7 号——非货币性资产交换》
《企业会计准则第 8 号——资产减值》
《企业会计准则第 9 号——职工薪酬》
《企业会计准则第 10 号——企业年金基金》
《企业会计准则第 11 号——股份支付》
《企业会计准则第 12 号——债务重组》
《企业会计准则第 13 号——或有事项》
《企业会计准则第 14 号——收入》
《企业会计准则第 15 号——建造合同》
《企业会计准则第 16 号——政府补助》
《企业会计准则第 17 号——借款费用》
《企业会计准则第 18 号——所得税》
《企业会计准则第 19 号——外币折算》
《企业会计准则第 20 号——企业合并》
《企业会计准则第 21 号——租赁》
《企业会计准则第 22 号——金融工具确认和计量》
《企业会计准则第 23 号——金融资产转移》
《企业会计准则第 24 号——套期保值》
《企业会计准则第 25 号——原保险合同》
《企业会计准则第 26 号——再保险合同》
《企业会计准则第 27 号——石油天然气开采》
《企业会计准则第 28 号——会计政策、会计估计变更和差错更正》

《企业会计准则第29号——资产负债表日后事项》
《企业会计准则第30号——财务报表列报》
《企业会计准则第31号——现金流量表》
《企业会计准则第32号——中期财务报告》
《企业会计准则第33号——合并财务报表》
《企业会计准则第34号——每股收益》
《企业会计准则第35号——分部报告》
《企业会计准则第36号——关联方披露》
《企业会计准则第37号——金融工具列报》
《企业会计准则第38号——首次执行企业会计准则》
《企业会计准则第39号——公允价值计量》
《企业会计准则第40号——合营安排》
《企业会计准则第41号——在其他主体中权益的披露》

具体准则除了正文外，还包括应用指南，这些准则的内容将在以后各章介绍。

三、会计制度

企业会计制度是企事业单位进行会计工作应遵循的规则、方法和程序的总称。新中国成立以后至1992年11月《企业会计准则——基本准则》颁布之前，我国财政部门主要以颁布统一的会计制度来规范会计处理，并没有成文的会计准则。统一会计制度按照行业和所有制形式加以确定。1992年颁布基本会计准则后，在没有具体准则的情况下，根据基本会计准则制定了14个行业会计制度，1997年5月第一个具体会计准则颁布后，财政部门又陆续颁布了一系列具体会计准则，由此形成了会计制度与会计准则并行的格局。

按照我国企业会计制度改革的基本思路，国家统一的会计制度将打破行业、所有制的界限，并根据企业的性质和规模，将全部企业会计制度分为《企业会计制度》《金融企业会计制度》《小企业会计制度》。2000年12月，财政部颁布了《企业会计制度》，统一了除金融企业和小企业以外的会计核算，同时废除了《股份有限公司会计制度》等多个行业会计制度；2001年11月，财政部又颁布了《金融企业会计制度》，并于2002年1月1日实行；2004年4月，财政部颁布了《小企业会计制度》；2011年10月18日，财政部又公布了《小企业会计准则》，自2013年1月1日起在小企业范围内施行，鼓励小企业提前执行，这样，2004年4月发布的《小企业会计制度》同时废止。

由于我国会计准则日益规范，与国际会计准则趋同，未来应该形成会计准则完全占主导的体系，会计制度逐渐势微。本书各章会计核算的主要依据就是2006年颁布的新企业会计准则及2014年财政部修订的5项、新增的3项企业会计准则和修改的《企业会计准则——基本准则》。

四、上市公司信息披露要求

上市公司的会计核算除了必须满足企业会计准则的规定外，对外信息披露时还应遵循证券管理部门颁布的各项规定。为进一步规范上市公司信息披露的内容与格式，从1993年6月起，中国证券监督管理委员会已经颁布了20多个规范上市公司信息披露的法律文件，如从《公开发行证券的公司信息披露内容与格式准则第 1 号——招股说明书》(2006 年修订)到《公开发行证券的公司信息披露内容与格式准则第 37 号——创业板上市公司发行证券申请文件》等。

思 考 题

1. 如何理解会计的含义?
2. 我国古代会计与西方会计是如何演变的?
3. 如何理解我国的会计目标与西方发达国家的会计目标之间的差异?
4. 会计信息使用者有哪些?他们对会计信息的需求有何差异?
5. 会计信息的主要内容是什么?
6. 会计人员主要可以从事哪些职业?
7. 会计规范体系主要包括哪些内容?

练 习 题

习题一

1. 目的:练习简易资产负债表和利润表的编制。

2. 资料:华明公司 2016 年有关财务资料如下:

(1) 所有者投入资本 40 万元,本年度没有增加投资。

(2) 年初未分配利润 13 万元。

(3) 本年度营业收入 100 万元。

(4) 本年度营业成本 50 万元,工资及福利费用 15 万元,房屋租金 8 万元,管理费用 12 万元。

(5) 本年度设备折旧 5 万元。

(6) 本年度税金及附加为 1 万元。

(7) 年末各项资产余额为:银行存款 26.4 万元,应收账款 10 万元,设备 25 万元(净值),库存商品 35 万元。

(8) 年末负债账面余额为:应付账款 25 万元,应付职工薪酬 8 万元,应交税费尚未计算。

3. 要求:

(1) 计算华明公司 2016 年的利润总额,若所得税税率为 25%,计算其净利润和年末未分配利润。

(2) 编制华明公司 2016 年年末的简易资产负债表。

习题二

1. 目的:掌握资产负债表和利润表项目。

2. 资料:华信公司 2016 年 12 月 31 日有关会计资料如下:

(1) 2016 年,销售收入 600 万元,销售成本 400 万元,销售费用 20 万元,支付股东利润 100 万元。

(2) 2016 年年末,公司拥有的资产包括:库存现金 8 万元,银行存款 332 万元,应收客户欠款 140 万元,房屋 600 万元,设备 800 万元。

(3) 2016 年年末,公司尚欠购货款 180 万元,欠职工工资 20 万元。

(4) 截至 2016 年年末,公司股东投入资金 1 000 万元,留存利润 680 万元。

3. 要求:

(1) 根据上述资料编制华信公司 2016 年度的简易利润表。

(2) 根据上述资料编制华信公司 2016 年 12 月 31 日的简易资产负债表。

第二章 账户与复式记账

第一节 财务报表模拟生成流程

会计信息的表现形式是财务报告，其核心是财务报表，财务报表模拟生成流程如图 2-1 所示。

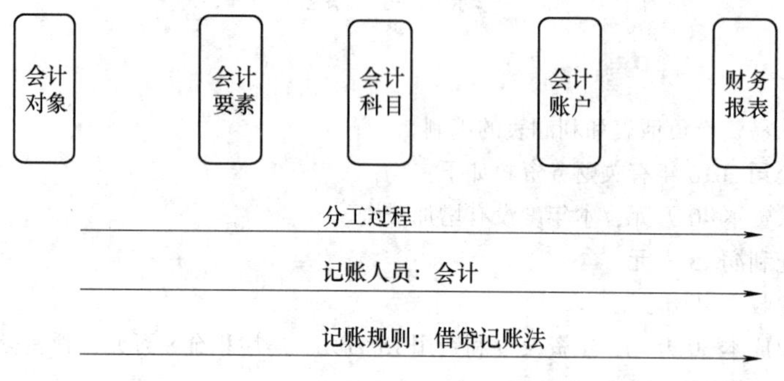

图 2-1 财务报表模拟生成流程

由图 2-1 可知，要编制财务报表，首先需要知道财务报表向外界展示的具体内容——会计对象，即企业的资金运动，它包括两个方面：一是资金运动的静态表现，二是资金运动的动态过程。由于资金运动太笼统，无法有效编制财务报表，这就需要将其具体化，其结果就是会计要素（资产、负债、所有者权益、收入、费用和利润）。即使知道资金运动的初次分类——会计要素，还是不够的，因为它太过笼统，仍然无法有效地编制财务报表。这就需要对会计要素做进一步分类——会计科目，但是这些会计科目犹如算术里乏味的 1、2、3……为了减少乏味，需要让这些科目能表示增加或减少，这就需要根据会计科目设置账户。至此，编制财务报表的分工才算结束。除了分工之外，编制财务报表还需要做账的游戏规则：借贷记账法（会计语言）。此时，会计人员就可以运用设置好的会计科目和账户，运用借贷记账法，记录会计对象的内容，这样财务报表就诞生了。这就是本章的内容，即会计对象、会计要素、会计科目、会计账户和借贷记账法在理论上的一种合乎逻辑的推演。注意，这只是一种合乎逻辑的解释，并非唯一的解释。

第二节 会 计 对 象

会计对象是指会计所要核算和监督的内容。不同类型的企业，其会计对象也有差异。以工业企业为例，其会计对象就是企业在社会再生产过程中的资金运动。

一、资金运动的静态表现

资金运动的静态表现是指一个企业在一定时点上的资产总值和权益总值。通俗来讲，就是资金的运用和资金的来源两种表现形式。资金的来源总体上可以分为向债权人借入和所有者投入。作为一家企业，重要的是如何运用这些资金，如购买原材料和机器设备、建造厂房等。资金运用的结果，就是形成各种各样的资产。资产就是企业资金运用的表现形式。从理论上讲，在静态时点上，资金来源必然与资金运用相等。

二、资金运动的动态表现

资金运动的动态表现是资金的循环与周转。只有让企业筹集的资金不断周转，才有可能创造更多的财富。资金在生产经营过程的各个阶段不断转变形态，从最初投入的本金到最终创造更多财富。

以工业企业为例，资金的周转过程如图 2-2 所示。

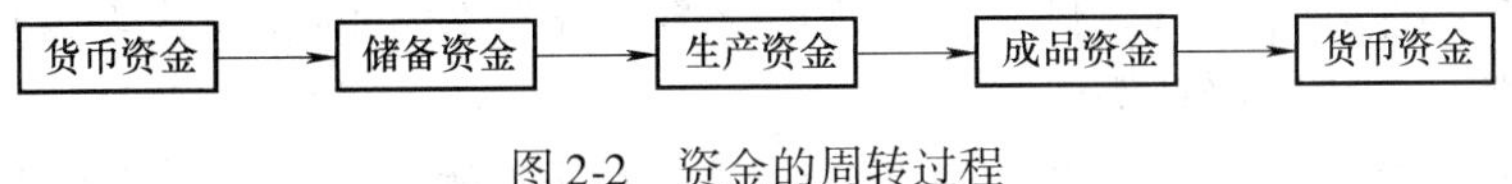

图 2-2　资金的周转过程

由图 2-2 可知，首先，企业需要筹集资金，筹集资金主要有两种途径：借入资金和所有者投入，即货币资金；其次，企业运用这些资金购买原材料、建造厂房等，即储备资金；再次，企业工人利用生产车间，运用机器设备加工原材料、半成品等，即生产资金；继而，当材料加工完毕时转化为另一种形态，即成品资金；最后，企业将产品销售出去，回收资金，即货币资金。当然，如果企业创造价值的话，最终转换的货币资金一定大于企业开始投入的货币资金。资金动态运转的过程，实际上就是企业利润表的形成过程。

第三节　会计要素与会计恒等式

一、会计要素

会计要素是对会计对象的进一步分类，是会计核算对象的具体化，是用于反映会计主体财务状况、确定经营成果的基本单位。《企业会计准则——基本准则》将会计要素分为资产、负债、所有者权益、收入、费用和利润六大类。

1. 资产

资产是指过去的交易、事项形成的，由企业拥有或者控制的，预期会给企业带来经济利益的资源。

从资产的定义可以看出，资产具有三个基本特征：①资产必须是过去的交易或事项所形成的。企业过去的交易或者事项包括购买、生产、建造行为或其他交易或者事项。预期在未来发生的交易或者事项不形成资产。例如，企业通过购买、自行建造等方式形成的某项设备，或因销售而形成的一项应收账款等，都是企业的资产。但企业预计在未来某个时点将要购买的设备，就不能作为企业的资产。②资产是企业拥有或控制的。由企业拥有或控制是指企业享有某项资源的所有权，或者虽然不享有某项资源的所有权，但该资源能被企业所控制。一般情况下，一项资源要作为企业的资产，企业应该拥有该项资源的所有权，可以按照自己的意愿使用或处置它。对于一些特殊方式形成的资产，企业虽然对其不拥有所有权，但能够实际控制它，此时也可以将它确认为企业的资产，如融资租入的固定资产。③资产预期会给企业带来经济利益。预期会给企业带来经济利益是指直接或者间接导致现金和现金等价物流入企业的潜力。这是资产最重要的特征，预期不能带来经济利益的所有资源，均不能确认为企业的资产。

企业全部资产按其流动性分为流动资产和非流动资产。流动资产是指预期在一年或者一个经营周期内可以变现或耗用的资产，包括现金及各种存款、以公允价值计量且其变动计入当期损益的金融资产、应收及预付款项、存货等。非流动资产包括长期股权投资、固定资产、无形资产等。

2. 负债

负债是指由于过去的交易或事项所形成的，预期会导致经济利益流出企业的现时义务。

现时义务是指企业在现行条件下已承担的义务。未来发生的交易或者事项形成的义务，不属于现时义务，不应当确认为负债。

负债按其偿还期限长短可以分为流动负债和非流动负债。流动负债是指将在一年或者一个营业周期内偿还的债务，包括短期借款、应付账款、应付职工薪酬、应交税费等。非流动负债是指偿还期限在一年或者一个营业周期以上的债务，包括长期借款、应付债券、长期应付款等。

3. 所有者权益

所有者权益是指企业资产扣除负债后由所有者享有的剩余权益。其金额等于企业全部资产减去企业全部负债后的余额。

公司的所有者权益又称为股东权益。所有者权益的来源包括所有者投入的资本、直接计入所有者权益的利得和损失、留存收益等。直接计入所有者权益的利得和损失是指不应计入当期损益、会导致所有者权益发生增减变动的，与所有者投入资本或向所有者分配利润无关的利得或者损失。具体来讲，所有者权益包括实收资本（或股本）、资本公积、盈余公积和未分配利润。

企业的全部资金来自两个方面：一是负债；二是所有者的投资及其增值。因此，债权人和所有者对企业的资产都拥有索取权，但债权人一般不参与企业的经营决策、人事决策等，也无权分享企业的盈利，只具有优先索取债权本金和利息的权利，而所有者则拥有参与企业经营决策及盈利分配的权利。对企业来说，所有者投入的资金是一种永久性资金，企业可以长期使用，不需要偿还，也不用支付利息；而债权人投入的资金是一种有既定期限的资金，企业到期必须还本付息。

4. 收入

收入是指企业日常经营活动中所形成的、会导致所有者权益增加的、与投入资本无关的经济利益总流入。

收入只有在经济利益很可能流入，从而导致企业资产增加或者负债减少且经济利益的流入额能够可靠计量时才能予以确认。收入主要包括因销售产品、提供劳务而取得的主营业务

收入和因销售材料、技术转让、出租固定资产等而取得的其他业务收入。

5. 费用

费用是指企业在日常活动中发生的、会导致所有者权益减少的、与向投资者分配利润无关的经济利益总流出。

费用只有在经济利益很可能流出，从而导致企业资产减少或者负债增加且经济利益的流出额能够可靠计量时才能予以确认。费用具体表现为资产的减少或负债的增加；成本是企业为生产产品、提供劳务而发生的各种耗费。费用是按会计期间归集的，如某个月份或年度发生了多少管理费用、销售费用等；成本是按成本计算对象归集的，如某产品的成本是多少、某设备的成本是多少等。

6. 利润

利润是企业在一定会计期间的经营成果。利润包括收入减去费用后的净额、直接计入当期利润的利得和损失等。直接计入当期利润的利得和损失是指应当计入当期损益的、会导致所有者权益发生增减变动的、与所有者投入资本或者向所有者分配利润无关的利得或者损失。此处的利得与损失主要是指营业外收入与营业外支出。

利润通常用来作为企业经营成果的评价指标，从数量上看，它是收入与费用相抵后的差额。企业经营成果与所有者权益具有密切联系。如果企业在经营中获得了利润，则所有者权益将随之增加；如果发生了亏损，则所有者权益将随之减少。利润按照不同的计算步骤，可以分为营业利润、利润总额和净利润。

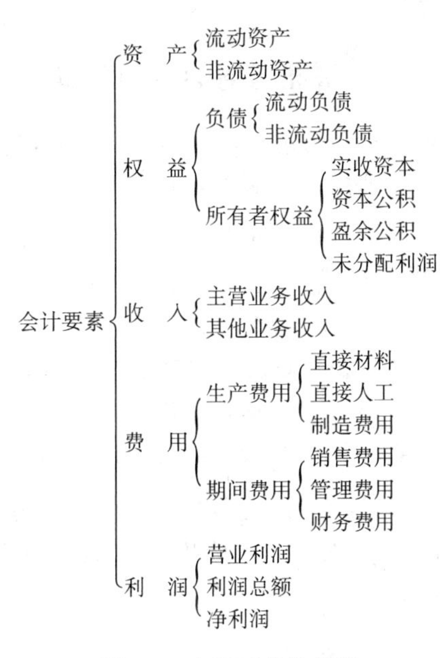

图 2-3　会计要素的分类

上述六个会计要素的分类如图 2-3 所示。

以上六个会计要素可以分为两大类，即反映企业财务状况的会计要素和反映企业经营成果的会计要素。前者包括资产、负债和所有者权益，是资产负债表的构成要素；后者包括收入、费用和利润，是利润表的构成要素。

二、会计恒等式

会计恒等式是指表明会计要素之间的基本关系的恒等式，也称会计平衡公式。会计恒等式有以下两种表现形式：

1. 静态会计恒等式：资产 = 负债 + 所有者权益

该等式称为会计基本恒等式，又称会计静态恒等式。它反映资产负债表中资产、负债、所有者权益三要素之间的内在联系和数量关系，等式右边是企业资金的来源，等式左边是企业资金的运用，从理论上讲，两边应该相等。

2. 动态会计恒等式：资产 = 负债 + 所有者权益 + （收入 - 费用）

企业利润的取得，表明企业资产总额和净资产的增加，由于利润只归属于企业所有者，利润的实现意味着企业所有者权益的增加；反之，若企业发生亏损，就意味着所有者权益的减少。因此，从静态时点上讲，期末应将利润并入所有者权益，若将这一动态过程展示出来，即将收入与费用之差并入所有者权益，则该等式可表示为：

$$资产 = 负债 + (所有者权益 + 利润)$$
$$= 负债 + 所有者权益 + (收入 - 费用)$$

该等式动态地反映了企业财务状况和企业经营成果的内在联系，企业财务状况反映企业一定日期资产、负债、所有者权益存量的状况。企业实现利润，将使企业资产总额增加，或负债总额减少；企业如果发生亏损，则将使企业资产总额减少，负债总额增加。会计期末，利润并入所有者权益项目，会计恒等式又恢复为静态会计恒等式，即"资产 = 负债 + 所有者权益"。

三、经济业务对会计恒等式的影响

企业在经营过程中发生的各种经济活动在会计上称为经济业务，又称会计事项。经济活动的不断进行，经济业务的不断发生，必然会引起会计要素的增减变化。但是，无论企业的经济业务引起会计要素发生怎样的变化，企业的资产总额总是等于它的权益总额，也就是无论怎样，都不会破坏资产等于权益的恒等关系。

经济业务的发生，会引起"资产 = 负债 + 所有者权益"等式中各项会计要素的增减变动，归纳起来，有以下四种情况：

（1）资产、负债和所有者权益双方同时等额增加。

（2）资产、负债和所有者权益双方同时等额减少。

（3）资产内部有增有减，增减的金额相等。

（4）负债和所有者权益内部有增有减，增减的金额相等。

现对上述变化举例说明如下：

【例 2-1】 山丰公司 2016 年 8 月 31 日资产、负债和所有者权益的状况如表 2-1 所示（暂不考虑增值税）。

表 2-1 资产、负债和所有者权益的状况（一） 单位：元

资产	=	负债	+	所有者权益	
库存现金	500	短期借款	8 000	实收资本	35 500
银行存款	10 000	应付账款	2 000		
原材料	5 000				
固定资产	30 000				
合计	45 500	=	10 000	+	35 500

山丰公司 2016 年 9 月发生下列经济业务：

（1）9 月 7 日，从银行提取现金 500 元备用，该业务的发生使公司的资产项目中库存现金增加 500 元，银行存款减少 500 元，一增一减，增减的金额相等，因此并没有破坏会计恒等式。其资产、负债和所有者权益的状况如表 2-2 所示。

表 2-2 资产、负债和所有者权益的状况（二） 单位：元

资产	=	负债	+	所有者权益	
库存现金	500 +500	短期借款	8 000	实收资本	35 500
银行存款	10 000 -500	应付账款	2 000		
原材料	5 000				
固定资产	30 000				
合计	45 500	=	10 000	+	35 500

（2）9 月 14 日，向银行借款 1 000 元，归还前欠外单位货款，该业务的发生使公司的银行借款增加 1 000 元，应付账款减少 1 000 元，负债项目一增一减，增减的金额相等，因此并没有破坏会计恒等式。其资产、负债和所有者权益的状况如表 2-3 所示。

表 2-3 资产、负债和所有者权益的状况（三） 单位：元

资产	=	负债	+	所有者权益	
库存现金	1 000	短期借款	8 000 +1 000	实收资本	35 500
银行存款	9 500	应付账款	2 000 -1 000		
原材料	5 000				
固定资产	30 000				
合计	45 500	=	10 000	+	35 500

（3）9 月 20 日，从外单位购入 3 000 元材料，货款未付。该业务使资产项目的原材料增加 3 000 元，负债项目的应付账款也增加 3 000 元，两边增加金额相等，也不会破坏会计恒等式。其资产、负债和所有者权益的状况如表 2-4 所示。

表 2-4 资产、负债和所有者权益的状况（四） 单位：元

资产	=	负债	+	所有者权益	
库存现金	1 000	短期借款	9 000	实收资本	35 500
银行存款	9 500	应付账款	1 000 +3 000		
原材料	5 000 +3 000				
固定资产	30 000				
合计	48 500	=	13 000	+	35 500

（4）9 月 28 日，公司以银行存款 2 000 元偿还应付账款，该业务使资产项目的银行存款减少 2 000 元，同时负债项目应付账款也减少 2 000 元，双方减少的金额相等，因而会计恒等式的平衡关系不会被破坏。其资产、负债和所有者权益的状况如表 2-5 所示。

表 2-5 资产、负债和所有者权益的状况（五） 单位：元

资产	=	负债	+	所有者权益	
库存现金	1 000	短期借款	9 000	实收资本	35 500
银行存款	9 500 -2 000	应付账款	4 000 -2 000		
原材料	8 000				
固定资产	30 000				
合计	46 500	=	11 000	+	35 500

由以上经济业务交易事项可以看出，任何一项经济业务的发生，无论会引起资产和权益发生怎样的增减变动，都不会破坏会计恒等式的平衡关系。

第四节 会计科目与账户

一、会计科目

会计科目是对企业对象的具体内容进行分类核算的类别。它是根据财务报表的项目及填制报表的需要而进行的对会计要素进一步分类的项目。设置会计科目的目的是为了全面、系统、分类地反映和监督各项经济业务的发生情况，以及由此而引起的各项资产、负债、所有者权益及各项损益的增减变动。

设置会计科目是会计核算的专门方法之一，它是复式记账、编制会计凭证和财务报表的基础，因此任何单位在会计核算之前首先必须根据本单位的实际情况设置会计科目。

企业在设置会计科目时，应主要遵循以下原则：

1. 统一性和灵活性兼顾

设置会计科目，既要符合企业会计准则的统一规定，又要结合企业个体的具体情况和特点，必要时可做适当增减。会计科目分为总分类科目和明细分类科目。一般来说，总分类科目由企业会计准则统一规定，企业可以根据业务规模和性质从中选择，但不能改变；明细分类科目除了个别项目外，可由企业自行设置。

2. 内外兼顾

会计科目的设置，应兼顾对外报告信息和对内加强管理的需要，这样才能提供与决策有关的会计信息。企业对外提供的会计信息必须符合会计准则的规定，因此会计科目应按会计准则的规定设置；同时会计信息也是企业内部决策的重要信息来源，为了满足内部决策的需要，在设置会计科目时，应考虑企业内部加强管理的需求。一般来说，总分类科目的设置是为了对外提供信息，而明细分类科目的设置则是为了内部管理的需要。企业在设置会计科目时，应兼顾内外对信息的需要。

3. 简明实用

设置会计科目应力求科目名称简明扼要，内容确切，通俗易懂。

我国企业会计准则中的会计科目如表 2-6 所示。

表 2-6 会计科目

顺序	编号	会计科目名称	报表项目名称
一、资产类			资产
1	1001	库存现金	货币资金
2	1002	银行存款	
3	1012	其他货币资金	
4	1101	交易性金融资产	以公允价值计量且其变动计入当期损益的金融资产
5	1121	应收票据	应收票据
6	1122	应收账款	应收账款
7	1123	预付账款	预付款项
8	1131	应收股利	应收股利
9	1132	应收利息	应收利息
10	1221	其他应收款	其他应收款
11	1231	坏账准备	应收账款

（续）

顺序	编号	会计科目名称	报表项目名称
12	1321	代理业务资产	存货
13	1401	材料采购	
14	1402	在途物资	
15	1403	原材料	
16	1404	材料成本差异	
17	1405	库存商品	
18	1406	发出商品	
19	1407	商品进销差价	
20	1408	委托加工物资	
21	1411	周转材料	
22	1471	存货跌价准备	
23	1501	持有至到期投资	持有至到期投资
24	1502	持有至到期投资减值准备	
25	1503	可供出售金融资产	可供出售金融资产
26	1511	长期股权投资	长期股权投资
27	1512	长期股权投资减值准备	
28	1521	投资性房地产	投资性房地产
29	1531	长期应收款	长期应收款
30	1532	未实现融资收益	
31	1601	固定资产	固定资产
32	1602	累计折旧	
33	1603	固定资产减值准备	
34	1604	在建工程	在建工程
35	1605	工程物资	工程物资
36	1606	固定资产清理	固定资产清理
37	1611	未担保余值	其他非流动资产
38	1701	无形资产	无形资产
39	1702	累计摊销	
40	1703	无形资产减值准备	
41	1711	商誉	商誉
42	1801	长期待摊费用	长期待摊费用
43	1811	递延所得税资产	递延所得税资产
44	1901	待处理财产损溢	其他非流动资产
二、负债类			负债
45	2001	短期借款	短期借款
46	2101	交易性金融负债	以公允价值计量且其变动计入当期损益的金融负债

顺序	编号	会计科目名称	报表项目名称
47	2201	应付票据	应付票据
48	2202	应付账款	应付账款
49	2203	预收账款	预收款项
50	2211	应付职工薪酬	应付职工薪酬
51	2221	应交税费	应交税费
52	2231	应付利息	应付利息
53	2232	应付股利	应付股利
54	2241	其他应付款	其他应付款
55	2314	代理业务负债	其他流动负债
56	2401	递延收益	递延收益
57	2501	长期借款	长期借款
58	2502	应付债券	应付债券
59	2701	长期应付款	长期应付款
60	2702	未确认融资费用	
61	2711	专项应付款	专项应付款
62	2801	预计负债	预计负债
63	2901	递延所得税负债	递延所得税负债
三、共同类			
64	3101	衍生工具	
65	3201	套期工具	
66	3202	被套期项目	
四、所有者权益类			所有者权益
67	4001	实收资本	实收资本
68	4002	资本公积	资本公积
69	4101	盈余公积	盈余公积
70	4103	本年利润	未分配利润
71	4104	利润分配	未分配利润
72	4201	库存股	库存股
五、成本类			
73	5001	生产成本	存货
74	5101	制造费用	
75	5201	劳务成本	
76	5301	研发支出	开发支出
六、损益类			利润表项目
77	6001	主营业务收入	营业收入
78	6051	其他业务收入	
79	6061	汇兑损益	财务费用
80	6101	公允价值变动损益	公允价值变动收益
81	6111	投资收益	投资收益
82	6301	营业外收入	营业外收入

（续）

顺序	编号	会计科目名称	报表项目名称	顺序	编号	会计科目名称	报表项目名称
83	6401	主营业务成本	营业成本	88	6603	财务费用	财务费用
84	6402	其他业务成本		89	6701	资产减值损失	资产减值损失
85	6403	税金及附加	税金及附加	90	6711	营业外支出	营业外支出
86	6601	销售费用	销售费用	91	6801	所得税费用	所得税费用
87	6602	管理费用	管理费用	92	6901	以前年度损益调整	未分配利润

从表 2-6 可以看出，大多数报表项目与会计科目一致，但有的是几个会计科目对应一个报表项目。

二、账户

1. 账户的含义

账户是根据会计科目开设的，具有一定格式和结构，用来系统、连续地记录各项经济业务的一种手段。每一个会计科目可以设置一个账户，会计科目就是账户的名称。会计科目与账户既有联系又有区别。两者反映的经济内容是一致的，但账户除了名称以外，还具有一定格式、结构，可以反映出会计要素的增减变动及变动结果。在会计实务中，两者一般不加以区别。

2. 账户的基本结构

账户的基本结构就是账户的格式。为了全面、清晰地记录各项经济业务，每个账户既要有明确的经济内容，又要有一定的结构。各项经济业务引起的资金变动，尽管错综复杂，但从数量上看，不外是增加或减少两种情况，因此账户结构相应地分为左方、右方两个部分，一方登记增加额，另一方登记减少额，至于哪一方登记增加，哪一方登记减少，则取决于账户的性质和经济业务本身的内容，增减相抵后的差额，称为账户的余额。账户的格式尽管多种多样，但一般应包括以下内容：①账户的名称；②日期和凭证号码（用来说明账户登记的日期和数据来源）；③摘要；④增加和减少的金额；⑤余额。

在借贷记账法下，账户的左方称为“借方”，右方称为“贷方”。借贷只是一种记账符号，分别反映资产、负债、所有者权益的增减变化。“借”和“贷”已经不再具有其初始的债权和债务的内涵，不能从汉字的字面意思去理解它。借贷记账法下的账户基本结构如表 2-7 所示。

表 2-7 借贷记账法下的账户基本结构

年		凭证		摘要	借方	贷方	借或贷	余额
月	日	字	号					

为教学方便，账户结构通常用简化了的“T”字形账户来表示（见图 2-4 和图 2-5）。

会计科目（账户名称）

借方		贷方	
期初余额	×××		
本期增加数	×××	本期减少数	×××
本期借方发生额	×××	本期贷方发生额	×××
期末借方余额	×××		

图 2-4　资产、成本和费用类账户结构

会计科目（账户名称）

借方		贷方	
		期初余额	×××
本期减少数	×××	本期增加数	×××
本期借方发生额	×××	本期贷方发生额	×××
		期末贷方余额	×××

图 2-5　负债、所有者权益和收入类账户结构

一般条件下，账户都具有单一性质，如库存现金是资产类账户，它的期初余额在借方，本期借方表示增加，贷方表示减少，余额在借方。但是有些账户具有双重性质。如应收账款、应付账款等，应该根据它们的期末余额判定账户性质，如果是借方余额，则是资产类账户；如果是贷方余额，则是负债类账户。

另外，资产、负债和所有者权益类账户期末有余额，收入、费用和利润类账户期末经结转后一般无余额。我们称这些有余额的账户为实账户，无余额的账户为虚账户。当然也有特殊情况，如生产成本账户，它可以有余额也可以没有余额。如果期末没有余额就是成本类账户；如果期末有余额，它实际上就是资产类账户，表示期末尚未完工的在产品。

3. 账户性质的一个理论推演

由资产负债表 T 形账户式的报表格式知，资产负债表是反映企业在某一特定时日的财务状况的财务报表。资产负债表左边是按流动性强弱排列的资产，右边是按偿还期限长短排列的负债和按永久性顺序排列的所有者权益。

由资产负债表 T 形账户式的格式知，它的左边实际是借方，右边为贷方。因此，资产负债表可以理解为期末时点上资产总是在账户的借方，而负债和所有者权益总是在账户的贷方。因此，资产类账户期末余额应该在借方。由于这一时点的资产是下一期期初的资产，所以，资产的期初余额与期末余额应该在同一方向，即都在借方。如果本期要增加资产，它必然与资产的期初余额在同一方向，都在借方，这犹如资产期初余额在 A 房间，如果要增加 A 房间的物品，必然要进入 A 房间一样。因此，资产类账户贷方表示减少。同样，由于负债与所有者权益期末余额都在贷方，从逻辑推理上讲，它们的账户性质应该相同，且与资产类账户性质完全相反，事实上也确实如此。故负债与所有者权益类账户期初与期末余额都在贷方，增加在贷方，减少在借方。

动态会计恒等式为：资产 = 负债 + 所有者权益 +（收入 − 费用），将此等式右边的费用移到左边，该等式就变为：资产 + 费用 = 负债 + 所有者权益 + 收入。至此，可以推理等式两边的账户性质完全相反，且同一边的账户性质相同。由于收入、费用类账户没有期末余额，上述推理只能是等式两边账户的借、贷双方的性质相同，所以，收入类账户的贷方表示增加，借方表示减少；费用类账户则与之相反。

第五节 复式记账

一、复式记账法

记账方法就是根据一定的记账原理、记账符号、记账规则，采用一定的计量单位，利用文字和数字记录经济活动的一种专门方法。记账方法按记账方式不同，可分为单式记账法和复式记账法。单式记账法是一种不完整的记账方法，对于发生的经济业务只在一个账户中进行记录。目前我国企事业单位均采用复式记账法。

复式记账法就是对于每一项经济业务引起的资金运动，都要用相等金额，同时在两个或两个以上相互联系的账户中进行登记的记账方法。在我国会计历史上出现过借贷记账法、增减记账法和收付记账法三种复式记账法。借贷记账法是一种国际通用的复式记账法。《企业会计准则——基本准则》规定，企业会计一律采用借贷记账法。

复式记账法的基本理论依据是“资产 = 负债 + 所有者权益”这一会计基本恒等式。采用复式记账法，可以通过账户的对应关系，全面清晰地反映经济业务的来龙去脉，了解经济业务的具体内容。例如，以现金购买材料，一方面要反映库存现金账户上金额的减少，另一方面又要反映原材料账户上资金的增加，通过账户对应关系，可以知道现金减少的去向和材料增加的资金来源。此外，由于复式记账法的基本理论依据是会计恒等式，每一项业务发生后，都以相等的金额在有关账户中进行登记，因而便于用试算平衡来检查账户记录的正确性。

二、借贷记账法

借贷记账法是指以“借”和“贷”为记账符号，以“有借必有贷，借贷必相等”的记账规则来记录经济业务的一种复式记账法。它是目前世界通用，也是我国法定的一种记账方法。

借贷记账法起源于 13 ~ 14 世纪的意大利，借贷的含义最初是从借贷资本家的角度来解释的，人们习惯于将债权记入“借方”，而将债务记入“贷方”，后来随着商品经济的发展，“借”“贷”逐渐失去其原有的含义，成为纯粹的记账符号。

（一）借贷记账法的账户结构

在借贷记账法下，账户的左方是借方，右方为贷方，哪一方登记增加额，哪一方登记减少额，期初或期末余额登记在哪方，取决于账户的性质及账户所要反映的经济内容。例如，对资产类账户，借方登记资产的增加数，贷方登记资产的减少数，余额在借方；对负债类账户，借方登记减少数，贷方登记增加数，余额在贷方。每一个账户在一定时期（月、年）的借方金额合计称为借方发生额，贷方金额合计称为贷方发生额。运用账户借方发生额和贷方发生额，结合期初余额，就可以计算账户的期末余额。各类账户的具体结构如下：

1. 资产类账户的结构（见图 2-4）

资产类账户是用来记录资产的账户，资产的增加额记入账户的借方，减少额记入账户的

贷方，账户期末若有余额，则一般为借方余额，可用下列公式表示：

借方期末余额 = 借方期初余额 + 借方本期发生额 − 贷方本期发生额

2. 负债类账户的结构（见图 2-5）

负债类账户是用来记录负债的账户，负债的增加额记入账户的贷方，负债的减少额记入账户的借方，账户期末若有余额，则一般为贷方余额，可用下列公式表示：

贷方期末余额 = 贷方期初余额 + 贷方本期发生额 − 借方本期发生额

3. 所有者权益类账户的结构（见图 2-5）

所有者权益类账户的结构与负债类账户的结构相同，即所有者权益的增加额记入账户的贷方，减少额记入账户的借方，账户期末若有余额，则一般为贷方余额。

4. 成本费用类账户的结构（见图 2-4）

成本费用类账户的结构与资产类账户的结构相同，成本费用的增加额记入账户的借方，减少额或结转额记入账户的贷方，期末一般没有余额，如有余额，则为借方余额。

5. 收入类账户的结构（见图 2-5）

收入类账户的结构与负债类账户一样，收入的增加额记入账户的贷方，减少额或结转额记入账户的借方，期末将余额转入利润类账户，期末没有余额。

6. 利润类账户的结构（见图 2-6）

利润类账户借方登记费用的转入金额，贷方登记收入或收益的转入金额，期末通过比较收入和费用即可求得当期的经营成果。当收入大于费用时，利润类账户的余额在贷方，为企业本期实现的利润；当收入小于费用时，利润类账户的余额在借方，为企业本期发生的亏损。其账户结构如图 2-6 所示。

会计科目（账户名称）

借方		贷方	
费用转入额	×××	收入转入额	×××
本期借方发生额	×××	本期贷方发生额	×××
期末借方余额（亏损）	×××	期末贷方余额（利润）	×××

图 2-6 利润类账户结构

需要说明的是，由于利润应归所有者，因此在会计年度结束后，通常将利润类账户的余额转入所有者权益类账户，结转后，利润类账户年末一般无余额。

根据以上分析，各类账户结构比较如表 2-8 所示。

表 2-8 各类账户结构比较

账户类别	账户借方	账户贷方	余额方向
资产类账户	增加	减少	一般在借方
负债、所有者权益类账户	减少	增加	一般在贷方
费用类账户	增加	减少	期末一般无余额
收入类账户	减少	增加	期末一般无余额

（二）借贷记账法的记账规则

在借贷记账法下，根据复式记账原理，对于任何一项经济业务，都应按其内容，一方面记入一个或几个有关账户的借方，另一方面也要记入一个或几个账户的贷方，且记入借方的金额总额应与记入贷方的金额总额相等。这就是借贷记账法的记账规则：“有借必有贷，借贷必相等”。

会计上需要设置的账户很多，发生的经济业务又十分频繁，为了准确地反映账户的对应关系与登记金额，在每项经济业务发生后，记入账户之前，必须编制会计分录。会计分录格式主要用于教学，在会计实务中，会计分录是编制在记账凭证上的。

所谓会计分录，就是对每项经济业务指出应登记账户、记账方向和记账金额的一种记录。即一笔会计分录主要包括三个要素：会计科目、记账符号、记账金额。会计分录又可分为简单会计分录和复合会计分录。简单会计分录是指一项经济业务发生后，只能在相互联系的两个账户中进行登记。这种会计分录，其科目的对应关系一目了然。复合会计分录是指经济业务发生后，需要在三个或三个以上相互联系的账户中进行登记。因此，在借贷记账法下，可以编制“一借一贷”“多借一贷”“一借多贷”“多借多贷”四种会计分录，其中第一种为简单会计分录，后面三种为复合会计分录。不能将多笔业务合在一起编制“多借多贷”会计分录，只能是一笔业务因记账需要而编制“多借多贷”会计分录。

现举例说明会计分录的编制。

【例 2-2】 某公司 2016 年 9 月发生下列经济业务（暂不考虑增值税）：

（1）6 日，从银行存款中提取现金 1 800 元备用。根据借贷记账原理，对这项业务的分析如表 2-9 所示。

表 2-9 经济业务涉及账户分析表 单位：元

受影响账户	账户性质	金额变化	借 方	贷 方
库存现金	资产类	增加	1 800	
银行存款	资产类	减少		1 800

编制会计分录如下：

借：库存现金 1 800

贷：银行存款 1 800

（2）8 日，从银行借款 200 000 元偿还之前欠外单位货款，对这项业务可以做如表 2-10 所示分析。

表 2-10 经济业务涉及账户分析表 单位：元

受影响账户	账户性质	金额变化	借 方	贷 方
应付账款	负债类	减少	200 000	
短期借款	负债类	增加		200 000

编制会计分录如下：

借：应付账款 200 000

贷：短期借款 200 000

（3）15 日，从外单位赊购一批材料，金额为 50 000 元，对这项业务可以做如表 2-11 所示分析。

表 2-11 经济业务涉及账户分析表 单位：元

受影响账户	账户性质	金额变化	借方	贷方
原材料	资产类	增加	50 000	
应付账款	负债类	增加		50 000

编制会计分录如下：

借：原材料 50 000

　　贷：应付账款 50 000

以上例子均为简单会计分录，现举例说明复合会计分录。

【例 2-3】 某公司销售一批产品，价款为 80 000 元，其中已收到 36 000 元货款并存入银行，余下的 44 000 元货款尚未收到。对这项业务可以做如表 2-12 所示分析。

表 2-12 经济业务涉及账户分析表 单位：元

受影响账户	账户性质	金额变化	借方	贷方
银行存款	资产类	增加	36 000	
应收账款	资产类	增加	44 000	
主营业务收入	收入类	增加		80 000

编制会计分录如下：

借：银行存款 36 000

　　应收账款 44 000

　　贷：主营业务收入 80 000

【例 2-4】 某公司分配应支付的职工工资 20 000 元，其中管理人员工资 7 000 元，销售人员工资 3 000 元，生产工人工资 10 000 元。对这项业务可以做如表 2-13 所示分析。

表 2-13 经济业务涉及账户分析表 单位：元

受影响账户	账户性质	金额变化	借方	贷方
生产成本	成本类	增加	10 000	
管理费用	费用类	增加	7 000	
销售费用	费用类	增加	3 000	
应付职工薪酬	负债类	增加		20 000

编制的会计分录如下：

借：生产成本 10 000

　　管理费用 7 000

　　销售费用 3 000

　　贷：应付职工薪酬 20 000

编制会计分录时，会计分录的一般书写格式如下：

(1) 会计分录的书写格式必须正确，借方在前面，贷方在后面。

(2) 贷方比借方退 2 ~3 格书写。

(3) 同一个方向的几个会计科目名称左对齐，金额右对齐。

另外，会计科目名称必须正确，使用的会计科目只能从表 2-6 中选择，不能随意杜撰；会计分录的借方和贷方金额必须相等。

(三) 借贷记账法的运用——以资金周转过程为例

【例 2-5】 假定福建某机械厂采用实际成本法核算，2016 年 10 月共发生以下经济业务（暂不考虑增值税）：

(1) 2 日，向光明厂购入甲材料 4t，10 000 元/t，乙材料 6t，15 000 元/t，以银行存款支付价款。

(2) 5 日，上述向光明厂采购的甲、乙材料已达本厂并验收入库。

(3) 11 日，向新联厂购入乙材料 2t，15 000 元/t，材料和单据同时到达，且材料已验收入库，价款尚未支付。

(4) 13 日，以银行存款归还新联厂货款 30 000 元。

(5) 14 日，以银行存款提取现金 100 000 元，备发工资。

(6) 15 日，以现金发放本月职工工资 111 000 元。

(7) 18 日，以银行存款预付下年度财产保险费 6 800 元。

(8) 20 日，向海达厂出售 A 产品 100 件，每件售价 1 600 元，收到对方签发的转账支票一张。

(9) 30 日，分配本月职工工资 111 000 元，其用途如下：

A 产品生产工人工资 55 500 元；B 产品生产工人工资 33 300 元；车间管理人员工资 11 100 元；厂部管理人员工资 11 100 元。

(10) 30 日，以银行存款支付广告费 8 000 元。

(11) 30 日，汇总本月材料发出情况如下（甲材料 30 000 元，乙材料 37 020 元）：

A 产品生产领用 28 450 元；B 产品生产领用 15 670 元；车间一般耗用 12 900 元；管理部门领用 10 000 元。

(12) 31 日，按本月 A、B 产品的生产工时比例分配结转制造费用（A、B 产品的生产工时数分别为 8 000h 和 4 000h）。

(13) 31 日，本月投产的 A 产品 100 件，已全部完工并验收入库，结转完工产品的生产成本 99 950 元。B 产品尚未完工。

(14) 31 日，结转本月已销 A 产品的生产成本 99 950 元。

请根据以上业务编制会计分录。

(1) 借：在途物资——甲材料　　40 000
　　　　　　　——乙材料　　90 000
　　贷：银行存款　　130 000

(2) 借：原材料——甲材料　　40 000
　　　　　　——乙材料　　90 000
　　贷：在途物资——甲材料　　40 000

——乙材料　　90 000

(3) 借：原材料——乙材料　　30 000
　　贷：应付账款——新联厂　　30 000

(4) 借：应付账款——新联厂　　30 000
　　贷：银行存款　　30 000

(5) 借：库存现金　　100 000
　　贷：银行存款　　100 000

(6) 借：应付职工薪酬——工资　　111 000
　　贷：库存现金　　111 000

(7) 借：预付账款　　6 800
　　贷：银行存款　　6 800

(8) 借：银行存款　　160 000
　　贷：主营业务收入——A 产品　　160 000

(9) 借：生产成本——A 产品　　55 500
　　——B 产品　　33 300
　　制造费用　　11 100
　　管理费用　　11 100
　　贷：应付职工薪酬——工资　　111 000

(10) 借：销售费用　　8 000
　　贷：银行存款　　8 000

(11) 借：生产成本——A 产品　　28 450
　　——B 产品　　15 670
　　制造费用　　12 900
　　管理费用　　10 000
　　贷：原材料——甲材料　　30 000
　　——乙材料　　37 020

(12) 借：生产成本——A 产品　　16 000
　　——B 产品　　8 000
　　贷：制造费用　　24 000

(13) 借：库存商品——A 产品　　99 950
　　贷：生产成本——A 产品　　99 950

(14) 借：主营业务成本——A 产品　　99 950
　　贷：库存商品——A 产品　　99 950

(四) 借贷记账法下的试算平衡

由于借贷记账法在处理每一笔业务时，都必须遵循“有借必有贷，借贷必相等”的记账规则，因此在一定时期内（如一个月、一年），所有账户的借贷方发生额双方合计数必然相等；所有账户的借方期末余额合计数与贷方期末余额合计数也必然相等。即有以下试算平衡公式：

期初借方余额合计＝期初贷方余额合计

本期借方发生额合计＝本期贷方发生额合计

期末借方余额合计＝期末贷方余额合计

利用这种平衡关系，就可以检查各账户记录是否正确，以提高会计核算的质量。

下面举例说明记账与试算平衡的基本步骤。

【例2-6】 承例2-5，福建某机械厂2016年10月1日各总分类账户余额如表2-14所示。

表2-14 福建某机械厂2016年10月1日总分类账户余额 单位：元

资产类账户		负债和所有者权益类账户	
库存现金	25 000	短期借款	40 000
银行存款	200 000	应付账款	185 000
应收账款	255 000	应付职工薪酬	115 000
原材料	120 000	长期借款	150 000
库存商品	250 000	实收资本	300 000
固定资产	350 000	资本公积	410 000
合计	1 200 000	合计	1 200 000

将上述会计分录登记到账簿中，此过程称为过账（以下账簿用“T”形账簿表示，见图2-7～图2-26）。

库存现金

借方		贷方	
期初余额	25 000		
(5)	100 000	(6)	111 000
本期借方发生额	100 000	本期贷方发生额	111 000
期末余额	14 000		

图2-7 “库存现金”账户

应收账款

借方		贷方	
期初余额	255 000		
期末余额	255 000		

图2-8 “应收账款”账户

银行存款

借方		贷方	
期初余额	200 000		
(8)	160 000	(1)	130 000
		(4)	30 000
		(5)	100 000
		(7)	6 800
		(10)	8 000
本期借方发生额	160 000	本期贷方发生额	274 800
期末余额	85 200		

图2-9 “银行存款”账户

在途物资

借方			贷方
期初余额	0		
(1)	130 000	(2)	130 000
本期借方发生额	130 000	本期贷方发生额	130 000
期末余额	0		

图 2-10　“在途物资”账户

库存商品

借方			贷方
期初余额	250 000		
(13)	99 950	(14)	99 950
本期借方发生额	99 950	本期贷方发生额	99 950
期末余额	250 000		

图 2-11　“库存商品”账户

原材料

借方			贷方
期初余额	120 000		
(2)	130 000	(11)	67 020
(3)	30 000		
本期借方发生额	160 000	本期贷方发生额	67 020
期末余额	212 980		

图 2-12　“原材料”账户

预付账款

借方			贷方
期初余额	0		
(7)	6 800		
本期借方发生额	6 800		
期末余额	6 800		

图 2-13　“预付账款”账户

固定资产

借方			贷方
期初余额	350 000		
期末余额	350 000		

图 2-14　“固定资产”账户

短期借款

借方			贷方
		期初余额	40 000
		期末余额	40 000

图 2-15　“短期借款”账户

应付账款

借方		贷方	
		期初余额	185 000
(4)	30 000	(3)	30 000
本期借方发生额	30 000	本期贷方发生额 期末余额	30 000 185 000

图 2-16 "应付账款" 账户

应付职工薪酬

借方		贷方	
		期初余额	115 000
(6)	111 000	(9)	111 000
本期借方发生额	111 000	本期贷方发生额 期末余额	111 000 115 000

图 2-17 "应付职工薪酬" 账户

长期借款

借方		贷方	
		期初余额	150 000
		期末余额	150 000

图 2-18 "长期借款" 账户

实收资本

借方		贷方	
		期初余额	300 000
		期末余额	300 000

图 2-19 "实收资本" 账户

资本公积

借方		贷方	
		期初余额	410 000
		期末余额	410 000

图 2-20 "资本公积" 账户

生产成本

借方		贷方	
期初余额	0		
(9) (11) (12)	88 800 44 120 24 000	(13)	99 950
本期借方发生额 期末余额	156 920 56 970	本期贷方发生额	99 950

图 2-21 "生产成本" 账户

制造费用

借方			贷方
期初余额	0		
(9)	11 100	(12)	24 000
(11)	12 900		
本期借方发生额	24 000	本期贷方发生额	24 000
期末余额	0		

图 2-22　“制造费用”账户

销售费用

借方			贷方
期初余额	0		
(10)	8 000		
本期借方发生额	8 000		
期末余额	8 000		

图 2-23　“销售费用”账户

管理费用

借方			贷方
期初余额	0		
(9)	11 100		
(11)	10 000		
本期借方发生额	21 100		
期末余额	21 100		

图 2-24　“管理费用”账户

主营业务收入

借方			贷方
		期初余额	0
		(8)	160 000
		本期贷方发生额	160 000
		期末余额	160 000

图 2-25　“主营业务收入”账户

主营业务成本

借方			贷方
期初余额	0		
(14)	99 950		
本期借方发生额	99 950		
期末余额	99 950		

图 2-26　“主营业务成本”账户

将上述总分类账中的本期发生额和期末余额填写到表 2-15 中。

表 2-15　福建某机械厂总分类账试算平衡表

2016 年 10 月 31 日　　单位：元

会计科目	期初余额		本期发生额		期末余额	
	借方	贷方	借方	贷方	借方	贷方
库存现金	25 000		100 000	111 000	14 000	
银行存款	200 000		160 000	274 800	85 200	
应收账款	255 000				255 000	
原材料	120 000		160 000	67 020	212 980	
在途物资	0		130 000	130 000	0	
库存商品	250 000		99 950	99 950	250 000	
生产成本	0		156 920	99 950	56 970	
制造费用	0		24 000	24 000	0	
预付账款	0		6 800		6 800	
固定资产	350 000				350 000	
短期借款		40 000				40 000
应付账款		185 000	30 000	30 000		185 000
应付职工薪酬		115 000	111 000	111 000		115 000
长期借款		150 000				150 000
主营业务收入		0		160 000		160 000
主营业务成本	0		99 950		99 950	
销售费用	0		8 000		8 000	
管理费用	0		21 100		21 100	
实收资本		300 000				300 000
资本公积		410 000				410 000
合 计	1 200 000	1 200 000	1 107 720	1 107 720	1 360 000	1 360 000

从表 2-15 可以看出，各账户期初借、贷方余额合计均为 1 200 000 元；本期借方、贷方发生额合计数都是 1 107 720 元；期末借、贷方余额合计均为 1 360 000 元，各自保持平衡。如果不等，就说明账户记录有误，应认真查明更正。当然，平衡并不能保证记账一定正确，如重复记账或者会计科目使用错误，也可以保持会计平衡。

思 考 题

1. 会计对象是什么？它的表现形式有哪几种？
2. 什么是会计要素？它们之间的关系如何？
3. 会计恒等式为何能成立？经济业务的发生是否影响会计恒等式？为什么？
4. 什么是会计科目和账户？两者的关系如何？
5. 什么是复式记账法？什么是借贷记账法？借贷记账法的记账原则是什么？
6. 试算平衡的理论依据是什么？进行试算平衡的方法有哪几种？

练　习　题

习题一

1. 目的：练习会计科目与会计账户的分类。

2. 资料：某企业使用的总分类科目与明细分类科目如下：

(1) 原材料　　(2) 短期借款　　(3) 甲材料
(4) 应收 A 公司货款　　(5) 应付 M 公司货款　　(6) 固定资产
(7) 生产成本　　(8) 房屋与建筑物　　(9) 机器设备
(10) 实收资本　　(11) 预付账款　　(12) 应收账款
(13) 预收账款　　(14) 乙材料　　(15) 应付账款

3. 要求：

(1) 以上账户中哪些是总分类科目？哪些是明细分类科目？

(2) 将以上账户按经济内容分类，并填入表 2-16 中。

表 2-16　账户分类表

资　产　类	负　债　类	所有者权益类	成　本　类

习题二

1. 目的：练习经济业务对会计恒等式的影响。

2. 资料：某公司 2016 年 8 月 31 日的资产、负债和所有者权益账户余额如表 2-17 所示（暂不考虑增值税）。

表 2-17　资产、负债和所有者权益账户余额　　单位：元

资　　产	金　　额	负债和所有者权益	金　　额
库存现金	5 000	短期借款	300 000
银行存款	100 000	应付账款	150 000
应收账款	200 000	应交税费	5 000
预付账款	50 000	长期借款	50 000
材料采购	100 000	长期应付款	50 000
原材料	200 000	实收资本	400 000
库存商品	150 000	资本公积	200 000
固定资产	400 000	盈余公积	50 000
合　　计	1 205 000	合　　计	1 205 000

9 月份该公司发生下列经济业务：

(1) 投资者追加投资 100 000 元，已存入银行。

(2) 向 A 公司购买一批原材料，价值 200 000 元，款未付。

(3) 偿还 1 年期银行借款 100 000 元。

(4) 收到上月销货款 100 000 元，存入银行。

(5) 从银行提取现金 20 000 元，用以支付职工工资。

(6) 支付以前欠款 20 000 元。

(7) 以银行存款购买计算机一台，价值 15 000 元。

(8) 用银行存款偿还前欠 M 公司的购货款 100 000 元。

(9) 公司债权人决定将 30 000 元的长期借款转为实收资本。

(10) 公司股东大会决定用资本公积 50 000 元转增资本。

3. 要求：分析上述经济业务对会计恒等式的影响，并计算上述业务发生后会计等式中各要素的金额，验证其是否平衡。

习题三

1. 目的：练习账户期初余额、本期发生额和期末余额的关系。

2. 资料：某公司 2016 年 12 月有关账户资料如表 2-18 所示。

表 2-18 某公司 2016 年 12 月有关账户资料 单位：元

账 户 名 称	月 初 余 额	本期借方发生额	本期贷方发生额	月 末 余 额
库存现金	50 000	120 000	115 000	
银行存款	300 000		405 000	350 000
应收账款	150 000	250 000		100 000
固定资产	400 000	500 000	255 000	
实收资本	500 000		100 000	600 000
短期借款	300 000	100 000		400 000
预收账款	100 000		200 000	150 000

3. 要求：根据各账户结构关系，填写上述表格中的空格处数据。

习题四

1. 目的：练习借贷记账法。

2. 资料：瑞安公司 2016 年 8 月 31 日各总分类账户余额如表 2-19 所示（暂不考虑增值税）。

表 2-19 瑞安公司 2016 年 8 月 31 日各总分类账户余额 单位：元

资产类账户		负债和所有者权益类账户	
库存现金	8 000	短期借款	400 000
银行存款	150 000	应付账款	58 000
应收账款	150 000	实收资本	600 000
生产成本	100 000		
原材料	40 000		
周转材料	10 000		
库存商品	200 000		
固定资产	400 000		
合 计	1 058 000	合 计	1 058 000

2016 年 9 月，瑞安公司发生以下经济业务：

(1) 购入原材料 50 000 元，已验收入库，款未付。

(2) 用银行存款偿还上月购货款 50 000 元。

(3) 生产产品领用材料 50 000 元。

(4) 生产车间领用包装物 3 000 元。

(5) 收到上月的销货款 100 000 元，存入银行。

(6) 销售商品一批，售价 200 000 元，成本 150 000 元，收到一张面值 180 000 元的支票和现金 20 000 元。

（7）用银行存款购买一台价值为 50 000 元的设备。

（8）本月生产车间完工产品入库一批，成本为 120 000 元。

（9）企业将现金 10 000 元存入银行。

（10）向银行借入期限为 1 年的借款 100 000 元。

3. 要求：

（1）编制上述经济业务的会计分录。

（2）开设“T”形账户，登记各账户的期初余额、本期发生额，并计算期末余额。

（3）编制“总分类账户试算平衡表”。

第三章

会计假设与会计记账基础

第一节　会计假设

一、会计假设概述

很多学科理论体系的建立，往往需要先提出一系列假设条件，会计学科也不例外。会计假设也称会计核算前提，是指对某些未确知的事物，根据客观的正常情况或趋势所做出的合乎事理的判断。这些未确知事物存在的主要原因有：①存在一些无法正面论证的事物，因而只能先确定一种假设。如果对这种假设并无令人信服的反证足以证明它的错误或虚构，那么就可以认为这种假设可以成立。②科学的发展、实践经验的积累尚未达到能够确切认识它的程度，或尚未达到能够用另一种事物来替代它的程度。

目前，在会计理论界，对于会计的假设应该包括哪些内容，尚无统一的见解。比较一致的看法是会计假设应包括会计主体、持续经营、会计分期和货币计量四个方面。

1. 会计主体

会计主体是一个独立核算的经济实体，是会计服务的对象。会计主体假设，明确了会计的具体对象和范围，即只有本单位的经济业务才能作为本单位会计核算的对象和范围。这一假设最初的提出，是为了将核算单位的业务与投资者的业务或和他们有关的往来严格区分开来，以便合理确定核算单位的财务状况和经营成果。这里需要注意的是会计主体与法律主体的关系，一般认为：法律主体通常是会计主体，但会计主体未必是法律主体。例如，某企业的一个生产车间是会计主体，但它不是法律主体，而这个企业既是法律主体，又是会计主体。

2. 持续经营

持续经营假设是指作为会计主体的企业，将会长期地以现时形式和现有目标持续不断地经营下去，因而它将按原定的用途去使用现有资产，同时也将按照现时承诺的条件去清偿它的债务。一句话，会计的出发点，就是企业的经营状况预期不会改变。如果在可预见的将来，不能按照现状维持经营，会计将改变原来的立场，由此产生一系列其他会计门类，如清算会计、通货膨胀会计等。

3. 会计分期

会计分期假设是将企业在时间上持续不断的经济活动，人为地分成一个个相等的时间段，每个时间段称为一个会计期间，然后按照划定的会计期间定期结算账目，编制财务报

表，把会计信息传输给各有关方面。由于企业在某个会计期间，各项资产和权益的变动，不会与现金的收入和付出完全吻合，因此存在会计的两种确认方法：应计制和现金制。

4. 货币计量

会计用什么来计量经济现象、经济事实和经济过程，这是一个关于把会计制度建立在什么基础之上，要求会计传输出怎样的会计信息的问题。迄今为止，世界上绝大多数国家的会计是建立在货币计量这一假设基础上的。通过货币计量，可以将企业的生产经营活动统一表现为货币运动，这样才能全面反映企业的财务状况和经营成果。当然，用货币作为统一的计量手段，必须有一个附带的假设，即货币本身的价值稳定不变，即使有所变动，其幅度也微乎其微。换句话说，假设货币量的变化，和一定量货币所代表实物内容的变化是一致的。

二、会计分期的进一步解读

企业在生产、经营过程中，不断地取得营业收入，不断地发生各种成本、费用。将营业收入和相关的成本、费用配合起来，加以比较，就可以计算和确定生产、经营活动所产生的利润或亏损。收入的取得，成本、费用的发生，必然相应地引起资产、负债、所有者权益的增减变动。

企业这种循环往复地进行着的生产、经营活动，相应地不断形成盈利（或亏损），即产生一定的经营成果，又不断地引起资产、负债、所有者权益的增减变动。会计作为一种管理活动，要使会计信息有用，势必要针对企业这种连续不断的生产、经营活动，定期地总结账簿中的记录，并编出财务报表，于是就提出了会计分期假设的问题。对企业来说，会计分期是为了便于分期结算账目、及时提供会计资料，而在连续不断的生产、经营活动中人为确定的一段起讫期间。它是会计的一项基本假设，即假定企业事实上并不停息的生产、经营过程可以截断，并划分为一定的期间。确定了会计期间，就可以定期地反映企业的经营成果和财务状况，并把不同会计期间的情况进行比较，以便有效地实施管理。会计期间一般为一年，在一个年度之中可再分为月份和季度。

确定会计期间是进行会计工作的一个重要前提条件。企业中收入和费用的确定、成本计算、利润的确定和分配、税金的计征，都与会计期间有直接联系。

确定了会计期间后，紧接着面临的会计问题是如何将日常经营过程中取得的收入和发生的费用归集到各个会计期间。确定收入和费用归属期的会计标准有两个：一是以收入和费用的发生时间为标准；二是以收入和费用款项的实际收支时间为标准。前者称为应计制，后者称为现金制。两种标准下的会计信息各有利弊，可以起到相互补充的作用。在应计制下形成的财务报表主要有资产负债表、利润表等；在现金制下形成的财务报表主要有现金流量表。

以一年作为会计期间来总结企业的生产、经营活动的，称为会计年度。会计年度毕竟期限较长，在一个年度内，为了满足经营管理上的需要，还可以划分为若干较短的经营期间，这种经营期间一般以日历月份或季度为准。因此，企业编制的财务报表就有年报、季报和月报之分。后两者统称中期报表，年报包括全面反映企业财务状况、经营成果、现金流量的各种财务报表。

第二节 会计记账基础

一、收入与费用的配比

确定了会计期间，在会计期末就可以根据账簿记录，总结企业的本期生产、经营活动情况，将本期的营业收入和本期的成本、费用相比较，以计算本期盈亏。营业收入是企业向外销售商品或提供劳务所得到的收入。一般来说，企业提供了商品或劳务，同时可以收到一笔款项；或者取得一项债权。企业的费用是指为获取营业收入而发生的耗费，一般用现款（现金或银行存款）支付；所支付的费用，应当由获得有关收入的会计期间来负担，这样可以使费用（成本）和营业收入在相关的基础上进行比较，并计算企业的盈亏。这种将相关的费用和收入相互配合和比较的计算程序，称为配比。合理地配比会计期间的收入和费用，才能比较正确地计算和反映企业的经营成果。

二、收入和费用的收支期间与归属期间

收入和费用的配比工作面临的问题在于，直接根据账簿中登记的收入和费用来计算本期的盈亏，是否符合实际情况呢？怎样确定本期的收入和费用，才可以使营业收入和费用在相互适应的基础上进行比较，正确地计算出本期的盈亏呢？这就需要研究收入和费用的收支期间及归属期间的问题。

收入和费用的收支期间是指收入收到了现款和费用支付了现款的会计期间。

收入和费用的归属期间则是指应获得收入和应负担费用的会计期间。

收入和费用的收支期间与归属期间的关系有以下三种可能情况：

第一种情况是，本期收到的收入就是本期应获得的收入，本期已支付的费用就是本期应当负担的费用。

第二种情况是，本期收到但本期尚未获得的收入，本期支付但不应当由本期负担的费用。

例如，某企业出租一暂时不用的厂房，2016 年 1 月已经收到该厂房上半年的租金 240 000 元，而 1 月份应该获得的租金实际收入应为 40 000 元，其余部分应在以后 5 个月内才能陆续获得。这部分已经收到但须在以后月份才能获得的收入，在 1 月份来看，就称为预收收入。

又如，某企业在 2016 年 1 月支付全年的保险费 120 000 元，实际上 1 月份应当负担的保险费仅为整笔支出的 1/12，即 10 000 元，其余部分应由以后 11 个月分别负担。这部分已经支付但应由以后月份负担的费用，在 1 月份来看，就称为预付费用。

第三种情况是，本期应获得的但尚未收到的收入，本期应负担但尚未支付的费用。

每个季度的银行存款利息收入一般是在季末结算的。第二季度的利息收入在 6 月月末才能收到。4 月份存款应得的利息收入，该月内虽然未收到，但明显应属于 4 月份的收入。这部分已经获得但尚未收到的利息收入，在 4 月月末就称为应计收入。还有上面出租厂房的例子，如果按合同规定，2016 年上半年的租金在 2016 年 6 月 30 日结算，那么，在 1 月月末，企业虽然尚未收到本月的租金收入，但 1 月份的租金收入已经实现，这种已经实现但尚未实

际收到款项的租金收入，也是应计收入。

又如，本月耗用的水电费，可能要等到下月才予以支付。这部分应当由本期负担但尚未支付的水电费，在本月月末就称为应计费用。

在上述第一种情况下，收入和费用的收支期间与归属期间相一致，因而，可以轻易地确定为本期的收入和本期的费用。至于第二、三种情况下的收入和费用，则有两种方法来确定它们是否为本期的收入和费用：一种为现金制，另一种为应计制。这是确定本期收入和费用的两种不同处理方法。

三、现金制

现金制又称收付实现制或实收实付制。它确定本期收入和费用，以款项的实际收付作为标准。凡属本期收到的收入或支付的费用，不管其是否归属本期，都作为本期的收入和费用；反之，凡本期未曾收到的收入或未曾支付的费用，即使归属本期，也不作为本期的收入和费用处理。由于款项的收付实际上以现金收付为准，所以一般称为现金制。

现金制会计不考虑预收收入、预付费用，以及应计收入和应计费用。会计期末根据账簿记录确定本期的收入和费用，因为实际收到和支付的款项，必然已登记入账。所以，不存在期末对账簿记录进行调整的问题。因此，根据现金制编制的现金流量表，不存在人为调整因素，会计核算简单，可靠程度高，是会计信息使用者评价企业偿债能力的重要依据。但现金制下的收入和费用，没有考虑企业的预收收入、预付费用，以及应计收入和应计费用，所得出的收支结果不能真实反映企业的实际经营成果，不能作为评价企业盈利能力的依据。

四、应计制

应计制又称权责发生制或应收应付制。它确定本期收入和费用，以应收应付作为标准。也就是说，凡属于本期已获得的收入，不管款项是否收到，都作为本期的收入处理；凡属于本期应当负担的费用，不论款项是否支付，都作为本期的费用处理。反之，凡不应归属本期的收入，即使款项已经收到并入账，也不作为本期的收入处理；凡不应归属本期的费用，即使其款项已经支付并入账，也不作为本期的费用处理。由于它不以款项是否收付，而以收入和费用应否归属本期为准，所以称为应计制。

在应计制下归属本期的收入和费用，不仅包括上述第一种和第三种情况的收入和费用，还包括以前会计期间收到而在本期获得的收入，以及在以前会计期间支付而应由本期负担的费用。但它不包括第二种情况下的收入和费用。所以，在会计期末，要确定本期的收入和费用，就要根据账簿记录，按照归属原则进行账项调整。由于期末会计调整涉及一些人为的估计、预计等，因此所提供的会计信息，如资产负债表、利润表，包含一定人为因素，可靠程度不如现金流量表高，但应计制下考虑的收入和费用都以它们的归属期为准，能够比较客观地反映企业在一定会计期间的经营成果，是信息使用者评价企业未来盈利能力的依据。

《企业会计准则——基本准则》规定，企业核算应当以权责发生制为基础。但在会计年度末，为了弥补权责发生制的缺陷，还要根据现金制编制现金流量表。

下面举例说明应计制和现金制及其提供的会计信息含义的差异。

【例 3-1】 2016 年年初，小王从某国有企业下岗后，决定利用掌握的技术开办一家汽车修理店（暂不考虑相关税费）。小王投入资金 100 000 元，具体开支如下：①预付一年店面租金 12 000 元；②购买修理用设备和工具 50 000 元；③购买常用的修理用配件 20 000 元；④剩下 18 000 元作为流动资金备用。以上准备工作结束后，小王决定在 2016 年 9 月 1 日开业。

汽车修理店开张后前两个月发生的收入如下：

（1）第一个月修理汽车共取得收入 15 000 元，其中收到现金 12 000 元，3 000 元暂欠。

（2）第二个月修理汽车共取得收入 20 000 元，收到现金 18 000 元，其中 2 000 元是第一个月修理款收回。

前面两个月发生的现金支出有：

（1）第一个月支付水电费 1 000 元，支付员工工资 2 000 元。本月购买临时需要配件 1 000 元，支付电话费 500 元。

（2）第二个月支付水电费 1 200 元，支付员工工资 2 000 元。购买库存汽车修理配件备件 15 000 元，购买临时需要配件 1 200 元，支付电话费 600 元。

另外，第一个月耗用库存汽车修理配件 8 000 元，第二个月耗用库存汽车修理配件 10 000 元，假设设备工具的使用时间大约为 5 年，下面我们将在现金制和应计制下分别计算第一个月和第二个月的收入和费用（见表 3-1）。

表 3-1 两种确认基础比较表

单位：元

项 目	现 金 制		应 计 制	
	第一个月	第二个月	第一个月	第二个月
收入：				
汽车修理收入	12 000	18 000	15 000	20 000
费用：				
1. 水电费	1 000	1 200	1 000	1 200
2. 员工工资	2 000	2 000	2 000	2 000
3. 电话费	500	600	500	600
4. 配件费	1 000	16 200	9 000	11 200
5. 店面租金	0	0	1 000	1 000
6. 设备和工具损耗	0	0	833. 33	833. 33
小 计	4 500	20 000	14 333. 33	16 833. 33
收支相抵结果	7 500	−2 000	666. 67	3 166. 67

从表 3-1 可知，第一个月现金收支结余 7 500 元，但从应计制角度来看，第一个月收支结余 666. 67 元，两者相差很大。因为在现金制下，主要的费用项目租金、耗用库存配件、设备损耗都没有确认，因此，采用应计制为基础计算的盈亏，能够比较客观地反映企业的盈利情况。第二个月的现金净流出为 2 000 元，反映企业持有的现金净减少 2 000 元。但第二个月的盈利却达到 3 166. 67 元，其主要原因是第二个月购买的汽车配件仍然在仓库，尚未消耗，不构成当月的费用。

第三节　应计制的运用——期末账项调整

一、期末账项调整的必要性

从应计制的观点来看，账簿的日常记录还不能确切地反映本期的收入和费用。有些收入款项虽在本期内已收到和入账，但并不归属本期；而有些收入虽在本期内尚未收到，却应归属本期。有些费用虽在本期内已经支付和入账，但并不归属本期；而有些费用虽发生在本期尚未支付，却应归属本期。所以，在期末结账以前，必须对账簿里的账项进行必要的调整。调整就是按照应予归属这一标准，合理地反映相互连接的各会计期间应确认的收入和应负担的费用，使各期的收入和费用能在相互适应的基础上进行配比，从而比较正确地算出各期的盈亏。

同时还必须指出，期末进行账项调整，虽然主要是为了在利润表中正确地反映本期的经营成果，但是收入和费用的调整必然影响到有关资产、负债、所有者权益项目，发生相应的增减变动。因此，期末账项调整也能够比较客观地反映企业期末的财务状况。

二、期末应予调整的账项

一般企业期末结账时应予调整的项目如图 3-1 所示。

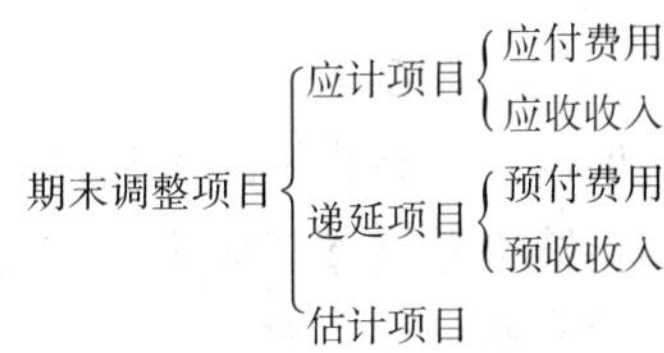

图 3-1　期末结账时调整的项目

（一）应计项目

凡是本会计期间已赚取的收入及已发生的费用，虽因尚未收付现金而未予记录，但在期末应予以调整入账。

1. 应付费用

应付费用又称应计费用，是指本期已发生（耗用）而尚未支付现金的各项费用，如应付职工薪酬、应付租金、应付利息等。应计费用的调整应一方面确认费用，另一方面增加负债。费用类账户于结账时转入“本年利润”账户，以正确确认当期费用，负债类账户则于下期支付时再予冲销。

【例 3-2】 农信公司 2016 年 7 月 1 日向银行借入期限为 1 年的贷款 100 万元，按借款合同规定，利息每季度结算一次，年利率为 6%，则农信公司将在 9 月月末支付利息 15 000 元，但在 7 月、8 月不必支付利息。按应计制的要求，虽然 7 月、8 月没有支付利息，但必须承担因使用该贷款而产生的利息费用。因此在 7 月、8 月月末都须做如下账项调整：

借：财务费用　　5 000

　　贷：应付利息　　5 000

9 月份确认当月利息费用和支付这一季度利息的会计分录为：

借：应付利息　　10 000

　　财务费用　　5 000

贷：银行存款 15 000

2. 应收收入

应收收入又称应计收入，是指本会计期间已实现（赚取）而尚未收现的各项收入，如应收利息、应收租金、应收佣金等。应计收入的调整一方面增加收入，另一方面又增加资产。收入类账户于结账时转入“本年利润”账户，以正确确认当期收入；资产类账户则留转到下期，待现金收取时再予冲销。

【例 3-3】 农信公司于 2016 年 7 月 1 日出租一套商品房，租赁合同约定每月 600 元的租金，至年底尚未收到，7 ~ 12 月每月的调整分录如下（暂不考虑增值税）：

借：其他应收款 600

贷：其他业务收入 600

待收到租金时，做会计分录为（假设已收存银行）：

借：银行存款 3 600

贷：其他应收款 3 600

（二）递延项目

所谓递延，是指推迟确认已收现的收入或已付现的费用。这种预收收入或预付费用，随企业的持续经营会逐渐成为已实现收入或已发生费用。这样，原记录的项目性质因实际情况的变动而有所变化，故应在期末将已实现的收入从预收收入类账户（负债类账户）转入收入类账户，将已发生费用从预付费用类账户（资产类账户）转入费用类账户。

1. 预付费用

保险、租金等项目，通常须预先支付，然后才能享有相关权利。此项交易一般在现金支付时记作资产，随权利的享用而逐渐转化为一项费用。

【例 3-4】 2016 年 12 月 1 日，农信公司因租赁一个经营部预付 12 个月的房屋租金 36 000 元。会计处理时，将预付的款项视为一项资产，只有在货品或劳务耗用时才能列为费用。上述房租在预付时的会计分录为：

借：预付账款 36 000

贷：银行存款 36 000

由于此笔支出使公司拥有在以后 12 个月内使用房屋的权利，因此，按应计制原则，公司至本年年底为止应承担一个月的房屋租金费用 3 000 元，未耗用的 33 000 元仍应列为资产。

年末调整分录如下：

借：销售费用 3 000

贷：预付账款 3 000

经此调整后，“预付账款”账户的余额为 33 000 元，在以后再转作费用，而“销售费

用”账户的发生额期末应结转到“本年利润”账户中，以确定盈亏。

对预付保险等项目，在性质上与上述例子相同，会计处理也类似。

2. 预收收入

在未提供产品或劳务之前，先行收取的款项，此项预收款因尚欠客户产品或劳务，故预收时为一项负债，但随着产品的交付或劳务的提供，此项收入便逐渐实现了。预收收入于现金收取时记入负债类账户，如预收货款、预收利息、预收房租等，随着产品的交付、劳务的提供，已赚取的部分应从负债类账户调整到收入类账户。

【例 3-5】 农信公司于 2016 年 8 月 10 日预收将于 9～10 月销售的一批商品的定金 200 000 元，会计分录如下：

借：银行存款（或库存现金）	200 000	
贷：预收账款		200 000

9 月份发出售价为 100 000 元的商品时，假设该商品成本为 60 000 元，则做会计分录如下（暂不考虑增值税）：

借：预收账款	100 000	
贷：主营业务收入		100 000
借：主营业务成本	60 000	
贷：库存商品		60 000

经此调整后，负债类账户“预收账款”尚余 100 000 元，将递延至下期再转作收入，而收入类账户“主营业务收入”将转至“本年利润”账户中，以确定盈亏。

（三）估计项目

除上述应计和递延账项外，为使费用与收入能更密切配合，以正确计算利润，还有一些账项需要调整。这些账项调整与前述调整的不同之处在于调整的金额具有不确定性。在计算此类金额时，常须考虑未来的事项作为计算依据，故此类账项称为估计项目，如现行会计制度中八项资产减值准备的提取、固定资产折旧的提取、无形资产的摊销等。下面以固定资产折旧为例说明。

企业固定资产会随日常使用或时间流逝而逐渐磨损、自然老化、不适用而最终退出使用，所以房屋、机器、设备都有一个耐用年限。为了使费用与收入相互配比，固定资产应于使用期间将取得时的成本，以合理的、系统的方法分摊于各使用期间。这种成本分摊即为折旧。

折旧计算的主要目的是将固定资产成本分摊于各使用期间，故计算时一般要考虑以下三个要素：资产原始成本、估计残值及估计使用年限。公式如下：

$$\text{每年折旧额} = \frac{\text{成本} - \text{估计残值}}{\text{估计使用年限}}$$

折旧费用期末调整入账有点类似于预付项目的期末调整，它也是将已耗用的价值从资产类账户转入费用类账户，所不同的是固定资产价值的减少并不是实物数量的减少，如房屋、设备等虽经使用多年，却仍是一个完全的整体。所以，为了在账上完整清晰地反映资产的原始成本、每期折旧、累计折旧以及资产账面价值，调整时应借记“管理费用”“制造费用”等账户，贷记“累计折旧”账户（固定资产备抵账户）。

【例3-6】 农信公司2016年2月1日购入办公用电子设备一台，价值21 000元，假设估计残值为1 000元，估计使用年限为5年，则每月折旧额为[(21 000 - 1 000) ÷5] ×1/12 = 333. 33(元)。

每月月末的调整分录为：

借：管理费用——折旧费用　　333. 33

　　贷：累计折旧　　333. 33

“管理费用——折旧费用”在年末列入利润表的费用项下，结账时转入“本年利润”账户，计算盈亏。“累计折旧”为固定资产备抵账户，应列在资产负债表有关固定资产账下，作为其减项，以列示折余价值。

思 考 题

1. 什么是会计假设？会计假设主要包括哪些内容？
2. 会计期间和应计制、现金制的关系如何？
3. 会计分期假设确定收入和费用的归属期间包括哪几种标准？有何区别？
4. 应计制和现金制有何差异？其优点和缺点分别是什么？
5. 应计制下期末调整的项目有哪些？

练 习 题

习题一

1. 目的：练习在现金制和应计制下收入和费用的计量。
2. 资料：某企业在会计期间内发生的交易或事项如表3-2所示。

表3-2　交易或事项

经济业务	现金制		应计制	
	收入	费用	收入	费用
(1) 支付本月的水电费1 500元				
(2) 收到上月销货款20 000元				
(3) 预付下季度的房租3 000元				
(4) 计提本月的折旧2 000元				
(5) 本月销售商品15 000元，收款10 000元				
(6) 预计本月的利息收入1 000元				
(7) 支付上月购货款5 000元				
(8) 本月销售商品2 000元，款未收				
(9) 预提本月短期借款利息3 000元				
合　计				

3. 要求：根据现金制和应计制计算表3-2中本月的收入和费用，并分析其产生差异的原因。

习题二

1. 目的：练习应计制下的账项调整。

2. 资料：丰益公司2016年度有下列事项应予调整：

（1）本年度10月1日购入一项专利权，价值50 000元，按10年期限摊销。

（2）12月份车间发生水电费共计20 000元，下月月初支付。

（3）10月1日借款200 000元，本年度应承担利息6 000元，利息在下年度3月份归还本金时支付。

（4）12月份公司应提折旧2 000元。

（5）本年度应交所得税2 000元，将在下年年初缴纳。

3. 要求：根据资料，编制应计制下账项调整的会计分录。

习题三

1. 目的：练习期末账项调整对资产、负债、所有者权益和损益的影响。

2. 资料：大华公司在2016年年末结账后，得出年度利润总额为50 000元，经查发现需调整事项具体如下：

（1）设备少计提折旧5 000元。

（2）预收的房租中包含已经实现的2个月房租，共计3 000元。

（3）本年度支付的保险费忘记摊销，本年度应摊销4 000元。

（4）漏列12月份应付的水电费3 000元。

（5）没有预提短期借款利息1 200元。

3. 要求：试分析上述事项对资产、负债、所有者权益的影响，并计算出将上述业务调整后的利润总额。

第四章

会计循环

第一节　会计循环概述

在一个会计期间，会计工作必须经历编审凭证、登记账簿、结账、编制财务报告、财务报告分析利用等一系列会计程序。这些会计程序从一个会计期间的期初开始，至会计期末结束，循环往复，周而复始，故称之为会计循环。企业经历一个大的会计循环的周期是 1 年，1 个大的会计循环又可以分成每月 1 次的 12 个小循环。在每个会计循环中，企业要综合运用设置账户、复式记账、填制凭证、登记账簿、成本计算、财产清查、结账、编表等会计核算技术，这些会计核算技术与会计循环一起构成一个完整的会计方法体系，它们相互联系、紧密结合，确保会计工作有序进行。会计循环过程及每个环节应用的会计技术如图 4-1 所示。

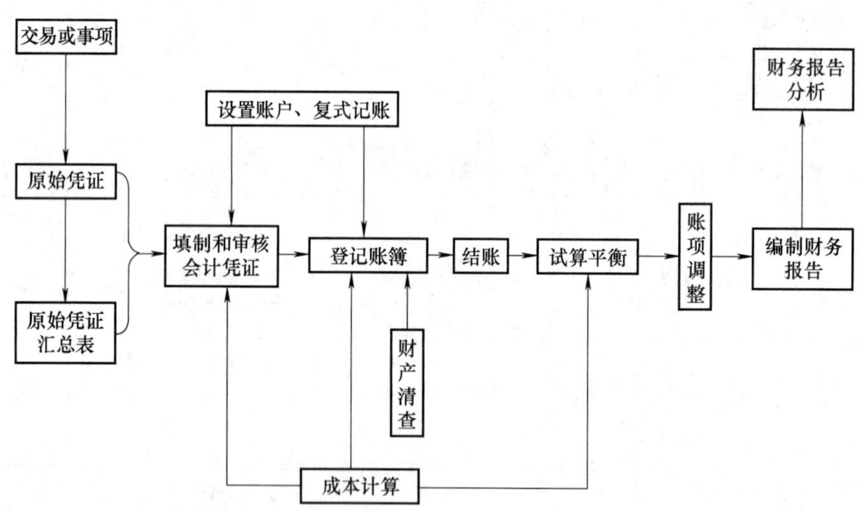

图 4-1　会计循环过程及每个环节应用的会计技术

从图 4-1 可以看到如下具体的会计循环过程：

（1）取得或编制原始凭证。企业发生经济业务或会计事项后，必须取得或编制有关的原始凭证，然后会计人员对性质相同的原始凭证汇总，作为记账的依据。

（2）编制记账凭证。会计人员根据审核无误的原始凭证或原始凭证汇总表和已设置的账户，采用复式记账法编制记账凭证。

(3) 登记账簿。根据会计凭证，在账簿上连续、系统、完整地记录经济业务。

(4) 结账。期末结算各账户的本期发生额和期末余额。

(5) 试算平衡。根据“有借必有贷，借贷必相等”的记账规则，进行总分类账户的本期发生额和期末余额试算平衡，检查是否存在错误。

(6) 账项调整。根据应计制原则将当期尚未入账的交易或事项入账，以正确反映企业当期财务状况、经营成果等会计信息。

(7) 编制财务报告。根据财务报告的编制要求，利用账簿提供的各账户本期发生额和余额，汇总编制符合企业会计准则要求的财务报告。

第二节　会计凭证

一、会计凭证概述

1. 会计凭证的含义

会计凭证是在会计工作中记录经济业务、明确经济责任的书面证明，是登记账簿的依据。

会计主体发生任何一项经济业务，都必须办理凭证手续。由执行或完成该项经济业务的有关人员填制或取得会计凭证，详细说明该项业务的内容，并在会计凭证上签名或盖章，以明确经济责任。填制或取得会计凭证后，要由有关人员进行审核，经审核无误，并由审核人员盖章后，才可作为记账依据。填制和审核会计凭证，是会计核算的方法之一。会计凭证的填制和审核，对于如实反映经济业务内容，有效监督审查经济业务的合理性和合法性，保证会计核算资料真实、可靠、合理，发挥会计在企业管理中的作用具有重要意义。填制和审核会计凭证作为会计核算的一项重要内容，在经济管理中也具有重要作用。

2. 会计凭证的种类

会计凭证多种多样，可以按照不同的标准进行分类。但主要是按其填制程序和用途分类，可分为原始凭证和记账凭证两类，如图 4-2 所示。

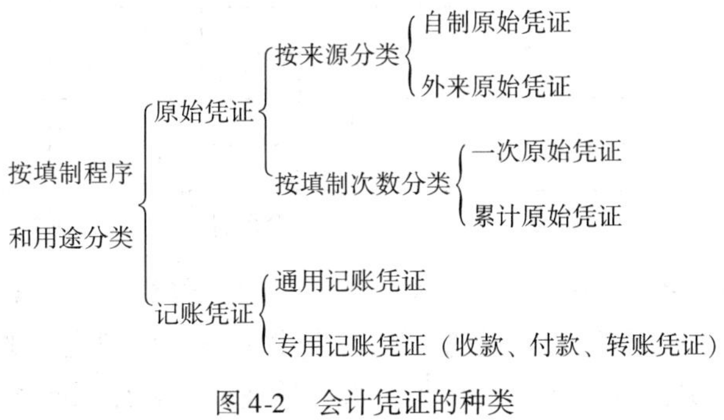

图 4-2　会计凭证的种类

二、原始凭证

（一）原始凭证的含义及分类

1. 原始凭证的含义

原始凭证又称原始单据，是指在经济业务发生或者完成时取得或填制的，用以记录、证明经济业务已经发生或完成的原始证据。它是进行会计核算的原始资料，如购买商品时取得的发票、材料入库时填制的入库单等。

2. 原始凭证的分类

原始凭证按照来源可分为外来原始凭证和自制原始凭证。外来原始凭证是指企业同外部单位或个人发生经济往来时，从外部单位或个人处取得的原始凭证，如购货时取得的发票、从银行取得的进账单等。进账单格式如图4-3所示。自制原始凭证是指由本单位内部经办经济业务的部门或人员，在办理经济业务时所填制的凭证。例如，商品、材料入库时，由仓库保管人员填制的收料单；商品销售时，由业务部门开出的提货单等。收料单格式如表4-1所示。

进账单（回单或收账通知）

第　　号

<table>
<tr><td rowspan="3">收款人</td><td>全称</td><td colspan="2"></td><td rowspan="3">付款人</td><td colspan="4">全称</td><td colspan="6"></td></tr>
<tr><td>账号</td><td colspan="2"></td><td colspan="4">账号</td><td colspan="6"></td></tr>
<tr><td>开户银行</td><td colspan="2"></td><td colspan="4">开户银行</td><td colspan="6"></td></tr>
<tr><td colspan="4" rowspan="2">人民币
（大写）</td><td>千</td><td>百</td><td>十</td><td>万</td><td>千</td><td>百</td><td>十</td><td>元</td><td>角</td><td>分</td></tr>
<tr><td></td><td></td><td></td><td></td><td></td><td></td><td></td><td></td><td></td><td></td></tr>
<tr><td colspan="2">票据种类</td><td colspan="2"></td><td colspan="10" rowspan="3">收款人开户行盖章</td></tr>
<tr><td colspan="2">票据张数</td><td colspan="2"></td></tr>
<tr><td colspan="4">单位主管　会计　复核　记账</td></tr>
</table>

此联是收款开户行交给收款人的　回单或收账通知

图4-3　进账单

表4-1　收 料 单

供货单位：　　　　　　　　　　　　　　　　　凭证编号：

发票号码：　　　　　　年　月　日　　　　　　收料仓库：

<table>
<tr><td rowspan="2">材料编号</td><td rowspan="2">材料名称及规格</td><td rowspan="2">计量单位</td><td colspan="2">数量</td><td colspan="2">价格</td></tr>
<tr><td>应收</td><td>实收</td><td>单价</td><td>金额</td></tr>
<tr><td></td><td></td><td></td><td></td><td></td><td></td><td></td></tr>
<tr><td></td><td></td><td></td><td></td><td></td><td></td><td></td></tr>
<tr><td></td><td></td><td></td><td></td><td></td><td></td><td></td></tr>
<tr><td></td><td></td><td></td><td></td><td></td><td></td><td></td></tr>
<tr><td colspan="3">备注：</td><td colspan="2">合计</td><td></td><td></td></tr>
</table>

仓库负责人　　　　记账　　　　仓库保管　　　　收料

原始凭证按照填制手续分类，可以分为一次原始凭证和累计原始凭证。一次原始凭证是指对一项经济业务或若干项同类经济业务，在其发生后一次填制完毕的原始凭证，如发票、收料单、收款收据等，外来原始凭证一般是一次原始凭证。累计原始凭证是指一定时期内连续记载同类经济业务，至期末以其累计数作为记账依据的原始凭证。它主要适用于某些经常重复发生的经济业务。例如，限额领料单可以用于控制某种材料在规定时期（一个月）内领用限额，每次领料或退料时在凭证上逐笔登记，随时结出限额结余，到月末结算出实际数和金额。这对材料的领用能起到一定的控制作用，还能减少使用的凭证数量。其格式一般如表4-2所示。

表 4-2 限额领料单

领料部门： 凭证编号：

用 途： 年 月 日 发料仓库：

<table>
<tr><td>材料类别</td><td>材料编号</td><td>材料名称及规格</td><td>计量单位</td><td>领用限额</td><td>实际领用</td><td>单 价</td><td>金 额</td><td>备 注</td></tr>
<tr><td></td><td></td><td></td><td></td><td></td><td></td><td></td><td></td><td></td></tr>
<tr><td></td><td></td><td></td><td></td><td></td><td></td><td></td><td></td><td></td></tr>
<tr><td colspan="5">供应部门负责人：</td><td colspan="4">生产计划部门负责人：</td></tr>
<tr><td rowspan="2">日期</td><td rowspan="2">数 量</td><td rowspan="2">领料人签章</td><td rowspan="2">发料人签章</td><td colspan="3">退 料</td><td colspan="2" rowspan="2">限 额 余 额</td></tr>
<tr><td>数 量</td><td>收料人</td><td></td></tr>
<tr><td></td><td></td><td></td><td></td><td></td><td></td><td></td><td></td><td></td></tr>
<tr><td></td><td></td><td></td><td></td><td></td><td></td><td></td><td></td><td></td></tr>
<tr><td></td><td></td><td></td><td></td><td></td><td></td><td></td><td></td><td></td></tr>
<tr><td></td><td></td><td></td><td></td><td></td><td></td><td></td><td></td><td></td></tr>
</table>

（二）原始凭证的填制

1. 原始凭证的基本要素

企业发生的经济业务多种多样，用于记录这些经济业务的原始凭证的内容和格式也多种多样，但无论什么类别的原始凭证，都必须具备下列基本要素：①凭证的名称；②填制凭证的日期；③填制凭证单位或填制人姓名；④经办人员的签名或盖章；⑤接受凭证单位的名称；⑥经济业务内容摘要；⑦经济业务所涉及的数量、单价和金额。

2. 原始凭证的填制要求

（1）真实性，即原始凭证要根据实际发生的经济业务填写，保证原始凭证的日期、内容、数量和金额完全真实可靠。

（2）完整性，即凭证规定的项目必须填写齐全，特别是经办人必须在原始凭证上签字或盖章，表明对该业务的真实性和完整性负责。

（3）规范性，即原始凭证要用蓝色或黑色笔书写，字迹清楚、规范，填写支票必须使用碳素笔，需要套写的凭证，必须一次套写清楚，合计的小写金额前应加注币值符号，如“￥”“HKD”“USD”等。大写金额有分的，后面不加“整”字，其余一律在末尾加“整”字，大写金额前还应加注币值名称，注明“人民币”“港币”“美元”等字样，且币值名称与金额数字之间，以及各金额数字之间不得留有空隙。各种凭证不得随意涂改、刮擦、挖补，若填写错误，应采用规定方法予以更正。对于重要的原始凭证，如支票以及各种结算凭证，一律不得涂改。对于预先印有编号的各种凭证，若填写错误，则要加盖“作废”戳记，并单独保管。

阿拉伯数字应一个一个地写，不得连笔写。阿拉伯金额数字前面应写人民币符号“￥”。人民币符号“￥”与阿拉伯金额数字之间不得留有空白。凡阿拉伯数字前写有人民币符号“￥”的，数字后面不再写“元”字。所有以“元”为单位的阿拉伯数字，除表示单价等情况外，一律填写到角分。无角分的，角位和分位可写“00”，或符号“—”；有角无分的，分位应写“0”，不得用符号“—”代替。

汉字大写金额数字，一律用正楷或行书书写，如壹、贰、叁、肆、伍、陆、柒、捌、玖、拾、佰、仟、万、亿、元、角、分、零等易于辨认、不易涂改的字样。阿拉伯金额数字中间有“0”时，汉字大写金额要写“零”字，如￥101.50，汉字大写金额应写成人民币壹佰零壹元伍角整。阿拉伯金额数字中间连续有几个“0”时，汉字大写金额中可以只写一个“零”字，如￥1 004.56，汉字大写金额应写成人民币壹仟零肆元伍角陆分。阿拉伯金额数字元位是“0”或数字中间连续有几个“0”，元位也是“0”，但角位不是“0”时，汉字大写金额可只写一个“零”字，也可不写“零”字，如￥1 320.56，汉字大写金额应写成人民币壹仟叁佰贰拾元零伍角陆分，或人民币壹仟叁佰贰拾元伍角陆分。

3. 原始凭证的填制方法

工业企业的产供销凭证手续一般较为简单，在经济业务发生时，一次即可填制完成。现以“增值税专用发票”为例进行说明。

企业销售商品时填制的发票要满足以下两个条件：①须填制一式数联发票，如增值税专用发票一般一式四联，要求复写；②应填明开票日期，购买方名称，纳税人识别号，地址、电话，开户行及账号，货物或应税劳务、服务名称，货物或应税劳务、服务名称的规格型号、单位、数量、单价、金额、税率、税额，销售方名称，纳税人识别号，地址、电话，开户行及账号等内容。具体格式如图4-4所示。

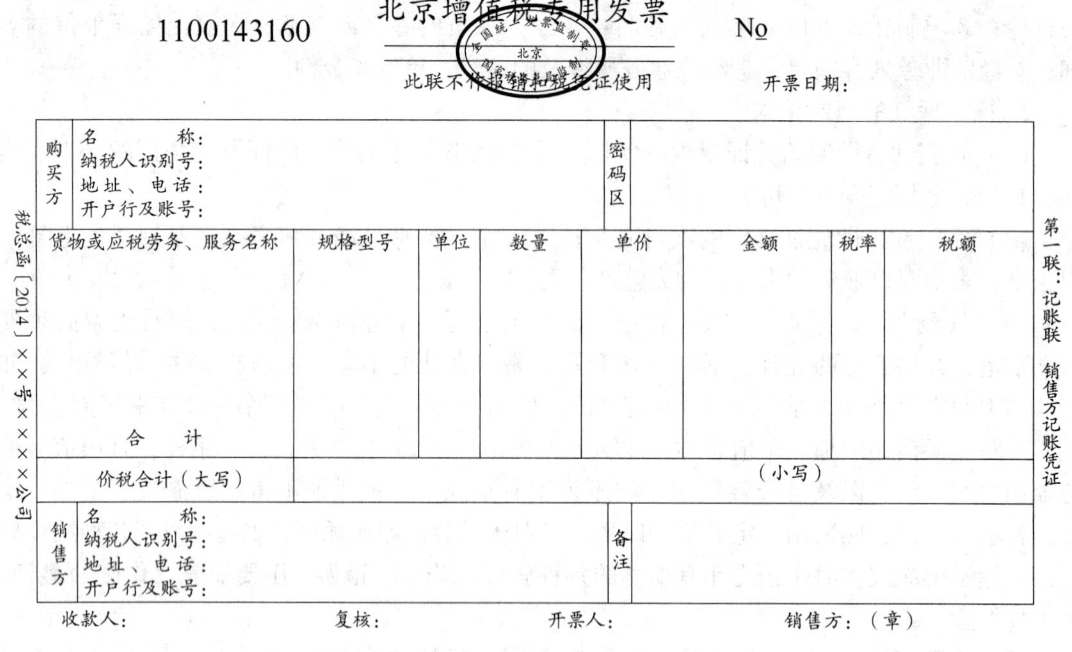

1100143160　　北京增值税专用发票　　No

此联不作报销和税凭证使用　　开票日期：

购买方	名称： 纳税人识别号： 地址、电话： 开户行及账号：					密码区		
货物或应税劳务、服务名称	规格型号	单位	数量	单价	金额	税率	税额	
合计								
价税合计（大写）					（小写）			
销售方	名称： 纳税人识别号： 地址、电话： 开户行及账号：					备注		

收款人：　　复核：　　开票人：　　销售方：（章）

税总函［2014］××号×××公司

第一联：记账联　销售方记账凭证

图4-4　增值税专用发票

（三）原始凭证的审核

原始凭证由于来源不同，经办单位和人员各异，为保证原始凭证的真实性和它所反映经济业务的合法、合理性，必须对其进行严格的审核。审核原始凭证，是贯彻国家的有关方

针、政策和财经纪律，加强管理、发挥会计监督职能的重要手段，是会计确认的重要步骤，也是保证会计核算质量、会计信息正确可靠的重要措施。原始凭证的审核可以从以下两个方面着手：

(1) 审核原始凭证所记录的经济业务的真实合规性，具体包括：①进行真实性审核，即审核原始凭证及其记载的经济业务是否真实，有无伪造现象。经济业务的经办单位和个人、经济业务发生的时间和地点、填制凭证的日期和内容、经济业务引起的实物量和价值量等都必须是真实的。②进行合规性审核，即审核原始凭证所记载的经济业务是否符合有关财经纪律、法规、制度等的规定，有无违法乱纪行为。若有，应予以揭露和制止。审核经济业务的发生是否符合事先制定的计划、预算等，有无不考虑经济效益、脱离目标的现象，是否符合费用开支标准，有无铺张浪费的行为。对不真实、不合法的原始凭证有权不予接受，并向单位负责人报告。

(2) 审核原始凭证是否符合填制完整、正确与及时的要求，具体包括：①审核原始凭证的各构成要素是否齐全；②审核各要素内容填制是否正确、完整、清晰，特别是对凭证中所记录的数量、金额的正确性要进行认真审核，检查金额计算有无差错，大小写金额是否一致等；③审核各经办单位和人员签章是否齐全。对记载不准确、不完整的原始凭证应予以退回，并要求开具单位按照企业会计准则的规定更正、补充。

审核原始凭证是一项政策性、业务性很强，十分细致的工作，因此要求会计人员既要熟悉有关财经政策、法规、制度，又要了解本单位的生产经营情况。同时，又要求会计人员做到认真、细致、逐项进行审核。所以，会计人员应当不断提高自身的政策水平、业务水平，增强责任心，严把审核关。

三、记账凭证

(一) 记账凭证的含义

记账凭证是会计人员根据审核无误的原始凭证或汇总原始凭证，按照经济业务的内容加以归类、整理，用来确定会计分录而填制的直接作为登记账簿依据的会计凭证。编制记账凭证可以看成是一种“翻译”工作。通过记账凭证，会计人员用会计特有的语言描述了企业发生的经济业务。原始凭证记录的是经济业务的原始面貌，一般不具备会计知识的人员也能够理解，而记账凭证采用的是会计特有的语言，如果不具备一定的会计知识，就无法理解。

记账凭证必须具备的基本内容有：①记账凭证的名称；②填制凭证的日期；③凭证的编号；④经济业务内容的摘要；⑤应借、应贷的会计科目（包括一级科目、二级科目或明细科目）和金额；⑥所附原始凭证的张数；⑦会计主管、制单、审核、记账等有关人员的签名或盖章。

(二) 记账凭证的种类与编制

记账凭证按照适用的经济业务不同可以划分为专用格式的记账凭证和通用格式的记账凭证。

1. 专用格式的记账凭证

专用格式的记账凭证按其反映的经济业务是否与现金及银行存款的收付有关，分为收款凭证、付款凭证、转账凭证。收款凭证和付款凭证用来反映与现金及银行存款收付有关的经济业务，转账凭证用来反映与现金及银行存款收付无关的经济业务。

收款凭证是用来反映现金及银行存款收入业务的记账凭证，根据现金及银行存款收入业务的原始凭证填制而成。收款凭证一般按库存现金和银行存款分别编制。

【例4-1】 2016年10月5日，康翔公司收到职工王某归还的借款2 000元，出纳收款后，开出收款收据，一联作为记账依据，一联交付给职工王某，剩下一联作为存根。会计根据出纳交来的收款收据编制收款凭证，如图4-5所示。

收 款 凭 证

借方科目：库存现金　　　　2016年10月5日　　　　现收字第15号

摘要	贷方总账科目	明细科目	金额								
			百	十	万	千	百	十	元	角	分
职工王某归还借款	其他应收款	王某				2	0	0	0	0	0
合计					¥	2	0	0	0	0	0

附单据1张

财务主管：李××　记账：蔡××　出纳：林××　审核：陈××　制单：吴××

图4-5　收款凭证

如果会计分录的借方科目为银行存款或库存现金，贷方科目不是银行存款或库存现金，则应编制收款凭证。具体编制程序如下：

（1）在左上角写上借方科目——银行存款或库存现金，同时把分录涉及的贷方科目写在凭证里面。

（2）在“金额”栏，写上贷方科目对应的金额。

（3）按照原始凭证的日期填写年、月、日。

（4）在右上角“××字”前写上银收或现收，同时在“第×号”写上收款凭证的自然编号。

（5）在“摘要”栏写上所发生的经济业务的摘要，简单概括发生的业务。

（6）在“合计”栏写上贷方合计金额，并在该数字的前面写上人民币符号“¥”。

（7）画线注销贷方金额至合计额的空白部分。

（8）在记账凭证的下面“制单”后写上编制人员的名字。

（9）在记账凭证的右方写上所附的原始凭证的张数。

付款凭证是反映货币资金支出业务的记账凭证，根据现金及银行存款支出业务的原始凭证填制而成。

【例4-2】 2016年10月6日，康翔公司开出支票支付宏达公司上月的购货款58 500元，会计人员根据支票存根编制付款凭证，如图4-6所示。

付 款 凭 证

贷方科目：银行存款　　　　2016 年 10 月 6 日　　　　银付字第 11 号

摘要	借方总账科目	明细科目	借或贷	金额								
				百	十	万	千	百	十	元	角	分
偿还上月购货款	应付账款	宏达公司				5	8	5	0	0	0	0
合计					¥	5	8	5	0	0	0	0

附单据 1 张

财务主管：李×× 记账：蔡×× 出纳：林×× 审核：陈×× 制单：吴××

图 4-6 付款凭证

如果会计分录的贷方科目为银行存款或库存现金，则应编制付款凭证。当库存现金和银行存款相互划转时，为了避免重复记账，只编制付款凭证，不编制收款凭证。付款凭证的编制方法与收款凭证类似。

转账凭证是反映与库存现金及银行存款收付无关的转账业务的记账凭证，根据有关转账业务的原始凭证填制而成。其格式与通用格式的记账凭证相同。

【例 4-3】 2016 年 10 月 4 日，康翔公司销售给伟林公司一批 A 商品，价款为 100 000 元，增值税销项税额为 17 000 元，已经开出增值税专用发票，货款未收，仅收到伟林公司开出的欠款单据一张，面值 117 000 元，期限 2 个月。会计人员根据销售发票和欠款单据编制转账凭证，如图 4-7 所示。

转 账 凭 证

2016 年 10 月 4 日　　　　转字第 15 号

摘要	总账科目	明细科目	借方金额								贷方金额							
			十	万	千	百	十	元	角	分	十	万	千	百	十	元	角	分
销售 A 商品款未收	应收账款	伟林公司	1	1	7	0	0	0	0	0								
	主营业务收入	A 商品									1	0	0	0	0	0	0	0
	应交税费	应交增值税（销项税额）										1	7	0	0	0	0	0
合计			1	1	7	0	0	0	0	0	1	1	7	0	0	0	0	0

附单据 2 张

财务主管：李×× 记账：蔡×× 出纳： 审核：陈×× 制单：吴××

图 4-7 转账凭证

如果会计分录借贷方科目均没有涉及银行存款或库存现金，则应编制转账凭证。编制时应注意以下两点：

（1）转账凭证中的借贷方科目排列，注意应先借后贷。借方科目与借方金额对应，贷方科目与贷方金额对应。

（2）转账凭证的日期可以与原始凭证一致，也可以不一致。如果不一致，可以一律填写月份的最后一天。

其他方面与收款凭证填写方法一样。

2. 通用格式的记账凭证

通用格式的记账凭证是适合所有经济业务的记账凭证。采用通用格式的记账凭证的单位，无论是款项的收付还是转账业务，都采用统一格式的记账凭证。通用格式的记账凭证通常适合规模不大、款项收付不多的企业。其格式与专用格式的记账凭证的转账凭证格式相同，如图4-8所示。

记 账 凭 证

年　月　日　　　　　　　　　　第　号

摘要	会计科目	二级或明细科目	借方金额	贷方金额	过账
合　计					

附件　张

会计主管：　　记账：　　出纳：　　审核：　　制单：

图4-8　通用格式的记账凭证

通用格式的记账凭证的填写方法与上述专用格式的记账凭证的填写方法基本相同。

在会计实务中，为了简化登记总分类账的手续，可以把反映同类经济业务或多类经济业务的记账凭证汇总，编制成汇总记账凭证或科目汇总表等。根据记账凭证编制的汇总记账凭证、科目汇总表等，也属于记账凭证。

另外，为了简化凭证的填制手续，自制的原始凭证汇总表可以代替记账凭证，作为记账依据。这种凭证实际上是原始凭证和记账凭证相结合的凭证，又称为联合凭证。

（三）记账凭证的填制要求

记账凭证的填制，是在对原始凭证进行整理、分类的基础上，借助复式记账法，确定经济业务所涉及的账户名称、记账方向和金额，即确定会计分录的工作，是会计核算的重要环节。

记账凭证是登账的直接依据。因此，在填制记账凭证时应遵循以下七项要求：

（1）要以审核无误的原始凭证为依据。

（2）摘要的填写要求既简明扼要又能说明经济业务的发生情况，这样便于了解经济业务、查阅凭证等。

（3）会计分录编制要正确。会计分录是记账凭证记载的重要内容，要求做到正确无误。

（4）附件张数要注明。要认真查对，整理记账凭证的附件，即原始凭证，并附在记账凭证的后面，同时在记账凭证上注明所附原始凭证的张数。如果原始凭证内容十分重要或数量过多须单独保存，则要在“摘要”栏说明；如果同一张原始凭证需填制两张或两张以上记账凭证，则必须在未附原始凭证的记账凭证的“摘要”栏说明：“××单据附在××号记账凭证上”，以便查对。

(5) 记账凭证的编号，应根据不同情况采用不同的方法。如果企业的各种经济业务都采用通用格式的记账凭证，则凭证的编号可采用顺序编号方法，即将所有的记账凭证按日期顺序编号；如果是将经济业务分类填制记账凭证，如区分收款业务、付款业务、转账业务进行记账凭证填制，记账凭证的编号则要采用按字顺序编号法。例如，对收款、付款、转账三类业务，分别按“收”“付”“转”字顺序编号，具体可编号为：“收字第××号”“付字第××号”“转字第××号”；如果收、付款业务需按库存现金、银行存款收、付款业务分别反映，则按字顺序编号法可具体编号为：“现收字第××号”“银收字第××号”“现付字第××号”“银付字第××号”“转字第××号”。如果一笔经济业务需要填制一张以上记账凭证，则可采用分数编号法。分数中分母为该笔经济业务填制的记账凭证总张数，分子表示在总张数中属第几张凭证，如 $10\frac{2}{3}$ 表示第 10 号凭证有 3 张，本凭证为第 2 张。采用上述编号方法进行编号，到期末时，应在最后一张记账凭证的编号旁加注“全”字，以便检查。

(6) 记账凭证的填制人员及有关负责人，应于确认记账凭证填制齐全、正确无误后，在凭证相应位置签章，以便明确责任。

(7) 对只涉及库存现金和银行存款互转的业务，一般只填制付款凭证，不填制收款凭证，以免重复记账。

(四) 记账凭证的审核

记账凭证是登账的直接依据，为了保证账簿记录的正确性，记账凭证填制完毕后，必须进行认真审核。审核的内容有以下三个方面：

(1) 所附原始凭证是否完整，记账凭证内容与原始凭证记载的内容是否一致。

(2) 记账凭证中会计分录是否正确。

(3) 记账凭证中各项内容是否填制齐全、正确，有关人员是否签名盖章。

在审核中，如发现记账凭证记录不全或错误，应重新填制或按规定办法更正或补充。只有审核无误的记账凭证，才能用来登记账簿。

四、会计分录与记账凭证

会计分录是对每笔业务列示其应借应贷账户及其金额的一种记录，而记账凭证是记录会计分录的表单。在实际工作中，对一笔经济业务编制会计分录与填写记账凭证实质上是一回事。只是为了教学上的方便，在会计实务中本该编制记账凭证的，在教材中都用会计分录代替。

第三节 会计账簿

一、会计账簿的含义

以会计凭证为依据，设置和登记会计账簿是会计核算工作的中心环节。会计账簿是继会计凭证之后，经济业务信息的又一重要载体。它是指以会计凭证为依据，在有专门格式的账页中全面、连续、系统、综合地记录经济业务的簿籍。

作为账簿登记依据的会计凭证，仅能反映某项（或某类）经济业务的发生情况及该项（或该类）业务引起有关账户的增减变动情况，不能把某一时期的全部经济活动情况连续、全面、系统地反映出来。因此，只有通过登记账簿，才能把分散在会计凭证上的经济业务核算资料，加以整理归类并全面登记，从而提供连续、系统、全面的综合性核算指标。

由于经济业务不同，所以账簿的种类及格式很多，但账簿都应具备以下基本内容：①封面。封面主要用来载明账簿的名称。②扉页。扉页主要用来登载经营管理人员一览表。其主要内容有：a. 单位名称；b. 账簿名称；c. 起止页数；d. 启用日期；e. 单位领导人；f. 会计主管人员；g. 经营管理人员；h. 移交人和移交日期；i. 接管人和接管日期。③账页。账页是账簿的主体。在每张账页上，都应载明：a. 账户名称（即会计科目或明细科目）；b. 记账日期栏；c. 记账凭证的种类和号数；d. 摘要栏；e. 金额栏；f. 总页次和分页次。

二、会计账簿的作用及种类

（一）会计账簿的作用

（1）可以全面、系统地反映企业经济业务的发生和完成情况。通过账簿的序时、分类核算，将企业的经营活动情况，财物的购置、使用、保管情况，收入的构成和支出情况，全面、系统地反映出来，从而为企业及其利害关系方提供会计信息。

（2）可以为定期编制财务报表提供数据资料。账簿分类，可以系统地记录资产、负债、所有者权益、收入、费用、利润等数据资料，这是编制财务报表的主要依据。

（3）可以为考核经营业绩、加强经济核算，以及进行会计监督和会计分析提供依据。通过对账簿资料的检查、分析，可以了解企业贯彻有关方针、政策、制度的情况，考核资金、成本、利润计划的执行情况，评价企业的经营成果，挖掘潜力，促使企业加强经营管理和经济核算。

（二）会计账簿的种类

按照不同的标准对会计账簿进行分类，可以更好地设置账簿；采用不同的方法对账簿进行登记，以满足经营管理对账簿的要求。

1. 账簿按用途分类

账簿按用途，可以分为日记账、分类账和备查账三种。

日记账又称序时账，是按经济业务发生和完成的时间顺序逐日逐笔进行登记的账簿。日记账主要包括库存现金日记账和银行存款日记账两类。

分类账是对各项经济业务按账户进行分类登记的账簿。分类账又分为总分类账和明细分类账两类。总分类账简称总账，是根据总分类账户设置的，每个企业都要有一本总账，而且只能有一本；明细分类账简称明细账，是根据总分类账户所属的各个明细分类账户设置的。

备查账也称辅助账簿，是用来对日记账和分类账未能反映与记录的事项进行补充登记的账簿，如支票登记簿、租入固定资产登记簿等。

2. 账簿按外在表现形式分类

账簿按外在表现形式，可以分为订本式账簿、活页式账簿和卡片式账簿。

订本式账簿简称订本账，是在使用前就将若干账页固定地装订成册的账簿。采用订本式账簿的主要是总账和库存现金日记账、银行存款日记账。这类账簿的优点是可以避免账页散失，防止抽换账页。其缺点是开设账户时，需要预留账页，预留过多造成浪费，预留过少则可能需要重新开设该账户，容易造成混乱。另外，也不便于分工记账。

活页式账簿是将账页装在账夹内，可以随时增添或取出账页的账簿。这种账簿的优点是

可以随时添加、抽换账页，便于分工记账。其缺点是账页容易散失，容易被抽换账页。这种账簿主要适用于各种明细账。

卡片式账簿与活页式账簿类似，只是账页采用较厚的卡片，主要适用于需长久保存的会计资料，如固定资产卡片等。

三、会计账簿登记要求

为了保证会计核算的质量，完成会计工作，必须及时、准确地登记账簿。登记账簿要以审核无误的会计凭证为依据，并按下列规则登账：

（1）根据会计凭证上的内容逐项登记入账，做到数字准确、摘要简明清楚、登记及时。

（2）登账完毕，在“过账”栏内注明账簿的页数或打钩，并在记账凭证上签名或盖章。

（3）采用蓝、黑墨水钢笔记账，红笔用于错账更正、结账画线和冲账。

（4）账簿内页必须按事先编写的页码，逐页、逐行顺序连续登记，不得隔页、缺号、跳行，否则必须注明“作废”字样以示注销，由经手人员及会计主管签名和盖章。

（5）“摘要”栏应简明扼要，文字规范，“金额”栏的数字应按准确位置填写，数字不得连写，账户若有余额，则应在相应栏内写明“借”或“贷”，若无余额，则写“平”或“0”。

（6）每页账登记完毕，应在该账页最末行加计本页发生额及余额，并在“摘要”栏内注明“过次页”，同时在新账页的首行“摘要”栏注明“承上页”，并将加计数记入“金额”栏。

（7）发生错账，不得挖补、涂改、刮擦或用褪色剂，应按错账更正法更正。

四、日记账的设置与登记

在我国，为了加强货币资金的管理，各单位必须设置库存现金日记账和银行存款日记账，以进行序时核算。

库存现金日记账和银行存款日记账一般由出纳人员根据审核后的收、付款凭证，逐日、逐笔按顺序登记。每日终了应分别计算本日收入、付出的合计数，并结出当日的余额。库存现金日记账的每日余额应与当天库存现金的实有数额核对。

库存现金日记账和银行存款日记账通常采用三栏式账页，两者格式基本相同，不同的是银行存款日记账为了便于与银行对账，增加了一个结算凭证种类、号数栏。两种日记账的具体格式和登记方法如表4-3和表4-4所示。

表4-3　库存现金日记账　　单位：元

2016年		凭证		摘要	对方科目	收入	付出	结余
月	日	字	号					
10	1			月初余额				4 000
	1	银付	001	提取现金	银行存款	5 000		9 000
	1	现付	001	报销办公费	管理费用		500	8 500
	1	现付	002	王×借款	其他应收款		2 000	6 500
	1	现收	001	销售商品	主营业务收入	4 000		10 500
	1	现付	003	支付邮电费	管理费用		3 000	7 500
	⋮	⋮	⋮	⋮	⋮	⋮	⋮	⋮
10	31			本月合计		126 000	125 000	5 000

表 4-4 银行存款日记账

开户银行：中国银行　　　　账号：×××　　　　单位：元

2016年		凭证		摘要	结算凭证		对方科目	收入	付出	结余
月	日	字	号							
10	1			月初余额						300 000
	1	银收	001	股东投资			实收资本	500 000		800 000
	1	银付	001	购料			原材料		150 000	650 000
	⋮	⋮	⋮	⋮			⋮	⋮	⋮	⋮
10	31			本月合计				1 200 000	1 350 000	150 000

五、分类账的设置与登记

分类账的特点是按账户分别反映不同类别经济业务的增减变动情况，由于账户有总分类账户和明细分类账户之分，所以分类账也可以分为总分类账和明细分类账。

总分类账简称总账，是根据总分类账户开设的、由若干具有一定格式的总账账页组成的簿籍。总账可以为经营管理提供总括的核算资料，反映企业经营活动的总括情况。因此，总账是企业账簿体系的重要组成部分。

明细分类账简称明细账，是根据总分类账户所属明细分类账户开设的、由若干具有一定格式的明细账账页组成的簿籍。例如，根据“原材料”总分类账户所属的明细分类账户可设“原材料”明细账；根据“库存商品”总分类账户所属的明细分类账户可设“库存商品”明细账等。明细账对总账起着补充说明的作用，能为企业经营管理提供详细的核算资料，因此也是会计账簿体系中不可缺少的一部分。

1. 总账与明细账的关系与平行登记

总账是根据总分类账户设置的账簿，明细账是根据总分类账户所属明细分类账户设置的账簿，总账与明细账的关系为：

（1）两者反映的经济内容是相同的，只不过提供的核算指标的详细程度不同，总账提供某类经济业务总括的核算指标，明细账则提供某类经济业务详细的核算指标。

（2）总账控制、统驭明细账，即总账控制着明细账的核算内容和核算数据，明细账则对总账起着补充说明的作用。

（3）总账的借方（或贷方）本期发生额等于所属明细账借方（或贷方）本期发生额之和，总账期末余额等于所属明细账期末余额之和。

总账和明细账的平行登记是指经济业务发生后，一方面登记有关总分类账户，另一方面登记所属的明细分类账户的会计处理方法。总账与明细账只有平行登记，才能起到总账控制明细账、明细账补充说明总账的作用。另外，通过平行登记，总账与明细账之间进行核对，可以检验账户登记是否正确。

总账和明细账的平行登记应遵循以下“三原则”：

（1）同时间登记，即发生的每项经济业务，在同一会计期间，一方面记入有关的总分类账户，另一方面要记入其所属的有关明细分类账户。

（2）同方向登记，即对所发生的经济业务进行登账时，记入总分类账户的方向应与记入明细分类账户的方向一致。总分类账户记入借方（或贷方），明细分类账户也应在借方

（或贷方）进行登记。

（3）同金额登记，即总账与明细账双方进行了同方向登记后，记入总分类账户的金额必须与记入所属明细分类账户的金额之和相等。具体来讲，可编制“明细分类账户本期发生额及余额表”（见表4-5），提供明细分类账户发生额、余额的合计数，并将其与总分类账户进行核对，检验两者金额是否相等。

表4-5 应收账款明细账户本期发生额及余额表

2016年10月31日　　单位：元

明细账户	期初余额		本期发生额		期末余额	
	借方	贷方	借方	贷方	借方	贷方
A公司	120 000		250 000	200 000	170 000	
B公司	150 000			150 000	0	
C公司	250 000		300 000	400 000	150 000	
D公司	280 000			350 000		70 000
E公司		30 000	230 000		200 000	
合计	800 000	30 000	780 000	1 100 000	520 000	70 000

将应收账款的上述明细账的本月发生额和余额合计数与应收账款总账的发生额和余额比较，若应收账款的月初数为770 000元，本月借方发生额为780 000元，贷方发生额为1 100 000元，月末余额为450 000元，则总账与明细账经核对相符。若不相符，则说明记账有误。

2. 总账的登记

总账是对经济业务进行分类核算提供总括的核算资料，因此总账只要求提供金额指标。总账账页的格式一般采用借贷余三栏式，其格式和登录方法如表4-6所示。

表4-6 总账

会计科目：应收账款　　单位：元　第×页

2016年		凭证		摘要	借方	贷方	借或贷	余额
月	日	字	号					
1	1			年初余额			借	540 000
1	31			本月汇总	650 000	450 000	借	740 000
2	28			本月汇总	560 000	720 000	借	580 000
⋮	⋮			⋮	⋮	⋮	⋮	⋮
12	31			本月汇总	780 000	700 000	借	650 000
12	31			本年合计	7 900 000	7 790 000	借	650 000
12	31			转次年	650 000		借	650 000

总账可以根据审核无误的记账凭证逐笔登记，也可以根据汇总记账凭证汇总登记，至于具体依据何种凭证登记，要视企业业务规模而定。一般来说，对于经济业务较少的单位，可以采用逐笔登记方法；对于经济业务较多的企业，采用汇总登记方法。采用汇总登记时，可以一个月汇总一次，也可以半个月汇总一次，具体根据业务规模而定。

3. 明细账的登记

明细账是总账的必要补充，它所提供的信息对企业日常的经营管理是很重要的。明细账一般采用活页式账簿，个别采用卡片式账簿。明细账的账页格式一般有“三栏式”“数量金额式”“多栏式”，企业应根据会计账户所反映经济内容的性质选择使用。

（1）三栏式。三栏式明细账的结构与总账相同。这种格式适用于只要求提供货币信息而不需要提供数量变化情况的账户，如债权、债务类账户。常用于应付账款、应收账款、其他应收款、其他应付款等明细账的登记工作。其具体格式和登记方法如表4-7所示。

表4-7 “应付账款”明细账

明细科目：伟林公司　　　　单位：元　第×页

2016年		凭证		摘要	借方	贷方	借或贷	余额
月	日	字	号					
10	1			月初余额			贷	50 000
	10	银付	20	归还欠款	50 000		平	0

（2）数量金额式。数量金额式明细账要求在账页上对借方、贷方、余额分别设置“数量”栏和“金额”栏，以便同时提供货币信息和实物量信息。这种账簿适用于既要进行金额核算又要进行实物量核算的财产物资类账户，如原材料、库存商品等。其具体格式和登记方法如表4-8所示。

表4-8 “库存商品”明细账

类别：钢材　　　　仓库：5#
名称：ϕ14mm螺纹钢　　　　编号：
计量单位：t　　　　第×页
金额单位：元

2016年		凭证		摘要	收入			发出			结存		
月	日	字	号		数量	单价	金额	数量	单价	金额	数量	单价	金额
10	1			月初结存							200	3 200	640 000
	5	转	6	出售				50	3 200	160 000	150	3 200	480 000
	10	转	10	生产入库	60	3 200	192 000				210	3 200	672 000

（3）多栏式。多栏式明细账是对属于同一个一级账户或二级账户的明细分类账户，合并在一张账页上进行登记，以集中提供同类（或一组）账户的详细资料。即在“借方发生额”和“贷方发生额”下，分别设置若干金额栏，分栏登记各明细账的发生额。这种账簿主要适用于收入费用及成本类账户的明细核算。其具体格式和登记方法如表4-9所示。

表4-9 “管理费用”明细账

单位：元　第×页

2016年		凭证		摘要	借方发生额				
月	日	字	号		办公费	差旅费	工资费	折旧费	合计
10	7	现付	2	支付差旅费		2 000			2 000
	8	银付	4	支付办公费	1 500				1 500
⋮	⋮	⋮	⋮	⋮	⋮	⋮	⋮	⋮	⋮
10	31			本月合计	10 000	20 000	15 000	4 000	49 000
10	31			结转管理费用	10 000	20 000	15 000	4 000	49 000

六、账簿的启用与错账更正规则

(一) 账簿的启用

每一个会计年度都要建立新的账簿，在当年启用会计账簿之前，必须在账簿扉页上填写“账簿使用登记表”或“账簿启用表”，表中主要内容有：单位名称、账簿名称及编号、账簿页数、启用日期、会计主管人员及记账人员名称、单位公章、会计主管及记账人员签章。

启用账簿时，应填列以上列示内容（活页账和卡片账应在装订成册后填列），以便明确记账内容和记账责任。其中“账簿页数”填列之前，应先对账簿进行页码编号，订本账应从第一页到最后一页，顺序编订页数，不得跳号、缺号；活页账，应按账户顺序编号，装订成册后再按实际使用的账页顺序编号，另加目录，写明每个账户的名称和页次。

(二) 错账更正规则

账簿登记要求正确、及时、完整、整洁，使提供的会计信息便于信息使用者使用。因此，会计人员必须认真、细致地做好记账工作。如果出现登账错误，如账户名称记错、借贷方向记错、金额记错以及重记、漏记等，必须遵循规则进行更正，不得任意刮擦、挖补、涂抹等。错账更正规则或更正方法有三种，分别是画线更正法、红字更正法和补充登记法。三种方法适用于不同错误的更正。

1. 画线更正法

记账凭证正确，在记账或结账过程中发现账簿记录中文字或数字有错误，这时采用画线更正法。更正时，先在错误的文字或数字（整个）上画一道红线，但要使原字迹仍可辨认，然后在红线上方空白处用蓝字填上正确的文字或数字。记账人员需在更正处盖章。

2. 红字更正法

这种方法又称红字冲账法。此方法适用于记账凭证上的应记科目或金额发生错误，并已登记入账。发生这种错误不论是结账前还是结账后，也不论是金额错误还是分录错误，都可采用红字更正法更正。更正时，先用红字金额填制一张内容与此错误记账凭证完全相同的记账凭证，并在“摘要”栏中写明“更正第×号凭证错误”，并据以用红字金额登记入账，冲销原有的错误记录；然后，再用蓝字填写一张正确的记账凭证，登记入账。

如在记账后发现记账凭证上的应借、应贷科目没错，仅是金额大于正确数，则用红字更正法冲销多记的金额即可。

3. 补充登记法

这种方法适用于在记账后发现记账凭证中应借、应贷科目正确，只是所填金额小于应记金额，这时可采用补充登记法予以更正。更正时，按原应借、应贷科目编制一张记账凭证，所列金额为少记的金额，并据此登记入账。同时在“摘要”栏内注明原记账凭证的日期、编号及更正理由等。

【例4-4】 某企业签发转账支票6 000元，预付本季度租入固定资产租金。原编制记账凭证的会计分录为：

借：制造费用　　　　6 000

　　贷：银行存款　　　　6 000

并已入账。更正时，用红字填制一张与原错误记账凭证完全一样的记账凭证，并据以用红字金额登记入账。

借：制造费用　　6 000（红字）

　　贷：银行存款　　6 000（红字）

然后，再用蓝字填写一张正确的记账凭证，登记入账。

借：预付账款　　6 000

　　贷：银行存款　　6 000

【例 4-5】 某企业结算本月应付职工工资，其中生产工人工资为 20 000 元，企业行政部门人员工资为 4 300 元。原编制记账凭证的会计分录为：

借：生产成本　　20 000

　　管理费用　　4 300

　　贷：应付职工薪酬　　24 300

该记账凭证在登记总账时，其“管理费用”科目借方所记金额为 3 400 元。

更正时，先在错误的数字 3 400 上画一道红线，然后在红线上方空白处用蓝字填上正确数字 4 300，记账人员还需在更正处盖章。

【例 4-6】 某企业收到购货单位偿还上月所欠货款 8 700 元，存入银行。原编制记账凭证的会计分录为：

借：银行存款　　7 800

　　贷：应收账款　　7 800

并已入账。更正时，按原应借、应贷科目编制一张会计凭证，所列金额为少记的金额，并据此登记入账。

借：银行存款　　900

　　贷：应收账款　　900

七、对账与结账

记账、对账和结账是三个相互联系、不可分割的工作环节。

（一）对账

对账就是对账簿和账户所记录的有关数据加以检查核对的工作。它是会计核算的一项重要内容。对账的内容主要有以下三点：

1. 账证核对

账证核对是指将账簿记录与会计凭证核对。这是保证账账相符、账实相符的基础。这项工作在平时编制凭证和记账时就要进行；结账时，对主要内容有疑问的地方，再进行重点抽查核对。

2. 账账核对

账账核对是指各种账簿之间有关数字的核对。其主要内容有：

（1）总账中，借方余额合计数与贷方余额合计数的核对，看它们是否相符。

（2）总账中，“库存现金”与“银行存款”账户的余额数与对应的日记账余额数核对。

(3) 总账中，各账户的月末余额，与所属明细分类账户月末余额之和核对。

会计部门有关财产物资的明细账的余额，与财产物资保管部门或使用部门相应的明细账(卡)核对。

3. 账实核对

账实核对是指有关财产物资明细账的结存量与实存量的核对，各种货币资金和结算款项的账面余额与实存数的核对。

货币资金和结算款项的账面余额与实存数的核对包括：①库存现金日记账账面余额与实际库存现金的核对，这是每天都要进行的；②银行存款日记账的账面余额与银行对账单的核对，这是每月至少要进行一次的；③各种往来款项明细账余额与结算单位或个人的核对；④已上缴的税金及其他预交款应按规定时间与有关部门核对。

账物核对通过财产清查的方式进行，账款核对中的结算款项一般用对账单（询证函）的方式核对。

(二) 结账

结账是指把一定时期内发生的经济业务在全部登记入账的基础上，按照规定的方法对该时期的账簿记录进行小结，结算出本期发生额合计数和余额，并将余额结转至下期或者转入新账。企业为了反映一定时期内的财务状况和经营成果，必须按照规定定期结账，一般应在会计期末进行。通常，结账工作包括两部分内容：一是对损益类账户进行结账，据以确定本期的利润或亏损，并在账户上把经营成果揭示出来；二是对资产、负债和所有者权益类账户进行结账，分别结出各总分类账户和明细分类账户的本期发生额和期末余额，并将期末余额结转至下期。

1. 结账前的准备工作

为准确反映本期的经营成果及期末的资产、负债和所有者权益情况，结账前应做好以下准备工作：

(1) 检查本期经济业务是否已全部登记入账，有无错记、漏记，若有，应及时更正、补记，不能为了编财务报表而提前结账，把本期发生的经济业务延至下期。

(2) 按照应计制原则进行账项调整，以确定本期的收入和费用，如该摊销的费用应摊销、该预提的支出应计提。

(3) 计算确定本期的产品或商品销售成本，以便与本期产品或商品销售收入进行配比，确定本期的经营成果。

(4) 最后进行对账，保证账证相符、账账相符、账实相符。

2. 结账的内容

结账工作应当根据不同的账户记录，分别采用不同的方法，一般分为月结和年结两种，具体内容如下：

(1) 对于不需要按月结计本期发生额的账户，如各种应收、应付明细账和财产物资明细账等，每次记账后，都要随时结出余额，每月最后一笔余额即为本月余额。只需在最后一笔经济业务记录下通栏画红单线，不需要再结计一次余额。

(2) 库存现金、银行存款日记账和需要按月结计发生额的收入、费用等明细账，每月结账时，要在最后一笔业务记录下面通栏画红单线，结出本月发生额和余额，在“摘要”栏注明“本月合计”字样，在下面画通栏红单线，其后可连续记录下月的经济业务。

（3）需要结计本年累计发生额的某些明细账，除每月结账外，还应进行季结和年结。季结是指结算出本季度的发生额及季末余额，写在季末最后一个月月结数的下一行，在“摘要”栏注明“×季度季结”字样，并在季结下面画通栏红单线。年度终了，结算出本年发生额合计数，记入第四季度季结的下一行，在“摘要”栏注明“本年合计”字样。

（4）总分类账户平时只需结出月末余额。年度结账时，为总括反映全年各项资金运动情况，核对账目，要将所有总分类账户结出全年发生额和年末余额，在“摘要”栏注明“本年合计”字样，并在合计数下通栏画红双线，表示本年业务到此为止。

3. 结账时应注意的问题

（1）年度终了结账时，有余额的账户，要将其余额结转至下年。结转的方法是，将余额直接记入新账期初余额栏内，不需要编制记账凭证。

（2）对于新的会计年度建账问题，一般来说，总账、日记账和多数明细账应每年更换一次。但有些财产物资明细账和债权债务明细账，由于材料品种、规格和往来单位较多，更换新账的工作量较大，因此可以跨年度使用，不必每年更换一次。各种备查簿也可以连续使用。

（3）会计电算化条件下，结账工作可以利用计算机进行。

八、试算平衡

本部分内容见第二章第五节相关内容。

九、账项调整

本部分内容见第三章第三节内容。

第四节　编制财务报表

一、财务报告体系

财务报告包括财务报表、财务报表附注和其他应该在财务报告中披露的信息。

财务报表是财务报告的主干部分，是以企业的会计凭证、会计账簿和其他会计资料为依据，以货币作为计量单位，总括地反映企业的财务状况、经营成果和现金流量，按照规定的格式、内容和填报要求，定期编制并对外报送的书面报告文件。由于它一般以表格的形式表现出来，因而称为财务报表。企业应该对外提供的财务报表主要包括：资产负债表、利润表、现金流量表和所有者权益变动表。

财务报表附注是财务报告不可缺少的组成部分，是对财务报表本身难以充分表达或无法表达的内容和项目，以另一种形式（如脚注说明、括弧旁注说明等文字形式）对财务报表的编制基础、编制依据、编制原则和方法以及主要项目所做的补充说明和详细解释。财务报告体系中包括一定量的报表附注：一是可以提高财务报表内有关信息的可比性；二是通过释疑，增进财务报表内有关信息的易懂性；三是详细说明、重点报道，突出有关会计信息的重要性。

在财务报告体系中，财务报表及其附注固然是其中的主要部分，但是，还应该看到，有

一些会计或其他经济信息是财务报表及其附注所无法揭示的，而这些信息对财务报表的用户来说可以帮助他们更全面地了解报告单位，对其经营成果与财务状况做出恰当的评价，如高层管理者的职业素养等信息。

二、财务报告的编报要求

编制财务报告的基本目的，是向会计信息使用者提供有关财务方面的信息，及时、准确、完整、清晰地反映会计主体的财务状况和经营成果。为了充分发挥会计信息的作用，确保信息质量，各会计主体必须按照规定的程序、方法和要求，编制真实、合法和公允的财务报告。

（一）财务报告编报的时间要求

信息具有时效性。财务报告只有及时编制和报送，才有利于会计信息的使用。否则，即使是真实可靠、全面完整的财务报告，也会失去其价值。在市场经济条件下，市场瞬息万变，因而对财务报告的及时性提出了更高的要求，企业必须根据市场的变化情况，及时调整生产经营活动，如果不能及时得到有关信息，不能对市场的变化做出及时的反应，那么企业在市场竞争中将会处于被动地位。

为了确保财务报告编报的及时性，政府有关部门对各单位财务报告的编报时间做出了明确的规定。一般来说，月度报告应于月份终了后 6 天内报出（节假日顺延，下同）；季度中期财务报告应当于季度终了后 30 天内对外提供；半年度中期报告应于年度中期结束后 60 天内提供；年度报告应于年度终了后 4 个月内报出。这就要求会计部门必须加强日常的核算工作，认真做好记账、算账、对账、财产清查和账项调整等编报前的准备工作，加强会计人员的配合协作，高质、高效地完成会计信息的报送工作。

（二）财务报告编报的格式要求

各会计主体必须按照国家统一会计制度规定的内容、格式，编制和对外报送财务报告。

财务报告包括财务报表和附注。各单位向外提供的财务报表主要包括资产负债表、利润表、现金流量表和所有者权益变动表，我国企业会计准则统一了其格式。

单位内部使用的财务报表，其格式和要求由各单位自行规定。

（三）财务报告编报的内容要求

为了确保财务报告的质量，使会计信息真正为使用者进行管理和决策提供重要依据，财务报告的编制要做到以下几点：

1. 数字真实

根据客观性原则，企业财务报表所填列的数字必须真实可靠，准确反映企业的财务状况和经营成果，不得以估计数字填列，更不得弄虚作假、篡改伪造数字。

2. 计算准确

财务报表上的各项指标，都必须按企业会计准则中规定的口径填列，不得任意删减或增加，凡需经计算填列的指标，都应按规定计算填列。

3. 内容完整

各单位对国家规定应予填报的各种报表和各表内项目，要填报齐全，不得随意漏编、漏报；应当汇总编制的各所属单位的财务报表必须全部汇总；报表附注及财务情况说明书，必须同时编报。

4. 说明清楚

财务报表编制之后，还必须按照企业会计准则和有关规定及上级主管部门的要求，对需要说明的诸如财务报表中主要指标的构成和计算方法、本报告期发生的特殊情况等问题，写出简要的文字说明，以便使用者了解与财务报告有关的情况，做出正确决策和判断。

三、财务报表的结构及种类

1. 财务报表的结构

(1) 表头。表头主要包括财务报表的名称、反映的时间或某一会计期间、编表单位名称和盖章、报表编号和金额单位等内容。

(2) 主表。主表即财务报表的主要内容，反映其所要提供的主要会计信息。

(3) 附注。附注是指对在财务报表中列示项目所做的进一步说明，以及对未能在这些报表中列示项目的说明等。它主要包括：①所采用的主要会计处理方法；②会计处理方法的变更及非正常项目的说明；③财务报表中有关重要项目的明细资料；④其他有助于理解和分析报表的事项。

2. 财务报表的种类

为了加深对主要财务报表的意义及其结构内容的理解，掌握报表体系的规律性，有必要对报表进行分类研究。

(1) 按照报表所反映的经济内容不同，可分为反映企业财务状况的报表（资产负债表)、反映企业经营成果的报表（利润表)、反映企业现金流量的报表（现金流量表)、反映企业本期内截至期末所有者权益变动情况的报表（所有者权益变动表)、反映企业收支情况的报表（主营业务收支明细表）和反映企业成本、费用情况的报表（产品生产成本表）等。

(2) 按照报表报送对象不同，可分为对外财务报表和对内财务报表两类。

1) 对外财务报表，主要包括资产负债表、利润表、现金流量表和所有者权益变动表。它们的具体格式、编制方法和报送时间均由财政部统一规定，任何单位不得随意增减。

2) 对内财务报表，主要包括反映企业收支情况的财务报表和反映企业成本、费用情况的财务报表。它们的种类、格式、编制方法及时间均由各单位自行规定和设计。

(3) 按照报表编制主体不同，可分为个别财务报表和合并财务报表两类。

1) 个别财务报表是指对外投资的单位所编制的只反映本单位的财务状况及经营成果的财务报表，包括对内财务报表和对外财务报表。

2) 合并财务报表，将投资与被投资企业视为一个会计主体，由投资企业编制，反映投资与被投资企业共同的财务状况和经营成果。一般只编制对外财务报表。

(4) 按照报表编制时间不同，可分为年度、半年度、季度和月度财务报表四类。

1) 年度财务报表亦称年报，是总括反映企业年终财务状况和全年经营成果的财务报表，应至少反映两个会计年度的比较数据，主要包括资产负债表、利润表、现金流量表和所有者权益变动表。

2) 半年度财务报表亦称中报，是总括反映企业会计年度中期财务状况、经营成果和现金流量的财务报表，应至少反映两个相关会计期间的比较数据，主要包括资产负债表、利润表和现金流量表。

3) 季度财务报表亦称季报，是总括反映企业季末的财务状况和一个季度的经营成果和

现金流量的财务报表，主要包括资产负债表、利润表和现金流量表。

4）月度财务报表亦称月报，是总括反映企业月末的财务状况和一个月的经营成果及现金流量的财务报表，主要包括资产负债表、利润表和现金流量表。

（5）按照报表编制单位不同，可分为单位报表和汇总报表两类。

1）单位报表是指由独立核算的会计主体编制的财务报表。

2）汇总报表是指由上级主管部门汇总其各基层单位的财务报表而编制的财务报表。

（6）按照报表反映的资金运动状态，可分为静态报表和动态报表两类。

1）静态报表亦称时点报表，如资产负债表。

2）动态报表亦称时期报表，如利润表和现金流量表。

四、财务报表的编制

1. 资产负债表

资产负债表是反映企业在某一特定日期（月末、季末、半年末和年末）的财务状况的财务报表。它是根据资产、负债和所有者权益之间的相互关系，按照一定的分类标准和一定的排列顺序，并对日常会计核算工作中形成的大量数据进行高度浓缩整理后编制而成的。它表明企业在某一特定日期所拥有或控制的经济资源、所承担的现有义务和所有者对企业净资产的要求权。其编表依据是：资产 = 负债 + 所有者权益。资产负债表提供企业当前所拥有或控制的经济资源总额及其分布情况，有利于衡量企业的经济实力，分析和评价企业的生产经营能力和经济资源构成是否合理；提供企业经济资源的来源渠道及构成情况，有利于分析企业资本结构的合理性和企业所面临的财务风险；了解企业的财务实力、偿债能力和支付能力，有利于做出正确的经营决策、投资决策和筹资决策；资产负债表提供并比较资产、负债和所有者权益的年初数和年末数，有利于了解企业资金结构的变化情况、财务状况的变动情况和变动趋势。

资产负债表的结构是指资产、负债和所有者权益及其包括的各项目之间的内在关系，以一定的格式在资产负债表中的排序。其中，资产项目按其流动性的强弱（即变现能力的大小）排序；负债项目按偿还期限的长短排序；所有者权益项目按永久性递减排序。

资产负债表的编制主要是通过对日常会计核算记录的数据加以归集、整理，使之成为有用的会计信息。如何将日常数据转化为可以对外披露的有用信息，是保证信息披露质量的重要因素。由于资产负债表是反映企业某一特定日期资产和权益的分布状况及其数额的财务报表，而企业某一特定日期资产和权益的分布状况及其数额则表现为资产类账户和权益类账户的期末余额，所以，资产负债表上各项目的金额，总体上讲是根据资产类账户和权益类账户的期末余额填列的。其具体格式如表 4-10 所示。

表 4-10　资产负债表

编表单位：　　　　　　　　　　年　月　日　　　　　　　　　　单位：元

资　产	年初余额	期末余额	负债和所有者权益	年初余额	期末余额
流动资产：			流动负债：		
货币资金			短期借款		
以公允价值计量且其变动计入当期损益的金融资产			应付票据		

（续）

资　　产	年初余额	期末余额	负债和所有者权益	年初余额	期末余额
应收票据			应付账款		
应收股利			预收款项		
应收利息			应付职工薪酬		
应收账款			应付股利		
预付款项			应交税费		
其他应收款			其他应付款		
存　货			一年内到期的非流动负债		
流动资产合计			流动负债合计		
非流动资产：			非流动负债：		
可供出售金融资产			长期借款		
持有至到期投资			应付债券		
长期股权投资			长期应付款		
投资性房地产			预计负债		
固定资产			递延所得税负债		
在建工程			其他非流动负债		
工程物资			负债合计		
固定资产清理			所有者权益		
无形资产			实收资本		
长期待摊费用			资本公积		
递延所得税资产			盈余公积		
其他非流动资产			未分配利润		
非流动资产合计			所有者权益合计		
资产总计			负债和所有者权益总计		

2. 利润表

利润表是总括反映企业在一定时期（年度、月度）内利润的形成或亏损的发生情况的财务报表。它是根据收入和费用之间的相互关系，按照一定的分类标准和一定的排列顺序，并对日常会计核算工作中形成的大量数据进行高度浓缩整理后编制而成的。它反映企业在某一特定时期实现的收入和发生的费用以及相抵后的差额。其编表依据是：收入－费用＝利润。利润表提供的信息可以用来分析和考核企业利润计划的执行结果及增减变动的原因；分析、评价企业的经营效率和效果，衡量企业资本保全的情况；了解企业利润变化的趋势，评价企业的成长潜力；为企业管理者和外部利害关系集团做出正确决策提供重要依据；也可以用来评价企业的营运能力、盈利能力和资金的运用效果。

利润表的结构是指收入、费用和利润及其包括的项目之间的内在关系，以一定的格式在利润表中的排序。利润表按是否反映企业“利润总额”的构成内容和层次，其格式分为单步式和多步式两种。我国企业会计准则规定企业的利润表采用多步式。

由于利润表反映企业在一定时期内收入实现、费用发生和利润形成的情况，而这一情况反映在账户中是损益类账户的发生额，所以利润表的总体编制方法是根据损益类账户的发生额直接填列。其具体格式如表 4-11 所示。

表 4-11 利润表

编表单位： 年 月 单位：元

项目	行次	本月数	本年累计数
一、营业收入	1		
减：营业成本	2		
税金及附加	3		
销售费用	4		
管理费用	5		
财务费用	6		
资产减值损失	7		
加：公允价值变动收益（损失以“－”号填列）	8		
投资收益（损失以“－”号填列）	9		
二、营业利润（亏损以“－”号填列）	10		
加：营业外收入	11		
减：营业外支出	12		
三、利润总额（亏损总额用“－”号填列）	13		
减：所得税费用	14		
四、净利润（净亏损以“－”号填列）	15		

3. 现金流量表

现金流量表是以现金为基础编制的反映企业财务变动状况的报表。它反映企业在一定会计期间有关现金和现金等价物的流入和流出的信息，表明企业获得现金和现金等价物（除特别说明外以后所称的现金均包括现金等价物）的能力。现金流量表是以现金为基础编制的，这里的现金是指企业库存现金、可以随时用于支付的存款以及现金等价物。

《企业会计准则第 31 号——现金流量表》明确指出，编制现金流量表的目的，是为财务报表使用者提供企业在一定会计期间现金和现金等价物流入和流出的信息，以便报表使用者了解和评价企业获取现金和现金等价物的能力，并据以预测企业的未来现金流量。该准则将现金流量分为三类，即经营活动产生的现金流量、投资活动产生的现金流量与筹资活动产生的现金流量。

为区别于资产负债表和利润表，现金流量表的编制采用现金制，即收付实现制，而非应计制（权责发生制）。其具体格式如表 4-12 所示。

表 4-12 现金流量表

编制单位： 年 月 单位：元

项目	行次	本期金额	上期金额
一、经营活动产生的现金流量：	1		
销售商品、提供劳务收到的现金	2		
收到的税费返还	3		
收到其他与经营活动有关的现金	4		
经营活动现金流入小计	5		
购买商品、接受劳务支付的现金	6		
支付给职工以及为职工支付的现金	7		

（续）

项 目	行 次	本期金额	上期金额
支付的各项税费	8		
支付其他与经营活动有关的现金	9		
经营活动现金流出小计	10		
经营活动产生的现金流量净额	11		
二、投资活动产生的现金流量：	12		
收回投资收到的现金	13		
取得投资收益收到的现金	14		
处置固定资产、无形资产和其他长期资产收回的现金净额	15		
处置子公司及其他营业单位收到的现金净额	16		
收到其他与投资活动有关的现金	17		
投资活动现金流入小计	18		
购建固定资产、无形资产和其他长期资产支付的现金	19		
投资支付的现金	20		
取得子公司及其他营业单位支付的现金净额	21		
支付其他与投资活动有关的现金	22		
投资活动现金流出小计	23		
投资活动产生的现金流量净额	24		
三、筹资活动产生的现金流量：	25		
吸收投资收到的现金	26		
取得借款收到的现金	27		
收到其他与筹资活动有关的现金	28		
筹资活动现金流入小计	29		
偿还债务支付的现金	30		
分配股利、利润或偿付利息支付的现金	31		
支付其他与筹资活动有关的现金	32		
筹资活动现金流出小计	33		
筹资活动产生的现金流量净额	34		
四、汇率变动对现金及现金等价物的影响：	35		
五、现金及现金等价物净增加额：	36		
加：期初现金及现金等价物余额	37		
六、期末现金及现金等价物余额	38		

第五节 会计循环的运用——财务报表编制的案例研究

下面仅以最简单的业务为例说明报表编制的实际流程。

【例4-7】 2016年10月南方公司发生以下业务：

（1）10月5日，向中国建设银行泉州鲤城支行借入一年期贷款50 000元，向华南国际信托公司借入一年期贷款50 000元，同时向中国工商银行泉州丰泽支行借入两年期贷款100 000元。

（2）10月20日，收到明光工厂投入的一台全新设备A，价值50 000元。

（3）10 月 25 日，收到向东工厂投入的设备 B，价值 100 000 元。

请运用本章知识编制南方公司的财务报表。

第一步，审核原始凭证。注意，主要审核原始凭证的主要内容是否合法、书写是否正确等。

第二步，根据审核无误的原始凭证编制记账凭证。注意记账凭证的要件，尤其是会计分录的编制及其附有的原始凭证的张数。其会计分录如下：

（1）借：银行存款　　200 000
　　贷：短期借款——中国建设银行泉州鲤城支行　　50 000
　　　　　　　——华南国际信托公司　　50 000
　　　　长期借款——中国工商银行泉州丰泽支行　　100 000

（2）借：固定资产——设备 A　　50 000
　　贷：实收资本——明光工厂　　50 000

（3）借：固定资产——设备 B　　100 000
　　贷：实收资本——向东工厂　　100 000

第三步，根据审核无误的记账凭证登记明细账和总账。

（1）根据银行收款记账凭证登记银行存款日记账。

（2）根据银行收款记账凭证登记短期借款明细账，此处明细账有两个：中国建设银行泉州鲤城支行和华南国际信托公司；根据银行收款记账凭证登记长期借款明细账，即中国工商银行泉州丰泽支行。

（3）根据短期借款明细账登记短期借款总账，根据长期借款明细账登记长期借款总账。

（4）根据转账凭证登记实收资本的两个明细账：明光工厂和向东工厂。

（5）根据实收资本明细账登记实收资本总账。

（6）根据转账凭证登记固定资产的两个明细账：设备 A 和设备 B。

（7）根据固定资产明细账登记固定资产总账。

第四步，结账。由于本案例中企业刚成立，故账户均为期初余额。

第五步，根据应计制进行账项调整。本案例不需要进行账项调整。

第六步，进行试算平衡。本案例只有期初试算平衡，没有本期发生额，也没有期末余额。

第七步，根据总账、明细账和日记账等编制财务报表。由于本案例发生于企业成立之时，所以它只有资产负债表，而利润表与现金流量表只有在企业运作之时才会发生。其资产负债表如表 4-13 所示。

表 4-13　资产负债表

编制单位：南方公司　　2016 年 10 月 31 日　　单位：元

资　产		负债和所有者权益	
		流动负债：	
流动资产：		短期借款	100 000
货币资金	200 000	非流动负债：	
非流动资产：		长期借款	100 000
固定资产	150 000	负债合计：	200 000
		所有者权益：	
		实收资本	150 000
资产合计	350 000	负债和所有者权益合计	350 000

思 考 题

1. 原始凭证与记账凭证有什么关系？
2. 记账凭证的填制有哪些要求？
3. 更正错账的方法有哪些？它们各自的适用范围是什么？
4. 对账包括哪些内容？
5. 会计账簿有哪些作用？
6. 总账与明细账平行登记法的要点是什么？如何核对总账与明细账？
7. 财务报告是由哪几部分组成的？

练 习 题

习题一

1. 目的：练习库存现金日记账和银行存款日记账（三栏式）的登记方法。

2. 资料：某企业2016年12月月初库存现金日记账余额为500元，银行存款日记账余额为978 000元。本月发生下列有关经济业务：

（1）1日，职工陈光预借差旅费200元，经审核以现金付讫。

（2）2日，签发现金支票4 000元，从银行提取现金，以备日常开支需要。

（3）5日，从银行取得短期借款80 000元，存入开户行。

（4）6日，从银行提取现金46 000元，以备发放工资。

（5）7日，以现金46 000元发放本月职工工资。

（6）7日，生产车间报销日常开支费用，经审核，以现金1 900元支付。

（7）10日，收到银行通知，购货单位偿还上月所欠货款95 000元，已收妥入账。

（8）12日，行政管理部门报销购买零星办公用品费800元，经审核以现金付讫。

（9）12日，收到购货单位预付的货款5 700元，存入银行。

（10）12日，采购员王民回厂报销差旅费4 500元，当初预借5 000元，余款退回现金。

（11）14日，仓库保管员交来现金60元，偿还上月应向企业支付的赔款。

（12）15日，签发转账支票24 000元，支付所欠供应单位货款。

（13）17日，以现金1 000元支付罚款。

（14）20日，以银行存款支付为购货单位代垫的运杂费540元。

（15）21日，接到银行通知，第四季度实际借款利息为3 000元，已用结算户存款划账支付（该企业采用季末结算，按月预提借款利息的办法）。

（16）21日，接到银行通知，第四季度存款利息收入共计2 400元，已预提。

（17）27日，收到购货单位的现金支票500元，用于暂付包装物押金。

（18）30日，接到银行付款通知，支付本月生产车间水电费21 000元。

（19）30日，企业偿还两年期借款本金50 000元。

3. 要求：编制上述经济业务的记账凭证（用会计分录代替）。

习题二

1. 目的：练习更正错账的方法。

2. 资料：某企业将账簿与记账凭证进行核对，发现下列经济业务的凭证内容或账簿记录有误：

（1）开出现金支票180元，支付企业行政管理部门的日常零星开支。原编制记账凭证的会计分录为：

借：管理费用　　180
　　贷：库存现金　　180

（2）结转本月实际完工产品的制造成本共计 4 500 元。原编制记账凭证的会计分录为：

借：库存商品　　4 000
　　贷：生产成本　　4 000

（3）结转本月已销售产品的制造成本 48 000 元，原编制记账凭证的会计分录为：

借：主营业务成本　　45 000
　　贷：库存商品　　45 000

（4）用银行存款支付所欠供应单位货款 3 600 元。原编制记账凭证的会计分录为：

借：应付账款　　5 600
　　贷：银行存款　　5 600

（5）采购员报销属于管理费用开支的差旅费 400 元，当初预借 600 元，余款交回现金。原编制记账凭证的会计分录为：

借：管理费用　　400
　　库存现金　　200
　　贷：其他应收款　　600

该记账凭证在登记总账时，“其他应收款”科目贷方所记金额为 60 元。

3. 要求：将上述各项经济业务账簿处理的错误，分别采用适当的更正错账的方法予以更正。

第二部分　企业会计核算实务

会计按其服务对象可以分为企业会计和非营利组织会计。企业会计主要服务于需要核算经营成果的单位；而非营利组织会计，主要服务于政府、学校等不需要计算经营成果的单位。企业会计核算以应计制为基础，各种收入和费用的确认以收入实现和费用承担的时间为标准确认归属期；而非营利组织会计是以现金制为基础，各种收入和费用以款项实际收支时间为标准确认归属期。非营利组织会计的核算过程较为简单，而企业会计的核算较为复杂。本部分较为系统、全面地介绍企业会计各要素的确认、计量、记录和报表项目编制方法。第五～第十章介绍货币资金、应收款项、存货、投资、固定资产、无形资产等资产项目的报表项目内容和核算方法；第十一章介绍负债的含义、特点及各流动负债和非流动负债项目的核算方法；第十二章介绍所有者权益的内容、形成过程及各项目的核算方法；第十三章介绍利润表各主要项目的内容、确认方法和利润的形成过程；第十四章简单介绍会计利润与应税所得之间差异的形成原因及差异的会计处理方法。通过本部分的学习，学生可以深入理解资产负债表和利润表各项目的含义，为进一步阅读、理解乃至在各种决策中应用会计信息打下良好基础。

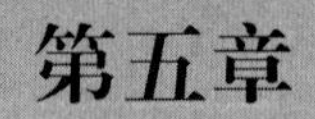

第五章 货币资金

货币资金是指处于货币状态的资产，包括出纳人员保管的库存现金、存于银行的银行存款，以及采用其他结算方式产生的具有特定用途的资金。货币资金是企业流动资产的重要组成部分，其业务收支十分频繁，流动性极大。此外，货币资金是企业资金运动的起点，又是企业资金运动的终点，在企业资金循环和周转过程中起着特殊的纽带作用，因此必须加强货币资金的管理。

在资产负债表中，只有一个货币资金项目，这是因为对财务报表的使用者而言，无论企业的货币资金存放何处，也不论是何种存在方式，都不影响企业的财务状况，因此在报表中，货币资金只需以汇总的方式披露即可。但从企业内部管理的角度来看，货币资金存放地点不同或存在方式不同，其管理的手段也不同，因此为了加强货币资金的管理，有必要针对各种货币资金设置相应的账户。一般情况下，可以设置“库存现金”“银行存款”“其他货币资金”三个账户。“库存现金”账户用来反映出纳保管的库存现金的增减变动及其余额；“银行存款”账户用来反映企业存放在银行的存款的增减变动及其余额；而“其他货币资金”账户用来反映企业采用其他结算方式产生的具有特定用途的货币资金的增减变动及其余额，这种货币资金包括银行汇票存款、银行本票存款、信用证保证金存款及外埠存款等。下面详细介绍各种货币资金。

第一节　库存现金

现金是商品交换的媒介，具有通用性、流动性强的特点。现金有广义和狭义之分。广义的现金是指货币资金；狭义的现金是指出纳人员保管的库存现金。现金流量表中的现金，通常是指广义现金；会计学中，现金管理或现金账户所涉及的现金一般指狭义现金。本节所讨论的现金是狭义现金。现金的核算较为简单，而很多不法行为都与现金管理不善有关，因此现金的管理极为重要。

一、库存现金的管理

现金的流动性很强，随时可以用于各种经济业务结算。企业每天都会发生大量的现金收支活动。例如，销售商品、提供劳务取得的现金收入；发放工资、津贴，零星采购，支付日常费用等发生的现金支出。现金收支频繁，用途广泛，可以随时转换成其他资产，因而容易被盗用或侵占。现金管理的目的是：保证企业在经营活动中有足够的现金，在需要时能够随时支付。因此，企业应在此基础上合理规划现金的余额，尽量减少现金的占用量，同时采取

必要的措施加强现金的管理和控制，避免偷盗、侵吞、挪用等行为。现金的管理包括现金内部控制制度的制定和现金的日常管理等。

现金具有流动性和通用性强、收支频繁等特点，因此企业必须对现金进行严格的管理和控制，建立健全现金内部控制制度，使现金管理的各个环节做到分工协调、互相牵制，保证现金正常运转，不受损失。现金的内部控制一般由现金收入的内部控制、现金支出的内部控制和库存现金的内部控制三个子系统构成。

1. 现金收入的内部控制

对不同企业及不同收入项目，现金收入的内部控制系统不同。对企业销售商品或提供劳务取得的现金收入，一般要经历业务部门开票、出纳收款、仓库发货及会计审核记账等环节。每一环节经办人员的职责如下：

（1）现金销售业务发生时，由业务部门业务人员开具一式四联的销售票据，其中一联作为存根及销售统计，另外三联由客户或业务员传递到收款处。业务部门须每天进行销售统计，并将日销售统计表传递到财务部门。

（2）收款处的出纳人员根据销售票据收取现金，在票据上加盖“现金收讫”章，将其中一联留存作为统计现金收入的依据；剩余两联销售票据退还给业务人员或销售客户，其中一联用于到仓库领取商品，另外一联用于最后换取增值税专用发票或普通发票。收款处出纳每天应将所收到的全部现金缴存银行，并将从银行取得的现金进账单传递到财务部门。

（3）仓库管理人员根据盖有“现金收讫”章的销售票据发出商品，根据销售票据登记库存商品明细账，并定期将销售票据汇总后传递到财务部门。

（4）财务部门会计人员核对每天从业务部门传来的销售汇总表和从出纳传来的银行进账单，同时与仓库的发出商品记录核对，并根据有关单据记账。

2. 现金支出的内部控制

与现金收入类似，对不同的企业、不同的现金支出项目，现金的内部控制方法也不同。一般来说，现金支出必须经历现金使用单位或个人提出用款（或报销）申请、有关主管人员授权批准、会计审核、出纳付款等环节。具体过程如下：

（1）用款单位或个人提出用款（或报销）申请，填写相应的用款申请单据（如借款单）或报销单，然后提交主管人员批准。

（2）主管人员批准，同时在单据上签字。

（3）会计人员根据有关财务制度和单位内部规章制度进行审核，确定具体用款或报销金额，签字后提交出纳付款。

（4）出纳根据会计确定的金额付款后，在单据上盖“现金付讫”章，登记库存现金日记账后，将单据退还会计，用于相应的账务处理。

3. 库存现金的内部控制

库存现金内部控制的主要目的是保证库存现金的安全完整，每天保留的库存现金限额合理可靠。其控制措施的具体内容有：

（1）根据业务需要核定现金的库存限额，并按规定的限额控制库存现金。超额部分应在规定期限内解缴到银行。

（2）库存现金日记账要做到日清月结，账款相符。企业出纳每天业务结束时，必须清点现金，并与库存现金日记账进行核对，不得以“白条”抵库。如果账款不符，应及时查明原因，并按有关规定处理。

（3）企业不得“坐支现金”，企业收入现金应全额缴存银行。需要使用现金，可以从库存现金支付，库存现金不足时，应从银行提取现金。

（4）企业审计或会计稽核人员应定期或不定期地对库存现金进行核查或突击检查，促进内部控制制度的严格执行。

二、库存现金的核算

（一）库存现金收付的核算

企业发生现金收付业务时，必须取得或填制记载现金收付的原始凭证。企业会计人员应严格审核现金收付原始凭证，审核原始凭证记载的内容和金额是否合理、合法和合规；审核有关手续是否完备、数字是否真实正确、所填写内容是否齐全。现金收付款凭证经企业主管领导批准和会计审核无误后，出纳将据此办理现金收付和登记库存现金日记账，会计人员据此编制“收款凭证”和“付款凭证”，然后进行“库存现金”账户的总分类核算。企业如果有外币现金，应分别设置人民币和外币库存现金日记账进行明细分类核算。

（二）备用金的核算

企业的业务部门、办公室经常会因业务需要发生一些零星的日常开支，如差旅费、日常购买小额办公用品、交际应酬等。这些开支金额小，发生频繁。为了减少审批、领用、报销及记账工作量，企业事先付给业务部门一定数额的现金，供其日常零星开支使用，这种款项称为备用金。备用金使用以后，由备用金负责人收集有关支付事项的发票、单据、凭证，并加以保管，然后在规定的时间内到财务部门集中办理报销。

备用金分为定额备用金和非定额备用金两种。定额备用金是指企业拨付的备用金，供业务部门长期使用，业务发生后，在规定的时间内汇总报销，并补足原核定的备用金差额。非定额备用金在需要时设立，报销后即注销，现金不留在业务部门。

企业的备用金核算可通过“其他应收款”账户进行。建立备用金时，应借记“其他应收款”账户，贷记“库存现金”账户。报销时，定额备用金和非定额备用金的核算有所不同，下面分别举例说明。

1. 定额备用金的核算

【例5-1】 某企业的财务部门为采购部门实行定额备用金制度，财务部门拨付备用金4 000元，根据备用金负责人签署的借款单据，做如下会计分录：

借：其他应收款——备用金（采购部门）　　4 000

　　贷：库存现金　　4 000

采购部门可以利用这笔现金进行零星现金支付，并妥善保管现金支付凭证。假如本月月末必须进行报销，则采购部门负责人要将所有现金支出凭证分类汇总，对所花费的办公费用支出填写报销单，经主管领导批准后，到财务部门办理报销。若报销金额为3 000元，则财务部门用现金补足差额。会计分录如下：

借：管理费用　　3 000

　　贷：库存现金　　3 000

这样“其他应收款——备用金（采购部门）”账户余额一直保持在4 000元不变，这就是“定额”的含义。当然，财务部门可以根据实际情况调增或调减备用金水平，此时备用金的余额就会发生变化。例如，财务部门决定将采购部门的备用金增加到5 000元，再拨付1 000元时，会计分录为：

借：其他应收款——备用金（采购部门）　　1 000
　　贷：库存现金　　1 000

2. 非定额备用金的核算

【例5-2】 企业行政人员王某要外出参加一个会议，向财务部门申请3 000元备用金。王某填写借条，经主管领导批准，会计审核后，到出纳处取款。会计据此借条做如下会计分录：

借：其他应收款——王某　　3 000
　　贷：库存现金　　3 000

王某开会回来，报销时应填写报销单，并将费用单据粘在报销单背面，然后经主管领导批准，会计审核，确定应报销金额。假定为2 500元，会计签章后交由出纳办理收付款。出纳办理付款后，将报销单退还会计，会计人员据此做如下会计分录：

借：管理费用　　2 500
　　库存现金　　500
　　贷：其他应收款——王某　　3 000

第二节　银行存款

银行存款是企业存入开户银行或其他金融机构的各项存款。一般来说，为了资金的安全，企业日常与外单位发生的大量结算业务，都是通过银行办理的。同样，企业收到的一切款项，除特殊需要外，也应解缴到银行。企业的一切支出，除金额较小可以使用现金结算外，其他均应通过银行办理结算。

一、银行存款账户的管理

《人民币银行结算账户管理办法》将企事业单位的存款账户分为四类：基本存款账户、一般存款账户、临时存款账户和专用存款账户。

一般企事业单位只能选择一家银行的一个营业机构开立一个基本存款账户，主要用于办理日常的转账结算和现金收付。企事业单位的工资、奖金等现金的支取，只能通过该账户办理。企事业单位可以在其他银行的一个营业机构开立一般存款账户，该账户可以办理转账结算和存入现金，但不能支取现金。临时存款账户是存款人因经营活动临时需要开立的账户，如企业异地产品展销、临时性采购等。专用存款账户是企事业单位因特定用途需要开立的账户，如基本建设项目专项资金等。企事业单位的销货款不能转入专用存款账户。

为了加强对基本存款账户的管理，企事业单位开立基本存款账户要实行开户许可制度，即必须凭中国人民银行当地分支机构核发的许可证办理，企事业单位不得为还贷、还债和套取现金而开立多头基本存款账户；不得出租、出借账户；不得违反规定为在异地存款和贷款而开立账户。任何单位和个人不得将单位资金以个人名义开立账户存储。

二、银行转账结算方式

为了合理地组织结算，保证结算业务准确、及时、安全，中国人民银行制定了统一的结算制度和结算方式。目前规范企事业单位结算的法律法规有《中华人民共和国票据法》《票据管理实施办法》，以及进行了全面修改、完善的《支付结算办法》等。

按照上述规定，企业目前可以选择使用的票据结算工具主要包括银行汇票、商业汇票、银行本票和支票等。可以选用的结算方式主要包括汇兑、托收承付和委托收款三种，另外还有信用卡结算方式。在国际贸易中可以采用汇款、托收和信用证等结算方式。企业采用的结算方式不同，其处理手续及有关会计核算也有所不同。下面分别介绍各种结算方式的手续特点。

1. 银行汇票

银行汇票是出票银行签发的，由其在见票时按照实际结算金额无条件支付给收款人或持票人的票据。银行汇票的基本当事人为出票人和收款人，出票人为签发银行，也是付款人。申请银行汇票的企业为申请人，申请人不是汇票的当事人。银行汇票可以背书转让；可以在同城和异地使用；既可以办理货款结算，也可以支取现金；没有起点金额限制。

银行汇票的结算流程如图 5-1 所示。

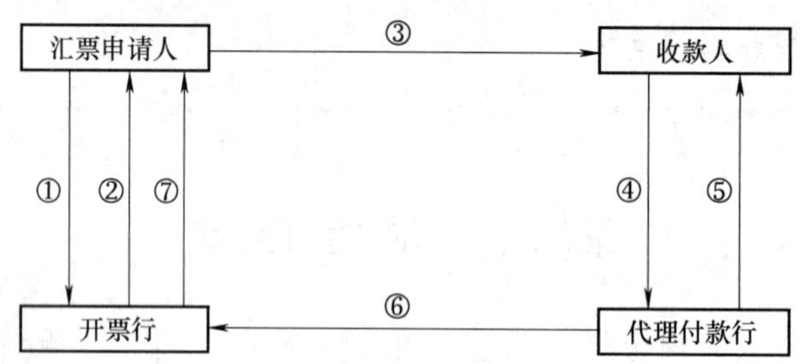

图 5-1 银行汇票的结算流程

其中：

① 银行汇票使用企业向银行申请汇票，填写“银行汇票申请书”。

② 银行向申请人交付银行汇票和解讫通知书。

③ 企业持汇票进行采购，采购后将实际结算金额填入汇票。

④ 收款人填写进账单，连同银行汇票和解讫通知交付银行。

⑤ 银行审核后在进账单上加盖“转讫”章，将进账单退回企业。

⑥ 代理付款行将有关票据传递给开票行。

⑦ 开票行将结算多余尾款转入企业的账户，并通知汇票使用单位。

2. 商业汇票

商业汇票是收款人或付款人（或承兑申请人）签发，由承兑人承兑，并在指定日期通过银行无条件支付确定的金额给收款人或持票人的票据。按承兑人划分，商业汇票可以分为

商业承兑汇票和银行承兑汇票。

商业承兑汇票是由收款人签发，经承兑人承兑，或由付款人签发并承兑的票据。若票据到期，付款人账户存款余额不足以支付，则银行会将票据退回收款人，由双方协商解决。

银行承兑汇票是由收款人或承兑申请人签发，并由承兑申请人向开户银行申请，经银行同意承兑的票据，承兑申请人要向银行支付一定金额的手续费。若票据到期，承兑申请人未能足额交存票款，则承兑银行除无条件支付票款外，还应对承兑申请人执行扣款，并加收罚息。

对于在银行开立存款账户的法人以及其他组织之间，具有真实的交易关系或债权债务关系，均可使用商业汇票结算方式。商业汇票的承兑期限由交易双方商定，最长不超过 6 个月。商业汇票一律记名，可以背书转让、贴现。

（1）商业承兑汇票的结算流程如图 5-2 所示。

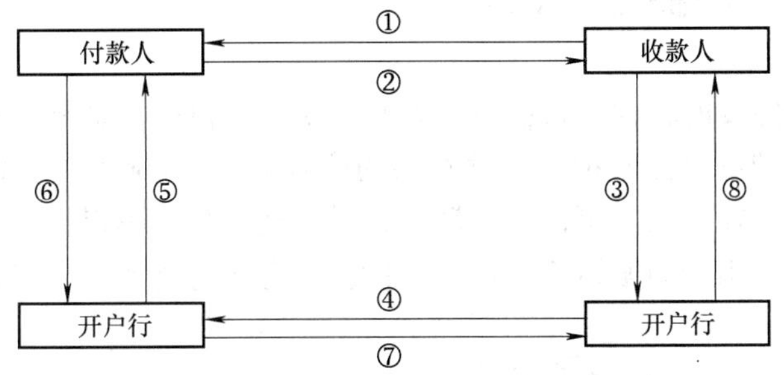

图 5-2　商业承兑汇票的结算流程

其中：

① 收款人（销售方）发出商品，同时签发商业汇票。

② 付款人收到商品，同时承兑汇票。

③ 收款人在汇票到期时，将商业汇票交付银行，委托其收款。

④ 收款人的开户行接受委托，将票据传递给付款人的开户行。

⑤ 付款人的开户行通知付款人付款。

⑥ 付款人通知银行付款。

⑦ 付款人的开户行将票款划给持票人。付款人不能支付时，付款人的开户行将商业汇票和未付款通知退给收款人的开户行。

⑧ 收款人的开户行通知收款人收款或退还商业汇票和未付款通知。

（2）银行承兑汇票的结算流程如图 5-3 所示。

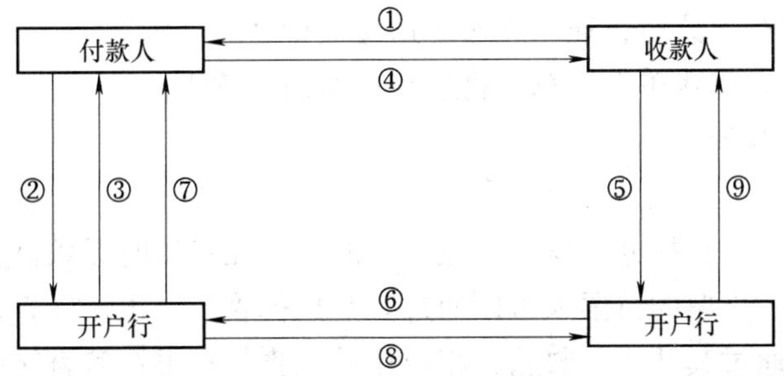

图 5-3　银行承兑汇票的结算流程

其中：

① 收款人（销售方）发出商品，同时签发商业汇票。

② 付款人收到商品，同时向银行申请承兑汇票。

③ 银行承兑汇票后，将已承兑的汇票交还申请人。

④ 付款人将银行承兑汇票交付收款人。

⑤ 收款人在汇票到期时，将商业汇票交付银行，委托其收款。

⑥ 收款人的开户行接受委托，将票据传递给付款人的开户行。

⑦ 付款人的开户行通知付款人付款。

⑧ 付款人的开户行将票款划给持票人。若付款人无力付款，银行将代为付款，同时对付款人执行扣款，并处罚息。

⑨ 收款人的开户行通知收款人收款。

3. 银行本票

银行本票是银行签发的，承诺自己在见票时无条件支付确定金额给收款人或持票人的票据。银行本票分定额和不定额两种。定额本票的面额分为 1 000 元、5 000 元、10 000 元和 50 000 元。银行本票一律记名，可以背书转让，付款期限最长不得超过 2 个月，逾期本票银行不受理。银行本票适用于同城结算，见票即付，具有支付能力强、信誉高、流转速度快等优点。

银行本票的结算流程如图 5-4 所示。

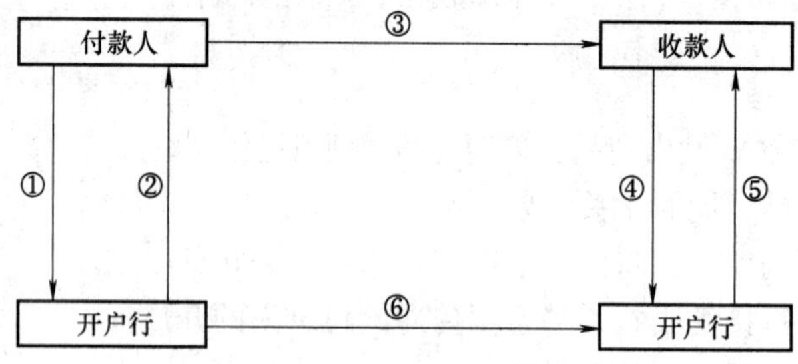

图 5-4　银行本票的结算流程

其中：

① 付款单位填写银行本票申请书，连同款项交存银行。

② 银行根据付款人的申请签署银行本票，并交付付款人。

③ 付款人持银行本票采购或偿还债务。

④ 收款人收到银行本票后，连同进账单送交银行办理转账。

⑤ 银行受理后，在进账单上盖章，将进账单退还收款人。

⑥ 银行之间划转款项。

4. 支票

支票是出票人签发的委托办理支票存款业务的银行在见票时无条件支付确定的金额给收款人或持票人的票据。支票的持票人可以通过其开户行收款，也可以直接向出票人的开户行提示付款。若持票人通过其开户行收款，则应作委托收款背书；若直接向出票人的开户行提示付款，则应在支票背面签章；持票人为个人的，还需交验本人身份证，并在支票背面注明

证件名称、号码及发证机关。

5. 汇兑

汇兑是汇款人委托银行将其款项支付给收款人的结算方式，分为信汇和电汇两种。汇兑适合于异地各种款项的结算，具有灵活简便的优点。采用汇兑结算方式，付款单位委托银行办理信汇时，应填制一式四联的信汇凭证，第一联为回单；第二联为借方凭证；第三联为贷方凭证，第四联为收账通知或代取款凭证。付款单位根据第一联信汇凭证编制付款凭证，收款人在收到银行的收款通知时编制收款凭证。若付款人委托银行办理电汇，则应填制一式三联的电汇凭证，第一联为回单；第二联为借方凭证；第三联为发电凭证。采用电汇时，付款人和收款人的账务处理与信汇一样。

6. 委托收款

委托收款是收款人委托银行向付款人收取款项的结算方式，有邮寄和电报划回两种。这种结算方式既适合于同城结算，也适合于异地结算，不受起点金额限制。目前的结算办法规定，委托收款只适用于单位和个人凭已承兑商业汇票、债券、存单等付款人债务证明办理款项的结算。

委托收款的结算流程如图 5-5 所示。

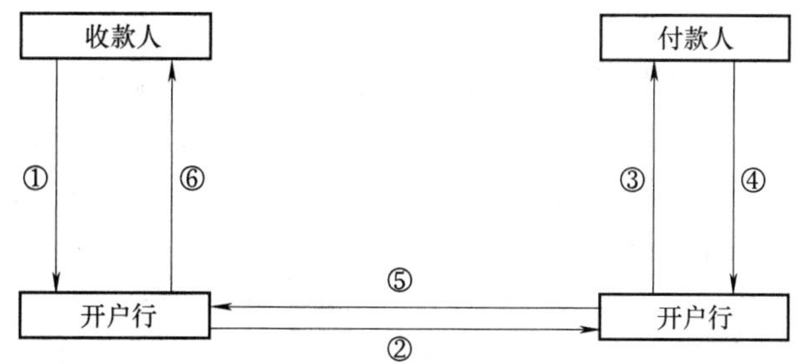

图 5-5 委托收款的结算流程

其中：

① 收款人填写一式五联的委托收款凭证，并将其与债务证明提交开户行。

② 开户行将有关单据传递给付款人的开户行。

③ 付款人的开户行通知付款人付款。

④ 付款人通知同意付款或拒绝付款（只允许全额付款或全额拒付）。

⑤ 付款人的开户行划款或退回有关票据。

⑥ 收款人的开户行通知收款或退回有关票据。

7. 托收承付

托收承付是根据购销合同，由收款人发货后委托银行向异地付款人收取款项的结算方式。按结算办法的规定，托收承付结算方式的起点金额为 10 000 元（新华书店系统每笔的金额起点为 1 000 元）。采用托收承付结算时，双方必须签有合法的商品购销合同，并在购销合同上订明采用托收承付的结算方式。此外，收款人办理托收时必须持有商品已发运的证件（包括铁路、航运、公路等运输部门签发的运单、运单副本和邮局包裹回执）。托收承付的结算程序与委托收款程序类似。

采用托收承付结算方式的销货企业按照购销合同发货后，填写一式五联的托收承付凭证，盖章后连同发运证件或有关证明和交易单证送交开户银行办理托收手续。付款单位承付货款分为验单承付和验货承付两种。验单承付期为 3 天，验货承付期为 10 天。逾期付款的，按每天万分之五计算赔偿金。若逾期付款期满 3 个月仍未付清欠款，则付款人的开户行通知付款人退回单证。如自发出通知的第 3 天起付款人不退回单证的，付款人的开户行每天按欠款金额处以万分之五但不低于 50 元的罚款，并暂停付款人向外办理结算业务，直至退回单证。

8. 信用证

信用证起源于国际贸易结算，它是为适应贸易双方清偿债权、债务的需要而产生的。在国际贸易中，为了避免交易风险，进口商不愿先将货款付给出口商，出口商也不愿将货物或单据交给进口商，同时双方都不愿长期占用自己的资金，在此情况下，银行充当进出口商之间的中间人和保证人，一面收款，一面交单，并代为融通资金，由此产生了信用证结算方式。1997 年 6 月，中国人民银行借鉴国际惯例印发了《国内信用证结算办法》（2016 年修订），该办法旨在通过信用证结算方式维护贸易双方及有关当事人的合法权益。

信用证是指开证行依照申请人的申请开出的，凭符合信用证条款的单据支付的付款承诺。我国的信用证为不可撤销、不可转让的跟单信用证。信用证结算方式主要有以下三个特点：

（1）开证行负第一性付款责任。信用证是一种以开证行自己的信用做出付款保证的结算方式。信用证开出后，开证行负第一性付款责任，不同于一般的担保业务中银行只付第二性责任。因此信用证实质上是一种银行保证付款的文件，信用证的开证行是主债务人。销货方发货后，即使申请人未履行其付款义务，只要受益人提交的单据与信用证条款一致，银行就应承担对受益人的第一性付款责任。

（2）信用证是一项独立文件，不受购销合同的约束。虽然信用证的开立是以购销合同为基础的，购销双方要受到合同的约束，但信用证一经开出，在信用证业务处理过程中，各当事人的权利与责任都以信用证为准。即开证行只对信用证负责，只凭信用证所规定的完全符合条款的单据付款。开证行付款时仅审核单证与信用证规定的单证是否相符，而不管销货方是否履行合同及履行程度如何。

（3）信用证业务只处理单据，一切都以单据为准。信用证业务实际上是一种单据买卖，银行凭相符单据付款，而对货物的真假好坏不负责任；对货物是否已装运，是否中途损失，是否到达目的地都不负责任。如果购货方发现货物的数量、质量与单据不符，有向受益人提出索赔的权利，但开证行不能以购货方或进口商提出的货物与单证不符作为拒付的理由。

信用证结算的结算流程如图 5-6 所示。

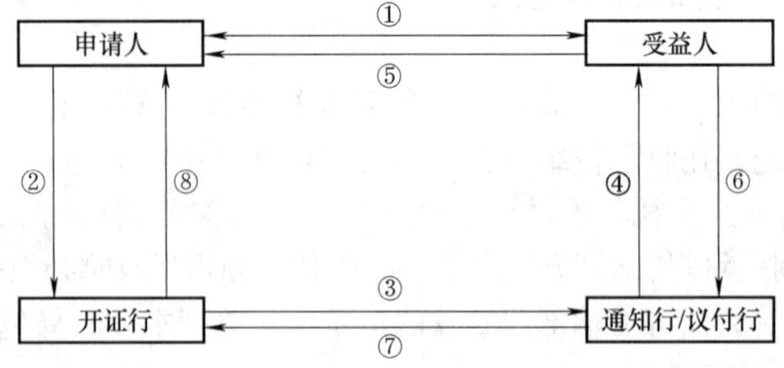

图 5-6　信用证结算的结算流程

其中：

① 申请人与受益人之间签署购销合同，并订明采用信用证结算。

② 申请人向开证行申请信用证，并确定信用证上的付款条款。

③ 开证行应就申请人的申请向受益人开立信用证。

④ 通知行通知受益人信用证内容。

⑤ 受益人按信用证上的付款条款装运货物，并取得规定的单证。

⑥ 受益人向信用证规定的议付行交单收款。

⑦ 议付行向受益人付款后，通过委托收款方式向开证行收款。

⑧ 开证行向议付行付款，同时向申请人收款。

三、银行存款的核算

为了反映和监督企业银行存款的收入、付出和结存情况，企业应设置“银行存款”账户，进行总分类和明细分类核算。“银行存款”账户属于资产类账户，增加数登记在借方，减少数登记在贷方，余额表示企业存放在银行的存款余额。

1. 银行存款的总分类核算

企业在生产经营中，经常与开户银行发生银行存款的收付业务。这些业务，总的来说分为两类：一类是企业将现金存入银行或从银行提取现金；另一类是企业通过银行转账结算收付银行存款。企业办理银行存款的各种收付业务，都必须填制或取得有关的银行收付款凭证，作为收付款的书面证明，经会计主管审核签章后，据以填制银行存款的收款凭证或付款凭证。一般来说，为了避免重复，对银行存款和现金互相划拨的业务，只需填制付款凭证。如企业将一笔现金存入银行，既可以填制库存现金付款凭证，也可以填制银行存款收款凭证，但实务中，一般只填制库存现金付款凭证。银行存款收付款凭证填制并经审核后，就可以据此逐笔登记“银行存款”账户，也可以根据定期编制的汇总收付款凭证在月末汇总登记。

2. 银行存款日记账的设置和登记

银行存款的明细分类核算一般通过银行存款日记账进行。银行存款日记账按存款的银行账号、存款币种分别开设，并按经济业务发生的时间顺序登记。银行存款日记账是由企业的出纳人员根据银行存款收付款凭证、库存现金付款凭证序时登记的。与库存现金日记账一样，银行存款日记账也要做到日清月结，以便随时掌握银行存款的收付动态和余额。

3. 银行存款的核对

企业应定期将“银行存款日记账”的记录与银行送来的对账单核对，每月至少一次。通过核对，检查企业银行存款记录是否正确，以及期末余额的实际金额。企业银行存款日记账与银行送来的对账单在核对时可能会不一致。产生不一致的原因有两个：一是企业或银行某一方发生记账错误；二是存在未达账项。未达账项是指由于结算凭证在企业与银行之间，或收付款银行之间实际结算与入账时间不同而产生的，即一方收到凭证已经入账，另一方尚未收到凭证而未能入账的款项。未达账项产生的原因一般有以下四种：

（1）企业已经收款入账，银行尚未收到入账的款项。

（2）企业已经付款入账，银行尚未付出入账的款项。

（3）银行已经收款入账，企业尚未收到入账的款项。

(4) 银行已经付款入账，企业尚未付出入账的款项。

在核对过程中，对记账错误造成的双方记录不符，应查明原因进行更正，并编制正确的会计分录。对未达账项造成的双方记录不符，应逐笔核对，将双方调整相符。一般是通过编制银行存款余额调节表，使之调整相符。

银行存款余额调节表的格式有两种：第一种格式是纵向排列，即以某一方（企业或银行）银行存款余额为基础，加减调整项目，调整到另一方银行存款账面余额；第二种格式是横向排列，即分左右两方，同时以双方的账面余额为起点，加减各自的调整项目（未达账项），计算出双方相等的正确余额。在实务中，第二种格式使用得较多。银行存款余额调节表应分别按企业和银行的存款户头逐一编制。

现以康翔公司的业务为例，说明银行存款余额调节表的编制。

【例 5-3】 假定 2016 年 7 月 31 日，康翔公司银行基本存款账户的存款账面余额为 52 373 元，银行给出的该账户的对账单余额为 57 080 元。经逐项核对，发现双方不符的原因如下：

(1) 康翔公司收到蓝天公司货款为 7 000 元的转账支票一张，委托银行办理托收，并根据银行送回的收款通知联入账，但银行因手续尚未办妥，未入账。

(2) 康翔公司 7 月 18 日向银行托收的兴业公司货款 8 800 元，银行已经收款入账，但康翔公司因未收到银行的收款通知而未入账。

(3) 康翔公司 7 月 30 日开出现金支票 580 元，并已入账，但因持票人未到银行取款，银行未入账。

(4) 银行从康翔公司存款中扣除结算的利息费用 3 000 元，但康翔公司因没有收到有关凭证而未入账。

(5) 康翔公司将本月支付水电费 1 258 元误记为 1 285 元。

(6) 银行将伟力公司存入支票 5 300 元误记入康翔公司账号。

根据上述原因，康翔公司 7 月 31 日编制银行存款余额调节表，如表 5-1 所示。

表 5-1 银行存款余额调节表

存款银行：××银行　　账号：×××××　　2016 年 7 月 31 日　　单位：元

项目	金额	项目	金额
企业银行存款余额	52 373	银行对账单余额	57 080
加：企业未入账的兴业公司货款	8 800	加：银行未入账的蓝天公司货款	7 000
多记水电费	27	减：银行尚未兑现的现金支票	580
减：银行已付款的利息费用	3 000	银行误记	5 300
调节后余额	58 200	调节后余额	58 200

编好调节表后，上述银行存款余额 58 200 元表示企业在 2016 年 7 月 31 日实际结存的余额。如果双方余额相等，则表示银行存款账务基本正确；如果双方余额不等，则表示银行存款账务还有差错，应进一步查找原因，加以纠正。

在编制调节表的过程中，如果属于企业记账错误，则应及时编制更正的会计分录，登记入账。上例中多记的水电费 27 元的调整分录为（采用红字冲销法）：

借：管理费用　　27

　　贷：银行存款　　27

对于“未达账项”，为了公允地反映企业实际的财务状况，国际上一般在月末编制调整分录予以入账。如例 5-3 中的有关业务可做如下会计分录：

借：银行存款　　8 800

　　贷：应收账款　　8 800

借：财务费用　　3 000

　　贷：银行存款　　3 000

考虑到要简化会计核算，并防止重复记账，我国现行会计制度规定，未达账项不能以银行存款余额调节表作为原始凭证，在月末据以调整银行存款的账面记录。只有在结算凭证到达企业以后，才能做相应的会计处理。因此，例 5-3 中的有关业务此时不做会计分录。

第三节　其他货币资金

企业在生产经营活动中还有许多货币资金，其功能与库存现金和银行存款相同，但存放地点或存在方式与库存现金和银行存款不同。这些货币资金随着银行业务的不断拓展和创新，形式将越来越多。目前这些货币资金主要有外埠存款、银行汇票存款、银行本票存款、信用卡存款、信用证保证金存款和在途资金等。为了加强这些资金的管理，及时了解这些资金的使用和结存情况，需要设置“其他货币资金”账户，并按“外埠存款”“银行汇票”“银行本票”“信用卡”“信用证保证金”“在途资金”等具体项目设置明细账，单独反映这些资金的收入、支出和结存情况。

一、外埠存款

外埠存款是指企业到外地进行临时或零星采购时，汇往采购地银行并开立采购专户的款项。

【例 5-4】 康翔公司委托当地银行将 500 000 元汇往采购地开立专户时，应根据银行汇单联做如下会计分录：

借：其他货币资金——外埠存款　　500 000

　　贷：银行存款　　500 000

公司收到采购员交来发票账单等报销凭证时，经审核汇总，金额为 475 000 元，应做如下会计分录（暂不考虑增值税）：

借：在途物资　　475 000

　　贷：其他货币资金——外埠存款　　475 000

采购地银行将多余款项转回当地银行结算户时，公司应根据银行收账回单做如下会计分录：

借：银行存款　25 000

　　贷：其他货币资金——外埠存款　25 000

二、银行汇票存款

银行汇票存款是指企业为了取得银行汇票，按照规定存入银行的款项。企业填写“银行汇票委托书”，连同款项交存银行并取得银行汇票后，应根据银行盖章退回的委托书存根联做会计分录如下：

借：其他货币资金——银行汇票

　　贷：银行存款

企业用银行汇票与销货单位结算购货款，收到开户银行转来的银行汇票等有关凭证时，做会计分录如下（暂不考虑增值税）：

借：在途物资

　　贷：其他货币资金——银行汇票

若有多余款项退回，则借记“银行存款”账户，贷记“其他货币资金——银行汇票”账户。

三、银行本票存款

银行本票存款是指企业为了取得银行本票而按规定存入银行的款项。有关银行本票取得、使用及余额退回等账务处理同银行汇票存款一致。

四、企业信用卡存款

信用卡是指商业银行向个人或单位发行的，凭以向特约单位购物、消费和向银行存取现金，具有消费信用的特制载体卡片。信用卡存款的账务处理如下：

企业按规定填制申请表，连同支票和有关资料一并交发卡银行，根据银行盖章退回的进账单第一联，借记“其他货币资金——信用卡”科目，贷记“银行存款”科目；用银行卡在特约单位消费时，按实际支付金额，借记“管理费用”等科目，贷记“其他货币资金——信用卡”科目；在信用卡使用过程中，需要对其续存资金时，按实际续存的金额，借记“其他货币资金——信用卡”科目，贷记“银行存款”科目。

五、信用证保证金存款

企业向银行申请开立信用证，应按规定向银行提交开证申请书、信用证承诺书和购销合同。企业向银行缴纳保证金时，根据银行退回的进账单第一联，借记“其他货币资金——信用证保证金”科目，贷记“银行存款”科目；根据开证行交来的信用证来单通知书及有关单据列明的金额，借记“在途物资”“原材料”“库存商品”“应交税费——应交增值税（进项税额）”等科目，贷记“其他货币资金——信用证保证金”“银行存款”科目。

六、在途资金

在途资金是指企业同所属单位之间、上下级之间的汇解款项，在期末尚未到达，处于在

途状态的资金。为了管理好这部分资金，期末对尚未到达的汇入款项，企业应根据汇入单位的通知做如下会计分录：

借：其他货币资金——在途资金

　　贷：其他应收款

收到款项时，企业应根据银行的收款通知单做如下会计分录：

借：银行存款

　　贷：其他货币资金——在途资金

进一步学习指南

本章的会计核算比较简单，但有关库存现金和银行存款收支的内部控制制度很重要，也很复杂。内部控制制度涉及管理的很多方面，有兴趣的读者可以进一步阅读一些关于内部控制的参考资料。此外，银行存款核算虽很简单，但企业通过银行办理结算涉及很多法律和规章制度，这些制度经常会随着经济环境变化而发生较大变化。本章省略了很多结算制度规定的细节，但这些细节在会计实务中非常重要。要想详细了解这些细节，可参考《中华人民共和国票据法》和中国人民银行颁布的《票据管理实施办法》《支付结算办法》和《国内信用证结算办法》等。

思 考 题

1. 什么是现金？如何加强现金管理？
2. 现金内部控制制度有哪些内容？
3. 银行存款有哪些结算方式？它们之间有何差异？
4. 未达账项包括哪些内容？如何编制银行存款余额调节表？

练 习 题

习题一

1. 目的：练习库存现金和银行存款收支业务的会计处理。

2. 资料：鹭翔化工有限公司在某银行开立账户，账号为590008，2016年9月1日该账户的期初余额为18 000元，“库存现金”账户的期初余额为320元。2016年9月，该公司发生下列业务：

(1) 9月1日，销售部门交来产品零星销售收入的现金为120元（其中增值税税额为17.44元）。次日，将该笔收入送存银行（送单号No. 017）。

(2) 9月4日，通过银行汇给职工张山回程差旅费500元（信汇No. 118）。

(3) 9月5日，开出现金支票（No. 59003）从银行提取现金900元备用。

(4) 9月9日，银行转来邮政局委托收款支付通知（No. 6181），支付本月水电费3 000元。

(5) 9月10日，出纳员赵虎开出现金支票（No. 59004）向银行提取现金7 999元，以备发放本月职工工资。同日，发放本月职工工资7 999元。

(6) 9月17日，接银行通知（委托收款结算凭证No. 1036、收账通知联）销售给某鞋模厂货款7 500元（其中，增值税税额为1 089.74元）已入账。

(7) 9月23日，预付给某机器厂的货款900元，现由银行转来该厂增值税专用发票、运杂费账单和银行汇票第四联，计 775 元（其中，增值税税额为 112.61 元），并将本次结算余额 125 元以特种转账收入传票（No. 893）通知转入结算户。

（8）9 月 27 日，银行转来省电子浆料公司委托收款付款通知联（No. 964）和增值税专用发票等计 7 944 元（其中，增值税税额为 1 154.26 元），经审核无误，当即支付（未入库材料列在“在途物资”账户）。

（9）9 月 30 日，根据某运输合作社开具的运费收据，开出转账支票（No. 076）支付市内的材料运费 136 元（暂不考虑增值税，列入“管理费用”账户）。

（10）9 月 30 日，开具转账支票（No. 077）支付前欠市显示器件厂货款 900 元。

月末银行送来对账单。

3. 要求：

（1）根据以上经济业务编制会计分录，登记库存现金日记账和银行存款日记账，并结出库存现金日记账和银行存款日记账的余额。

（2）根据某银行结算户对账单（见表 5-2），核对企业银行存款日记账，编制银行存款余额调节表。

表 5-2　某银行结算户对账单

单位：鹭翔化工有限公司　　账号：590008

2016 年		摘要	凭证		收入	√	付出	√	收或付	余额	复核盖章
月	日		种类	序号							
9	1	月初余额							收	18 000	
	2		送	017	120						
	4		信汇	118			500				
	5		现	59003			900				
	9		委收	6181			3 000				
	10		现	59004			7 999				
	17		委收	1036	7 500						
	23		特转	893	125						
	27		委收	964			7 944				
	30		转	077			900				
	30		转	6754			362				
	30		委收	7004	23 000					27 140	

习题二

1. 目的：练习其他货币资金的会计处理。

2. 资料：绿景公司在 2016 年 9 月发生如下经济业务：

（1）从银行存款账户中将 2 500 元汇入武汉某银行开立采购专户作为临时采购款。

（2）企业为取得银行本票（用以向华夏公司购货），将款项 5 000 元从银行账户转作银行本票存款。

（3）采购人员在武汉用采购专户付款购入原材料 1 500 元，增值税税额 255 元，材料尚未验收入库。

（4）委托银行开出信用证 3 100 美元，拟向某国一公司购买设备，当日汇率为 1 美元 = 6.30 元人民币，该款项已转存信用证保证金专户。

3. 要求：根据上述经济业务做出会计分录。

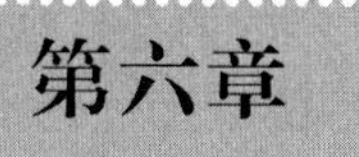

应收款项

应收款项泛指企业拥有的，能在将来获取现款、商品或劳动的权利。它是企业在日常生产经营活动中发生的各种债权，是企业重要的流动资产。在企业财务报表中，不仅要反映企业拥有的应收款项的金额，而且还要反映这些应收款项产生的原因。因此，应收款项作为资产负债表中的流动资产，由以下报表项目构成，每个报表项目分别反映一类应收款项：

（1）应收账款。应收账款是指企业在正常生产经营活动中因赊销产品、商品、材料，提供劳务等业务而应向客户收取的款项，包括应收的货款、劳务款、增值税销项税额和代垫的运杂费等。

（2）应收票据。应收票据是指企业持有的尚未到期的商业汇票，包括商业承兑汇票和银行承兑汇票。

（3）预付款项。预付款项一般是指企业根据购货合同，预先付给供应商的货款。它一般是在商品采购中形成的。

（4）应收股利。应收股利是指企业对外股权投资中，应收的被投资企业已宣告发放的股利。

（5）应收利息。应收利息是指企业对外债权投资中，应收的已经发生的利息收入。

（6）其他应收款。其他应收款是指除了应收账款、应收票据、预付款项之外的非交易或投资原因产生的其他各种应收款项、暂付款项，包括各种赔款、罚款、存出保证金、备用金、应向职工收取的各种垫付款项等。

应收款项在资产负债表中的位置如表6-1所示。

表6-1　资产负债表

编制单位：　　　　××××年×月×日　　　　单位：

资　　产	行次	年初数	期末数	负债和所有者权益	行次	年初数	期末数
流动资产：				流动负债：			
货币资金	1			⋮			
以公允价值计量且其变动计入当期损益的金融资产	2						
应收票据	3						
应收股利	4						
应收利息	5						
应收账款	6						
其他应收款	7						
预付款项	8						
⋮							
流动资产合计							
⋮							
资产合计				负债和所有者权益合计			

为了期末获得上述报表项目金额，与财务报表项目对应，企业必须设置“应收账款”“应收票据”“预付账款”“应收股利”“应收利息”“其他应收款”等相应的会计账户，以系统地记录企业日常发生的经济业务。但财务报表上披露的报表项目的金额与相应的会计账户上记录的金额不一定相等。报表上的应收款项金额表示报表日该资产项目的价值，而相应账户上的金额表示该应收款项的实际发生额。例如，假设某企业“应收账款”账户的期末余额为100万元，它是本月销售商品产生的，收款期为3个月，该应收账款在报表日的价值肯定小于100万元。这是因为：①3个月后的100万元小于现在的100万元；②这100万元中可能存在一部分坏账无法收回。由于应收款项的收回时间一般较短，为了简化会计核算，忽略收款期对其价值的影响，仅考虑可能存在的坏账损失对其价值的影响，为此专门设置“坏账准备”账户来核算应收款项中预计的坏账损失。例如，上述应收账款100万元中，坏账损失预计为1万元，则该应收账款的报表数即为99万元。

本章主要介绍应收账款、应收票据、预付账款和其他应收款的核算。应收股利和应收利息在第八章介绍。

第一节 应收账款

应收账款是企业由于采用赊销方式销售商品或提供劳务而享有的向顾客收取款项的权利。它是以商业信用为基础，以购销合同、商品出库单、发票和发运单等书面文件为依据而确认的。因此，在会计上，应收账款的确认需要解决应收账款入账的时间和入账的金额两个问题。应收账款的入账时间应与收入确认时间一致。关于收入实现的条件，将在第十三章讨论。本章重点讨论应收账款的计价和会计处理方法。

通常情况下，应收账款应当按照历史成本计价原则，按实际发生的交易价格入账，主要包括发票价格和代垫运杂费两部分。但是，在实际交易中，为了增强企业的竞争能力和加快收款速度，通常会出现一些商业折扣和现金折扣，因此，计价时就需要考虑这两个方面的因素。

1. 商业折扣

商业折扣是指企业在销售时根据市场实际供需情况，或者根据不同顾客，在规定的价目表报价中给予顾客一定折扣，按折扣以后的金额作为发票价格。商业折扣是企业出于照顾老顾客，或出于“薄利多销”的考虑，采用的一种竞争手段。销售数量越多，给予的折扣越大。由于商业折扣的实质是重新确认实际的销售价格，开出的发票价格是以扣除了商业折扣后的价格来定的，对应收账款的入账价值没有影响，在会计上可不做处理。

2. 现金折扣

现金折扣是指企业为了鼓励顾客在规定的期限内尽可能提前还款而向顾客提供的发票价格的折扣。例如“2/10，1/20，*n*/30”，表示付款期为30天，如果在10天内付款，按售价给予2%的折扣；如果在20天内付款，按售价给予1%的折扣；如果超过20天付款，则不给折扣。在现金折扣条件下，顾客什么时候付款会对应收账款的具体价值产生影响，因此，在会计上要加以反映。一般有总价法和净价法两种方法。

（1）总价法。总价法是假定顾客不会提前还款。企业销售时，在确认商品销售收入和应收账款金额时不考虑各种预计可能发生的现金折扣，均按未扣除现金折扣的总价格入账；如果客户在折扣期内付款，才确认现金折扣。对现金折扣，理论上有不同的理解，我国的会计实务将客户在折扣期内付款，享受的现金折扣理解为企业的理财融资行为，因此现金折扣在会计上作为财务费用处理。

（2）净价法。净价法假定顾客一般会提前还款，享受现金折扣。企业销售时，应收账款和销售收入均按照扣除现金折扣后的金额入账。客户过了折扣期以后丧失折扣的款项，视为企业提供信贷所获得的收入，作为财务费用的减项，同时增加应收账款。

目前，我国的会计制度要求采用总价法对现金折扣进行会计处理。有关现金折扣的账务处理举例如下：

【例 6-1】 康翔公司销售商品一批，发票价格为 10 000 元，付款条件为“2/10，1/20，*n*/30”，增值税税率为 17%。

（1）按总价法处理的会计分录为：

销售发生时：

借：应收账款	11 700	
贷：主营业务收入		10 000
应交税费——应交增值税（销项税额）		1 700

在 10 天内收到款项时：

借：银行存款	11 500	
财务费用	200	
贷：应收账款		11 700

在 10～20 天内收到款项时：

借：银行存款	11 600	
财务费用	100	
贷：应收账款		11 700

折扣期以后收到贷款时：

借：银行存款	11 700	
贷：应收账款		11 700

（2）按净价法处理的会计分录为：

销售发生时：

借：应收账款	11 500	
贷：主营业务收入		9 800
应交税费——应交增值税（销项税额）		1 700

在 10 天内收到款项时：

借：银行存款	11 500	
贷：应收账款		11 500

在 10～20 天内收到款项时：

借：银行存款　　11 600

　　贷：应收账款　　11 500

　　　　财务费用　　100

折扣期以后收到货款时：

借：银行存款　　11 700

　　贷：应收账款　　11 500

　　　　财务费用　　200

注意：上例中的现金折扣仅仅是针对销售价款而言，不包括应收的增值税销项税额。

总价法与净价法相比，从理论上讲，净价法更为合理。因为在净价法下，应收账款按可实现的金额入账，销售收入按扣除现金折扣后的价格入账，体现了会计的稳健性原则。但是，在净价法下，当客户付款时间超过折扣期时，需要对每一笔应收账款做详细的分析，进而调整应收账款，工作量大，手续比较烦琐。而在总价法下，应收账款计量比较简单，不论现金折扣是否发生，应收账款金额都是确定的。

3. 销售退回与折让

商品销售以后，客户可能会因为商品的质量或者品种、数量及规格与合同规定不相符，要求部分或全部退货，这种现象称为销售退回。如果有些商品经协商可以减让部分价款，则是销售折让。由于销售退回与销售折让发生在销售业务会计处理之后，因此此类业务发生以后，会计上要做必要的调整，冲减已入账的应收账款和销售收入。

【例 6-2】 某企业上月销售的商品中，有一批商品售价为 20 000 元，增值税为 3 400 元，货款未收。但顾客认为该批商品的质量不符合合同要求，要求在价格上减让 30%，经协商，企业同意减让 20%。会计处理如下：

借：应收账款　　4 680

　　贷：主营业务收入　　4 000

　　　　应交税费——应交增值税（销项税额）　　680

若例 6-2 中顾客要求退货，则不仅要全额冲销销售收入和应收账款，而且还要冲销主营业务成本，增加存货。假设该批商品的成本为 15 000 元，则有关会计分录如下：

借：应收账款　　23 400

　　贷：主营业务收入　　20 000

　　　　应交税费——应交增值税（销项税额）　　3 400

借：库存商品　　15 000

　　贷：主营业务成本　　15 000

第二节 应收票据

一、应收票据概述

应收票据主要核算企业持有的尚未到期兑现的商业汇票。商业汇票是除现金结算以外的又一种结算方式，它是收款人或付款人在商品交易发生后签发的，付款人承诺在到期日无条件付款的票据。企业收到的尚未兑现的商业汇票是企业拥有的、将来向付款人收回款项的一种权利，应作为“应收票据”处理。商业汇票按承兑人不同，可以分为承兑人为付款单位的商业承兑汇票和承兑人为银行的银行承兑汇票。商业汇票按是否计息，又可分为带息票据和不带息票据。带息票据到期可以按票据的面值和规定的利率收取本金和利息；不带息票据到期则仅按面值收取款项。按偿还期限的长短，商业汇票还可以分为短期应收票据和长期应收票据。目前我国使用的商业汇票的最长期限为6个月，属于短期应收票据。商业汇票可以背书转让、贴现，具有流通的性质，因此企业应加强对应收票据的管理。

二、应收票据的会计处理

（一）应收票据的入账价值

应收票据是在企业销售商品或提供劳务时，双方约定采用商业汇票结算方式时产生，也可以在商业汇票抵应收账款时形成。商业汇票上应列明票据的面值、利率和到期日。理论上，应收票据应按可变现净值计价。但是，在实际工作中，考虑到应收票据期限较短，利率较低，折合成现值手续较麻烦，故现行企业会计制度规定，应收票据一律按票据面值入账。

（二）应收票据的核算

为了反映应收票据的增加、减少和结存的情况，企业应设置“应收票据”账户进行核算。此外，企业应设置“应收票据登记簿”，记录每一笔应收票据的详细资料，包括票据的种类、号数、出票日期、票据金额、交易合同和付款人、承兑人、背书人的姓名或单位名称。由于票据按是否计息又分为带息票据和不带息票据，这两者的会计处理也有所不同。

1. 带息票据

带息票据是指票据上列明面值、利率和到期日的票据。票据取得时，按面值计价。票据收回时，由本金和利息两部分组成。本金是出票人承诺的债务金额，利息是债务到期时由债务人支付的资金使用费。商业汇票的到期日一般有两种表示方法：一是在票据上写清具体日期，如款项于2016年5月20日付清。二是写明出票日的某一段时间，如按日定期，出票日后60天到期，计算到期日可采用“算头不算尾”或“算尾不算头”的办法。例如，2016年3月20日开出的90天的商业汇票，到期日应为6月18日。“算头不算尾”的具体算法为：从3月20日算起，3月份12天，4月份30天，5月份31天，6月份仅剩下17天，即90天[12(3)+30(4)+31(5)+17(6)]，到期日6月18日不算。下面举例说明带息票据的形成、利息计算以及收回的会计处理。

【例6-3】 康翔公司2016年6月15日收到丰华公司开出的商业汇票一张，面值为

23 400 元（含税价，增值税税率为 17%），支付商品款，年利率为 5%，半年期。

（1）6 月 15 日，康翔公司收到票据时，做如下会计分录：

借：应收票据　　23 400

　　贷：主营业务收入　　20 000

　　　　应交税费——应交增值税（销项税额）　　3 400

（2）12 月 15 日，票据到期时计算到期利息，为：利息 = 本金 × 年利率 × 时间 = 23 400 × 5% × $\frac{1}{2}$ =585（元）。

收回本金和利息时的会计分录如下：

借：银行存款　　23 985

　　贷：应收票据　　23 400

　　　　财务费用——利息收入　　585

假如上述票据是商业承兑汇票，到期遭到拒付，康翔公司收到银行退回的商业汇票时，应做会计分录如下：

借：应收账款　　23 985

　　贷：应收票据　　23 400

　　　　财务费用——利息收入　　585

假如上述票据是银行承兑汇票，到期遭到拒付，银行则代丰华公司付款，同时将这部分款项作为丰华公司的逾期贷款处理。

若带息的商业汇票的还款期是跨年度的，则应于年末按应收票据的票面价值和确定的利率计提利息，计提的利息增加应收票据的账面价值，借记“应收票据”科目，贷记“财务费用”科目。

【例 6-4】 康翔公司 2016 年 10 月 5 日收到美林公司开具的一张出票日为 10 月 1 日，期限为 6 个月，票值为 100 000 元，票面年利率为 6% 的商业汇票，以抵偿前欠货款。

（1）10 月 5 日，康翔公司收到汇票时，应做如下会计分录：

借：应收票据　　100 000

　　贷：应收账款——美林公司　　100 000

（2）2016 年 12 月 31 日，计提利息 1 500 元（100 000 × 6% × 3/12），调整会计分录为：

借：应收票据　　1 500

　　贷：财务费用——利息收入　　1 500

2. 不带息票据

不带息票据是指票据上只标明票据的面值与票据的到期日，其面值一般含有利息，到期收回的就是面值。由于不带息票据含有利息，因此，票据入账时可以按面值入账，也可以根据需要按可变现净值入账。会计实务中为了简化核算，一般按面值入账。

【例6-5】 康翔公司2016年6月10日销售商品58 500元给汇联公司，收到面值为58 500元（含税价，增值税税率为17%）、6个月到期的商业承兑汇票一张。

（1）康翔公司2016年6月10日收到票据时，做如下会计分录：

借：应收票据　58 500

　贷：主营业务收入　50 000

　　应交税费——应交增值税（销项税额）　8 500

（2）票据到期时，康翔公司做如下会计分录：

借：银行存款　58 500

　贷：应收票据　58 500

若汇联公司到期无力还款，则康翔公司在收到银行退回的商业汇票时，做会计分录如下：

借：应收账款——汇联公司　58 500

　贷：应收票据　58 500

三、应收票据的贴现

当企业需要资金时，可以将未到期的票据经过背书向银行贴现。所谓贴现，就是指企业以支付贴现息为代价，在票据到期之前，将票据的收款权转让给银行或其他金融机构，提前取得现金的方式。票据贴现实质上是一种融资行为。在贴现中，企业贴给银行的利息称为贴现息，所用的利率称为贴现率，票据到期值与贴现息之差称为贴现所得。

向银行申请贴现的票据必须经过背书。所谓背书，就是票据的持有人在票据转让的时候，在票据背面签字。签字人称为背书人，对票据到期付款负有法律责任。应收票据贴现的处理可以采用“无追索权”和“有追索权”两种方式。“无追索权”方式是指票据到期如果付款人无力付款，背书人不承担连带责任。“有追索权”方式是指当票据到期时，如果遭到付款单位的拒付，银行可以根据有关法律向背书人追索。换言之，如果贴现的票据到期，付款单位无力支付款项，则贴现企业有责任代出票人或承兑人向银行兑付。根据《中华人民共和国票据法》的规定，我国现行票据贴现和转让均采用“有追索权”的方式。

企业以应收票据向银行贴现的贴现息和贴现所得的计算公式如下：

$$票据到期值 = 票据面值 + 票据到期利息$$

$$贴现息 = 票据到期值 \times 年贴现率 \times 贴现期$$

$$贴现所得 = 票据到期值 - 贴现息$$

贴现天数是指自贴现日到票据到期前一日的实际天数，在贴现日与到期日之间，两者只计算其中一天，即适用“算头不算尾”的规则。

在会计实务中，企业应根据贴现的商业汇票是否带有追索权分别采用不同的方法进行处理。

1. 不带追索权的应收票据贴现

不带追索权的应收票据贴现是指企业在转让商业汇票时将票据的风险与报酬一并转移给

了贴现银行，企业对票据到期无法收回的票款不承担连带责任的一种票据贴现方式。这种票据贴现方式的会计账务处理方法如下：

企业按实收贴现款借记“银行存款”科目，按贴现票据的账面值贷记“应收票据”科目。按两者之差，若为正，则贷记“财务费用”科目；若为负，则借记“财务费用”科目。

【例 6-6】 某企业于 3 月 1 日将签发日为 1 月 1 日、期限为 4 个月、面值为 100 000 元、年利率为 6% 的银行承兑汇票到中国银行泉州某支行申请贴现，银行规定月贴现率为 6‰。该票据已计提 500 元利息（本题按月计算即可）。

票据到期利息 = 100 000 × 6% ÷ 12 × 4 = 2 000（元）

票据到期值 = 100 000 + 2 000 = 102 000（元）

贴现天数 = 60 天（2 个月）

贴现息 = 102 000 × 6‰ × 2 = 1 224（元）

贴现净额 = 102 000 − 1 224 = 100 776（元）

会计分录如下：

借：银行存款　　100 776

　　贷：应收票据　　100 500

　　　　财务费用　　276

---

2. 带追索权的应收票据贴现

带追索权的应收票据贴现是指企业在转让商业汇票时未能将票据上的全部风险与报酬一并转移给贴现银行，企业对票据到期无法收回的票款承担连带责任的一种票据贴现方式。我国的商业承兑汇票贴现是一种典型的带追索权的票据贴现业务。

有关带追索权的票据贴现业务产生的负债，我国的会计账务处理方法主要有以下两种：

第一种方法是将票据贴现产生的负债，在资产负债表内以资产的备抵科目反映。

此时，需要设置“应收票据贴现”作为“应收票据”备抵科目进行核算，其他会计核算与不带追索权的票据核算相同。

在资产负债表上，应将“应收票据贴现”科目的余额作为“应收票据”的减项列示。

【例 6-7】 承例 6-6，假设贴现的汇票为商业承兑汇票，则企业的会计账务处理如下：

借：银行存款　　100 776

　　贷：应收票据贴现　　100 500

　　　　财务费用　　276

企业将带追索权的应收票据贴现后，若该票据的付款人于汇票到期日将票款足额付给贴现银行，企业的连带责任就会自动解除；反之，则企业成为实际的债务人，应该承担连带责任。其账务处理为：先减少负债“应收票据贴现”，冲销“应收票据”，同时将其转为“应收账款”科目，并根据银行对该票据到期值的扣款方法，贷记“短期借款”或“银行存

款”。

【例 6-8】 承例 6-7，假如票据到期时，票据付款人足额向贴现银行支付票款，则其会计账务处理如下：

借：应收票据贴现 100 500
　　贷：应收票据 100 500

若票据付款人无法支付，且企业也无法支付，则其会计账务处理如下：

借：应收票据贴现 100 500
　　贷：应收票据 100 500
借：应收账款 100 500
　　贷：短期借款 100 500

第二种方法是将因票据贴现产生的负债单独以“短期借款”科目核算。

在会计核算时，企业应根据实际收到的贴现款借记“银行存款”，贷记“短期借款”。在企业不单独设置“应收票据贴现”科目的条件下，无论票据付款人是否到期足额付款，均应终止确认应收票据。其中，若票据付款人足额付款给贴现银行，企业因票据贴现产生的债务自动解除，应视为偿还短期借款，借记“短期借款”，贷记“应收票据”，差额借记或贷记“财务费用”。反之，企业成为真正的债务人，收到银行有关偿还债务通知后，企业应借记“短期借款”，贷记“应收票据”，差额借记或贷记“财务费用”，同时企业应按票据到期值中付款人的未付金额，反映对该汇票付款人的债权，借记“应收账款”，并根据票据到期的扣款方法，贷记“银行存款”或“短期借款”。

【例 6-9】 承例 6-6，假设贴现为商业承兑汇票，则企业应编制会计分录如下：

借：银行存款 100 776
　　贷：短期借款 100 776

若票据付款人到期足额付款，则其账务处理如下：

借：短期借款 100 776
　　贷：应收票据 100 500
　　　　财务费用 276

若到期票据付款人无法足额向贴现银行支付票款，仅支付了 50 000 元，企业支付剩余款，则在上述会计分录的基础上，应同时做如下会计账务处理：

借：应收账款 50 776
　　贷：银行存款 50 776

以上两种账务处理方法各有利弊，第一种方法能单独反映企业因票据贴现所产生的负债，但由于将“应收票据贴现”作为“应收票据”的备抵项目，这容易导致企业负债总额被低估，不利于利益相关者做出正确决策；第二种方法将贴现汇票产生的负债计入企业债务总额，有利于利益相关者分析企业债务，但难以反映企业因贴现产生的负债。我国会计准则规定采用第二种会计核算方法。

四、应收票据转让

应收票据在到期前，持票人可以将其作为其他交易的结算凭证转让给交易对方，可用于抵偿购买商品的欠款、偿还债务等。商业汇票转让时同样要背书。如果付款人到期不能兑付，则背书人负有连带付款责任。在会计上，当商业汇票转让时，通常作为冲减应收票据处理，但由此产生的或有负债需要在报表附注中加以说明。

第三节　预付账款与其他应收款

一、预付账款

企业在采购材料、商品或接受劳务的过程中，按照合同规定预付给供应单位或者提供劳务的单位的款项称为预付账款。为了正确反映企业的预付账款，企业可以设置“预付账款”账户核算预付账款的增加、减少和结存情况。根据合同付出款项时，借记“预付账款”科目，贷记“银行存款”科目；收到货物时，借记“原材料”等科目，贷记“预付账款”科目。如果企业预付账款的业务不多，也可以不设置“预付账款”科目，而是在业务发生时，将预付的款项记入“应付账款”的借方；收到货物时，再从“应付账款”账户的贷方转出。值得注意的是：企业在期末编制资产负债表时，应将“预付账款”和“应付账款”分别列示。

【例 6-10】 康翔公司按购货合同预付给华丰公司购买材料款 20 000 元，款项已通过银行划出，应做如下会计分录：

借：预付账款——华丰公司　　20 000
　　贷：银行存款　　20 000

收到材料后，假设发票上材料款为 20 000 元，增值税为 3 400 元，则应做如下会计分录：

借：原材料　　20 000
　　应交税费——应交增值税（进项税额）　　3 400
　　贷：预付账款——华丰公司　　23 400

此时“预付账款——华丰公司”的余额为贷方 3 400 元，实质上是公司的负债，性质相当于应付账款。开出支票付清购料余款时，应做如下会计分录：

借：预付账款——华丰公司　　3 400
　　贷：银行存款　　3 400

预付账款是一个资产类账户，在会计实务中，为了简化核算，可以将它作为双重账户来使用。当它的余额在借方时，为企业的债权，属于企业的资产；当它的余额在贷方时，为企

业的债务，属于企业的负债。期末编制财务报表时，应将债权和债务分开，将预付账款明细账中余额在借方的，汇总到资产负债表左边的“预付款项”项目；将预付账款明细账中余额在贷方的，汇总到资产负债表右边的“应付账款”项目。

二、其他应收款

其他应收款是指企业除了销售商品、提供劳务以外的其他业务引起的结算款项。例如，应收的各种赔款罚金、出租包装物的租金、应向职工收取的各种垫付款项、备用金、存出保证金等。企业应设置“其他应收款”账户进行核算，并按应收内容、应收对象设置明细账进行明细分类核算。

【例 6-11】 康翔公司的库存材料因自然灾害被损毁，经××保险公司实地考察，同意赔偿 10 000 元。公司尚未收到赔款，应做如下会计分录：

借：其他应收款——××保险公司　　10 000

　　贷：待处理财产损溢　　10 000

收到赔款时应做如下会计分录：

借：银行存款　　10 000

　　贷：其他应收款——××保险公司　　10 000

第四节 坏　　账

在市场经济条件下，企业越来越多地借助于商业信用扩大销售，提高产品的市场占有率。但是，商业信用的存在也会带来一定的风险，即应收账款、应收票据、预付账款、其他应收款等应收款项到期有收不回来的可能。应收款项中最终无法收回的部分称为坏账，由此产生的损失称为坏账损失。坏账损失在会计上表现为一种费用——由于应收款项的减少而增加的费用，最终影响企业的净利润。在此要解决的问题是：何时确认坏账？坏账损失金额如何估计？坏账如何进行会计处理？

一、坏账的确认

应收款项是否能如期收回，会不会发生坏账，受到其特性、金额大小、信用期限、债务人的信誉和当时的经营情况等因素的影响。一般情况下，只有确实证明收不回来的应收款项才确认为坏账。在我国，应收账款符合以下条件之一的，应该确认为坏账：

（1）债务人死亡，以其遗产清偿后仍然无法收回的部分。

（2）债务人破产，以其破产财产清偿后仍然无法收回的部分。

（3）债务人较长时间内未履行其偿债义务，并有足够的证据表明无法收回或收回的可能性极小。

对应收票据、预付账款坏账的确认，按会计制度的规定，应收票据到期付款人无力付款时转入应收账款，按应收账款的坏账处理；预付账款到期债务人无法提供商品或劳务时转入其他应收款，按类似方法确认坏账。

坏账的确认是企业内部的会计事项，其目的是真实反映企业的财务状况。坏账的确认并不改变应收账款形成时的债权债务关系。对已经确认为坏账的应收账款，企业仍然具有追索权，一旦重新收回，应及时入账。

应收账款是否发生坏账受债务人经营情况的影响。当债务人没有死亡或者没有破产时，对于收回应收账款的时间及可能性大小，需要会计师采用一些合理的方法加以判断。

二、坏账的会计处理

会计上处理坏账损失的方法有两种：直接转销法（简称直接法）和备抵法。

（1）直接转销法。直接转销法是指发生坏账时，将坏账的实际金额直接从“应收账款”账户中转销，记入企业的“资产减值损失——坏账损失”账户。到期末，调整计算本期利润。如果已冲销的应收账款在以后收回，则应借记“应收账款”，贷记“资产减值损失——坏账损失”，从而恢复企业的债权并冲减资产减值损失；同时，借记“银行存款”，贷记“应收账款”，反映应收账款的收回情况。

采用直接转销法，会计处理简便，易于理解。但是，在这种处理方式下，确认坏账的时间与实际确认销售收入的时间不一致。一般情况下，赊销的同时应收账款已经存在坏账的可能。采用直接转销法，只有等到发生坏账时，才能确定当期计入资产减值损失的金额。这部分因坏账而发生的费用与销售收入往往不在同一个会计期间，确认收入时因无相应的坏账费用配比而虚计该期利润，企业应收账款也因未考虑坏账而扩大。因而采用直接转销法不符合收入与费用配比的原则，以及企业确认收入和费用的应计制原则。因此，直接转销法适用于赊销金额较小、坏账可能性不大的业务。如果赊销金额较大、坏账可能性较大，企业则应该采用备抵法。

（2）备抵法。在备抵法下，应预先估计坏账损失，计入当期费用，同时建立坏账准备，待实际发生坏账时，再冲销已提坏账准备和应收账款。采用这种方法，坏账损失计入与相应销售收入同一期间的损益，体现了配比原则的要求，避免了企业明盈实亏情况的发生。在资产负债表中列示应收款项净额，使报表使用者能了解企业应收款项的可变现金额。目前我国会计制度规定，企业应采用备抵法进行坏账的核算。

采用备抵法首先要按期估计坏账损失。在会计实务中，按期估计坏账损失的方法一般有以下三种：赊销百分比法、应收账款余额百分比法和账龄分析法。

1）赊销百分比法。赊销百分比法是指企业根据当期赊销金额的一定百分比估计坏账的方法。一般认为，企业当期赊销业务越多，坏账的可能性越大。企业可以根据以往的经验和有关资料确定百分比，以此乘上赊销金额作为坏账估计数。其计算公式为

估计坏账损失 = 本期赊销金额 × 估计坏账百分比

【例 6-12】 康翔公司 2016 年全年销售业务中的赊销金额为 3 000 000 元，估计坏账百分比为 4‰，则本年度估计坏账损失 = 3 000 000 × 4‰ = 12 000（元）。

赊销百分比法是按每一个会计年度实际发生的赊销金额确定坏账损失的，因此确定的坏账损失作为期间费用，应与当期的收入加以配比，从而正确计算当期利润。

根据计算结果，企业期末应做如下会计分录：

借：资产减值损失——坏账损失 12 000

贷：坏账准备 12 000

假定该企业下一年度发生坏账8 000元，则应做如下会计分录：

借：坏账准备 8 000

贷：应收账款 8 000

如果发现“坏账准备”账户的余额越来越大或越来越小，而每年赊销额没有显著变化，则表明估计的坏账百分比偏大或偏小，应进行调整。

2）应收账款余额百分比法。应收账款余额百分比法是指企业按期末应收账款余额的百分比来估计坏账损失的方法。应收账款余额百分比可以根据以往经验，结合目前、将来的有关情况加以确定。采用应收账款余额百分比法，应收账款余额与计提的坏账准备保持相应的比例，因此，每年计提时，要考虑期初余额的情况，并做必要的调整。

【例6-13】 康翔公司2013年年末应收账款余额为1 000 000元，而“坏账准备”账户的余额为0，规定的坏账准备的计提比例为3‰，则估计坏账准备 = 1 000 000 × 3‰ = 3 000（元）。

根据计算结果，应做如下会计分录：

借：资产减值损失——坏账损失 3 000

贷：坏账准备 3 000

【例6-14】 续例6-13，2014年康翔公司发生一项坏账2 500元，应做如下会计分录：

借：坏账准备 2 500

贷：应收账款 2 500

此时，“坏账准备”账户贷方余额为500元。

【例6-15】 续例6-14，2014年年末康翔公司的应收账款余额为1 200 000元，则年末应保留的“坏账准备”账户贷方余额为：1 200 000 × 3‰ = 3 600（元）。

由于此时康翔公司的“坏账准备”账户贷方余额为500元，故本期实际计提的金额为3 100元（3 600 − 500）。应做如下会计分录：

借：资产减值损失——坏账损失 3 100

贷：坏账准备 3 100

此时“坏账准备”账户贷方余额为3 600元。

【例6-16】 续例6-15，若2015年年末康翔公司应收账款余额为800 000元，年末应保留的“坏账准备”账户贷方余额为2 400元。假设本年度既没有确认坏账，又没有收回已确认的坏账，则本年度实际计提的坏账准备为 −1 200元（2 400 − 3 600），即应冲销多提的坏账准备1 200元，应做如下会计分录：

借：坏账准备 1 200

贷：资产减值损失——坏账损失 1 200

此时康翔公司的"坏账准备"账户贷方余额为2 400元。

【例6-17】 续例6-16，若2016年又收回2014年已冲销的坏账1 000元，则其会计分录为：

借：应收账款　　1 000

　　贷：坏账准备　　1 000

借：银行存款　　1 000

　　贷：应收账款　　1 000

此时康翔公司的"坏账准备"账户贷方余额为3 400元。若2016年年末康翔公司的应收账款余额为1 500 000元，则年末应保留的"坏账准备"账户贷方余额为4 500元（1 500 000×3‰），假设本期已没有确认或收回已确认的坏账，则本期实际应提取的坏账准备为1 100元（4 500－3 400），应做如下会计分录：

借：资产减值损失——坏账损失　　1 100

　　贷：坏账准备　　1 100

由上面例题的核算过程可以看出，年末计提坏账准备时，首先应根据预计坏账损失占应收账款的比例计算调整后的"坏账准备"账户的余额，然后对比调整前"坏账准备"账户的余额，倒推本期应提取或冲销的坏账准备。

3）账龄分析法。账龄分析法是根据应收账款账龄的长短来估计坏账的方法。账龄是指客户欠款的时间。应用这一方法的理由是账款被拖欠的时间越长，发生坏账的可能性就越大，应提取的坏账准备就越多。采用这种方法时，应先分析应收账款的欠款情况，根据账龄的长短计算出各段不同时间应收账款的总额，再根据各段不同时间估计应计提坏账的百分比，用不同时段应收账款总额乘上各段应计提坏账的百分比，计算出各段应计提的坏账准备，然后将每一段应提取的坏账准备汇总起来就是本期应提取的坏账准备。

【例6-18】 康翔公司采用应收账款账龄分析法计算坏账损失，有关资料如表6-2和表6-3所示。

表6-2　康翔公司应收账款账龄分析表

2016年12月31日　　单位：元

客户名称	余额	未过期	已过期				
			1～30天	31～60天	61～90天	91～180天	180天以上
甲	105 000	40 000	20 000	15 000	12 000	10 000	8 000
乙	128 000	35 000	40 000	25 000	15 000	3 000	10 000
丙	90 000	40 000	20 000	12 000	10 000	5 000	3 000
丁	70 000	30 000	10 000	12 000	8 000	5 000	5 000
戊	53 000	15 000	5 000	8 000	5 000	10 000	10 000
	446 000	160 000	95 000	72 000	50 000	33 000	36 000

表 6-3　康翔公司估计坏账损失计算表

2016 年 12 月 31 日　　单位：元

账　龄	应收账款余额	估计应提坏账比例（‰）	估计坏账损失
未过期	160 000	1	160
1～30 天	95 000	2	190
31～60 天	72 000	5	360
61～90 天	50 000	10	500
91～180 天	33 000	20	660
180 天以上	36 000	40	1 440
合计	446 000		3 310

根据表 6-2、表 6-3 的计算结果，本期计提期末应保留的“坏账准备”账户贷方余额为 3 310 元。若调整前“坏账准备”账户余额为 0，则应做如下会计分录：

借：资产减值损失——坏账损失　　3 310

　　贷：坏账准备　　3 310

账龄分析法根据期末应收账款余额计算预计的坏账损失，计算出的坏账损失金额应与应收账款余额相呼应。每次计提时要考虑“坏账准备”账户计提之前是否有余额，若有余额，则应做相应的调整。

【例 6-19】 若上例中康翔公司 2016 年计提“坏账准备”之前“坏账准备”账户贷方余额为 1 200 元，则本期坏账准备应计提金额为 2 110 元（3 310－1 200），应做如下会计分录：

借：资产减值损失——坏账损失　　2 110

　　贷：坏账准备　　2 110

实际确认发生坏账时，应冲销应收账款和坏账准备，其会计分录与应收账款余额百分比法相同。

账龄分析法将应收账款分为不同的时段，并按时段确定坏账百分比，计算出的坏账损失率比赊销百分比法更为精确。但是，估计坏账的时间可能要等到该销货期以后的某一个日期，因此，同一笔与销售有关的营业收入与列作费用的坏账损失分别在两个不同的会计期间入账，违背了收入和费用配比的原则。

我国会计制度规定，坏账准备的计提方法和计提比例由企业自行确定，提取方法一经确定，不能随意变更；如需变更，应在财务报表附注中予以说明。除了应收账款应该计提坏账准备金外，其他应收款也应计提坏账准备。若企业的预付账款有确凿证据表明不符合预付账款的性质，或者因供货单位破产、撤销等原因已无望再收到所购货物时，应将原计入预付账款的金额转入其他应收款，并按规定计提坏账准备。企业持有的未到期应收票据，如有确凿证据证明不能够收回或者收回的可能性不大，则应将其账面余额转入应收账款，并计提相应的坏账准备。

第五节　应收款项报表项目的填制

期末将所有业务登记入账后，要结出各个账户的本期发生额和余额，包括总账和明细账，为编制财务报表做准备。应收款项的报表项目填制方法，主要有直接填列法和分析填列法两种方法。直接填列法是将账户的余额直接填到报表相应的项目中，这是最简单的填表方法，如应收票据、应收股利、应收利息等项目就采用直接填列法；而应收账款、预付账款、其他应收款则要分析其明细账余额，同时结合坏账准备的情况填列。下面来简单说明这些报表项目的填列。

【例 6-20】 康翔公司 2016 年 6 月 30 日应收款项及相关账户的总账和明细账余额如下：

借方余额：		贷方余额：	
应收账款	245 000	预收账款	40 000
应收票据	100 000	应付账款	85 000
预付账款	56 000	坏账准备	2 000
其他应收款	47 000		

有关明细账余额如下：

(1) 应收账款有三个明细账：A 公司 100 000 元（借方），B 公司 200 000 元（借方），C 公司 55 000 元（贷方）。

(2) 预收账款有两个明细账：D 公司 50 000 元（贷方），E 公司 10 000 元（借方）。

(3) 预付账款有三个明细账：M 公司 30 000 元（借方），N 公司 40 000 元（借方），L 公司 14 000 元（贷方）。

(4) 应付账款有四个明细账：R 公司 30 000 元（贷方），P 公司 25 000 元（贷方），Q 公司 40 000 元（贷方），S 公司 10 000 元（借方）。

(5) 坏账准备有两个明细账：应收账款 1 500 元（贷方），其他应收款 500 元（贷方）。

由于预付账款的贷方余额相当于应付账款，应付账款的借方余额相当于预付账款。类似地，应收账款的贷方余额在性质上相当于预收账款，预收账款的借方余额相当于应收账款。因此各应收款项的报表数分别为：

应收账款 = 100 000 + 200 000 + 10 000 − 1 500 = 308 500（元）

应收票据 = 100 000（元）

预付款项 = 30 000 + 40 000 + 10 000 = 80 000（元）

其他应收款 = 47 000 − 500 = 46 500（元）

预收款项 = 50 000 + 55 000 = 105 000（元）

应付账款 = 30 000 + 25 000 + 40 000 + 14 000 = 109 000（元）

进一步学习指南

本章仅介绍应收账款核算的最基本内容。随着企业业务的不断创新和复杂化，应收账款业务的核算也将越来越复杂。例如，应收账款融资——保理业务、有追索权应收账款转让、存在退货权的销售业务、债务人出现财务困难而采取的债务重组等。具体请见有关应收账款融资、《企业会计准则第 12 号——债务重组》、美国财务会计准则公告第 48 号《存在退货

权销售时收入的确认》等资料。

思 考 题

1. 应收账款包括哪些内容？影响应收账款计价的因素有哪些？
2. 处理现金折扣有哪些方法？如何进行会计处理？
3. 什么是应收账款的坏账？如何估计坏账损失？会计处理有哪些方法？不同方法对当期利润有何影响？
4. 什么是应收票据贴现？应收票据贴现应如何进行会计处理？在资产负债表上应如何披露？

练 习 题

习题一

1. 目的：练习现金折扣的会计处理。

2. 资料：2016 年 9 月 20 日，康翔公司向瑞安公司出售商品 100 000 元（暂不考虑增值税），现金折扣条件是“2/10，1/20，*n*/30”。12 月 25 日收到货款的 50%。

3. 要求：采用总价法编制康翔公司上述业务的会计分录。

习题二

1. 目的：练习应收账款及坏账的处理。

2. 资料：2014 年 4 月，美林公司销售给联华公司 20 000 元商品，该商品适用的增值税税率为 17%，原定 3 个月付款，经催收两年仍未付款。2016 年 6 月，美林公司董事会批准注销该笔款项。2016 年 7 月，联华公司由于盈利能力提升，偿付了全部款项。

3. 要求：分别采用直接转销法和备抵法记录应收账款转销和收回的会计分录。

习题三

1. 目的：练习应收票据及票据贴现的计算及会计处理。

2. 资料：美林公司 2016 年 4 月 10 日销售商品一批，价款为 50 000 元，增值税为 8 500 元，收到一张面值为 58 500 元、期限为 6 个月、年利率为 5% 的商业承兑汇票。6 月 10 日公司因资金紧缺到银行办理贴现，贴现率为 4.5%。

3. 要求：

（1）计算公司贴现所得。

（2）编制贴现的会计分录。

习题四

1. 目的：练习应收票据及票据贴现的会计处理。

2. 资料：康翔公司 2016 年 9 月的有关经济业务如下：

（1）9 月 2 日，出售给美林公司一批商品，不含税价格为 50 000 元，增值税为 5 800 元，收到美林公司转账支票一张 5 800 元，及一张面值 50 000 元的商业承兑汇票，期限为 3 个月，年利率为 5%。

（2）9 月 8 日，收到信达公司 7 月 2 日开出的商业承兑汇票，面值为 50 000 元，利息收入为 187.50 元，款项存入银行。

（3）9 月 20 日，接到银行通知，本公司 8 月 5 日将由威力公司承兑的商业汇票申请贴现，该票据面值为 10 000 元，年利率为 5%，期限为 90 天。由于威力公司今日无力付款，银行已从本公司存款账户中扣除该贴现款。

（4）9 月 27 日，银河国际公司承兑的面值为 8 000 元、年利率为 5%、75 天到期的票据已到期。因银河国际公司账上存款不足，银行将票据退还给本公司。

（5）9 月 28 日，收到华丰公司商业承兑汇票一张，抵付前欠款 20 000 元。

3. 要求：根据上述资料编制会计分录。

习题五

1. 目的：练习应收款项的会计处理。

2. 资料：美兰公司 2015 年 12 月 31 日应收账款余额为 150 000 元，该公司采用“应收账款余额百分比法”计提坏账损失，坏账准备提取比例为 1%。2016 年的有关资料如下：

（1）公司采购员王某到外地采购，公司将 100 000 元汇入当地银行。

（2）公司出售商品一批，价款为 85 470.09 元，增值税为 14 529.91 元，商品已发出，款未收。

（3）收到瑞星公司交来的欠款 60 000 元，存入银行。

（4）公司去年预付一笔货款 30 000 元，因供货单位已经破产，预计无法收回。

（5）公司向银行申请一张金额为 50 000 元的银行本票，款项从银行存款账户中扣除。

（6）公司持银行本票采购一批商品，其价款为 17 094 元，增值税进项税额为 2 906 元，并以银行存款向运输部门支付运费 1 500 元（暂不考虑增值税）。

（7）公司向华丰公司销售商品一批，价款为 140 000 元，增值税销项税额为 23 800 元。公司收到华丰公司开出的一张面值为 163 800 元、期限为 6 个月、年利率为 5% 的商业汇票。

（8）公司收到威力公司开出的面值为 80 000 元、期限为 3 个月、年利率为 5% 的银行承兑汇票一张抵付前欠款。

（9）接到银行通知，公司持有的利华公司一张面值为 50 000 元、期限为 6 个月、年利率为 5% 的商业承兑汇票遭到拒付。

（10）公司向友谊公司采购材料一批，价款为 42 735.04 元，增值税为 7 264.96 元，公司将持有的威力公司的面值为 50 000 元的商业承兑汇票背书转让给友谊公司。

（11）公司确认本期无法收回的应收账款为 20 000 元，经董事会批准同意注销。

（12）去年核销的瑞星公司应收账款今年收回了 10 000 元。

（13）计算应收账款期末余额及本期应计提的坏账准备，并做相应的会计处理。

3. 要求：根据上述资料，编制相关会计分录。

第七章

存　货

第一节　存货概述

一、存货的含义

存货是指企业在日常生产经营过程中持有以备出售的产成品或商品、处在生产过程中的在产品、在生产过程或提供劳务过程中耗用的材料和物资等。它包括库存的、加工中的、在途的各种材料、包装物、低值易耗品、在产品、半成品、外购商品、产成品等。

在不同行业的企业中，存货的内容有所不同。在商品流通企业中，存货主要包括各种商品；在工业企业中，存货包括各种材料、包装物、低值易耗品、在产品、自制半成品和产成品等。

一项物品是否确认为企业的存货，除应确定在性质上是否属于存货外，还应确定是否属于企业的存货。通常以是否拥有所有权作为判别标准。凡所有权属于企业的存货，不论企业是否已经收到或持有，均作为本企业的存货；反之，即使存放于企业，也不能作为企业的存货。例如，委托外单位代销的存货、委托外单位加工的存货、采用起运点交货的运输途中的存货等，这些存货虽然不在企业，但是所有权属于企业，因此这些存货应在企业会计账户和报表中加以反映。而像接受外单位加工的存货，采用目的地交货未验收的存货，已经售出但客户尚未提货，还在本企业仓库中存放的存货，这些存货的法定所有权不属于企业，不包括在企业存货内。

二、存货的分类

不同行业的企业，存货品种各异。对服务性行业，存货主要是办公用品和物料用品；对商品流通企业，存货主要是准备对外销售的库存商品；工业企业的存货较为复杂，一般包括生产准备阶段的存货、生产过程中的存货和销售阶段的存货三部分。下面以工业企业为例说明存货的主要分类。

1. 生产准备阶段的存货

生产准备阶段的存货主要包括以下几种：

（1）原材料。它是指构成产品实体的原料及主要材料，以及不构成产品实体但供生产耗用的辅助材料、修理备用件等。

（2）委托加工物资。它是指因技术或经济原因而委托外单位代为加工的各种材料。

（3）周转材料。它主要包括包装物和低值易耗品。包装物是指为包装本企业产品而储备的各种包装物资；低值易耗品是指因价值较低、易损耗等而不能列为固定资产的各种用具物品。

2. 生产过程中的存货

生产过程中的存货主要包括在产品及自制半成品。它们是已经过一定生产加工过程但尚未完工的中间产品和正在加工中的产品。

3. 销售阶段的存货

销售阶段的存货是指已经验收合格，随时可以对外销售的商品，或者已经发出，但存货的所有权仍未转移的商品，主要包括库存商品、发出商品、委托代销商品等。

三、存货的信息披露与账户设置

为了使财务报表使用者了解企业拥有的存货价值，在资产负债表的流动资产中应设置“存货”报表项目，反映报表日企业拥有的存货价值。在财务报表附注中应说明存货的会计处理方法，包括购入存货的计价方法、发出存货的计价方法（如月末加权平均法、移动加权平均法、先进先出法、后进先出法和个别计价法等）和期末存货跌价准备采用的计提方法等。在资产减值损失明细表附表中，应反映存货跌价情况。此外，在企业内部报表——存货明细表中，还应反映企业拥有的存货的具体分布情况。为了在会计期末获得编制财务报表所需的数据资料，企业应根据报表项目和信息披露要求，设置相应的会计账户，用来核算日常发生的存货业务。以工业企业为例，存货报表项目与账户之间的关系如表 7-1 所示。

表 7-1　存货报表项目与账户之间的关系

报表项目	账户类别	账户名称	反映内容
存货	生产准备阶段的存货	材料采购、在途物资	已采购、尚未入库材料的实际成本
		原材料	库存材料的实际成本或计划成本
		材料成本差异	库存材料的实际成本与计划成本的差异
		周转材料	周转材料的实际成本或计划成本
		委托加工物资	委托加工物资的实际成本
	生产过程中的存货	生产成本	处于生产过程中的在产品、在制品的实际成本
	销售阶段的存货	库存商品	库存商品的实际成本
		发出商品	已经发出，但所有权尚未转移的商品的实际成本
	报表调整项目	存货跌价准备	存货“市价”低于成本的金额

在期末编制报表时，只要将表 7-1 中存货相关账户的期末余额加总，就可以得到存货项目的报表数。其中账户余额在贷方的，应采用减法。例如，“存货跌价准备”账户的余额一定在贷方，而“材料成本差异”账户的余额可能在借方，也可能在贷方，其他存货账户的期末余额一定在借方。

第二节　存货数量的确定方法

为了正确计算库存存货的账面金额和发出存货的实际成本，必须合理确定库存和发出存货的数量与单价。存货数量的确定取决于企业采用的存货盘存方法。一旦存货的数量确定下来，就可以很方便地确定存货的价值。存货数量计算的基本公式如下：

期初结存存货数量 + 本期收入存货数量 − 本期发出存货数量 = 期末结存存货数量

在上述公式中，只要知道其中三个数量，就可以计算第四个数量。由于期初数量可以从存货明细账的期初余额得到，本期收入数量可以从本期收入的存货资料中汇总得到，后面两个数量，只需已知其中一个，就可以通过计算得出另一个。如果已知本期发出数量，求期末结存数量，这种方法称为永续盘存制；如果已知期末结存数量，计算本期发出存货数量，这种方法称为实地盘存制。因此，企业确定存货的实物数量有两种方法：一种是永续盘存制；另一种是实地盘存制。

一、永续盘存制

永续盘存制又称账面盘存制。采用这种方法，财产物资明细账的登记与实物的收发同步进行。即每发生一次实物的收发都要逐笔在明细账上登记增加，并随时结出账面结存的数量。财产清查时，应以账簿记录为依据清点实物，确认盘亏或盘盈。然后以财产物资的实存数额为准，调整账面记录，使账实相符。采用永续盘存制，需要逐笔登记存货收入、发出的明细账，核算工作量较大。但通过账簿记录，可以随时了解各种财产物资的情况。因此，对于核算比较健全的企业，一般都应采用这种核算方法。目前很多企业采用计算机处理存货业务，使得这种复杂的存货核算大大简化。

二、实地盘存制

实地盘存制又称实地盘存法。采用这种方法，财产物资明细账的登记与实物的收发不完全同步进行。在财产物资增加时，要逐笔登记增加的数量和金额。但对于财产物资的减少，不做账面记录，到期末，通过盘点，确定各种存货的库存数量，然后根据存货单价计算各种存货的结存金额，再根据结存的存货金额与本期收入存货金额和期初结存的存货金额，推算出本期发出存货的成本。具体计算如下：

期末结存存货成本 = 期末结存存货数量 × 存货单位成本

本期发出存货成本 = 期初结存存货成本 + 本期收入存货成本 − 期末结存存货成本

在实际应用时要注意，采用这种方法登记明细账比较简单。但是，其核算不严密，而且本期减少数是利用倒挤的方法计算出来的，很可能将人为的差错、损失或毁损等都作为本期正常耗用；同时也不能随时了解财产物资的增减变动和结存情况，不便于内部控制和管理。因此，这种方法只能用于一些特殊的财产物资（如燃料、油料等）的库存核算。

【例 7-1】 某公司 2016 年 8 月 A 材料的期初库存和本月采购情况如表 7-2 所示。

表 7-2 某公司 8 月 A 材料的期初库存和本月采购情况表

金额单位：元 数量单位：kg

时 间	摘 要	数 量	单位成本	金 额
8 月 1 日	月初余额	500	50	25 000
8 月 10 日	购入	1 000	52	52 000
8 月 12 日	发出	1 200		
8 月 25 日	购入	1 500	54	81 000
8 月 26 日	发出	1 150		

8 月 31 日通过盘点，库存 A 材料盘存数量为 600kg，那么，采用加权平均法，A 材料单位成本计算如下：

$$A材料单位成本=\frac{25\ 000+52\ 000+81\ 000}{500+1\ 000+1\ 500}=52.67(元/kg)$$

(1) 采用实地盘存制，A 材料本月库存金额、发出成本及明细账登记如下：

月末 A 材料的库存成本 $=600\times52.67=31\ 602$（元）

8 月发出 A 材料成本 $=25\ 000+52\ 000+81\ 000-31\ 602=126\ 398$（元）

采用实地盘存制登记的原材料明细账如表 7-3 所示。

表 7-3 原材料明细账

材料名称：A 材料　　　　金额单位：元　数量单位：kg

2016 年		摘 要	收 入			发 出			结 存		
月	日		数量	单价	金额	数量	单价	金额	数量	单价	金额
8	1	月初余额							500	50	25 000
	10	购入	1 000	52	52 000						
	25	购入	1 500	54	81 000						
8	31	本月发生额及余额	2 500		133 000	2 400	52.67	126 398	600	52.67	31 602

(2) 采用永续盘存制，A 材料本月库存金额、发出成本及明细账登记如下：

8 月发出 A 材料成本 $=(1\ 200+1\ 150)\times52.67=123\ 774.50$(元)

8 月末库存 A 材料成本 $=25\ 000+52\ 000+81\ 000-123\ 774.50=34\ 225.50$(元)

采用永续盘存制登记的原材料明细账如表 7-4 所示。

表 7-4 原材料明细账

材料名称：A 材料　　　　金额单位：元　数量单位：kg

2016 年		摘 要	收 入			发 出			结 存		
月	日		数量	单价	金额	数量	单价	金额	数量	单价	金额
8	1	月初余额							500	50	25 000
	10	购入	1 000	52	52 000				1 500		
	12	发出				1 200			300		
	25	购入	1 500	54	81 000				1 800		
	26	发出				1 150			650		
	31	盘亏				50			600		
8	31	本月发生额及余额	2 500		133 000	2 400	52.67	126 408	600	52.67	31 592

从例 7-1 中可以看出，采用永续盘存制，可以发现 A 材料盘亏 50kg，通过检查分析盘亏的原因，可以起到强化存货管理，堵塞管理漏洞的作用。而采用实地盘存制，则无法发现 A 材料的盘亏，将因存货管理不善或其他原因产生的存货损失都看成发出的存货，掩盖了存货管理的漏洞。

两种存货盘存制度都要对存货进行盘点，但盘点的目的不同。在实地盘存制下，存货盘点的目的是确定期末存货数量，然后倒挤出本期发出存货的数量；而永续盘存制下，存货盘点的目的是检验存货的账存数与实存数是否一致，以便检查存货管理是否存在漏洞。因此，实地盘存制下的存货必须全面盘点，而永续盘存制可以抽样盘点。

第三节 存货的计价方法

一、存货初始成本的计量

企业会计准则规定，存货应当按照成本进行初始计量。存货成本包括采购成本、加工成本和其他成本。

存货采购成本包括购买价款、相关税费、运输费、装卸费、保险费以及其他可归属于存货采购成本的费用。

存货加工成本包括直接人工以及按照一定方法分配的制造费用。制造费用是指企业为生产产品和提供劳务而发生的各项间接费用，是区别于直接材料、直接人工等方面的间接费用。企业应当根据制造费用的性质，合理地选择制造费用的分配方法。在同一生产过程，同时生产两种或两种以上的产品，并且每种产品的加工成本不能直接区分的，其加工成本应当按照合理的方法在各种产品之间进行分配。

存货来源不同，其实际成本也有所不同，具体按以下原则确定：

1. 购入的存货

购入存货的实际成本包括下列各项：

（1）买价。它是指进货发票所注明的货款金额，不包括增值税。

（2）运输费、装卸费、保险费、包装费、仓储费等费用，不包括增值税。

（3）运输途中的合理损耗。有些物资，在运输途中会发生一定的短缺和损失，除合理的损耗应计入物资的采购成本外，能确定由过失人负责的，应向责任单位或过失人索取赔偿，不计入成本。因自然灾害而发生的意外损失，减去保险赔偿和可以收回的残值后的净损失，应作为营业外支出处理，不计入存货成本。

（4）入库前的挑选整理费。它是指购入的物资需要经过挑选整理才能使用，因而在挑选整理过程中发生的工资、费用支出以及挑选整理过程中发生的数量损耗，均应计入存货成本。

（5）按规定应计入成本的税金。如进口货物的关税、消费税等。增值税是否计入存货成本，取决于企业是一般纳税人还是小规模纳税人，以及企业是否取得符合税法规定的增值税专用发票。对于增值税一般纳税人，只要按规定取得合乎规定的凭证，其购买存货支付的增值税就不计入成本；对小规模纳税人，无论是否取得增值税专用发票，其支付的增值税都应计入成本。

（6）其他费用。如大宗物资的市内运杂费。但市内零星运杂费、采购人员的差旅费和采购机构的经费，以及企业供应部门和仓库的经费等，一般不包括在存货成本中。

2. 自制存货

自制存货包括自制原材料、包装物、低值易耗品、在产品、半成品、产成品等。它们的实际成本包括制造过程所耗用的原材料、工资和有关费用等实际支出。

3. 委托外单位加工完成的存货

委托外单位加工完成的存货包括加工后的原材料、包装物、低值易耗品、在产品、半成品、产成品等。它们的实际成本应包括实际耗用的原材料或者半成品，加工费、运输费、装卸费和保险费等费用（不包括增值税），以及按规定应计入成本的税金。

4. 投资者投入的存货

投资者投入的存货按照投资各方确认的价值作为实际成本。

5. 接受捐赠的存货

接受捐赠的存货应按以下规定确定其实际成本：

（1）捐赠方提供了有关凭证（如发票、报关单、有关协议）的，按凭证上标明的金额加上应支付的相关费用，作为实际成本。

（2）捐赠方没有提供有关凭证的，按如下顺序确定其实际成本：

1）同类或类似存货存在活跃市场的，按同类或类似存货的市场价格估计的金额加上应付的相关税费，作为实际成本。

2）同类或类似存货不存在活跃市场的，按该接受捐赠的存货的预计未来现金流的现值，作为实际成本。

6. 盘盈的存货

盘盈的存货按同类或类似存货的市场价格作为实际成本。

此外，还有企业接受债务人以非现金资产偿还债务取得的存货、企业以非货币性交易方式取得的存货，这些存货的成本按《企业会计准则第 12 号——债务重组》《企业会计准则第 7 号——非货币性资产交换》等相关规定处理。

商业企业在采购过程中发生的运输费、装卸费、保险费（不包括增值税）以及其他可归属于存货采购成本的费用等进货费用，应当计入存货的采购成本，也可以先进行归集，期末根据所购商品的存销情况进行分摊。对于已售商品的进货费用，计入当期损益；对于未售商品的进货费用，计入期末存货成本。企业采购商品的进货费用金额较小的，可以在发生时直接计入当期损益。

二、存货领用、发出的计量

存货的日常收发业务，必须根据有关凭证在存货相关明细账逐笔登记，既要进行金额核算，也要进行数量核算。存货的核算方法有两种：实际成本法和计划成本法。核算方法不同，发出存货的计价方法也会有所不同。

（一）实际成本法

采用实际成本法核算时，由于各种存货是分次购入或者分批生产的，所以同一项存货，其单价或单位成本往往不同。要核算领用、发出存货的价值，就存在多种可供选择的方法。只有正确地确定领用、发出存货的价值，才能真实反映企业的生产成本和销售成本，进而正确地确定企业的利润。按实际成本核算的，企业领用或发出的存货，可以根据实际情况采用先进先出法、加权平均法和个别计价法等确定其成本。但一旦确定选择某种方法后，不得随意变更。若确实需要变更的，应当将变更的内容和理由、变更的影响等在财务报表附注中予以说明。下面分别说明各种存货计价方法下发出存货的计量和相关明细账的登记方法。

1. 先进先出法

采用这种方法是假定先入库的财产物资先发出，因此，发出财产物资的单价要按账面上登记的最先入库的财产物资的单价计价。若发出数量超过第一批购进数量，超过部分应依次按下一批的入库价格计算。这种方法对实地盘存制和永续盘存制都可以使用。实地盘存制下，先购入的存货先发出，期末计算存货成本时采用的单位成本是最后购入的存货单位成本；在永续盘存制下，每一批发出存货也都按先进先出的顺序计算。

【例 7-2】 表 7-5 为甲公司 9 月份发生的 A 材料收发业务。在永续盘存制下，应用先进先出法登记原材料明细账。

表 7-5 原材料明细账

材料名称：A 材料　　　　金额单位：元　数量单位：kg

日　期	凭证	摘　要	收　入			发　出			结　存		
			数量	单价	金额	数量	单价	金额	数量	单价	金额
9 月 1 日		月初结存							300	15	4 500
9 月 7 日		购入	600	16	9 600				300 600	15 16	14 100
9 月 10 日		领用				300 200	15 16	4 500 3 200	400	16	6 400
9 月 15 日		购入	400	17	6 800				400 400	16 17	13 200
9 月 27 日		领用				400 200	16 17	6 400 3 400	200	17	3 400
9 月 30 日		合计	1 000		16 400	1 100		17 500	200	17	3 400

存货计价采用先进先出法，期末存货是按近期入库的价格计算的，库存存货的成本比较接近市价，企业的资产计价较为合理。但是本期销售成本是按较早的存货成本计价的，与当期销售收入相比，本期收益就不够恰当。当物价不断上涨时，采用先进先出法，会使本期销售成本处于比较低的水平，从而本期利润就会虚增，企业税收负担也会增加。另外，如果一批发货涉及几批不同的计价，计算时也比较烦琐，明细账登记工作量较大。

2. 月末加权平均法

月末加权平均法是指企业期末计算存货平均单位成本时，以期初存货数量和本期收入存货数量为权数，以期初结存存货成本和本期收入存货成本之和除以权数，计算出存货的平均单位成本，据此计算本期发出存货和期末存货的实际成本的方法。计算公式如下：

$$加权平均单位成本=\frac{期初结存存货成本+本期收入存货成本}{期初结存存货数量+本期收入存货数量}$$

$$本期发出存货成本=本期发出存货数量\times加权平均单位成本$$

$$期末结存存货成本=期末结存数量\times加权平均单位成本$$

【例 7-3】 根据表 7-5 的资料，采用月末加权平均法计算 A 材料的加权平均单位成本及发出、结存成本如下：

$$A材料加权平均单位成本=\frac{4\ 500+16\ 400}{300+1\ 000}=16.077\ （元/kg）$$

本月发出 A 材料成本 = 1 100 × 16.077 = 17 684.70（元）

月末结存 A 材料成本 = 4 500 + 16 400 − 17 684.70 = 3 215.30（元）

采用月末加权平均法编制的 A 材料明细账如表 7-6 所示。

表 7-6　原材料明细账

材料名称：A 材料　　　　金额单位：元　数量单位：kg

日期	凭证	摘要	收入			发出			结存		
			数量	单价	金额	数量	单价	金额	数量	单价	金额
9月1日		月初结存							300	15	4 500
9月7日		购入	600	16	9 600				900		
9月10日		领用				500			400		
9月15日		购入	400	17	6 800				800		
9月27日		领用				600			200		
9月30日		合计	1 000		16 400	1 100	16.077	17 684.70	200	16.077	3 215.30

采用月末加权平均法，平时发出存货和结存存货只能登记数量，没办法登记金额。到月末才一次计算加权平均单位成本及本月发出、结存存货成本，核算方法简便，适用于手工记账。但是由于只在期末才计算加权平均单位成本，因此平时无法了解库存存货的金额，无法及时了解存货资金的占用情况。

3. 移动加权平均法

移动加权平均法是以存货的结存数量与每批收入存货数量为权数，计算存货平均单位成本的一种方法。它是为了克服上述月末加权平均法的缺陷，在每次收入存货时，只要收入存货的单位成本与库存存货的单位成本不一致，就要计算一次加权平均单位成本，然后以此单位成本作为以后计算发出存货和结存存货成本的依据。移动加权平均单位成本的计算公式如下：

$$\text{移动加权平均单位成本}=\frac{\text{结存存货平均成本}+\text{本批收入存货实际成本}}{\text{结存存货数量}+\text{本批收入存货数量}}$$

【例 7-4】 根据表 7-5 的资料，采用移动加权平均法编制的 A 材料的明细账如表 7-7 所示。

表 7-7　原材料明细账

材料名称：A 材料　　　　金额单位：元　数量单位：kg

日期	凭证	摘要	收入			发出			结存		
			数量	单价	金额	数量	单价	金额	数量	单价	金额
9月1日		月初结存							300	15	4 500
9月7日		购入	600	16	9 600				900	15.67	14 100
9月10日		领用				500	15.67	7 835	400	15.67	6 265
9月15日		购入	400	17	6 800				800	16.33	13 065
9月27日		领用				600	16.33	9 798	200	16.33	3 267
9月30日		合　计	1 000		16 400	1 100		17 633	200	16.33	3 267

采用移动加权平均法，有利于及时计算发出存货的成本，便于及时结账，计算结果也较准确。但是，如果企业进货批次较多，则计算较烦琐。这种方法适合于采用电算化的企业。

4. 个别计价法

个别计价法是以每一批存货收入时的实际单位成本作为该批存货发出单价，期末按每批存货收入时的单价计算。这种方法要求存货在堆放时将不同批次的存货区别开来，并分别做上标志。

采用个别计价法，发出存货按其取得时的实际成本计价，存货的实物流动与成本流动完全一致，成本计算精确，但是存货保管工作较为复杂。它主要适用于那些存货数量不多、单位价值较高、能分批保管的存货，如贵金属、珠宝钻石、汽车等。

根据《企业会计准则第 1 号——存货》的规定，企业应采用先进先出法、加权平均法或者个别计价法确定发出存货的实际成本。即现行企业会计准则不允许企业采用后进先出法。准则还规定，对于性质和用途相似的存货，应当采用相同的成本计算方法确定发出存货的成本。对于不能替代使用的存货、为特定项目专门购入或制造的存货，通常采用个别计价法确定发出存货的成本。

（二）计划成本法

计划成本法是一种账务处理方法。采用计划成本法并不影响实际成本计价原则。对于存货收发频繁，存货种类繁多的企业，采用实际成本法时，相关存货明细账的登记工作量巨大。为了简化会计核算，存货可以采用计划成本法核算。计划成本法的主要内容如下：

(1) 企业应事先制定各种材料的计划成本目录（或材料字典），规定各种原材料的名称、规格、编号、计量单位和计划成本。计划成本在年度内一般不做调整。

(2) 平时收到原材料时，应按计划单位成本计算收入材料的计划成本，填入收料单内，并将实际成本与计划成本的差额登记到“材料成本差异”账户。

(3) 平时领用、发出的材料都按计划成本计算，月末再将本月发出材料应负担的材料成本差异进行分摊，随同本月发出材料的计划成本记入有关账户，将发出材料的计划成本调整成实际成本。其核算流程如图 7-1 所示。

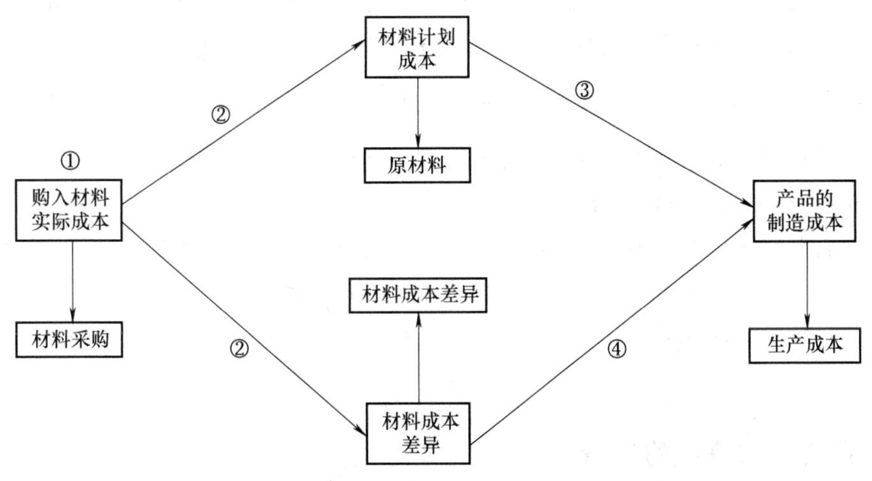

图 7-1 计划成本法核算流程

在图 7-1 中：

① 采购材料时，材料的实际采购成本在“材料采购”账户核算。

② 材料验收入库后，将材料的实际成本分解为两部分，其中材料的计划成本在“原材料”账户核算，实际成本与计划成本的差异在“材料成本差异”账户核算。

③ 发出材料时，先按材料计划成本计入产品的生产成本，即在“生产成本”账户核算。

④ 月末，计算材料成本差异率，计算本月发出材料应分摊的材料成本差异。将材料成本差异从“材料成本差异”账户转入“生产成本”账户，从而将计入产品成本的原材料由计划成本调整为实际成本。

有关计算公式如下：

$$\text{材料成本差异率}=\frac{\text{月初结存材料成本差异}+\text{本月收入材料成本差异}}{\text{月初结存材料计划成本}+\text{本月收入材料计划成本}}$$

$$\text{发出材料应负担的材料成本差异}=\text{本月发出材料的计划成本}\times\text{材料成本差异率}$$

在计划成本法下，相关存货明细账可以简化成表 7-8 的格式，大大简化了相关存货明细账的登记手续。

表 7-8 原材料明细账

材料名称：

材料规格：　　　　计量单位：　　　　存放地点：　　　　计划单位成本：

年		凭证		摘　要	收 入 数 量	发 出 数 量	结　存	
月	日	字	号				数　量	金　额

【例 7-5】 益丰公司存货采用计划成本法核算，月初“原材料”账户的余额为 150 万元，“材料成本差异”账户的借方余额为 30 000 元，本期购入原材料计划成本为 600 万元，产生的材料节约差异（用红字登记在“材料成本差异”账户借方）为 120 000 元，本月发出材料计划成本为 650 万元，则本月发出原材料的实际成本计算如下：

$$\text{材料成本差异率}=\frac{3-12}{150+600}\times100\%=-1.2\%$$

本月发出材料应分摊的成本差异 $=650\times(-1.2\%)=-7.8$（万元）

本月发出材料的实际成本 $=650-7.8=642.2$（万元）

月末“材料成本差异”账户余额 $=3-12-(-7.8)=-1.2$（万元）

月末“原材料”账户余额 $=150+600-650=100$（万元）

月末原材料的实际成本 $=100-1.2=98.8$（万元）

三、存货期末价值的计量

企业在期末编制资产负债表时，要确定期末存货的价值。企业期末存货的价值通常以历

史成本确定。但是，由于存货市价下跌，存货陈旧、过时、毁损等原因，导致存货价值的减少，采用历史成本不能真实地反映存货的价值，因此基于谨慎性原则，企业会计准则规定期末存货采用成本与可变现净值孰低法来计价。

（一）成本与可变现净值孰低法的含义

成本与可变现净值孰低法是指对期末存货按照成本与可变现净值两者之中较低者计价的方法，即当成本低于可变现净值时，期末存货按成本计价；当成本高于可变现净值时，期末存货按可变现净值计价。其中，成本是指存货的实际成本，而可变现净值是在正常生产经营过程中，以存货预计售价减去预计进一步加工成本和销售所必需的预计税金、费用后的净额。

企业按成本与可变现净值孰低法对存货计价时，有以下三种不同的计算方法可供选择：

（1）单项比较法。单项比较法又称个别比较法，是指对存货中每一种存货的成本和可变现净值逐项进行比较，每项存货均取较低值来确定存货的期末成本。

（2）分类比较法。分类比较法是指按存货类别的成本与可变现净值进行比较，每类存货取其较低者来确定存货的期末成本。

（3）总额比较法。总额比较法又称综合比较法，是指按全部存货的总成本与可变现净值总额进行比较，取较低者作为期末全部存货的成本。

【例7-6】 某企业有A、B两大类，甲、乙、丙、丁四种存货，各种存货分别按三种计算方法确定期末存货的成本，如表7-9所示。

表7-9　期末存货成本与可变现净值比较法　　单位：元

项　目	成　本	可变现净值	单项比较法期末存货价值	分类比较法期末存货价值	总额比较法期末存货价值
A类存货	12 000	11 900		11 900	
甲存货	8 000	7 600	7 600		
乙存货	4 000	4 300	4 000		
B类存货	22 000	21 700		21 700	
丙存货	18 000	18 200	18 000		
丁存货	4 000	3 500	3 500		
合　计	34 000	33 600	33 100	33 600	33 600

由表7-9可知，单项比较法确定的期末存货成本较低，为33 100元；分类比较法与总额比较法一样都是33 600元。单项比较法的确定结果最为准确，但工作量也最大；总额比较法工作量较小，但结果准确性较差；分类比较法介于两者之间。因此，一般采用单项比较法或分类比较法来确定期末存货的价值。

（二）成本与可变现净值孰低法的会计处理

企业确定存货的期末价值之后，若成本低于可变现净值，则不做处理，资产负债表中的存货仍按其期末账面价值列示；若可变现净值低于成本，则有以下两种会计处理方法可供选择：

1. 直接转销法

直接转销法即将可变现净值低于成本的损失直接转销有关存货科目，借记“资产减值损失——存货跌价损失”科目，贷记有关存货科目。

2. 备抵法

备抵法即对于存货可变现净值低于成本的损失不直接冲减有关存货科目，而是采取类似于提取坏账准备的做法，设置“存货跌价准备”账户单独反映。具体方法是：每一会计期末，比较存货成本与可变现净值，计算出应计提的准备，然后与“存货跌价准备”科目的余额进行比较，若应提取数大于已提数，则应予补提；反之，则应冲减部分已提数。我国企业会计准则要求采用第二种方法，提取存货跌价准备时，借记“资产减值损失——存货跌价损失”科目，贷记“存货跌价准备”科目。冲回时做相反分录。

【例 7-7】 某公司自 2014 年起采用成本与可变现净值孰低法进行存货的期末计价核算，并运用总额比较法计提存货跌价损失准备金，2014 ~ 2016 年有关存货的成本与可变现净值如下：

(1) 2014 年年末存货账面成本为 100 000 元，预计可变现净值为 89 000 元，则应计提的存货跌价准备为 11 000 元。应做如下会计分录：

借：资产减值损失——存货跌价损失　　11 000

　　贷：存货跌价准备　　11 000

(2) 2015 年年末存货账面成本为 150 000 元，预计可变现净值为 130 000 元，则应计提存货跌价准备为 20 000 元，应补提 9 000 元（20 000 – 11 000）。应做如下会计分录：

借：资产减值损失——存货跌价损失　　9 000

　　贷：存货跌价准备　　9 000

(3) 2016 年年末存货账面成本为 250 000 元，预计可变现净值为 243 600 元，应计提存货跌价准备为 6 400 元，则应冲销存货跌价准备 13 600 元（20 000 – 6 400）。应做如下会计分录：

借：存货跌价准备　　13 600

　　贷：资产减值损失——存货跌价损失　　13 600

《企业会计准则第 1 号——存货》规定，企业通常应当按照单个存货项目计提存货跌价准备。对于数量繁多、单价较低的存货，可以按照存货类别计提存货跌价准备。与在同一地区生产和销售的产品系列相关、具有相同或相似最终用途或目的的，且难以与其他项目分开计量的存货，可以合并计提存货跌价准备。

资产负债表日企业应当确定存货的可变现净值。以前减记存货价值的影响因素已经消失的，减记的金额应当予以恢复，并在原已计提的存货跌价准备金额内转回，转回金额计入当期损益。如例 7-7 中，若 2016 年年末存货账面成本为 250 000 元，预计可变现净值为 255 000 元，则说明存货减值因素已经消除，应将原来减记的存货价值予以恢复。应做如下会计分录：

借：存货跌价准备　　20 000

　　贷：资产减值损失——存货跌价损失　　20 000

第四节　存货的会计核算

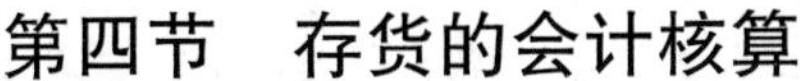

一、原材料的核算

原材料是指工业企业库存的各种材料，包括原料及主要材料、辅助材料、外购半成品、修理备用件、燃料等。原材料核算应设置以下主要账户：

（1）“原材料”账户。该账户用于反映企业收入、发出、库存原材料情况，借方登记入库原材料的实际成本或计划成本，贷方登记由于发出、领用、盘亏、毁损等原因减少的原材料实际成本或计划成本，期末余额在借方，反映期末库存原材料的实际成本或计划成本。

（2）“材料采购”或“在途物资”账户，用于核算采购过程中发生的采购成本，借方登记外购材料的实际成本，贷方登记结转已验收入库的材料的实际成本，期末余额在借方，表示期末尚未到达或尚未验收入库的在途材料的实际成本，其中“材料采购”用于计划成本制度下的核算，“在途物资”用于实际成本制度下的核算。

（3）“材料成本差异”账户。该账户用来核算材料采用计划成本法核算时，材料的实际成本与计划成本的差异。账户借方登记入库材料产生的成本差异，超支差异用蓝字登记，节约差异用红字登记；贷方登记发出材料应分摊的材料成本差异，同样，转销的超支差异用蓝字登记，转销的节约差异用红字登记，期末余额在借方，蓝字表示超支，红字表示节约。

（一）实际成本法下的材料核算

1. 材料与结算凭证等账单同时到达

【例 7-8】 某公司购入 A 材料一批，支票账单已收到，价款为 20 000 元，增值税为 3 400 元，材料已验收入库，银行承付货款，公司另用现金 1 000 元支付该材料的运杂费（暂不考虑增值税）。应做如下会计分录：

分录	借方	贷方
借：原材料	21 000	
应交税费——应交增值税（进项税额）	3 400	
贷：银行存款		23 400
库存现金		1 000

【例 7-9】 某公司 2016 年 10 月 4 日从 C 公司购入甲材料 1 000kg，合同价为 30 元/kg，材料已验收入库，结算凭证也已收到，但货款未付。10 月 8 日以银行存款 1 000 元支付从 C 公司购入甲材料的运杂费（暂不考虑增值税）。会计分录为：

分录	借方	贷方
借：在途物资	30 000	
应交税费——应交增值税（进项税额）	5 100	
贷：应付账款		35 100
借：在途物资	1 000	
贷：银行存款		1 000
借：原材料	31 000	
贷：在途物资		31 000

2. 结算凭证已经到达，材料尚未验收入库

【例 7-10】 某公司向 A 单位购入材料共计 10 000 元，增值税税率为 17%，货款已付，材料尚未到达。会计分录为：

借：在途物资　　10 000
　　应交税费——应交增值税（进项税额）　　1 700
　　贷：银行存款　　11 700

材料运达并已验收入库时：

借：原材料　　10 000
　　贷：在途物资　　10 000

3. 材料已经验收入库，结算凭证尚未到达

发生这种业务，要将已到达的材料先验收入库，到月末，如果结算凭证仍未到达，则应按合同价或计划价暂估入账。下月月初用红字冲销，等结算凭证到达时再按结算凭证上的实际金额重新入账。

【例 7-11】 某公司购入材料 500kg，合同价为 20 元/kg，材料已入库。到月末，结算凭证未到，货款尚未支付，以暂估价入账。

月末，应做如下会计分录：

借：原材料　　10 000
　　贷：应付账款　　10 000

下月月初，用红字冲销暂估入账的记录：

借：原材料　　[10 000]
　　贷：应付账款　　[10 000]

收到结算凭证单据后，货款为 12 000 元，增值税为 2 040 元，用银行存款支付货款及增值税。应做如下会计分录：

借：原材料　　12 000
　　应交税费——应交增值税（进项税额）　　2 040
　　贷：银行存款　　14 040

4. 材料发出的总分类核算

由于企业材料日常领用业务频繁，为简化日常核算工作，平时一般只登记原材料明细账。月末，根据材料领料凭证，按领用部门和用途汇总编制发料凭证汇总表，据以登记总账。

【例 7-12】 某公司各部门领料汇总如表 7-10 所示。

表 7-10 发料凭证汇总表 单位：元

领料部门/用途	应借科目	应贷科目		
车间：		原材料	略	合 计
产品耗用	生产成本	20 000	略	略
机器耗材	制造费用	1 000		
销售部门	销售费用	500		
行政部门	管理费用	600		
出售	其他业务成本	500		
合 计		22 600		

根据表 7-10，应做如下会计分录：

借：生产成本 20 000
　　制造费用 1 000
　　销售费用 500
　　管理费用 600
　　其他业务成本 500
　　贷：原材料 22 600

（二）计划成本法下的材料核算

1. 材料采购和收入的核算

【例 7-13】 美林公司的原材料采用计划成本法核算。2016 年 10 月采购一批 A 材料，采购数量为 100t，增值税专用发票上注明货款 450 000 元，增值税 76 500 元，公司开出一张面值为 526 500 的商业汇票抵付货款及税款，另用银行存款支付装卸费 10 600 元、运费 55 500 元。按税法规定，装卸费的增值税进项税可以按 6% 抵扣，运费的增值税进项税可以按 11% 抵扣。A 材料的计划单位成本为 4 550 元，材料已经验收入库，实际验收入库数量为 99t，减少的材料为途中合理损耗。有关会计处理如下：

A 材料的实际采购成本 = 450 000 + 10 600/(1 + 6%) + 55 500/(1 + 11%) = 510 000(元)

A 材料的计划成本 = 99 × 4 550 = 450 450(元)

该批采购材料可以抵扣的增值税进项税额 = 76 500 + 10 600/(1 + 6%) × 6% + 55 500/(1 + 11%) × 11% = 82 600(元)

（1）支付材料款、运费、装卸费时，应做如下会计分录：

借：材料采购 510 000
　　应交税费——应交增值税（进项税额） 82 600
　　贷：应付票据 526 500
　　　　银行存款 66 100

（2）材料验收入库时，按计划成本结转入库材料成本，应做如下会计分录：

借：原材料 450 450
　　材料成本差异 59 550

贷：材料采购 510 000

2. 材料发出的核算

【例7-14】 美林公司采用计划成本法核算材料，本月发出原材料总额为120万元，其中车间产品耗用100万元，车间机器耗材及管理耗材15万元，行政部门管理耗材5万元。该公司期初结存原材料的计划成本为40万元，材料成本超支差异2万元，本月购入材料计划成本110万元，材料成本超支差异4万元。有关发出材料的会计处理如下：

（1）发出材料时，先按材料计划成本入账，会计分录如下：

借：生产成本 1 000 000

  制造费用 150 000

  管理费用 50 000

  贷：原材料 1 200 000

（2）计算发出材料应负担的材料成本差异：

$$材料成本差异率=\frac{2+4}{40+110}\times 100\%=4\%$$

生产用材料应负担的材料成本差异＝1 000 000×4%＝40 000（元）

车间非生产产品耗用材料应负担的材料成本差异＝150 000×4%＝6 000（元）

行政部门应负担的材料成本差异＝50 000×4%＝2 000（元）

根据计算结果，应做如下会计分录：

借：生产成本 40 000

  制造费用 6 000

  管理费用 2 000

  贷：材料成本差异 48 000

该企业月末“原材料”账户余额为300 000元（400 000＋1 100 000－1 200 000），“材料成本差异”账户借方余额为12 000元（20 000＋40 000－48 000），企业本月发出材料的实际成本为1 248 000元（1 200 000＋48 000）。

二、低值易耗品的核算

低值易耗品是指不能作为固定资产核算的各种用具物品，如工具、管理用具、玻璃器皿等。低值易耗品从性质上看属于劳动资料，可多次参加生产周转，且不改变原有实物形态，但由于价值一般较低，易损耗，因此会计上把它归入流动资产，视同存货。低值易耗品的购入与材料核算相同，下面只简单介绍低值易耗品使用的核算。企业会计准则规定，低值易耗品在“周转材料”账户进行核算。

（一）低值易耗品的分类

为便于管理，通常低值易耗品按其用途可分为以下几类：

（1）一般工具，如刀具、量具、夹具等。

(2) 专用工具，如专用模具、专用刀具等。

(3) 管理用具，如各种家具、办公用具等。

(4) 劳保用品，如劳保用的工作服、工作鞋等。

(5) 其他，即不属于以上各类的低值易耗品。

(二) 低值易耗品的摊销

低值易耗品可以在生产经营过程中多次使用，而不改变其原有实物形态。其价值是逐步丧失的，为反映其价值丧失的过程，根据重要性原则，可以采用以下方法对其成本进行摊销：

1. 一次摊销法

在领用低值易耗品时，将其成本一次全部摊入产品成本或期间费用，这种方法适用于价值较低或极易损坏的低值易耗品。

【例 7-15】 2016 年 3 月，某公司生产车间、管理部门分别领用易破碎的玻璃器皿一批，实际成本分别为 700 元及 500 元，采用一次摊销法。应做如下会计分录：

借：制造费用　　700
　　管理费用　　500
　　贷：周转材料　　1 200

---

2. 五五摊销法

采用这种方法在领用时按低值易耗品价值的 50% 进行摊销；报废时，摊销其余的 50% 价值；然后注销在用低值易耗品的价值和已摊销的低值易耗品的摊销额。应用这种方法需设置“在库低值易耗品”“在用低值易耗品”“低值易耗品摊销”三个明细科目。

【例 7-16】 某企业采用五五摊销法对在用低值易耗品进行核算。某车间领用库存新低值易耗品一批，实际成本为 2 000 元。应做如下会计处理：

(1) 领取低值易耗品时，会计分录为：

借：周转材料——低值易耗品——在用低值易耗品　　2 000
　　贷：周转材料——低值易耗品——在库低值易耗品　　2 000

借：制造费用　　1 000
　　贷：周转材料——低值易耗品——低值易耗品摊销　　1 000

(2) 本月报废其中的 20%，收回报废残料作价 40 元，已经交存仓库。会计分录为：

借：原材料　　40
　　制造费用　　160
　　贷：周转材料——低值易耗品——低值易耗品摊销 (2 000 × 20% × 50%) 200

按低值易耗品的实际成本减去残料价值后的差额，注销在用低值易耗品的成本和摊销额，会计分录如下：

借：周转材料——低值易耗品——低值易耗品摊销　　400
　　贷：周转材料——低值易耗品——在用低值易耗品　　400

经过上述会计处理后，“周转材料——低值易耗品——在用低值易耗品”余额为1 600元（2 000－400），而“周转材料——低值易耗品——低值易耗品摊销”余额为800元（1 000＋200－400），后者刚好是前者的50%。

对低值易耗品的推销，企业会计准则规定，应当采用一次转销法或者五五摊销法。

三、包装物的核算

1. 包装物的含义及核算范围

包装物是指为包装本企业的产品而储备的包装容器，如桶、箱、瓶、坛等。包装物的核算应包括以下方面：

（1）生产过程中用于包装产品并作为产品组成部分的包装物。

（2）随同产品出售而不单独计价的包装物。

（3）随同产品出售但单独计价的包装物。

（4）出租、出借的包装物。

下列各项不属于包装物核算范围：

（1）各种包装材料，如绳子、纸、铁丝等，它们都在“原材料”科目内核算。

（2）用于储存和保管产品、材料而不对外销售的包装物，应按其价值大小、使用年限长短，分别在“固定资产”或“周转材料——低值易耗品”科目核算。

（3）计划上单独列作企业商品、产品的自制包装物，应作为产成品、商品处理。

2. 包装物核算的账务处理

企业应在“周转材料”下设置“包装物”明细科目来反映包装物的收入、发出和结存情况。

【例7-17】 某企业生产领用包装物一批，实际成本2 000元，作为产品成本组成部分。其会计分录为：

借：生产成本　　2 000

　贷：周转材料　　2 000

【例7-18】 某企业销售产品时，领用不单独计价的包装物，其实际成本为600元。其会计分录为：

借：销售费用　　600

　贷：周转材料　　600

【例7-19】 某企业销售产品时，领用单独计价的包装物，其实际成本为800元，单独作价900元，适用增值税税率17%，款未收。其会计分录为：

借：应收账款　　1 053

　贷：其他业务收入　　900

　　应交税费——应交增值税（销项税额）　　153

借：其他业务成本　　800

　贷：周转材料　　800

对周转用包装物的摊销，与低值易耗品的核算方法一样，我国企业会计准则规定，应当采用一次转销法或者五五摊销法。实务中，也可以将包装用材料直接放在“原材料”科目中核算。

四、存货的盘盈、盘亏和毁损核算

1. 存货盘点报告表

企业的存货是重要的流动资产，收发频繁，在日常存货收发、保管过程中，由于计量差错、自然损耗、核算错误，以及管理不善、被偷、被盗、贪污等原因，往往会发生存货的盘盈、盘亏等现象，从而造成存货账实不相符。为了保护企业财产安全、完整，做到账实相符，企业必须对存货进行定期和不定期的清查，确定企业实际存货量，并与账面记录核对，查明账实是否相符以及不符的原因，编制存货盘点报告表（见表7-11），按规定程序，报有关部门审批，经企业领导批准后，即可作为原始凭证列账。

表7-11 存货盘点报告表

存货编号	存货名称	规 格	数量		单价	盘盈		盘亏		原 因
			账存	实存		数量	金额	数量	金额	

2. 存货盘盈的核算

存货盘盈是指实物的实存数超过账面记录的部分。发生盘盈存货时，根据存货盘点报告表所列的盘盈数，调整存货账存数，借记有关存货科目，贷记“待处理财产损溢”科目，经有关部门批准后，再根据盘盈原因做相应会计处理。

【例7-20】 某企业存货清查，发生盘盈钢材2 000元，经查明是由于计量失误造成的。经批准冲减当期管理费用。

批准前：

借：原材料 2 000

  贷：待处理财产损溢——待处理流动资产损溢 2 000

批准后：

借：待处理财产损溢——待处理流动资产损溢 2 000

  贷：管理费用 2 000

3. 存货盘亏和毁损的核算

企业财产清查，发现存货盘亏、毁损时，首先根据存货盘点报告表所列盘亏数，调整有关存货的账面余额，借记“待处理财产损溢”科目，贷记有关存货科目。同时，对购进的货物、在产品、产成品发生的非正常损失引起盘亏的存货应负担的增值税一并转出。然后根据存货盘亏原因做以下相应会计处理：

（1）属于自然损耗产生的定额内合理的亏损，经批准后即可转作管理费用。

（2）属于超定额短缺以及存货毁损的，能确定过失人责任的应由其负责赔偿；属于保险责任范围的，向保险公司理赔；扣除两者及残料价值后计入管理费用。

（3）属于非正常损失所造成的存货毁损，扣除保险公司赔款和残料价值后计入营业外支出。

【例7-21】 某企业期末盘点，发生盘亏甲产品10kg，单位成本10元，经查明属于定额合理损耗。

批准前：

	借	贷
借：待处理财产损溢——待处理流动资产损溢	100	
贷：库存商品		100

批准后：

	借	贷
借：管理费用	100	
贷：待处理财产损溢——待处理流动资产损溢		100

【例7-22】 某企业毁损A材料若干，计500元，经查明责任人应赔偿300元，另残料价值50元。有关会计处理如下：

批准前：

	借	贷
借：待处理财产损溢——待处理流动资产损溢	500	
贷：原材料		500

批准后：

	借	贷
借：其他应收款	300	
原材料	50	
管理费用	150	
贷：待处理财产损溢——待处理流动资产损溢		500

【例7-23】 某企业损毁材料一批，实际成本为2 000元，购进时已抵扣增值税340元，经确认属于非正常损失。其会计处理如下：

批准前：

	借	贷
借：待处理财产损溢——待处理流动资产损溢	2 340	
贷：原材料		2 000
应交税费——应交增值税（进项税额转出）		340

批准后：

	借	贷
借：营业外支出	2 340	
贷：待处理财产损溢——待处理流动资产损溢		2 340

进一步学习指南

本章较为全面地介绍了存货的信息披露、计价和会计核算。在会计实务中，存货核算是最为复杂的会计问题之一。如何根据企业的实际情况简化会计核算是会计面临的主要问题。计划成本法为简化存货明细核算提供了一种选择，但在市场经济条件下，存货价格波动很大，采用计划成本法可能产生存货成本计价不实问题。此外，在计划成本法下，“材料成本差异”明细账的设置应与会计期末计提存货跌价准备的方法相适应，否则将会产生会计方法之间冲突的问题。本章还有一些其他内容，如因债务重组、非货币性交易取得的存货如何计价和核算；成本与可变现净值孰低法，存货的预计可变现净值如何确定等。需要进一步学习的，可以参见《企业会计准则第 12 号——债务重组》《企业会计准则第 7 号——非货币性资产交换》等资料。

思 考 题

1. 判断企业存货的标准是什么？
2. 存货数量的确定方法有哪几种？它们的区别主要体现在哪些方面？
3. 存货成本主要包括哪几个组成部分？
4. 增值税在什么条件下应计入存货成本，在什么条件下不计入存货成本？
5. 在实际成本法下，发出存货的成本有哪几种计价方法？它们如何影响企业本期的利润和资产价格？
6. 计划成本法是一种存货计价方法吗？在计划成本法下，存货成本是否按计划成本计价？
7. 存货期末计价采用成本与可变现净值孰低法时，如何计提存货跌价准备？

练 习 题

习题一

1. 目的：练习存货数量的确定方法。
2. 资料：丰益公司 2016 年 9 月的 A 材料结存及收发情况如表 7-12 所示。

表 7-12 丰益公司 2016 年 9 月 A 材料结存及收发情况

金额单位：元 数量单位：kg

日 期	数 量	单位成本
月初结存	300	14
本月购入：		
（1）5 日	1 000	15
（2）8 日	2 000	16
（3）15 日	1 500	16. 50
（4）20 日	1 000	17
（5）25 日	800	18
本月发出：		
（1）6 日	800	
（2）10 日	1 500	
（3）13 日	500	
（4）18 日	1 400	
（5）22 日	1 200	
（6）28 日	500	
月末盘点	680	

3. 要求：

(1) 在实地盘存制下，采用先进先出法、月末加权平均法确定9月发出A材料的实际成本，并登记A材料的明细账。

(2) 在永续盘存制下，采用先进先出法、移动加权平均法确定9月发出A材料的实际成本，并登记A材料的明细账。

(3) 比较上述两种制度下发出存货实际成本的差异，并说明原因。

习题二

1. 目的：练习实际成本法下存货的核算。

2. 资料：东方公司2017年7月发生的经济业务如下：

(1) 7月2日，向宏伟公司购入一批材料，价款为20 000元，运杂费为5 000元（暂不考虑增值税），增值税税率为17%。材料已验收入库，款项已通过银行支付。

(2) 7月10日，公司财务部门领用耗材2 000元，车间管理部门领用耗料3 000元，销售部门领用耗材10 000元。

(3) 7月15日，向伟力公司采购材料，价款和税款共计50 000元，取得普通发票，公司开出一张面值为50 000元的商业汇票抵付货款，该材料已验收入库。

(4) 7月20日，公司向华丰公司采购A材料，结算凭证已经收到，增值税发票上注明材料价款100 000元，增值税17 000元，款未付，材料尚未收到。

(5) 7月28日，收到上述向华丰公司采购的A材料，用银行存款支付运杂费6 660元，取得增值税专用发票（增值税税率为11%）。该材料已经验收入库。

(6) 7月29日，公司收购农产品80 000元，款项已经通过银行支付。农产品已验收入库，按税法规定，收购农产品可以有11%的增值税进项税额抵扣。

(7) 7月30日，向益成公司采购的B材料已经到达，并已验收入库。但有关的结算凭证尚未到达，按合同，该批材料成本估计为60 000元。

(8) 7月31日，生产车间汇总领用产品生产材料共计500 000元。

3. 要求：根据上述资料编制有关会计分录（假设东方公司为增值税一般纳税人）。

习题三

1. 目的：练习计划成本法下的存货核算。

2. 资料：大华公司的原料及主要材料采用计划成本法核算。2016年8月月初余额资料如下：

借方：

原材料	500 000
材料采购	100 000
材料成本差异	10 000（方框）

8月发生的有关业务如下：

(1) 8月9日，用银行存款购入一批材料，价款为100 000元，增值税为17 000元，另用现金支付材料的运杂费为4 000元（暂不考虑增值税）。材料已经验收入库，该批材料的计划成本为100 000元。

(2) 8月10日，上月采购的材料已经到达，公司再用支票支付运杂费5 000元。材料验收入库，该批材料的计划成本为95 000元。

(3) 8月15日，公司接受某投资者投入一批材料，双方协议价为400 000元，公司收到投资者开来的增值税专用发票注明货款400 000元，增值税68 000元。该批材料的计划成本为450 000元。

(4) 8月20日，公司向伟华公司采购一批材料，结算凭证已经到达，增值税专用发票注明货款200 000元，增值税34 000元，该材料途中的保险费为1 000元（暂不考虑增值税），运杂费为5 000元（暂不考虑增值税），材料货款和增值税尚未支付，保险及运杂费已通过银行支付。该批材料尚未到达。

(5) 8月31日，进行本月发料汇总，发料共计800 000元，其中车间领走用于产品生产的有700 000

元，车间非产品生产用耗材 100 000 元。

3. 要求：

（1）根据上述资料编制有关会计分录。

（2）计算本月材料成本差异率和本月发出材料应分摊的材料成本差异，并编制有关会计分录。

习题四

1. 目的：练习存货盘盈和盘亏的账务处理。

2. 资料：东方公司 2016 年 8 月存货盘点盈亏情况如表 7-13 所示。

表 7-13 存货盘点报告表

数量单位：件 金额单位：元

存货名称	数量		单价	盘盈		盘亏		原 因
	账存	实存		数量	金额	数量	金额	
A 材料	1 000	800	20			200	4 000	仓库管理员过失
B 材料	500	550	10	50	500			计量器不准
C 材料	2 000	1 900	15			100	1 500	管理不善
D 材料	1 500	1 600	12	100	1 200			计量器不准

3. 要求：

（1）根据上述材料的盘盈、盘亏情况，做调整账簿记录的会计分录。

（2）上述盘盈、盘亏经批准处理如下：属于仓库管理员过失的部分，由仓库管理员赔偿 50%，从以后工资中逐月扣回；剩余部分属于计量器不准、管理不善原因造成的盘盈、盘亏，计入管理费用。根据该处理意见编制有关会计分录。

习题五

1. 目的：练习存货项目的报表填列。

2. 资料：东方公司 2016 年 8 月月末有关存货账户的余额如下：

借方余额：		贷方余额：	
库存商品	120 000	材料成本差异	600
发出商品	50 000	存货跌价准备	2 000
材料采购	70 000		
原材料	100 000		
生产成本	50 000		

3. 要求：根据上述存货账户余额，计算资产负债表中存货项目的报表数。

第八章

投　资

第一节　投资概述

一、投资的含义及特点

投资有广义和狭义之分。广义的投资包括对内投资和对外投资，如开办公司、购买商品房待其升值后出售，以及购买股票、债券等；狭义的投资是指对外的权益性投资和债权性投资。会计上的投资一般是指企业对外投资，是狭义上的投资，主要是指企业为通过分配来增加财富，或谋求其他利益，而将其资产让渡给其他单位所获得的另一项资产。但现金流量表中的投资活动不是广义上的投资，也不是狭义上的投资，而是介于两者之间，专指企业长期资产的购建和不包括在现金等价物范围内的投资及其处置活动。

从财务会计上的投资对象来看，投资具有以下特点：

（1）投资是指企业用自己的资金投向外单位的行为，即投资主体是企业。至于企业接受投资者投入的资本则在所有者权益中核算。

（2）投资是企业让渡一项资产而换取的另一项资产。即企业将所拥有的现金、原材料、固定资产等让渡给其他单位，从而换取股权或债权性投资。这项资产与企业的其他资产一样，能为企业带来未来经济利益的流入，如股权性投资获得的分红、债权性投资分得的利息等。

（3）投资所获得的经济利益与其他资产带来的经济利益的流入在形式上有所不同。投资以外的其他资产通常能为企业带来直接的经济利益，如出售存货等；而投资通常是将企业的资产让渡给其他单位，从而获得外单位分来的红利或利息，或者通过投资改善与被投资企业的关系而间接获益。

二、投资的分类

企业的投资可按不同的标准进行分类，常见的分类有以下三种：

1. 按投资目的分类

按投资目的不同，可将投资分为短期投资和长期投资。

（1）短期投资是指能够随时变现并且准备持有时间不超过 1 年（含 1 年）的投资。这种投资通常是为了充分利用暂时闲置的资金，通过投资使其获得高于银行存款利息的收益，而当企业需用现金时又可随时变现。企业的短期投资通常是购买在证券交易所公开上市的股票、债券和基金等。

(2) 长期投资是指短期投资以外的投资，包括准备持有时间超过 1 年的各种股权性质的投资、不能变现或不准备随时变现的债券、其他债权投资和其他长期投资。这种投资的目的往往不仅在于谋取投资收益，而且能够影响或控制被投资企业，以期实现企业的长远发展战略。

根据我国企业会计准则，按投资目的分类的投资资产可以在以下几个账户进行记录：交易性金融资产、持有至到期投资、可供出售金融资产和长期股权投资等。本章第二～五节分别介绍这四类投资的核算。

2. 按投资形式分类

按投资形式不同，可将投资分为股票投资、债券投资、基金投资和房地产投资等。

(1) 股票投资是指企业购买其他公司在社会上公开发行的普通股股票。这是一种权益性投资，获得的收益可以是被投资企业的分红，也可以是出售股票的差价收入。股票投资在时间上灵活，既可作为短期投资也可作为长期投资。

(2) 债券投资是指企业以购买债券的形式对其他单位进行的投资。企业购买的债券按发行者划分，可分为国家债券（如国库券）、企业（公司）债券和金融债券等。作为债权人，企业购买债券后所关心的只是定期收取的利息和债券到期收回本金。

(3) 基金投资是指企业购买向全社会公开发行的投资基金的投资形式。我国目前最普遍的是证券投资基金，该类基金的投资方向是股票、债券等有价证券。企业作为基金的持有者，期望的是投资基金投资获利后的分红。

(4) 房地产投资是指为赚取租金或资本增值，或者两者兼有而持有的房地产，包括出租的土地使用权、持有并准备增值后转让的土地使用权和出租的建筑物等。

(5) 其他投资是指除购买股票、债券和基金以外，企业以其他方式对其他企业所进行的投资。通常包括，企业以现金、固定资产等资产投入其他企业，取得该企业一定数量的股权，或与其他企业共同出资，另外组建一个合资企业。

3. 按投资性质分类

按投资性质分类，可将投资分为权益性投资、债权性投资和混合性投资。

(1) 权益性投资是指为获取另一个企业的权益所进行的投资。这种权益即对被投资企业的所有权，它表现为投资企业对被投资企业的重大生产经营决策施加影响或控制，以及从被投资企业领取分红等，如普通股股票投资。

(2) 债权性投资是指为获得债权的投资。这种投资对被投资企业的生产经营不能施加影响，只能从对方获得规定的利息及债权到期的本金，如购买债券等。

(3) 混合性投资是指兼具股权与债权双重性质的投资，如购买另一个企业发行的优先股股票、可转换公司债券等。

在会计实务中，对投资分类较多采用的是按目的和形式所进行的分类。

三、投资的会计信息披露与会计账户设置

企业对外投资形成的资产属于金融资产。广义上，金融资产包括库存现金、应收账款、应收票据、贷款、垫款、其他应收款、应收利息、债权投资、股权投资、基金投资、衍生金融资产等。由于上述很多项目已经在有关章节介绍过，本章根据 2006 年颁布的企业会计准

则将企业的对外投资划分为以公允价值计量且其变动计入当期损益的金融资产、持有至到期投资、可供出售金融资产和长期股权投资四类。

企业应当结合自身业务特点和风险管理要求，将取得的金融资产在初始确认时分为以下几类：①以公允价值计量且其变动计入当期损益的金融资产；②持有至到期投资；③贷款和应收款项；④可供出售的金融资产。上述分类一经确定，不得随意变更。

2006 年颁布的企业会计准则中涉及投资业务的具体准则主要有《企业会计准则第 2 号——长期股权投资》《企业会计准则第 22 号——金融工具确认和计量》《企业会计准则第 23 号——金融资产转移》《企业会计准则第 37 号——金融工具列报》。这四项准则取代了 2001 年修订发布的《企业会计准则——投资》。

因此，核算投资业务的一级会计科目主要有“交易性金融资产”“持有至到期投资”“可供出售金融资产”和“长期股权投资”四个。此外，为了核算持有至到期投资和长期股权投资的减值情况，还需设置“持有至到期投资减值准备”和“长期股权投资减值准备”两个备抵账户。

第二节　交易性金融资产

一、交易性金融资产概述

交易性金融资产主要是指企业为了近期内出售或短期获利而持有的金融资产。符合以下条件之一的金融资产，应划分为交易性金融资产：

（1）持有金融资产或承担金融负债，主要是为了近期内出售，如企业以赚取差价为目的从二级市场购入的股票、债券、基金等。

（2）金融资产是企业采用短期获利模式进行管理的金融工具投资组合中的一部分。

（3）属于衍生金融工具。但是，只有在活跃市场中有报价、公允价值能可靠计量的权益工具投资，才能指定为交易性金融资产。衍生金融工具主要包括远期合同、期货合同、互换和期权，以及具有远期合同、期货合同、互换和期权中一种或一种以上特征的工具。

二、交易性金融资产的账务处理

设置“交易性金融资产”会计科目，按照交易性金融资产的类别和品种，分别按“成本”“公允价值变动”进行明细核算。本科目期末借方余额反映企业交易性金融资产的公允价值。

1. 取得交易性金融资产的会计处理

企业取得交易性金融资产，按其公允价值，借记“交易性金融资产——成本”科目，按发生的交易费用，借记“投资收益”科目，按已到付息期但尚未领取的利息或已宣告但尚未发放的现金股利，借记“应收利息”或“应收股利”科目，按实际支付的金额，贷记“银行存款”等科目。

2. 持有期间发放股利或利息的会计处理

交易性金融资产持有期间被投资单位宣告发放的现金股利，或计提的分期付息、一次还本债券投资的利息，借记“应收股利”或“应收利息”科目，贷记“投资收益”科目。收到现金股利或利息，借记“银行存款”科目，贷记“应收股利”或“应收利息”科目。

3. 资产负债表日的会计处理

资产负债表日，交易性金融资产的公允价值高于其账面余额的差额，借记“交易性金融资产——公允价值变动”科目，贷记“公允价值变动损益”科目；公允价值低于其账面余额的差额，做相反的会计分录。

4. 出售交易性金融资产的会计处理

出售交易性金融资产时，其公允价值与初始入账金额之间的差额应确认为投资收益。按实际收到的金额，借记“银行存款”等科目，按该项交易性金融资产的成本，贷记“交易性金融资产——成本”科目，按该项交易性金融资产的公允价值变动，贷记或借记“交易性金融资产——公允价值变动”科目，按其差额，借记或贷记“投资收益”科目。

同时，调整公允价值变动损益，将原计入该项交易性金融资产的公允价值变动转出，借记或贷记“公允价值变动损益”科目，贷记或借记“投资收益”科目。

在资产负债表日，由于对交易性金融资产的公允价值变动进行了调整，不计提减值准备。

【例 8-1】 2015 年 1 月 1 日，甲企业从二级市场支付价款 1 020 000 元（含已到付息期但尚未领取的利息 20 000 元）购入某公司发行的债券，另发生交易费用 20 000 元。该债券面值 1 000 000 元，剩余期限为 2 年，票面年利率为 4%，每半年付息一次，甲企业将其划分为交易性金融资产。其他资料如下：

（1）2015 年 1 月 5 日，收到该债券 2014 年下半年利息 20 000 元。

（2）2015 年 6 月 30 日，该债券的公允价值为 1 150 000 元（不含利息）。

（3）2015 年 7 月 5 日，收到该债券 2015 年上半年利息。

（4）2015 年 12 月 31 日，该债券的公允价值为 1 100 000 元（不含利息）。

（5）2016 年 1 月 5 日，收到该债券 2015 年下半年利息。

（6）2016 年 3 月 31 日，甲企业将该债券出售，取得价款 1 180 000 元（含第一季度利息 10 000 元）。

假定不考虑其他因素。甲企业的账务处理如下：

（1）2015 年 1 月 1 日，购入债券时：

借：交易性金融资产——成本　　1 000 000
　　应收利息　　20 000
　　投资收益　　20 000
　　贷：银行存款　　1 040 000

（2）2015 年 1 月 5 日，收到该债券 2014 年下半年利息时：

借：银行存款　　20 000
　　贷：应收利息　　20 000

（3）2015 年 6 月 30 日，确认债券公允价值变动和投资收益时：

借：交易性金融资产——公允价值变动　　（1 150 000 − 1 000 000）150 000
　　贷：公允价值变动损益　　150 000

借：应收利息　　20 000
　　贷：投资收益　　(1 000 000 × 4% ÷ 2) 20 000

(4) 2015 年 7 月 5 日，收到该债券 2015 年上半年利息时：

借：银行存款　　20 000
　　贷：应收利息　　20 000

(5) 2015 年 12 月 31 日，确认债券公允价值变动和投资收益时：

借：公允价值变动损益　　(1 100 000 - 1 150 000) 50 000
　　贷：交易性金融资产——公允价值变动　　50 000

借：应收利息　　20 000
　　贷：投资收益　　20 000

(6) 2016 年 1 月 5 日，收到该债券 2015 年下半年利息时：

借：银行存款　　20 000
　　贷：应收利息　　20 000

(7) 2016 年 3 月 31 日，将该债券出售时：

借：应收利息　　10 000
　　贷：投资收益　　(1 000 000 × 4% ÷ 4) 10 000

借：银行存款　　10 000
　　贷：应收利息　　10 000

借：银行存款　　1 170 000
　　贷：交易性金融资产——成本　　1 000 000
　　　　　　　　　　——公允价值变动　　100 000
　　　　投资收益　　70 000

借：公允价值变动损益　　100 000
　　贷：投资收益　　100 000

注意：甲企业从购买此交易性金融资产到出售，赚取的投资收益共 20 万元，其中，转出的公允价值变动损益为 17 万元（117 - 100），扣除支付的交易费用 2 万元，差价收益为 15 万元，利息收入为 5 万元。

第三节　持有至到期投资

一、持有至到期投资概述

持有至到期投资是指到期日固定、回收金额固定或可确定，且企业有明确意图和能力持有至到期的非衍生金融资产。通常情况下，企业持有的、在活跃市场有公开报价的国债、企业债券、金融债券等，可以划分为持有至到期投资。

到期日固定、回收金额固定或可确定是指相关合同明确了投资者在确定的期间内获得或应收取现金流量（如投资利息和本金等）的金额和时间。例如，由于要求到期日固定，从而权益工具投资不能划分为持有至到期投资。有明确意图持有至到期是指投资者在取得投资时意图就是明确的，除非遇到一些企业所不能控制、预期不会重复发生且难以合理预计的独立事件，否则将持有至到期。有能力持有至到期是指企业有足够的财务资源，并不受外部因素影响将投资持有至到期。

持有至到期投资通常具有长期性质，但期限较短（1 年以内）的债券投资，如符合持有至到期投资的条件，也可将其划分为持有至到期投资。

企业将持有至到期投资在到期前处置或重分类，通常表明其违背了将投资持有至到期的最初意图。如果处置或重分类为其他类金融资产的金额相对于该类投资（即企业全部持有至到期投资）在出售或重分类前的总额较大，则企业在处置或重分类后应立即将其剩余的持有至到期投资（即全部持有至到期投资扣除已处置或重分类的部分）重分类为可供出售金融资产。

二、持有至到期投资的账务处理

持有至到期投资的账务处理，着重于该金融资产的持有者打算持有至到期，未到期前通常不会出售或重分类。因此，持有至到期投资的账务处理主要应解决该金融资产实际利率的计算、摊余成本的确定、持有期间的收益确认以及将其处置时损益的处理。

会计核算时需要设置“持有至到期投资”会计科目，本科目应当按照持有至到期投资的类别和品种，分别按“成本”“利息调整”“应计利息”进行明细核算。本科目期末借方余额，反映企业持有至到期投资的摊余成本。

金融资产的摊余成本是指该金融资产的初始确认金额经下列调整后的结果：①扣除已偿还的本金；②加上或减去采用实际利率法将该初始确认金额与到期日金额之间的差额进行摊销形成的累计摊销额；③扣除已发生的减值损失。实际利率是指将金融资产或金融负债在预期存续期间或适用的更短期间内的未来现金流量，折现为该金融资产或金融负债当前账面价值所使用的利率。

1. 取得持有至到期投资的会计处理

企业取得持有至到期投资时，应按该投资的面值，借记“持有至到期投资——成本”科目，按支付的价款中包含的已到付息期但尚未领取的利息，借记“应收利息”科目，按实际支付的金额，贷记“银行存款”等科目，按其差额，借记或贷记“持有至到期投资——利息调整”科目。

2. 资产负债表日的会计处理

持有至到期投资为分期付息、一次还本债券投资的，应按票面利率计算确定的应收未收利息，借记“应收利息”科目，按持有至到期投资摊余成本和实际利率计算确定的利息收入，贷记“投资收益”科目，按其差额，借记或贷记“持有至到期投资——利息调整”科目。

持有至到期投资为一次还本付息债券投资的，应于资产负债表日按票面利率计算确定的应收未收利息，借记“持有至到期投资——应计利息”科目，按持有至到期投资摊余成本和实际利率计算确定的利息收入，贷记“投资收益”科目，按其差额，借记或贷记“持有至到期投资——利息调整”科目。

3. 持有至到期投资重分类为可供出售金融资产的会计处理

企业将持有至到期投资在到期前重分类时，应在重分类日按其公允价值，借记“可供出售金融资产”科目，按其账面余额，贷记“持有至到期投资——成本、利息调整、应计利息”科目，按其差额，贷记或借记“其他综合收益”科目。已计提减值准备的，还应同时结转减值准备。

4. 持有至到期投资出售的会计处理

企业出售持有至到期投资时，应按实际收到的金额，借记“银行存款”等科目，按其账面余额，贷记“持有至到期投资——成本、利息调整、应计利息”科目，按其差额，贷记或借记“投资收益”科目。已计提减值准备的，还应同时结转减值准备。

【例8-2】 2012年年初，甲公司支付款项95万元，其中价款（公允价值）90万元，交易费用5万元，从活跃市场购入某公司5年期债券，面值110万元，票面利率为3.64%，剩余年限5年，每年年末可按票面利率收取固定利息4万元，本金110万元在第五年年末兑付（不能提前兑付），甲公司将其划分为持有至到期投资。

（1）按实际利率法计算甲公司各年应确认的投资收益。

实际利率的计算如下：

$4PVIFA_{r,5}+110PVIF_{r,5}=95$，得出 $r\approx6.96\%$，其中 $PVIFA_{r,5}=\dfrac{1-\dfrac{1}{(1+r)^5}}{r}$，是年金现值系数，$PVIF_{r,5}=\dfrac{1}{(1+r)^5}$，是复利现值系数。甲公司各年应确认的投资收益如表8-1所示。

表8-1 甲公司各年应确认的投资收益 单位：万元

年　份	年初摊余成本	利息收益	应收利息	利息调整	年末摊余成本
	(1)	(2) = (1) × r	(3)	(4) = (2) − (3)	(5) = (1) + (4)
2012年	95	6.61	4	2.61	97.61
2013年	97.61	6.79	4	2.79	100.40
2014年	100.40	6.99	4	2.99	103.39
2015年	103.39	7.19	4	3.19	106.58
2016年	106.58	7.42	4	3.42	110
合计		35	20	15	

（2）甲公司有关该项投资的会计分录如下：

1）2012年年初购入债券时：

借：持有至到期投资——成本　　1 100 000
　贷：银行存款　　950 000
　　　持有至到期投资——利息调整　　150 000

2）2012年年末收到利息时：

借：银行存款　　40 000
　　持有至到期投资——利息调整　　26 100
　贷：投资收益　　66 100

3）2013 年年末收到利息时：

借：银行存款　　40 000

　　持有至到期投资——利息调整　　27 900

　　贷：投资收益　　67 900

4）2014 年年末收到利息时：

借：银行存款　　40 000

　　持有至到期投资——利息调整　　29 900

　　贷：投资收益　　69 900

5）2015 年年末收到利息时：

借：银行存款　　40 000

　　持有至到期投资——利息调整　　31 900

　　贷：投资收益　　71 900

6）2016 年年末收到利息时：

借：银行存款　　40 000

　　持有至到期投资——利息调整　　34 200

　　贷：投资收益　　74 200

7）2016 年年末到期兑付时：

借：银行存款　　1 100 000

　　贷：持有至到期投资——成本　　1 100 000

三、持有至到期投资的减值

企业应当在资产负债表日对持有至到期投资的账面价值进行检查。有客观证据表明，该金融资产预计未来现金流量现值低于该金融资产账面价值的，说明该金融资产发生了减值，应当按照该金融资产预计未来现金流量现值低于该金融资产账面价值的金额计提减值准备。

“持有至到期投资减值准备”科目核算企业持有至到期投资发生减值时计提的减值准备。本科目应当按照持有至到期投资类别和品种进行明细核算。

资产负债表日，按应减记的金额，借记“资产减值损失”科目，贷记“持有至到期投资减值准备”科目。已计提减值准备的持有至到期投资价值以后又得以恢复的，应在原已计提的减值准备金额内，按恢复增加的金额，借记“持有至到期投资减值准备”科目，贷记“资产减值损失”科目。但是，该转回后的账面价值不应超过假定不计提减值准备情况下该金融资产在转回日的摊余成本。

本科目期末贷方余额，反映企业已计提但尚未转销的持有至到期投资减值准备。

第四节　可供出售金融资产

可供出售金融资产是指初始确认时即被指定为可供出售的非衍生金融资产，以及除下列各类资产以外的金融资产：①贷款和应收款项；②持有至到期投资；③以公允价值计量且其变动计入当期损益的金融资产。例如，企业购入的在活跃市场上有报价的股票、债券和基金等，没有划分为以公允价值计量且其变动计入当期损益的金融资产或持有至到期投资等金融资产的，可归为此类。

企业会计处理时应设置“可供出售金融资产”科目，该科目应当按照可供出售金融资产类别或品种，分别“成本”“公允价值变动”“利息调整”进行明细核算，期末借方余额，反映企业可供出售金融资产的公允价值。

一、取得可供出售金融资产的会计处理

企业取得的可供出售金融资产为股票时，应按可供出售金融资产的公允价值与交易费用之和，借记“可供出售金融资产——成本”科目，按支付的价款中包含的已宣告但尚未发放的现金股利，借记“应收股利”科目，按实际支付的金额，贷记“银行存款”等科目。

企业取得的可供出售金融资产为债券投资的，应按债券的面值，借记“可供出售金融资产——成本”科目，按支付的价款中包含的已到付息期但尚未领取的利息，借记“应收利息”科目，按实际支付的金额，贷记“银行存款”等科目，按差额，借记或贷记“可供出售金融资产——利息调整”科目。

二、可供出售金融资产期末计息的会计处理

资产负债表日，应按票面利率计算确定的应收未收利息，借记“应收利息”科目（可供出售债券为分期付息、一次还本债券）或“可供出售金融资产——应计利息”科目（可供出售债券为一次还本付息债券)，按可供出售债券的摊余成本和实际利率计算确定的利息收入，贷记“投资收益”科目，按其差额，借记或贷记“可供出售金融资产——利息调整”科目。

三、可供出售金融资产期末价值的调整

资产负债表日，可供出售金融资产的公允价值高于其账面余额的差额，借记“可供出售金融资产——公允价值变动”科目，贷记“其他综合收益”科目；公允价值低于其账面余额的差额做相反的会计分录。

四、持有至到期投资重分类为可供出售金融资产的会计处理

将持有至到期投资重分类为可供出售金融资产的，应在重分类日按该项持有至到期投资的公允价值，借记“可供出售金融资产”科目，已计提减值准备的，借记“持有至到期投资减值准备”科目，按其账面余额，贷记“持有至到期投资——成本、利息调整、应计利息”科目，按其差额，贷记或借记“其他综合收益”科目。

五、可供出售金融资产投资出售的会计处理

出售可供出售金融资产时，应按实际收到的金额，借记“银行存款”等科目，按其账面余额，贷记“可供出售金融资产”科目，按其差额，贷记或借记“投资收益”科目。按原记入“其他综合收益”科目的金额，借记或贷记“其他综合收益”科目，按上述借贷两方的差额贷记或借记“投资收益”科目。

【例8-3】 2016年1月1日，甲保险公司支付价款1 028.244万元购入某公司发行的3年期公司债券。该公司债券的票面总金额为1 000万元，票面年利率为4%，实际利率为3%，利息每年年末支付，本金到期支付。甲保险公司将该公司债券划分为可供出售金融资产。2016年12月31日，该债券的市场价格为1 000.094万元。

假定不考虑交易费用和其他因素的影响，甲保险公司的账务处理如下（以“万元”为单位）：

(1) 2016年1月1日购入债券时：

借：可供出售金融资产——成本 1 028.244

贷：银行存款 1 028.244

(2) 2016年12月31日收到债券利息、确认公允价值变动为：

实际利息＝1 028.244×3%＝30.85（万元）

年末摊余成本＝1 028.244＋30.85－40＝1 019.094（万元）

借：应收利息 40

贷：投资收益 30.85

可供出售金融资产——利息调整 9.15

借：银行存款 40

贷：应收利息 40

借：其他综合收益 19

贷：可供出售金融资产——公允价值变动 （1 019.094－1 000.094）19

【例8-4】 2015年5月6日，甲公司支付价款10 160 000元（含交易费用10 000元和已宣告发放现金股利150 000元），购入乙公司发行的股票2 000 000股，占乙公司有表决权股份的0.5%。甲公司将其划分为可供出售金融资产。甲公司购入该股票后，发生的有关资料如下：

2015年5月10日，甲公司收到乙公司发放的现金股利150 000元。

2015年6月30日，该股票市价为每股5.20元。

2015年12月31日，甲公司仍持有该股票；当日，该股票市价为每股5元。

2016年5月9日，乙公司宣告发放股利40 000 000元。

2016年5月13日，甲公司收到乙公司发放的现金股利。

2016年5月20日，甲公司以每股4.90元的价格将股票全部转让。

假定不考虑其他因素，甲公司的账务处理如下：

(1) 2015年5月6日，购入股票时：

借：应收股利 150 000

可供出售金融资产——成本 10 010 000

贷：银行存款 10 160 000

(2) 2015年5月10日，收到现金股利时：

借：银行存款 150 000

贷：应收股利 150 000

(3) 2015年6月30日，确认股票价格变动时：

借：可供出售金融资产——公允价值变动

(5. 20 × 2 000 000 − 10 010 000) 390 000

贷：其他综合收益 390 000

(4) 2015 年 12 月 31 日，确认股票价格变动时：

借：其他综合收益 [(5. 20 − 5) × 2 000 000] 400 000

贷：可供出售金融资产——公允价值变动 400 000

(5) 2016 年 5 月 9 日，确认应收现金股利时：

借：应收股利 (40 000 000 × 0. 5%) 200 000

贷：投资收益 200 000

(6) 2016 年 5 月 13 日，收到现金股利时：

借：银行存款 200 000

贷：应收股利 200 000

(7) 2016 年 5 月 20 日，出售股票时：

借：银行存款 9 800 000

投资收益 210 000

可供出售金融资产——公允价值变动 10 000

贷：可供出售金融资产——成本 10 010 000

其他综合收益 10 000

第五节　长期股权投资

一、企业合并概述

企业合并是指将两个或者两个以上单独的企业合并形成一个报告主体的交易或事项。

(1) 以合并方式为基础，企业合并包括控股合并、吸收合并和新设合并。

控股合并是指合并方（或购买方，下同）通过企业合并交易或事项取得对被合并方（或被购买方，下同）的控制权，能够主导被合并方的生产经营决策，从而将被合并方纳入其合并财务报表范围，形成一个报告主体的情况。控股合并中，被合并方在企业合并后仍保持其独立的法人资格继续经营，合并方在合并中取得的是对被合并方的股权。

吸收合并是指合并方在企业合并中取得被合并方的全部净资产，并将有关资产、负债并入合并方自身的账簿和报表进行核算。企业合并后，注销被合并方的法人资格，由合并方持有合并中取得的被合并方的资产、负债，在新的基础上继续经营。

新设合并是指在企业合并中注册成立一家新的企业，由其持有原参与合并各方的资产、负债，在新的基础上经营。企业合并后，原参与合并各方均注销其法人资格。

(2) 企业合并以是否在同一控制下进行合并为基础，可分为同一控制下的企业合并和非同一控制下的企业合并。

参与合并的企业在合并前后均受同一方或相同的多方最终控制且该控制并非暂时性的

（指大于或等于1年），为同一控制下的企业合并。参与合并的各方在合并前后不受同一方或相同的多方最终控制的，为非同一控制下的企业合并。

二、长期股权投资中投资企业与被投资企业的关系

在长期股权投资中，投资企业与被投资企业存在控制、共同控制、重大影响以及无控制、无共同控制且无重大影响四种情形。

控制是指有权决定一个企业的财务和经营政策，并能据以从该企业的经营活动中获取利益。投资企业拥有被投资企业50%以上表决权资本或拥有实质性控制权的，表明投资企业能够对被投资企业实施控制，被投资企业为其子公司，投资企业应当将子公司纳入合并财务报表的合并范围。

共同控制是指按照合同约定对某项经济活动所共有的控制，仅在与该项经济活动相关的重要财务和经营决策需要分享控制权的投资方一致同意时存在。投资企业与其他方对被投资企业实施共同控制的，被投资企业为其合营企业。如对合营企业的投资，投资方需要与其他合营方一同对被投资企业实施共同控制。

重大影响是指对一个企业的财务和经营政策有参与决策的权利，但并不能够控制或者与其他方一起共同控制这些政策的制定。投资企业能够对被投资企业施加重大影响的，被投资企业为其联营企业。

投资企业与被投资企业的关系不同，其会计处理方法也不同。按照《企业会计准则第2号——长期股权投资》的规定，在下列两种情况下，投资企业对被投资企业的会计核算必须采用成本法：

（1）投资企业能够对被投资企业实施控制的长期股权投资。

（2）投资企业对被投资企业不具有共同控制或重大影响，并且在活跃市场中没有报价、公允价值不能可靠计量的长期股权投资。

投资企业对被投资企业具有共同控制或重大影响的长期股权投资，应当采用权益法核算。

三、长期股权投资的初始计量

长期股权投资在取得时，应按初始投资成本入账。

1. 同一控制下的企业合并形成的长期股权投资

同一控制下的企业合并，合并方在企业合并中取得的资产和负债，应当按照合并日其在被合并方的账面价值计量。

合并方以支付现金、转让非现金资产或承担债务方式作为合并对价的，按取得被合并方所有者权益账面价值的份额，借记“长期股权投资——成本”科目，按享有被投资企业已宣告但尚未发放的现金股利或利润，借记“应收股利”科目，按支付的合并对价的账面价值，贷记有关资产或借记有关负债科目，按其差额，贷记“资本公积——资本溢价或股本溢价”科目；如为借方差额，借记“资本公积——资本溢价或股本溢价”科目，资本公积（资本溢价或股本溢价）不足冲减的，应依次借记“盈余公积”“利润分配——未分配利润”科目。

合并方以发行权益性证券作为合并对价的，应当在合并日按照取得被合并方所有者权益

账面价值的份额作为长期股权投资的初始投资成本。按照发行股份的面值总额作为股本，长期股权投资初始投资成本与所发行股份面值总额之间的差额，应当调整资本公积；资本公积不足冲减的，调整留存收益。

【例 8-5】 甲公司和乙公司同为丙集团的子公司，2016 年 6 月 1 日，甲公司以银行存款取得乙公司所有者权益的 80%，同日，乙公司所有者权益的账面价值为 1 000 万元。

（1）若甲公司支付的银行存款为 750 万元，则账务处理为：

借：长期股权投资　（10 000 000 × 80%）8 000 000
　贷：银行存款　7 500 000
　　资本公积——股本溢价　500 000

（2）若甲公司支付的银行存款为 850 万元，则账务处理为：

借：长期股权投资　8 000 000
　资本公积——股本溢价　500 000
　贷：银行存款　8 500 000

（3）若甲公司发行 700 万股普通股（每股面值 1 元）作为对价取得乙公司 80% 的股权，则账务处理为：

借：长期股权投资　8 000 000
　贷：股本　7 000 000
　　资本公积——股本溢价　1 000 000

2. 非同一控制下的企业合并形成的长期股权投资

非同一控制下的企业合并，购买方以确定的企业合并成本作为长期股权投资的初始投资成本。企业合并成本包括购买方付出的资产、承担的负债、发行的权益性证券的公允价值，以及为进行企业合并发生的各项直接相关费用。支付的非货币性资产在购买日的公允价值与其账面价值的差额作为资产处置收益。

在购买日按企业合并成本，借记“长期股权投资”科目，按支付合并对价的账面价值，贷记或借记有关资产、负债科目，按发生的直接相关费用，贷记“银行存款”等科目，按其差额，贷记“营业外收入”或借记“营业外支出”等科目。

【例 8-6】 2016 年 1 月 1 日，甲公司以一台固定资产和银行存款 200 万元向乙公司投资（甲公司和乙公司为不属于同一控制的两个公司），占乙公司注册资本的 70%，该固定资产的账面原值为 8 000 万元，已计提累积折旧 500 万元，已计提资产减值准备 200 万元，公允价值为 7 600 万元。不考虑其他相关税费。甲公司的账务处理为：

借：固定资产清理　73 000 000
　累计折旧　5 000 000
　固定资产减值准备　2 000 000
　贷：固定资产　80 000 000

借：长期股权投资　（76 000 000 + 2 000 000）78 000 000

贷：固定资产清理　　73 000 000
　　银行存款　　2 000 000
　　营业外收入　　3 000 000

3. 非企业合并形成的长期股权投资

对于非企业合并形成的长期股权投资，按下面的原则进行会计处理：

(1) 以支付现金取得的长期股权投资，应当按照实际支付的购买价款作为初始投资成本。初始投资成本包括与取得长期股权投资直接相关的费用、税金及其他必要支出。

(2) 以发行权益性证券取得的长期股权投资，应当按照发行权益性证券的公允价值作为初始投资成本。

(3) 投资者投入的长期股权投资，应当按照投资合同或协议约定的价值作为初始投资成本。但合同或协议约定价值不公允的除外。

(4) 通过非货币性资产交换取得的长期股权投资，其初始投资成本应当按照《企业会计准则第 7 号——非货币性资产交换》确定。

(5) 通过债务重组取得的长期股权投资，其初始投资成本应当按照《企业会计准则第 12 号——债务重组》确定。

四、长期股权投资的后续计量

长期股权投资应当分别不同情况，采用成本法或权益法确定期末账面余额。

(一) 成本法

成本法是指投资按成本计价的方法。在成本法下，长期股权投资应当按照初始投资成本计价。追加或收回投资应当调整长期股权投资的成本。被投资企业宣告分派的现金股利或利润，确认为当期投资收益，如果收到的股利为股票股利，则只调整持股数量，不做账务处理。长期股权投资采用成本法核算的，如果严格按照《企业会计准则第 2 号——长期股权投资》规定进行核算，则比较烦琐。2009 年 6 月，财政部印发《企业会计准则解释第 3 号》，按照该规定可以大大简化会计核算。按照该规定，采用成本法核算的长期股权投资，除取得投资时实际支付的价款或对价中包含的已宣告但尚未发放的现金股利或利润外，投资企业应当按照享有被投资企业宣告发放的现金股利或利润确认投资收益。

【例 8-7】 A 公司 2014 年 1 月 1 日以银行存款购入 B 公司 10% 的股份，并准备长期持有，实际投资成本为 220 000 元。B 公司于 2014 年 5 月 2 日宣告分配 2013 年度的现金股利 200 000 元。B 公司 2014 年实现净利润 800 000 元，2015 年 5 月 1 日宣告分配现金股利 600 000 元。2015 年 B 公司实现净利润 1 000 000 元，2016 年 4 月 20 日宣告分配现金股利 1 100 000 元。A 公司的账务处理如下：

(1) 购入 B 公司股票时：

借：长期股权投资——B 公司　　220 000
　　贷：银行存款　　220 000

(2) 2014 年 5 月 2 日，B 公司宣告分配 2013 年度的现金股利 200 000 元：

借：应收股利　　20 000

　　贷：投资收益——B 公司　　20 000

(3) 2015 年 5 月 1 日，B 公司宣告分配现金股利 600 000 元：

借：应收股利　　60 000

　　贷：投资收益　　60 000

(4) 2016 年 4 月 20 日，B 公司宣告分配现金股利 1 100 000 元：

借：应收股利　　110 000

　　贷：投资收益　　110 000

（二）权益法

权益法是指投资以初始投资成本计量后，在投资持有期间根据投资企业享有被投资企业所有者权益份额的变动对投资的账面价值进行调整的方法。

投资企业对被投资企业具有共同控制或重大影响的长期股权投资，采用权益法核算。"长期股权投资"科目下设"成本""损益调整""其他权益变动"三个明细科目。具体会计处理如下：

（1）长期股权投资的初始投资成本大于投资时应享有被投资企业可辨认净资产公允价值份额的，不调整已确认的初始投资成本；长期股权投资的初始投资成本小于投资时应享有被投资企业可辨认净资产公允价值份额的，应按其差额，借记"长期股权投资——成本"科目，贷记"营业外收入"科目。

（2）资产负债表日，企业应按根据被投资企业实现的净利润或经调整的净利润计算应享有的份额，借记"长期股权投资——损益调整"科目，贷记"投资收益"科目。被投资企业发生亏损、分担亏损份额超过长期股权投资而冲减其账面价值的，借记"投资收益"科目，贷记"长期股权投资——损益调整"科目。

投资企业在确认应享有被投资企业净损益的份额时，应当以取得投资时被投资企业各项可辨认资产等的公允价值为基础，对被投资企业的净利润进行调整后确认。被投资企业采用的会计政策及会计期间与投资企业不一致的，应当按照投资企业的会计政策及会计期间对被投资企业的财务报表进行调整，并据以确认投资损益。

【例 8-8】 甲公司于 2016 年 1 月 1 日取得联营企业 30% 的股权，取得投资时被投资企业的固定资产公允价值为 1 000 万元，账面价值为 500 万元，固定资产的预计使用年限为 10 年，净残值为零，按照直线法计提折旧。被投资企业 2016 年度实现净利润 500 万元。

调整后的净利润 $= 500 - (1\,000 - 500) \div 10 = 450$（万元）

甲公司应享有的份额 $= 450 \times 30\% = 135$（万元）

借：长期股权投资——损益调整　　1 350 000

　　贷：投资收益　　1 350 000

被投资企业以后宣告发放现金股利或利润时，企业计算应分得的部分，借记"应收股利"科目，贷记"长期股权投资——损益调整"科目。

收到被投资企业发放的股票股利，不进行账务处理，但应在备查簿中登记。

(3) 发生亏损的被投资企业以后实现净利润的，企业计算应享有的份额，如有未确认投资损失的，应先弥补未确认的投资损失，弥补损失后仍有余额的，借记本科目（损益调整），贷记“投资收益”科目。

(4) 在持股比例不变的情况下，被投资企业除净损益以外所有者权益的其他变动，企业按持股比例计算应享有的份额，借记本科目（其他权益变动），贷记“资本公积——其他资本公积”科目。

（三）成本法与权益法的转换

投资企业因减少投资等原因对被投资企业不再具有共同控制或重大影响的，并且在活跃市场中没有报价、公允价值不能可靠计量的长期股权投资，应当改按成本法核算，并以权益法下长期股权投资的账面价值作为按照成本法核算的初始投资成本。

因追加投资等原因能够对被投资企业实施共同控制或重大影响，但不构成控制的，应当由成本法改按权益法核算，并以成本法下长期股权投资的账面价值或按照《企业会计准则第 22 号——金融工具确认和计量》确定的投资账面价值，作为按照权益法核算的初始投资成本。

企业根据《企业会计准则第 2 号——长期股权投资》将长期股权投资由成本法转按权益法核算的，应以成本法下长期股权投资的账面价值作为按照权益法核算的初始投资成本，并在此基础上比较该初始投资成本与应享有被投资企业可辨认净资产公允价值的份额，确定是否需要对长期股权投资账面价值进行调整。初始投资成本小于占被投资企业可辨认净资产公允价值份额的差额，借记“长期股权投资——成本”科目，贷记“营业外收入”科目。长期股权投资自权益法转按成本法核算的，除构成企业合并的以外，应按中止采用权益法时长期股权投资的账面价值作为成本法核算的初始投资成本。

（四）长期股权投资的减值和处置

1. 长期股权投资的减值

资产负债表日，应当对长期股权投资进行资产减值测试。长期股权投资发生减值的，按照以下方法进行会计处理：

按照成本法核算的、在活跃市场没有报价、公允价值不能可靠计量的长期股权投资，其减值应当按照《企业会计准则第 22 号——金融工具确认和计量》处理，按照该金融资产预计未来现金流量现值低于其账面价值的金额计提减值准备，且减值不得转回。

其他长期股权投资，其减值应当按照《企业会计准则第 8 号——资产减值》处理。按照该金融资产可收回金额低于其账面价值的金额计提减值准备，且减值不得转回。金融资产可收回金额的估计，应当根据其公允价值减去处置费用后的净额与该金融资产预计未来现金流量现值两者之间较高者确定。

设置“长期股权投资减值准备”科目，本科目核算企业长期股权投资发生减值时计提的减值准备，贷方余额反映企业已计提但尚未转销的长期股权投资减值准备。资产负债表日，确定长期股权投资发生减值的，按应减记的金额，借记“资产减值损失”科目，贷记“长期股权投资减值准备”科目。

长期股权投资已计提的减值准备不得转回，处置长期股权投资时，应同时结转已计提的长期股权投资减值准备。

2. 长期股权投资的处置

出售长期股权投资时，应按实际收到的金额，借记“银行存款”等科目，原已计提减值准备的，借记“长期股权投资减值准备”科目，按其账面余额，贷记“长期股权投资”科目，按尚未领取的现金股利或利润，贷记“应收股利”科目，按其差额，贷记或借记“投资收益”科目。

出售采用权益法核算的长期股权投资时，还应按处置长期股权投资的投资成本比例结转原记入“资本公积——其他资本公积”科目的金额，借记或贷记“资本公积——其他资本公积”科目，贷记或借记“投资收益”科目。

【例8-9】 甲股份有限公司（以下简称甲公司）2014～2016年投资业务的有关资料如下：

（1）2014年1月1日，甲公司以银行存款1 000万元购入乙股份有限公司（以下简称乙公司）股票，占乙公司有表决权股份的30%，对乙公司的财务和经营政策具有重大影响。不考虑相关费用。2014年1月1日，乙公司所有者权益总额为3 000万元。甲公司采用权益法进行核算。

（2）2014年5月2日，乙公司宣告发放2013年度的现金股利200万元，并于2014年5月26日实际发放。

（3）2014年度，乙公司实现净利润1 200万元。

（4）2015年5月2日，乙公司宣告发放2014年度的现金股利300万元，并于2015年5月20日实际发放。

（5）2015年度，乙公司发生净亏损600万元。

（6）2015年12月31日，甲公司预计对乙公司长期股权投资的可收回金额为900万元。

（7）2016年6月，乙公司获得债权人豁免其债务并进行会计处理后，增加资本公积200万元。

（8）2016年9月3日，甲公司与丙股份有限公司（以下简称丙公司）签订协议，将其所持有乙公司的30%的股权全部转让给丙公司。股权转让价款总额为1 100万元，并且已办理股权转让的过户手续。

根据上述经济业务，会计处理如下（以“万元”为单位）：

（1）借：长期股权投资——乙公司（成本）　　1 000
　　　贷：银行存款　　1 000

（2）借：应收股利　　（200×30%）60
　　　贷：长期股权投资——乙公司（成本）　　60
　　借：银行存款　　60
　　　贷：应收股利　　60

（3）借：长期股权投资——乙公司（损益调整）　　（1 200×30%）360
　　　贷：投资收益　　360

（4）借：应收股利　　（300×30%）90
　　　贷：长期股权投资——乙公司（损益调整）　　90

借：银行存款　　90

　　贷：应收股利　　90

（5）借：投资收益　　（600×30%）180

　　贷：长期股权投资——乙公司（损益调整）　　180

（6）此时，长期股权投资的账面价值为1 030万元[（1 000－60）+（360－90－180）]，应计提减值准备130万元（1 030－900）。

借：资产减值损失　　130

　　贷：长期股权投资减值准备　　130

（7）借：长期股权投资——乙公司（其他权益变动）　　（200×30%）60

　　贷：资本公积——其他资本公积　　60

（8）借：银行存款　　1 100

　　长期股权投资减值准备　　130

　　贷：长期股权投资——乙公司（成本）　　940

　　　　——乙公司（损益调整）　　（360－90－180）90

　　　　——乙公司（其他权益变动）　　60

　　　投资收益　　140

借：资本公积——其他资本公积　　60

　　贷：投资收益　　60

进一步学习指南

本章仅介绍投资业务的最基本内容的核算，还有很多较为复杂的业务核算没有涉及，如以非货币性交易换入投资业务的核算、企业接受的债务人以非现金资产抵偿债务方式取得的投资，以及长期投资采用权益法核算时的各种复杂情形等，这些业务核算较复杂，需要进一步了解的，可参见《企业会计准则第2号——长期股权投资》《企业会计准则第22号——金融工具确认和计量》《企业会计准则第23号——金融资产转移》《企业会计准则第37号——金融工具列报》。

思考题

1. 财务会计中的投资有哪些特点？
2. 投资的常见分类有哪些？
3. 如何确定交易性金融资产的成本？
4. 如何确认交易性金融资产在持有期间的收益？
5. 交易性金融资产在期末如何计价？
6. 持有至到期投资包括哪几种？
7. 长期股权投资的核算方法有哪几种？它们各自适用的范围是怎样的？
8. 投资应如何在资产负债表中列示？

练 习 题

习题一

1. 目的：练习交易性金融资产的会计处理。

2. 资料：甲企业系上市公司，按季对外提供中期财务报表，按季计提利息。2016 年有关业务如下：

(1) 1 月 6 日，甲企业以赚取差价为目的从二级市场购入一批债券作为交易性金融资产，面值总额为 100 万元，票面利率为 6%，3 年期，每半年付息一次，该债券为 2015 年 1 月 1 日发行。取得时公允价值为 103 万元，含已到付息期但尚未领取的 2015 年下半年的利息 3 万元，另支付交易费用 2 万元，全部价款以银行存款支付。

(2) 1 月 16 日，收到 2015 年下半年的利息 3 万元。

(3) 3 月 31 日，该债券公允价值为 110 万元。

(4) 3 月 31 日，按债券票面利率计算利息。

(5) 6 月 30 日，该债券公允价值为 96 万元。

(6) 6 月 30 日，按债券票面利率计算利息。

(7) 7 月 16 日，收到 2016 年上半年的利息 3 万元。

(8) 8 月 16 日，将该债券全部处置，实际收到价款 120 万元。

3. 要求：根据以上业务编制有关交易性金融资产的会计分录。

习题二

1. 目的：练习交易性金融资产的会计处理。

2. 资料：2015 年 5 月 10 日，甲公司以 620 万元（含已宣告但尚未领取的现金股利 20 万元）购入乙公司股票 200 万股作为交易性金融资产，另支付手续费 6 万元，5 月 30 日，甲公司收到现金股利 20 万元。2015 年 6 月 30 日，该股票每股市价为 3.20 元，2015 年 8 月 10 日，乙公司宣告分派现金股利，每股 0.20 元，并于 8 月 20 日发放。截至 12 月 31 日，甲公司仍持有该交易性金融资产。期末每股市价为 3.60 元，2016 年 1 月 3 日，甲公司以 630 万元出售该交易性金融资产。假定甲公司每年 6 月 30 日和 12 月 31 日对外提供财务报告。

3. 要求：

(1) 编制上述经济业务的会计分录。

(2) 计算该交易性金融资产的累计损益。

习题三

1. 目的：练习持有至到期投资的会计处理。

2. 资料：2012 年 1 月 2 日，甲公司从证券市场上购买了一项公司债券，债券年限为 5 年，划分为持有至到期投资，债券面值为 1 100 万元，实际支付价款为 950 万元，另支付相关费用 11 万元，次年 1 月 5 日按票面利率 3% 支付利息，到期日一次归还本金及最后一次利息。购入债券的实际利率为 6%，假定按年计提利息。

3. 要求：编制甲公司有关该持有至到期投资的会计分录。

习题四

1. 目的：练习可供出售金融资产的会计处理。

2. 资料：长江公司 2015 年 4 月 10 日购入甲上市公司的股票 200 万股作为可供出售金融资产，每股 10 元（含已宣告但尚未发放的现金股利 1 元），另支付相关费用 10 万元。5 月 10 日收到现金股利 200 万元。6 月 30 日每股公允价值为 9.20 元，9 月 30 日每股公允价值为 9.40 元，12 月 31 日每股公允价值为 9.30 元。2016 年 1 月 5 日，长江公司将上述甲上市公司的股票对外出售 100 万股，每股售价为 9.40 元。长江公司对外提供季度财务报告。

3. 要求：根据上述资料编制长江公司有关会计分录。

习题五

1. 目的：练习长期股权投资权益法的会计处理。

2. 资料：A 公司 2014 年 1 月 1 日以 950 万元（含支付的相关费用 10 万元）购入 B 公司股票 400 万股，每股面值 1 元，占 B 公司发行在外股份的 20%，能够对 B 公司施加重大影响，A 公司采用权益法核算该项投资。

2014 年 12 月 31 日，B 公司股东权益的公允价值总额为 4 000 万元。

2014 年 B 公司实现净利润 600 万元，提取盈余公积 120 万元。

2015 年 B 公司实现净利润 800 万元，提取盈余公积 160 万元，宣告发放现金股利 100 万元，A 公司已经收到。

2015 年 B 公司由于可供出售金融资产公允价值变动，增加其他综合收益 200 万元。

2015 年年末该项股权投资的可收回金额为 1 200 万元。

2016 年 1 月 5 日，A 公司转让对 B 公司的全部投资，实得价款 1 300 万元。

3. 要求：根据资料编制 A 公司上述有关投资业务的会计分录。

第九章

固定资产

第一节　固定资产概述

一、固定资产的定义和特征

固定资产是指使用期限较长、单位价值较高，并且在使用过程中保持原有实物形态的资产，包括房屋及建筑物、机器设备、运输设备、工具器具等。

固定资产属于物质资料生产过程中用来改变或影响劳动对象的劳动资料。它能连续在若干生产周期内发挥作用而不改变原有的实物形态，其价值将随着使用磨耗而逐渐减少。减少的价值以折旧的形式转移到产品成本中，构成产品价值的组成部分，并随着产品价值的实现而转化为企业的货币资金。

但是，并非所有的劳动资料都可作为企业的固定资产。企业中作为固定资产核算和管理的劳动资料一般应具有以下特征：

（1）使用期限较长，其耐用期限至少超过 1 年或大于 1 年的一个经营周期。

（2）使用寿命是有限的（作为固定资产管理的土地除外）。

（3）企业拥有固定资产的目的是供企业生产经营使用，而不是为出售等其他目的，这一特征是区别固定资产与流动资产的重要标志。

目前我国的会计制度对固定资产定义如下：固定资产是指企业使用期限超过 1 年的房屋、建筑物、机器设备、机械、运输工具以及其他与生产、经营有关的设备、器具、工具等。不属于生产经营主要设备的物品，单位价值在 2 000 元以上，并且使用年限超过 2 年的，也应当作为固定资产看待。

根据这一规定，对属于生产经营用的固定资产，只规定使用时间一个条件；对不属于生产经营主要设备的物品，同时规定了使用时间和单位价值两个条件。这样规定，可以不因价格变化引起的固定资产单位价值标准调整而调整。另外，一项财产是否属于固定资产，还要视企业持有这项资产是否为了长期使用、是否为了用于生产经营来确定。

《企业会计准则第 4 号——固定资产》规定，固定资产是指同时具有下列特征的有形资产：

（1）为生产商品、提供劳务、出租或经营管理而持有的。

（2）使用寿命超过一个会计年度。

使用寿命是指企业使用固定资产的预计时间，或者该固定资产所能生产产品或提供劳务

的数量。

满足固定资产定义的资产，还必须同时满足以下两个条件，才能确认为企业的固定资产，在账簿和报表中恰当地进行披露：

（1）与该固定资产有关的经济利益很可能流入企业。

（2）该固定资产的成本能够可靠地计量。

根据以上规定，对于已经停止使用，又不能通过出售或出租等手段从中获取经济利益的固定资产，尽管其实物形态还存在，也不能确认为固定资产。

二、固定资产的分类

企业固定资产种类很多，根据不同的标准，可以分成不同的类别。企业应当选择适当的分类标准，对固定资产进行分类，以满足经营管理的需要。

1. 按固定资产的经济内容分类

固定资产按其经济内容可分为房屋及建筑物、动力设备、传导设备、工作机器及设备、运输设备、仪器及生产用具、管理用具及其他固定资产等。按经济内容分类，便于企业组织固定资产明细核算，同时也便于分类计提固定资产的折旧。

2. 按固定资产的经济用途分类

固定资产按其经济用途可分为经营用固定资产和非经营用固定资产。经营用固定资产是指直接服务于企业生产、经营过程的各种固定资产。非经营用固定资产是指不直接服务于企业生产、经营过程的各种固定资产。

固定资产按经济用途分类，可以反映企业生产经营用固定资产和非生产经营用固定资产之间的组成变化情况，借以考察和分析企业固定资产的管理和利用情况，从而促进固定资产的合理配置，充分发挥其效用。

3. 按固定资产的使用情况分类

固定资产按其使用情况可分为使用中固定资产、未使用固定资产和不需用固定资产。使用中固定资产是指正在使用中的经营性和非经营性固定资产。因季节性经营或修理等原因，暂时停止使用的固定资产仍属于企业使用中的固定资产；企业出租给其他单位使用的固定资产以及内部替换使用的固定资产，也属于使用中的固定资产。未使用固定资产是指已完工或已购建的尚未交付使用的新增固定资产，以及因进行改建、扩建等原因暂停使用的固定资产。如企业购建的尚待安装的固定资产、经营任务变更停止使用的固定资产等。不需用固定资产是指本企业多余或不适用，需要调配处理的各种固定资产。

固定资产按其使用情况分类，有利于企业掌握固定资产的使用情况，便于比较分析固定资产的利用效率，挖掘固定资产的使用潜力，促进固定资产的合理使用，同时也便于企业合理准确地计提固定资产折旧。

4. 按固定资产的所有权分类

固定资产按其所有权可分为自有固定资产和租入固定资产。自有固定资产是指企业对该类固定资产享有占有权、处置权，可供长期使用，是企业全部资产的重要构成部分。租入固定资产是指企业采用租赁方式从其他单位租入的固定资产。租入方式又分为经营性租入和融资性租入两类。经营性租入的固定资产一般在备查簿中登记，而融资性租入的固定资产在租赁期内应视同自有资产进行管理，在日常使用中为区别自有资产，需单独设立明细账进行核算。

5. 按固定资产的经济用途和使用情况综合分类

固定资产按其经济用途和使用情况可以分为生产经营用固定资产、非生产经营用固定资产、租出固定资产、不需用固定资产、未使用固定资产、融资租入固定资产。

由于企业的经营性质和规模大小不同，对固定资产分类可以有不同的方法，企业可以根据自己的实际情况和经营管理、会计核算的需要进行分类。

三、固定资产的信息披露内容与披露方法

为了使会计信息使用者了解企业在固定资产上的投资情况、固定资产的新旧程度、固定资产因非经营上的原因产生的价值减损情况，以及固定资产的盘盈盘亏情况，企业要在资产负债表的表内和表外对上述内容进行充分披露。在资产负债表中通过表 9-1 所示的报表项目进行披露。

表 9-1　资产负债表中的固定资产项目

项　　目	期 初 数	期 末 数
固定资产		
工程物资		
在建工程		
固定资产清理		

我国企业会计准则规定，企业还应当在报表附注中披露与固定资产有关的以下信息：

（1）固定资产的确认条件、分类、计量基础和折旧方法。

（2）各类固定资产的使用寿命、预计净残值和折旧率。

（3）各类固定资产期初和期末原值，累计折旧额及固定资产减值准备累计金额。

（4）当期确认的折旧费用。

（5）对固定资产所有权的限制及其金额和用于担保的固定资产账面价值。

（6）准备处置的固定资产名称、账面价值、公允价值、预计处置费用和预计处置时间等。

为了提供期末编制财务报表所需的数据，企业会计核算时要设置“固定资产”“累计折旧”“固定资产减值准备”“工程物资”“在建工程”“固定资产清理”等会计账户，用以分别记录日常发生的各类固定资产业务，期末结账得出各账户余额，经过对这些余额进行适当加工处理就可以得到固定资产的报表数。例如，某企业年末有关固定资产账户余额如下：“固定资产”账户借方余额 200 万元、“累计折旧”账户贷方余额 40 万元、“固定资产减值准备”账户贷方余额 20 万元，则资产负债表中固定资产项目金额为 140 万元。

第二节　固定资产增加的核算

固定资产增加的核算首先要解决的问题是取得的固定资产按什么金额入账的问题，即固定资产的入账价值问题。取得固定资产时的计价问题，也称为固定资产的初始计量。按现行会计准则的规定，企业取得的固定资产一般按实际成本入账。实际成本包括企业为购建某项

固定资产达到预定可使用状态前所发生的一切合理、必要的开支。这些支出既有直接发生的，如支付固定资产的价款、运杂费、包装费和安装成本等，也有间接发生的，如应予以资本化的借款利息和外币借款折合差额，以及应予分摊的其他间接费用等。由于固定资产的来源渠道不同，其价值构成的具体内容也有差异，固定资产取得时的入账价值应该根据具体情况分别确定。

一、固定资产取得时的入账价值

1. 固定资产的计价方法

(1) 按原始价值计价。它是指按取得该项资产时实际发生的支出计价，有相应的凭证为依据。它是固定资产的基本计价标准。

(2) 按重置价值计价。它是按现有的生产能力、技术标准，重新购置同样的固定资产所需要付出的代价为资产的入账价值。这种方法仅在清查中确定盘盈固定资产价值，或对报表补充说明时使用。

(3) 按净值计价。它是按固定资产原始成本扣除累计折旧后的余额计价。这种方法一般用于计算固定资产盘点、处置的损益。在资产负债表中，固定资产也可以用净值来列示，但必须在附表中说明固定资产原始价值、已计提折旧和固定资产减值情况。

2. 固定资产入账价值的构成

企业的固定资产由于来源不同，其原始价值所包含的内容也不相同。

(1) 外购的固定资产成本包括买价、进口关税等相关税费，以及为使固定资产达到预定可使用状态前所发生的可直接归属于该资产的其他支出，如场地整理费、运输费、装卸费、安装费和专业人员服务费等。购入固定资产支付的增值税是否计入固定资产成本，要视国家采用的增值税制度而定。如果采用生产型增值税制度，则购入固定资产支付的增值税应计入固定资产的成本；如果采用消费型增值税制度，则购入固定资产支付的增值税不计入固定资产成本。从 2009 年 1 月 1 日起，我国增值税制度从生产型转为消费型。如果以一笔款项购入多项没有单独标价的固定资产，则按各项固定资产公允价值的比例对总成本进行分配，分别确定各项固定资产的入账价值。

(2) 自行建造的固定资产。按建造该项资产达到预定可使用状态前所发生的必要支出，作为入账价值。

(3) 融资租入的固定资产。其入账价值按《企业会计准则第 21 号——租赁》的规定确定。

(4) 企业接受的债务人以非现金资产抵偿债务方式取得的固定资产，或以应收债权换入固定资产的，按接受的固定资产的公允价值，作为入账价值。

公允价值 (Fair Value) 也称公允市价、公允价格，是指熟悉情况的买卖双方在公平交易的条件下所确定的价格，或无关联的双方在公平交易的条件下一项资产可以被买卖的成交价格。

(5) 以非货币性交易换入的固定资产，其初始成本计量比较复杂，既可以采用以公允价值和应支付相关税费作为换入固定资产的成本，也可以用换出资产的账面价值和应支付的相关税费作为换入固定资产的成本。但两种计价方式有严格的使用条件，具体可以参见《企业会计准则第 7 号——非货币性资产交换》。

(6) 投资者投入的固定资产，应当按照投资合同或协议约定的价值确定。但合同或协议约定价值不公允的除外。

（7）接受捐赠的固定资产，按以下规定确定其入账价值：

1）捐赠方提供了有关凭据的，按凭据上标明的金额加上应当支付的相关税费，作为入账价值。

2）捐赠方没有提供有关凭据的，按以下顺序确定其入账价值：①同类或类似固定资产存在活跃市场的，按同类或类似固定资产的市场价格估计的金额，加上应当支付的相关税费，作为入账价值；②同类或类似固定资产不存在活跃市场的，按接受捐赠的固定资产的预计未来现金流量现值，作为入账价值。如果接受捐赠的系旧的固定资产，则按依据上述方法确定的新固定资产价值，减去按该项资产的新旧程度估计的价值损耗后的余额，作为入账价值。

（8）盘盈的固定资产，按以下规定确定其入账价值：

1）同类或类似固定资产存在活跃市场的，按同类或类似固定资产的市场价格，减去按该项资产的新旧程度估计的价值损耗后的余额，作为入账价值。

2）同类或类似固定资产不存在活跃市场的，按该项固定资产的预计未来现金流量现值，作为入账价值。

（9）应当计入固定资产成本的借款费用，按《企业会计准则第 17 号——借款费用》的规定处理。

（10）在原有固定资产的基础上进行改建、扩建的固定资产，按原固定资产的账面价值，加上由于改建、扩建而使该项资产达到预定可使用状态前发生的支出，减去改建、扩建过程中发生的变价收入，作为入账价值。

固定资产的取得按其来源不同分为：购置的固定资产、自行建造的固定资产、投资者投入的固定资产、租入的固定资产、接受捐赠的固定资产和盘盈的固定资产等，企业应当分来源进行会计处理。

二、购入固定资产的核算

1. 购入不需安装的固定资产

购入不需安装的固定资产是指企业购入不需要安装就可以直接交付使用的固定资产。购入的固定资产按实际支付的买价，加上包装费、运杂费、安装成本及缴纳的有关税金等支出，借记“固定资产”科目，贷记“银行存款”科目。

【例 9-1】 康翔公司购入不需安装的设备一台，发票价格为 40 000 元，支付的增值税为 6 800 元，另外支付运费 3 000 元（暂不考虑增值税）。其款项已由银行存款支付。

（1）在生产型增值税制度下，该固定资产的原价为 49 800 元（40 000 +6 800 +3 000）。企业应编制如下会计分录：

	借方	贷方
借：固定资产	49 800	
贷：银行存款		49 800

（2）在消费型增值税制度下，该固定资产的原值为 43 000 元（40 000 +3 000）。企业应编制如下会计分录：

	借方	贷方
借：固定资产	43 000	

应交税费——应交增值税（进项税额）　　6 800
贷：银行存款　　49 800

2. 购入需要安装的固定资产

购入需要安装的固定资产是指企业购入的需要经过安装以后才能交付使用的固定资产。企业购入固定资产时，按实际支付的价款（包括买价、税金、包装费、运输费等），借记“在建工程”科目，贷记“银行存款”等科目。发生的安装费用，借记“在建工程”科目，贷记“银行存款”“原材料”等科目。安装完成交付验收使用时，按其实际成本（包括买价、税金、包装费、运输费和安装费等）作为固定资产的原价转账，借记“固定资产”科目，贷记“在建工程”科目。

【例9-2】 康翔公司购入一台需要安装的设备，取得的增值税专用发票上注明设备买价为50 000元，增值税为8 500元，支付的运输费为2 000元（暂不考虑增值税），包装费为1 000元（暂不考虑增值税）。安装设备时，领用材料、物资的价值为500元，购进该批材料时支付的增值税为85元，支付给专业安装公司的安装费为2 000元（暂不考虑增值税）。有关账务处理如下：

(1) 在生产型增值税制度下，支付设备价款、税金、运输费、包装费合计61 500元。企业应编制如下会计分录：

借：在建工程　　61 500
　　贷：银行存款　　61 500

领用安装材料时，企业应编制如下会计分录：

借：在建工程　　585
　　贷：原材料　　500
　　　　应交税费——应交增值税（进项税额转出）　　85

支付安装费用时，编制如下会计分录：

借：在建工程　　2 000
　　贷：银行存款　　2 000

设备安装完毕交付使用时，确定固定资产的价值为64 085元（61 500＋585＋2 000）。企业应编制如下会计分录：

借：固定资产　　64 085
　　贷：在建工程　　64 085

(2) 若在消费型增值税制度下，则相应的会计分录如下：

借：在建工程　　53 000
　　应交税费——应交增值税（进项税额）　　8 500
　　贷：银行存款　　61 500
借：在建工程　　500
　　贷：原材料　　500
借：在建工程　　2 000

贷：银行存款 2 000

借：固定资产 55 500

贷：在建工程 55 500

三、自行建造的固定资产的核算

企业自行建造的固定资产，可以有自营建造和出包建造两种方式，不同建造方式的账务处理不同。

1. 自营工程

企业采用自营方式进行的固定资产工程，应在“在建工程”科目下按不同的工程项目设置明细科目。工程实际发生的各项支出记入其借方。工程完工，结转工程的实际成本从其贷方转入“固定资产”科目。期末借方余额反映尚未完工工程的实际支出。企业购入为工程准备的物资等，按购入物资的实际成本，借记“工程物资”科目，贷记“银行存款”等科目。企业自营工程领用的工程物资等，按领用物资的实际成本，借记“在建工程——××工程”科目，贷记“工程物资”等科目。自营工程发生的其他费用（如支付职工工资等），按实际发生额，借记“在建工程——××工程”科目，贷记“银行存款”“应付职工薪酬”等科目。自营工程完工并交付使用时，按实际发生的全部支出，借记“固定资产”科目，贷记“在建工程——××工程”科目。

【例9-3】 康翔公司采用自营方式建造厂房一幢，为工程购置物资500 000元，全部用于工程建设。支付建设人员的工资45 000元，工程建造期间因工程借款发生的利息为20 000元。工程完工，验收并交付使用，有关账务处理如下（暂不考虑增值税）：

购买工程物资时，编制以下会计分录：

借：工程物资 500 000

贷：银行存款 500 000

领用工程物资时，编制以下会计分录：

借：在建工程——厂房 500 000

贷：工程物资 500 000

结算应付建设人员工资时，编制以下会计分录：

借：在建工程——厂房 45 000

贷：应付职工薪酬 45 000

结转为工程借款而发生利息时，编制以下会计分录：

借：在建工程——厂房 20 000

贷：长期借款 20 000

工程完工验收，结转工程成本时，编制如下会计分录：

借：固定资产——厂房 565 000

贷：在建工程——厂房 565 000

2. 出包工程

企业采用出包方式进行的自制、自建固定资产工程，其工程的具体支出在承包单位核算。在这种方式下，“在建工程”科目实际成为企业与承包单位的结算科目，企业将与承包单位结算的工程价款作为工程成本，通过“在建工程”科目核算。企业在按规定预付承包单位工程价款时，借记“在建工程——××工程”科目，贷记“银行存款”等科目。工程完工收到承包单位账单，补付或补记工程价款时，借记“在建工程——××工程”科目，贷记“银行存款”等科目。工程完工并交付使用时，按实际发生的全部支出，借记“固定资产”科目，贷记“在建工程——××工程”科目。

【例9-4】 丰益公司以出包方式建造一座仓库，预付工程款500 000元；工程完工决算，需补付价款30 000元。有关账务处理如下：

预付工程款时，编制以下会计分录：

借：在建工程——仓库　500 000

　　贷：银行存款　500 000

补付工程价款时，编制以下会计分录：

借：在建工程——仓库　30 000

　　贷：银行存款　30 000

工程竣工，结转成本时，编制以下会计分录：

借：固定资产——仓库　530 000

　　贷：在建工程——仓库　530 000

四、投资转入的固定资产的核算

企业对接受投资者作价投入的固定资产，应按投资合同或协议确定的价值入账，如果投资各方同意，投入的固定资产也可以按评估确认的价值入账。

【例9-5】 康翔公司接受美林公司作为资本投入的设备一台，该设备投资协议确认的价值为54 000元（暂不考虑增值税），则康翔公司应做如下账务处理：

借：固定资产　54 000

　　贷：实收资本——美林　54 000

五、接受捐赠的固定资产的核算

企业接受捐赠的固定资产，应按照同类固定资产的市场价格，或根据提供的有关凭据所列的金额作为固定资产原价入账。接受固定资产时发生的各种费用，计入固定资产价值。企业在接受捐赠时，借记“固定资产”科目；如为旧的固定资产，应估计折旧，贷记“累计折旧”科目，按其差额贷记“营业外收入”科目。

【例 9-6】 康翔公司接受捐赠的设备一台，根据有关单据确定其价值为 50 000 元，估计折旧额为 6 000 元，发生的运输费、包装费共计 3 000 元。企业收到捐赠的设备时，编制如下会计分录（暂不考虑增值税）：

借：固定资产　　53 000
　　贷：累计折旧　　6 000
　　　　营业外收入　　44 000
　　　　银行存款　　3 000

按税法规定，接受捐赠固定资产时免征企业所得税。但若不进行恰当的会计处理，不仅免征企业接受捐赠固定资产的所得税，还会少征所得税。如上例中，固定资产价值中，有 44 000 元是企业免费取得的，由于固定资产需要计提折旧，所计提折旧又计入费用，从而减少该固定资产使用期间的利润。若企业所得税税率为 25%，则企业将因接受捐赠该固定资产而少交所得税 11 000 元，因此正确的处理方法是在该固定资产报废时，将使用期间少交的税金补回来。会计处理如下：

借：固定资产　　53 000
　　贷：累计折旧　　6 000
　　　　营业外收入　　33 000
　　　　递延所得税负债　　11 000
　　　　银行存款　　3 000

该固定资产报废时，补交税款的会计分录为：

借：递延所得税负债　　11 000
　　贷：应交税费——应交所得税　　11 000

六、盘盈固定资产的核算

我国企业会计准则规定，企业在财产清查中盘盈的固定资产，作为前期差错处理，盘盈的固定资产通过“以前年度损益调整”科目进行处理。

【例 9-7】 庆丰公司在年底财产清查过程中，发现没有入账的机器设备一台，其重置完全价值为 29 000 元，估计折旧额为 6 000 元。经批准，该盘盈固定资产作为营业外收入处理。有关账务处理如下：

（1）盘盈机器设备时，编制会计分录如下：

借：固定资产　　29 000
　　贷：累计折旧　　6 000
　　　　以前年度损益调整　　23 000

（2）盘盈的机器设备经批准转销时，编制以下会计分录：

借：以前年度损益调整　　23 000
　　贷：利润分配——未分配利润　　23 000

第三节　固定资产折旧

一、折旧的性质及计提范围

（一）折旧的性质

固定资产在长期使用过程中，实物形态保持不变，但因使用、磨损及陈旧等原因会发生各种有形和无形的损耗。有形损耗对使用中的固定资产而言，产生于物质磨损。不使用的固定资产也可能发生损耗，如自然气候条件的侵蚀及意外毁损造成的损耗。无形损耗是因技术进步、市场变化、企业规模改变等原因引起的。有的资产因陈旧、不适应大规模生产发展的需要，要在其使用年限届满前提前报废。

固定资产的服务能力随着时间的推移逐步消逝，其价值也随之发生损耗。企业应采用系统、合理的方法，将其损耗分摊到各经营期，记作每期的费用，并与当期营业收入相配比。固定资产的成本随着逐期分摊，转移到它所生产的产品或提供的劳务中去，这个过程即为计提折旧，每期分摊的成本称为折旧费用。

（二）折旧的范围

1. 计提折旧的固定资产

（1）房屋、建筑物（无论是否使用）。

（2）在用的机器设备、仪表仪器、运输车辆、工具器具。

（3）季节性停用和修理停用的设备。

（4）以经营租赁方式租出的固定资产。

（5）以融资租赁方式租入的固定资产等。

2. 不计提折旧的固定资产

（1）房屋、建筑物以外的未使用、不需用的固定资产。

（2）以经营租赁方式租入的固定资产。

（3）已提足折旧仍在继续使用的固定资产。

（4）以前已经单独估价入账的土地。

（5）未提足折旧提前报废的固定资产（不补提折旧）。

（6）在建工程项目交付使用以前的固定资产。

企业应当对所有固定资产计提折旧，但是，已提足折旧继续使用的固定资产和单独计价入账的除外。在确定折旧范围时还应注意：固定资产提足折旧后，无论能否继续使用，均不再继续计提折旧，提前报废的固定资产，也不再补提折旧。已达到预定可使用状态，但未办理竣工决算的固定资产，应按照估计价值确定其成本，并计提折旧，待办理竣工决算后，再按实际成本调整原来暂估价值，但不需要调整原已计提的折旧额。

二、固定资产折旧的决定因素

固定资产折旧的决定因素有：计提折旧基数、预计净残值、折旧年限和折旧计算方法。

1. 计提折旧基数

企业一般以固定资产的原始成本作为计提折旧的依据。

2. 预计净残值

预计净残值是指假定固定资产预计使用寿命已满并处于使用寿命终了时的预期状态，企业目前从该项资产处置中获得的扣除预计处置费用后的金额。它等于预计残余价值减去预计清理费用。残余价值是指固定资产报废清理时可收回的残料或零件的价值。清理费用是指固定资产报废清理时所需的拆除、搬运等费用。

3. 折旧年限

固定资产折旧年限也称有效使用年限，只能预计或按规定确定。

4. 折旧计算方法

企业应根据具体情况和有关规定选择适合的折旧计算方法。折旧方法不同，计提的折旧额差异很大。目前我国会计准则规定，企业可选用的折旧方法有年限平均法、工作量法、双倍余额递减法和年数总和法四种。

三、折旧方法

企业应当根据固定资产的性质和消耗方式，合理确定固定资产的预计使用年限和预计净残值，并根据科技发展、环境及其他因素，选择合理的固定资产折旧方法，按照管理权限，经股东大会或董事会，或经理（厂长）会议或类似机构批准，作为计提折旧的依据。同时，按照法律、行政法规的规定报送有关各方备案，并备置于企业所在地，以供投资者等有关各方查阅。企业已经确定并对外报送，或备置于企业所在地的有关固定资产预计使用年限和预计净残值、折旧方法等，一经确定不得随意变更。如需变更，仍然应当按照上述程序，经批准后报送有关各方备案，并在财务报表附注中予以说明。

折旧是指在固定资产使用寿命内，按照确定的方法对应计折旧额进行系统分摊。应计折旧额是指应当计提折旧的固定资产的原值扣除其预计的净残值后的金额。已计提减值准备的固定资产，还应当扣除已计提的固定资产减值准备累计金额。

固定资产的折旧计算方法可以分为两类：平均法和加速折旧法。

（一）平均法

平均法具体又可分为年限平均法和工作量法。

1. 年限平均法

年限平均法又称直线法，是将应计折旧额在固定资产预计使用年限内平均摊销，是计算固定资产折旧最常用、最简单的方法。但是，它只考虑固定资产的估计使用时间，忽略了实际使用的现状。在固定资产使用早期，发生的维修保养费少，后期此项费用逐步增加。在整个使用期内，各期费用总额分布不均匀，呈递增趋势。在其他因素不变的情况下，利润逐年递减。因此，采用年限平均法不能反映资产的实际使用情况，会影响决策者对财务信息的分析判断。

2. 工作量法

工作量法是将应计折旧额按工作量平均分摊，是以固定资产的各个会计期间所完成的工作量为依据，计算各期折旧额的方法。工作量法比较适合单位工作量内使用情况、磨损程度比较接近的固定资产，如汽车。在发生自然损耗、工作量无法合理估计等情况下，使用该法正确性就会受到影响。

（二）加速折旧法

加速折旧法是在固定资产使用早期多提折旧，在使用后期少提折旧的一种方法。这种处理的理论依据是：固定资产在使用早期，提供的服务多，为企业创造的效益高；后期，随着实物磨损程度加剧，提供的服务量减少，而修理费用等增加。如果在资产使用过程中折旧的计提逐年递减，可使固定资产在各年承担的总费用接近，利润平稳。这也弥补了年限平均法的局限。在加速折旧法下，由于早期计提了较多的折旧，即使固定资产提前报废，其成本已于前期基本收回，也不会造成过多损失。加速折旧法有很多种，会计准则规定可以使用双倍余额递减法和年数总和法。

1. 双倍余额递减法

双倍余额递减法是用直线法折旧率的两倍作为固定的折旧率去乘以逐年递减的固定资产期初净值，得出各年应提折旧额的方法。双倍余额递减法不是一种独立的折旧方法，一般要与直线法配合使用。实行双倍余额递减法的固定资产，在固定资产使用后期，如果发现使用双倍余额递减法计算的折旧额小于采用直线法计算的折旧额时，就可以改用直线法计提折旧。为了操作方便，实行双倍余额递减法计提折旧的固定资产，应当在其固定资产折旧年限到期前两年内，将固定资产账面净值扣除预计残值后的净额平均摊销。

2. 年数总和法

年数总和法是以固定资产的原值减去预计净残值后的余额，按递减的折旧率计算折旧的方法。递减的折旧率以固定资产尚可折旧的年限为分子，折旧年限的年序数之和为分母。

各种折旧方法的具体计算如表 9-2 所示。

表 9-2 各种折旧方法计算表

年限平均法	月折旧率 =（1 – 残值率）÷ 预计使用月份 月折旧额 = 月折旧率 × 原值 =（原值 – 预计净残值）÷ 预计使用月份 残值 = 原值 × 预计净残值率
工作量法	工作量法是根据实际工作量计提折旧额的一种方法，计算公式如下： 单位工作量折旧额 =（固定资产原值 – 预计净残值）÷ 预计的总工作量 某项固定资产月折旧额 = 该项固定资产当月工作量 × 单位工作量折旧额
双倍余额递减法	双倍余额递减法是在不考虑固定资产净残值的情况下，按双倍直线折旧率和固定资产净值来计算折旧的方法。计算公式如下： 年折旧率 = 2 ÷ 折旧年限 年折旧额 = 固定资产账面净值 × 年折旧率 月折旧额 = 年折旧额 ÷ 12 采用此法，应当在其固定资产折旧年限到期前两年内，将固定资产账面净值扣除预计净残值后的净额平均摊销
年数总和法	年数总和法是将固定资产的原值减去残值后的净额乘以一个逐年递减的折旧率计算每年的折旧额。计算公式如下： 年折旧率 =（折旧年限 – 已使用年数）÷［折旧年限 ×（折旧年限 + 1）÷ 2］ 年折旧额 =（固定资产原值 – 预计净残值）× 年折旧率 月折旧额 = 年折旧额 ÷ 12

【例 9-8】 甲公司购入一条生产线，原始价值为 5 000 000 元，预计净残值率为 10%，

预计使用年限为 10 年。采用直线法计提折旧，则每月折旧额计算如下：

$$年折旧额=\frac{5\ 000\ 000\times(1-10\%)}{10}=450\ 000(元)$$

$$月折旧额=450\ 000\div 12=37\ 500(元)$$

$$年折旧率=\frac{450\ 000}{5\ 000\ 000}\times 100\%=9\%$$

【例 9-9】 某航空公司购入一架货运飞机，价值 1 000 万元，预计可以飞行 50 万 km，预计净残值率为 5%。采用工作量法，则单位折旧额和各会计期间的折旧额计算如下：

$$每飞行 1km 的折旧额=\frac{1\ 000\times(1-5\%)}{50}=19(元/km)$$

若本月的飞行距离为 30 000km，则

本月的折旧额 = 30 000 × 19 = 570 000（元）

【例 9-10】 乙公司购入一台数控机床，价值 100 万元，预计可以使用 5 年，预计净残值率为 10%。采用双倍余额递减法，各年计提折旧额如表 9-3 所示。

$$双倍余额递减法年折旧率=\frac{2}{5}\times 100\%=40\%$$

表 9-3 折旧计算表（双倍余额递减法） 金额单位：元

年 次	期初固定资产账面价值	折旧率（%）	折 旧 额	累 计 折 旧	期末固定资产余额
第 1 年	1 000 000	40	400 000	400 000	600 000
第 2 年	600 000	40	240 000	640 000	360 000
第 3 年	360 000	40	144 000	784 000	216 000
第 4 年	216 000	50	58 000	842 000	158 000
第 5 年	158 000	50	58 000	900 000	100 000
合计			900 000		100 000

【例 9-11】 上例若采用年数总和法，各年折旧计算如表 9-4 所示。

表 9-4 折旧计算表（年数总和法）

年 次	应计提折旧总额/元	剩余年限/年	使用年数总和/年	年 折 旧 率	年折旧额/元
第 1 年	900 000	5	15	5/15	300 000
第 2 年	900 000	4	15	4/15	240 000
第 3 年	900 000	3	15	3/15	180 000
第 4 年	900 000	2	15	2/15	120 000
第 5 年	900 000	1	15	1/15	60 000
合计				1	900 000

固定资产应当按月计提折旧，并根据用途计入相关资产的成本或当期损益。固定资产应自达到预计可以使用状态时开始计提折旧，终止确认时或者划分为持有待售非流动资产时，停止计提折旧。为了简化核算，当月增加的固定资产，当月不计提折旧，当月减少的固定资产，当月仍计提折旧，从下月起不计提折旧。

固定资产月折旧额 = 上月计提的固定资产折旧额 + 上月增加固定资产应计提折旧额 − 上月减少固定资产应计提折旧额

【例 9-12】 康翔公司本月固定资产折旧计算如表 9-5 所示。

表 9-5 固定资产折旧计算表

单位：元

使用部门及固定资产类别		上月计提折旧额	上月增加固定资产应计提折旧额	上月减少固定资产应计提折旧额	本月应计提折旧额
一车间	房屋与建筑物	200 000			200 000
	机器设备	250 000	20 000	5 000	265 000
	小计	450 000	20 000	5 000	465 000
二车间	房屋与建筑物	150 000			150 000
	机器设备	200 000	40 000	6 000	234 000
	小计	350 000	40 000	6 000	384 000
管理部门	房屋与建筑物	100 000			100 000
	运输设备	10 000		2 000	8 000
	电子设备	8 000	5 000		13 000
	小计	118 000	5 000	2 000	121 000
合计		918 000	65 000	13 000	970 000

根据表 9-5 提供的资料，可编制如下会计分录：

借：制造费用——一车间　　465 000
　　　　　　　二车间　　384 000
　　管理费用　　121 000
　　贷：累计折旧　　970 000

固定资产累计折旧不需要进行明细分类核算，若需要了解某项固定资产的折旧额，只需根据固定资产卡片上记载的该项固定资产的原值、折旧率、已使用年限及折旧方法即可计算求得。

我国企业会计准则规定，企业至少应当于每年年度终了，对固定资产的使用寿命、预计净残值和折旧方法进行复核。使用寿命预计数与原先估计数有差异的，应当调整固定资产使用寿命；预计净残值与原先估计数有差异的，应当调整预计净残值；与固定资产有关的经济利益预期实现方式有重大改变的，应当改变固定资产的折旧方法。

固定资产使用寿命、预计净残值和折旧方法的改变应当作为会计估计变更，具体会计处理方法参见《企业会计准则第 28 号——会计政策、会计估计变更和差错更正》。

第四节 固定资产的后续支出

固定资产在使用过程中会发生各种支出，如为了恢复、改进固定资产的质量发生的维修费、保养费支出，固定资产因改建、扩建、增建等原因增加的支出，为了发挥固定资产潜力增加的支出等。这些开支发生时，关键要区分支出的性质，即是资本性支出还是收益性支出，进而做出不同的账务处理。一般受益期在一年以内的为收益性支出，在支出发生的当期作为费用处理；受益期在一年以上的为资本性支出，应在发生期作为资产入账。下面具体阐述固定资产在使用中发生的各种支出的性质及其处理方法。

一、固定资产改扩建支出核算

固定资产改扩建发生的支出，主要是用于增加企业固定资产实体及在原有基础上的扩建，如房屋加层、增设电子监控设备等。对新增的资产，因其受益期一般与固定资产估计使用年限相似，至少在一年以上，所以要把有关支出资本化。扩建时，把所付出的代价全部计入原资产的成本；扩建成本先在“在建工程”账户中归集，完工后一次转入原固定资产账户。

【例 9-13】 康翔公司于 2016 年 9 月 5 日对一生产线进行改扩建，改扩建前该生产线的原价为 1 200 万元，已计提折旧 200 万元，已提减值准备 50 万元。改扩建过程中实际领用工程物资 324 万元；领用企业生产用的原材料一批，实际成本为 30 万元；分配工程人员工资 80 万元；企业辅助生产车间为工程提供有关劳务支出 10.9 万元，该生产线于 2016 年 10 月 20 日达到预定可使用状态。有关会计分录如下：

（1）将待扩建的固定资产价值转入在建工程：

借：在建工程　　9 500 000
　　累计折旧　　2 000 000
　　固定资产减值准备　　500 000
　　贷：固定资产　　12 000 000

（2）扩建过程中实际领用工程物资及生产用材料时：

借：在建工程　　3 240 000
　　贷：工程物资　　3 240 000

借：在建工程　　300 000
　　贷：原材料　　300 000

（3）结算应付工程人员工资时：

借：在建工程　　800 000
　　贷：应付职工薪酬　　800 000

（4）分配辅助生产车间为工程提供的劳务成本时：

借：在建工程　　109 000
　　贷：生产成本——辅助生产成本　　109 000

（5）扩建工程完工后，结转工程成本：

借：固定资产　　13 949 000
　　贷：在建工程　　13 949 000

二、固定资产大修理支出的核算

固定资产的大修理是指对企业的固定资产进行局部更新。例如，机器设备进行全部拆卸和更换部分主要部件与配件，对房屋和建筑物进行翻修等。其特点是修理范围大、间隔时间

长、修理次数少、支出费用多。由于大修理费用发生不均衡，所以，企业可以根据大修理计划和预计的大修理支出，采用待摊法或预提法进行核算。

1. 大修理费用采用待摊法核算

大修理费用如果采用待摊的方法，分摊期在一年以上的，在大修理完工时，应将修理费用作为长期待摊费用处理，记入“长期待摊费用”科目的借方。同时，已支付或应付外单位承包进行大修理的工程价款，应贷记“银行存款”“应付账款”等科目。每月摊销已经发生的大修理费用时，应按摊销期内每月平均的应摊费用，借记“制造费用”“管理费用”等科目，贷记“长期待摊费用”科目。

【例9-14】 华益公司的生产流水线大修理每两年进行一次，2016 年 1 月委托专业维修公司进行修理，支付大修理费用 48 000 元，则月大修理费用摊销额 = 48 000 ÷ 24 = 2 000（元/月）。会计处理如下：

（1）2016 年 1 月支付大修理费用时，会计分录为：

借：长期待摊费用　　48 000

　　贷：银行存款　　48 000

（2）公司按月摊销固定资产大修理费用时，会计分录为：

借：制造费用　　2 000

　　贷：长期待摊费用　　2 000

2. 大修理费用采用预提法核算

若大修理费用采用预提法，则固定资产大修理费用的预提和使用均应通过“预提费用”科目核算。企业每月根据计划预提大修理费用时，应借记有关费用科目，贷记“预提费用”科目。企业实际发生修理费用时，应借记“预提费用”科目，贷记“银行存款”等科目。

【例9-15】 某公司有厂房一幢，预计使用年限为 40 年。使用期内，计划进行两次大修理，每次修理费用预计为 60 000 元，共计 120 000 元，则月大修理费用预提额 = 120 000 ÷ 40 ÷ 12 = 250（元）。

企业按月预提固定资产大修理费用，应编制如下会计分录：

借：制造费用　　250

　　贷：预提费用　　250

实际发生大修理费用 60 000 元时，应当编制如下会计分录：

借：预提费用　　60 000

　　贷：银行存款　　60 000

我国 2007 年实施的企业会计准则取消了“预提费用”会计科目，相应的固定资产大修理也不再采用预提的方法。但执行《企业会计制度》的企业仍沿用这种方法。部分执行企业会计准则的企业在实际工作中也仍保留“预提费用”科目，因为《企业会计准则应用指南》允许企业根据需求来增设会计科目。“预提费用”账户属于负债类账户，在编制财务报表时，需要根据具体内容，并入流动负债项目，或者在“其他流动负债”项目列示。

三、固定资产中小修理支出的核算

中小修理又称经常性修理，是指为了维护和保持固定资产正常工作状态进行的修理工作，如更换零部件、排除故障等。其特点是修理范围小、间隔时间短、修理次数多、每次的修理费少。一般将经常性修理作为收益性支出处理，在支出发生时计入当期费用，即按实际发生数额借记有关成本费用科目，贷记“银行存款”等科目。为了平衡各会计期的费用，或当中小修理费用较大时，也可采用摊销的方法。

【例 9-16】 某车间修理机器设备，领用修理用配件 1 000 元，发生维修人员工资 1 500 元。修理完毕，应编制会计分录如下：

借：制造费用	2 500	
贷：原材料		1 000
应付职工薪酬		1 500

值得注意的是，在实际操作上，中小修理、维护保养、换配件等很难严格区分，企业应根据规模大小、资产的重要程度等实际情况区别对待。

第五节　固定资产处置的会计处理

固定资产使用一段时间后，由于各种原因退出企业的经营活动并予以注销，称为固定资产处置。固定资产处置的原因主要有：固定资产报废、出售、毁损，固定资产对外投资，固定资产对外捐赠，固定资产盘亏等。此外，有时还会出现固定资产抵债、以一项固定资产与其他单位交换另一项固定资产等特殊业务。企业因出售、报废、毁损等原因处置的固定资产，要通过“固定资产清理”科目核算；固定资产对外投资要通过“长期股权投资”科目核算；固定资产对外捐赠要通过“营业外支出”科目核算；固定资产盘亏要通过“待处理财产损溢”科目核算。

一、固定资产出售、报废和毁损

企业固定资产因出售、报废、毁损等原因处置的，要通过“固定资产清理”科目核算。“固定资产清理”科目是计价对比科目，它核算企业因出售、报废和毁损等原因转入清理的固定资产净值，以及在清理过程中所发生的清理费用和清理收入。其借方反映转入清理的固定资产的净值、发生的清理费用、出售固定资产应缴纳的增值税，贷方反映清理固定资产的变价收入和应由保险公司或过失人承担的损失等。清理完毕，通过“固定资产清理”账户借贷金额对比，确定清理损益。进行固定资产清理，要按规定程序办理报废、转让手续，如实反映和严格监督固定资产的清理过程，做好固定资产的清理核算工作。

固定资产清理步骤为：

第一步，将待清理的固定资产净值转入“固定资产清理”账户借方。

第二步，清理过程中发生的清理收入记入“固定资产清理”账户贷方。清理过程收入包括固定资产或其残值的出售收入、保险公司赔偿收入、造成固定资产毁损的责任人赔偿收入等。

第三步，清理过程中发生的清理费用记入“固定资产清理”账户借方。清理费用包括清理过程中发生的人员费用、运输费、所得税以外的税费等。

第四步，结转清理损益。固定资产清理完毕，要比较“固定资产清理”账户借贷方发生额。若借方发生额大于贷方发生额而形成借方余额，为清理损失，将其转入“营业外支出”借方；若借方发生额小于贷方发生额而形成贷方余额，为清理收益，将其转入“营业外收入”贷方。

【例 9-17】 康翔公司本月出售多余设备一台，售价 78 000 元，原账面成本 150 000 元。已计提折旧 70 000 元，用现金支付清理费用 300 元。公司应做会计分录如下：

（1）转销固定资产账面价值时：

借：固定资产清理　　80 000

　　累计折旧　　70 000

　　贷：固定资产　　150 000

（2）发生清理费用时：

借：固定资产清理　　300

　　贷：库存现金　　300

（3）收到销售款时：

借：银行存款　　78 000

　　贷：固定资产清理　　78 000

（4）清理完毕，结转“固定资产清理”账户时：

借：营业外支出　　2 300

　　贷：固定资产清理　　2 300

【例 9-18】 某公司 2013 年 1 月 10 日购入 A、B 两台机器，原值分别为 100 000 元和 120 000 元，估计残值均为原价的 1%，估计使用 5 年。2016 年 7 月，A 机器因技术原因决定不再使用，提前报废，发生清理费用 1 000 元，残料变价收入 800 元。同年 10 月月初，B 机器因遭遇火灾烧毁。公司曾向保险公司投保，经保险公司现场勘察，确定赔偿 25 000 元。假定该公司固定资产按直线法计提折旧。

A 机器报废的账务处理如下：

A 机器在 2016 年 7 月报废时，账面已计提折旧 69 300 元［100 000 ×（1 －1%）×3.5/5］。

（1）转销报废固定资产的账面价值时：

借：固定资产清理　　30 700

　　累计折旧　　69 300

　　贷：固定资产　　100 000

（2）取得变价收入时：

借：银行存款　　800
　　贷：固定资产清理　　800

(3) 发生清理费用时：

借：固定资产清理　　1 000
　　贷：银行存款　　1 000

(4) 结转清理损益时：

借：营业外支出　　30 900
　　贷：固定资产清理　　30 900

固定资产提前报废时，尚未提足的折旧不需再补提。有的企业可能将提前淘汰但仍可使用的固定资产对外出售，其具体处理方法参照固定资产出售，在此不再赘述。

B 机器的账务处理如下：

B 机器报废当月账面累计折旧为 89 100 元[120 000×(1－1%)×45/60]。

(1) 结转火灾发生时的固定资产账面价值时：

借：固定资产清理　　30 900
　　累计折旧　　89 100
　　贷：固定资产　　120 000

(2) 收到保险公司赔偿款时：

借：银行存款　　25 000
　　贷：固定资产清理　　25 000

(3) 结转固定资产清理损益时：

借：营业外支出　　5 900
　　贷：固定资产清理　　5 900

期末“固定资产清理”账户一般无余额。如果在报表日尚未清理完毕，则“固定资产清理”账户会有余额。如出现借方余额，则将其余额直接填列在资产负债表相应项目；如出现贷方余额，则用“－”号列示。

二、固定资产对外投资

固定资产对外投资时，我国企业会计准则规定，按投出资产的公允价值加上应付的相关税费作为初始投资成本。投出资产的公允价值与账面价值的差额，计入营业外收入或营业外支出。

【例 9-19】 丰益公司用一栋厂房和机器设备对康翔公司进行投资，占康翔公司注册资本 500 万元的 40%。投出厂房原值 200 万元，已计提折旧 50 万元；投资各方确认的评估净值为 180 万元；投出机器设备原值 100 万元，已计提折旧 40 万元。投资各方确认的评估净值为 40 万元。丰益公司为办理财产转移等手续缴纳税费 5 万元，则丰益公司确认投资时的会计分录如下：

借：长期股权投资——康翔公司　　2 250 000
　　累计折旧　　900 000

贷：固定资产　3 000 000

　　银行存款　50 000

　　营业外收入　100 000

三、固定资产盘亏

企业应定期对固定资产进行盘点清查，每年至少实地盘点一次。一般在编制年度财务报表前进行，以确保固定资产核算的正确性。在清查过程中，如果发现盘盈、盘亏，应填制固定资产盘盈、盘亏报告表，并及时查明原因，于年度决算前处理。未能在年终处理完毕的，必须在财务报表附注中加以说明。本章第二节已介绍，固定资产盘盈，应作为前期差错处理，通过“以前年度损益调整”科目进行处理。对于本年度固定资产发生盘亏的，应进一步查明资产的使用、保管、维修等状况，以便及时采取措施加强管理，确保固定资产的安全。企业也可根据实际需要进行临时性清查，如改换资产保管人员、发生意外灾害等非常损失时，必须进行临时检查。

在财产清查中盘亏的固定资产，在报经批准处理前，可先将其净值转入“待处理财产损溢”账户，待批准后再转入“营业外支出”账户。

【例 9-20】　某公司年末财产清查时，盘亏机器一台。查阅该固定资产卡片，发现其原账面价值 12 000 元，经计算，已计提折旧 5 600 元。会计处理如下：

（1）盘亏固定资产时：

借：待处理财产损溢　6 400

　　累计折旧　5 600

　　贷：固定资产　12 000

（2）报经批准转销时：

借：营业外支出　6 400

　　贷：待处理财产损溢　6 400

四、固定资产对外捐赠

固定资产对外捐赠时，直接将其账面价值转入“营业外支出”账户。

【例 9-21】　康翔公司将一台不需要的设备捐赠给 M 公司。该设备原值为 20 000 元，已计提折旧 12 000 元。捐赠转出时的会计分录为：

借：营业外支出　8 000

　　累计折旧　12 000

　　贷：固定资产　20 000

第六节 固定资产期末计价

我国企业会计准则规定，固定资产的期末按账面价值与可收回金额孰低计价并填列报表，要求计提固定资产的减值准备。

固定资产的减值是指固定资产的可收回金额低于其账面价值。可收回金额是指资产的销售净价与预期从该资产的持续使用和使用寿命结束时的处置中形成的现金流量的现值两者之中的较高者。其中，销售净价是指资产的销售价格减去处置资产所发生的相关税费后的余额。

企业应当于期末对固定资产进行检查，如发现存在下列情况，应当计算固定资产的可收回金额，以确定资产是否已经发生减值：

（1）资产市价大幅度下跌，其跌幅大大高于因时间推移或正常使用而预计的下跌，并且预计在近期内不可能恢复。

（2）企业所处经营环境，如技术、市场、经济或法律环境，或者产品营销市场在当期发生或在近期发生重大变化，并对企业产生负面影响。

（3）同期市场利率等大幅度提高，进而很可能影响企业计算固定资产可收回金额的折现率，并导致固定资产可收回金额大幅度降低。

（4）固定资产陈旧过时或发生实体损坏等。

（5）固定资产预计使用方式发生重大不利变化，如企业计划终止或重组该资产所属的经营业务、提前处置资产等情形，从而对企业产生负面影响。

（6）企业的净资产账面金额大于其市场资本化金额。

（7）内部报告提供的证据表明，资产的经济绩效已经或将要比预期的差。

如果固定资产的可收回金额低于其账面价值，企业应当按可收回金额低于账面价值的差额计提固定资产减值准备，并计入当期损益，在“资产减值损失——固定资产减值损失”账户反映。

已计提减值准备的固定资产，应当按照该固定资产的账面价值以及尚可使用寿命重新计算确定折旧率和折旧额；按照我国企业会计准则的规定，固定资产减值一经确认，在以后会计期间不得转回。因固定资产减值准备而调整固定资产折旧额时，对此前已计提的累计折旧不做调整。对已经全额计提减值准备的固定资产，不再计提折旧。

对于固定资产提取减值准备后，当固定资产价值日后恢复后是否可以转回的问题，不同国家有不同的规定。我国以前的会计制度规定可以转回，《国际会计准则第36号——资产减值》也规定可以转回；但我国新的《企业会计准则第8号——资产减值》规定不能转回。原因是我国企业利用减值转回人为调整利润现象频频发生。对2004年度减值损失转回金额最大的前20家上市公司年报的分析结果表明，通过转回前期资产减值损失不同程度人为调整损益，两家ST公司分别增加当前利润32 495万元和4 500万元，占各自当年净利润的309%和581%，成功地摘除了ST；4家上市公司分别增加当年利润28 080万元、6 885万元、6 373万元和5 003万元，避免了当年出现亏损；6家上市公司维持或提升了公司业绩。由于目前在我国还没有有效手段防止上市公司利用资产减值的提取和转回调整利润，因此企业会计准则规定了“已经计提的减值准备不允许转回”。

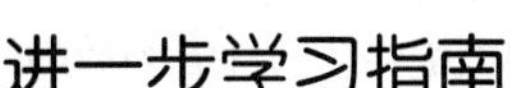

进一步学习指南

固定资产来源很多，本章仅介绍了一些常见的取得固定资产业务的核算。一些特殊方式取得的固定资产，如融资租赁、债务重组和非货币性交易取得的固定资产的会计处理，可以参见《企业会计准则第 21 号——租赁》《企业会计准则第 12 号——债务重组》《企业会计准则第 7 号——非货币性资产交换》等。

固定资产期末计价时，对于固定资产预计可回收金额的确定，在实务中还存在不确定因素，有待于进一步探讨，可以参见《企业会计准则第 8 号——资产减值》和《国际会计准则第 36 号——资产减值》。

思 考 题

1. 固定资产有哪些特点？与流动资产有什么区别？
2. 固定资产的计价方法有哪些？说明固定资产在各种计价方法下的成本构成。
3. 如何区分固定资产使用过程中各种支出的性质？试举例说明。
4. 计提固定资产折旧时应考虑哪些因素？
5. 固定资产计提折旧的方法有哪几种？试分析各种方法的优缺点。

练 习 题

习题一

1. 目的：练习固定资产增加的会计处理。

2. 资料：宏兴公司 2016 年 9 月发生固定资产增加业务如下：

(1) 购入不需要安装的新机床一台，价款为 100 000 元，支付增值税 17 000 元，保险费 2 300 元（暂不考虑增值税），运杂费 900 元（暂不考虑增值税）。全部款项均以银行存款支付。机床交付生产车间使用。

(2) 购入旧的运输设备一台，双方协商价为 19 000 元，款项尚未支付。

(3) 对固定资产进行清查时发现账外设备一台，现行市场价格为 11 000 元，估计七成新，已上报审批。公司所得税税率为 25%，按 10% 计提法定盈余公积。

(4) 接受某单位投资设备两台，投资各方同意按评估价确定设备投资价值，一台新设备双方评估确认价为 157 000 元，投资单位账面价值 140 000 元；一台旧设备双方评估确认净值为 90 000 元，评估原值为 114 000 元。

(5) 接受某港商捐赠设备一套，其现行的市场价值为 60 000 元，估计九成新。用银行存款支付运杂费和手续费 3 000 元（暂不考虑所得税）。

3. 要求：编制上述经济业务的会计分录。

习题二

1. 目的：练习固定资产减少的会计处理。

2. 资料：宏兴公司（系小规模纳税人）2016 年 9 月发生的固定资产减少业务如下：

(1) 该厂设备一套，因不再适用而提前报废。该设备原值为 150 000 元，预计使用 10 年，实际使用年限为 8 年 6 个月，按年限平均法计提折旧，预计净残值率为 3%。清理时用银行存款支付清理费 200 元，取得残料收入 2 500 元，残料已入库。设备清理完毕，结转清理损益。

（2）对固定资产进行清查发现盘亏打包机一台，价值 5 000 元，已计提折旧 3 000 元，已上报审批。盘亏打包机经批复同意转销，作为营业外支出。

（3）将旧设备一台向某厂做投资用，账面价值 45 000 元，已计提折旧 15 000 元，双方协商价值为 32 000 元（暂不考虑相关税费）。

3. 要求：编制以上经济业务的会计分录。

习题三

1. 目的：练习固定资产折旧的计算方法。

2. 资料：新民公司有一台电子设备，原价 160 000 元，预计可使用 5 年，预计净残值为 5 000 元。

3. 要求：

（1）用年限平均法计算年折旧额和月折旧额。

（2）用双倍余额递减法计算年折旧额。

（3）用年数总和法计算年折旧额。

习题四

1. 目的：练习固定资产折旧的会计处理。

2. 资料：某公司有一台设备，原值 10 000 元，预计净残值 400 元，预计使用 10 年，采用年限平均法计提折旧，该固定资产 2013 年 1 月投入使用，曾经在 2015 年因大修理停用 2 个月，于 2016 年 8 月停止使用，8 月 13 日售出。

3. 要求：该固定资产售价至少为多少时才会盈利？

第十章

无形资产及其他资产

第一节　无形资产概述

一、无形资产的性质

无形资产是指企业拥有或者控制的、没有实物形态的、可辨认的非货币性资产。无形资产满足下列条件之一的，就可以符合定义中的可辨认性标准：

（1）能够从企业中分离或者划分出来，并能单独或者与相关合同、资产或负债一起，用于出售、转移、授予许可、租赁或者交换，如企业取得的某项技术专利权、商标权等。

（2）源自合同性权利或其他法定权利，无论这些权利是否可以从企业或其他权利和义务中转移或者分离，如企业取得的特许经营权。

为了准确理解无形资产的概念，应该把握无形资产的以下特征：

1. 没有实物形态

这是无形资产区别于其他资产的显著特征。例如，房屋建筑物、设施设备、材料物资等资产价值都有特定的附着物，但专利权、专有技术、商标等无形资产价值则没有附着物。无形资产往往是一种权利，是人类智慧的结晶。

2. 能在较长的时期内使企业获得经济效益

无形资产必须具备能获取经济利益这一资产的重要特征，且能在超过一年的多个生产经营期间内使用，使企业长期受益。因而，它属于一项长期性资产，在资产负债表中列示在资产方的下端；企业为取得无形资产所发生的支出，属于资本性支出。

3. 持有的目的是使用而不是出售

企业持有无形资产的目的是用于生产商品或提供劳务、出租给他人，或为了管理目的，而不是为了对外销售。脱离了生产经营活动，无形资产就失去了其经济价值。

4. 所提供的未来经济利益具有较大的不确定性

无形资产的经济价值在很大程度上受企业外部因素的影响，其预期的获利能力不能准确地加以确定：一方面经济利益的数额不能准确确定，另一方面实现经济利益的会计期间不能准确确定。无形资产的取得成本不能代表其经济价值，一项取得成本较高的无形资产可能为企业带来较少的经济效益，而取得成本较低的无形资产也可能给企业带来较大的经济利益。

5. 通常是企业有偿取得的

只有花费了成本的无形资产，才能作为无形资产入账。否则，不能作为无形资产入账。

二、无形资产的确认

无形资产只有同时满足以下两个条件时，企业才能加以确认：

（1）与该无形资产有关的经济利益很可能流入企业。

（2）该无形资产的成本能够可靠地计量。

企业在判断无形资产产生的经济利益是否很可能流入企业时，应当对无形资产在预计使用寿命内可能存在的各种经济因素做出合理估计，并且应当有明确证据支持。

根据上述规定，企业购入、接受投资等无形资产都可以在取得其所有权时确认，但企业内部研究开发项目的支出，应当区分研究阶段支出与开发阶段支出，分别决定是否确认为企业的无形资产。

研究是指为获取并理解新的科学或技术知识而进行的独创性的有计划调查。研究阶段是探索性的，为进一步开发活动进行资料及相关方面的准备，已进行的研究活动将来是否会转入开发、开发后是否会形成无形资产等均具有较大的不确定性。例如，意在获取知识而进行的活动，研究成果或其他知识的应用研究、评价和最终选择，材料、设备、产品、工序、系统或服务替代品的研究，新的或经改进的材料、设备、产品、工序、系统或服务的可能替代品的配置、设计、评价和最终选择等，均属于研究活动。

开发是指在进行商业性生产或使用前，将研究成果或其他知识应用于某项计划或设计，以生产出新的或具有实质性改进的材料、装置、产品等。企业内部研究开发项目研究阶段的支出，应当于发生时计入当期损益。开发阶段在很大程度上具备了形成一项新产品或新技术的基本条件。例如，生产前或使用前的原型和模型的设计、建造和测试，不具有商业性生产经济规模的试生产设施的设计、建造和运营等，均属于开发活动。

企业内部研究开发项目开发阶段的支出，一般直接计入当期损益。但同时满足下列条件的，应确认为无形资产：

（1）完成该无形资产以使其能够使用或出售，在技术上具有可行性。判断无形资产的开发在技术上是否具有可行性，应当以目前阶段的成果为基础，并提供相关证据和材料，证明企业进行开发所需的技术条件等已经具备，不存在技术上的障碍或其他不确定性。例如，企业已经完成了全部计划、设计和测试活动，这些活动是使资产能够达到设计规划书中的功能、特征和技术所必需的活动，或经过了专家鉴定等。

（2）具有完成该无形资产并使用或出售的意图。企业能够说明其开发无形资产的目的。

（3）无形资产产生经济利益的方式，包括能够证明运用该无形资产生产的产品存在市场或无形资产自身存在市场；无形资产将在内部使用的，应当证明其有用性。无形资产是否能够为企业带来经济利益，应当对运用该无形资产生产产品的市场情况进行可靠预计，以证明所生产的产品存在市场并能够带来经济利益，或能够证明市场上存在对该无形资产的需求。

（4）有足够的技术、财务资源和其他资源支持，以完成该无形资产的开发，并有能力使用或出售该无形资产。企业能够证明可以取得无形资产开发所需的技术、财务和其他资源，以及获得这些资源的相关计划。企业自有资金不足以提供支持的，应能够证明存在外部其他方面的资金支持，如银行等金融机构声明愿意为该无形资产的开发提供所需资金等。

（5）归属于该无形资产开发阶段的支出能够可靠地计量。企业对研究开发的支出应当

单独核算，如直接发生的研发人员工资、材料费以及相关设备折旧费等。同时从事多项研究开发活动的，所发生的支出应当按照合理的标准在各项研究开发活动之间进行分配；无法合理分配的，应当计入当期损益。

企业自创商誉以及内部产生的品牌、报刊名等，因不满足上述无形资产条件，不应确认为无形资产。

三、无形资产的分类

无形资产可以按不同的标准进行分类，其中常用的标准有以下两种：

1. 按取得方式分类

无形资产按取得方式，可分为外来的无形资产和自创的无形资产两种。外来的无形资产是指企业从其他单位或个人购得的无形资产，以及其他单位作为资本投入的无形资产、国家政府给予的某种特权和接受捐赠的无形资产。自创的无形资产是指企业自行开发、设计和研制成功的无形资产。

2. 按使用寿命是否确定分类

无形资产按使用寿命是否确定，可分为有限使用寿命无形资产和使用寿命不确定无形资产。前者的有效期由法律或契约规定，如专利权和专营权等；后者的有效期在法律上并无明确规定，如专有技术。

四、无形资产在财务报告中的披露内容和披露方式

会计是一个信息系统，其目的是向企业的利益相关者提供决策有用的信息。信息的披露、呈报方式影响信息的价值与使用价值。有关无形资产的信息披露、呈报必须遵守相关的会计准则。我国现行的会计准则规定，无形资产的披露存在表内、表外两个部分。表内部分是指资产负债表中的“无形资产”项目，该项目金额反映企业在资产负债表日所拥有的无形资产规模，借此也能在一定程度上反映企业的行业性质与发展状况。表外项目是指在财务报告的附注中披露以下有关无形资产的信息：

（1）无形资产的期初和期末账面余额，累计摊销额及减值准备累计余额。

（2）使用寿命有限的无形资产，其使用寿命的估计情况；使用寿命不确定的无形资产，其使用寿命不确定的判断依据。

（3）无形资产的摊销方法。

（4）用于担保的无形资产账面价值、当前摊销额等情况。

（5）计入当期损益和确认为无形资产的研究开发支出金额。

可见，有关无形资产的表外披露是为了进一步了解、掌握企业无形资产的状况，分析判断影响无形资产盈利能力的因素，是对表内单一的无形资产项目金额的补充说明。为了提供编制财务报表所需的数据资料，企业要设置“无形资产”“累计摊销”“无形资产减值准备”等账户。期末通过这些账户余额对比，就可以得到无形资产项目的报表数。例如，某企业年末“无形资产”账户余额为100万元，“累计摊销”账户贷方余额为30万元，“无形资产减值准备”账户贷方余额为10万元，则资产负债表中无形资产项目金额为60万元。

第二节 无形资产的核算

一、无形资产的内容与核算原则

无形资产包含的内容，在不同会计制度和会计准则中有所不同，同一个国家的不同时期，也有所不同。例如，我国2007年实施的企业会计准则中无形资产包括矿山开采权，而国际会计准则不包括。我国2007年以前的会计准则中，无形资产包括商誉，而2007年以后的企业会计准则不包括。国际会计准则以列举的方式阐明无形资产，包括计算机软件、专利权、版权、电影、客户名单、抵押服务权、捕捞许可证、进口配额、特许权、客户或供应商的关系、客户的信赖、市场份额和销售权。我国新企业会计准则采用明确禁止的形式规定：企业自创商誉以及内部产生的品牌、报刊名等，不应确认为无形资产。因为这类内部产生的无形资产项目几乎不能或可能永远不能满足准则中的确认标准，特别是"该无形资产的成本能够可靠地计量"的标准。目前，国际上常用的无形资产主要有：①市场资产，包括品牌（如企业品牌、服务品牌）、与客户的关系（如长期客户、销售网、分销渠道）、合同（如特许经营权协定、专利使用权协定）等；②知识产权资产，包括专利权、计算机软件、互联网上的域名、版权、商标、商业秘密、技术秘密、ISO 9000质量体系认证、绿色食品标志使用权等；③组织管理资产，包括领导者能力、企业文化、企业管理方法、信息技术交流、网络工作系统、融资关系等。下面介绍我国常见的几种无形资产。

1. 专利权

专利权是指政府对发明者在某一产品的造型、配方、结构、制造工艺或程序的发明创造上给予其制造、使用和出售等方面的专门权利。它给予其持有者独家使用或控制某项发明的特殊权利，但并不一定能给持有者带来经济利益，有的专利可能经济价值很小，有的专利可能会被更有经济价值的其他专利淘汰。因此，企业不应将其所拥有的一切专利权都作为无形资产来核算。通常，只有那些从外单位购入、投资者投入或企业自行开发并按法律程序申请取得的，并且能够为企业带来较大经济利益的专利，才作为无形资产进行核算。这类专利往往能通过降低成本、提高质量或将其转让给他人而使企业获利。

企业通过购买取得的专利权，按为购得专利而发生的所有支出，包括买价和有关部门收取的相关费用等，作为专利权的入账价值；企业接受投资者投入而取得的专利权，按投资各方评估确认的价值入账。

如果是企业自创的专利，从理论上说，其成本应当包括研究和开发过程中所发生的一切支出，如参与研究和开发活动人员的工资和其他有关费用、研究和开发活动消耗的材料、用于研究和开发活动的设备和设施的折旧费、与研究和开发活动有关的间接费用与其他费用等。但是，由于研究和开发活动的结果极不确定，往往不一定能够成功，而且在大多数情况下，本期的研究和开发费用与将来所产生的收益之间的联系并不密切，因此，为简化会计处理，研究和开发费用通常作为发生的当期费用，而不予以资本化。但研究和开发符合前面提到的五个条件的，应该资本化，确认为无形资产。

2. 商标权

商标是用来辨认特定的商品或劳务的标记。商标权是指专门在某类指定的商品或产品上使用特定的名称或图案的权利。商标经过注册登记，就获得了法律保障。商标权的一个重要特点是具有排他性。它给予其持有人在商标注册的范围内享有独家使用权和排除以及禁止他人对其独占使用权进行侵犯的权利。

现代社会，商标已成为重要的购物向导，成为联系企业和消费者的桥梁。一般情况下，商标著名的产品比没有商标的产品或商标不著名的产品售价要高出许多。这说明，名牌商标能为企业带来未来的超额经济利润，其经济价值甚至可超过企业的有形资产。

商标权可通过购买或接受投资从其他单位取得，也可由企业自行设计，再向有关部门申请注册而取得。在实务中，一般将外购的和投资者投入的商标权作为无形资产入账，企业自创的商标权往往不作为无形资产核算，而直接计入当期费用。外购的商标权，其取得成本就是实际支付的价款，包括买价、手续费以及其他因受让商标权而发生的费用。由投资者投入的商标权，应按双方合同约定的价格或评估确认的价格入账。从理论上看，企业自创的商标权是具有成本的，其成本应包括从设计至申请取得商标权过程中所发生的一切支出，如商标设计费、注册登记费等。但从实务的角度来看，这些费用一般金额不大，是否将其资本化并不重要，而且这也只是商标的名义价值。事实上，那些能为企业创造超额利润的著名商标，往往都要通过长期的培植，以及旷日持久的广告和营销活动。从表面来看，广告可以起到提高商标的知名度、增加商标的实际价值、扩大产品的市场占有率的作用。但是依照会计惯例，广告费不得作为商标权的成本入账，而是直接计入发生当期的销售费用。

3. 非专利技术

非专利技术也称专有技术，是指发明人垄断的、不公开的、具有实用价值的先进技术、资料、技能、知识等。它包括工业专有技术、商业专有技术和管理专有技术。在生产经营过程中，非专利技术表现出经济性、机密性和动态性等特征。首先，通过使用非专利技术，能够提高企业的生产效率和经营能力，从而给企业带来较高的经济利益。正因为如此，企业往往不愿意公开其掌握的非专利技术，因为一旦公开，它就失去了经济价值。其次，非专利技术是企业或技术人员经过长期的经验积累而形成的，它还必须随着科技的进步而不断发展。与专利权相比，非专利技术不受法律保护，也没有法律规定的期限，只要能够保密下去，企业就可长期享有其利益。

非专利技术可向外界购入，但大多数非专利技术都是企业自创的。外购的非专利技术，其会计处理与外购的专利权相同，将实际发生的一切支出予以资本化。企业自行研究开发的非专利技术，其结果具有不确定性，可能成功也可能失败，因此，有关的研究和开发费用直接计入当期损益，不予以资本化。

4. 土地使用权

土地使用权是指国家准许某一企业在一定期间内对国有土地享有开发、利用、经营的权利。根据《中华人民共和国土地管理法》的规定，我国土地实行公有制，任何单位和个人不得侵占、买卖或者以其他形式非法转让。国有土地可依法确定给企业使用，其使用权可依法转让。企业有偿从政府或其他单位取得土地使用权，应将其支付给政府的出让金或支付给其他单位的转让金计入土地使用权的成本。当然，还应包括企业所发生的迁移补偿费、场地平整费、丈量费以及法律手续费等。另外，企业还可以接受投资者投入的土地使用权，这时，可以按双方合同约定的或评估确认的价值作为土地使用权的入账价值。

企业取得的土地使用权通常应确认为无形资产。土地使用权用于自行开发建造厂房等地上建筑物时，土地使用权与地上建筑物分别进行摊销和提取折旧。但下列情况除外：

（1）房地产开发企业取得的土地使用权用于建造对外出售的房屋建筑物，相关的土地使用权应当计入所建造的房屋建筑物成本。

（2）企业外购的房屋建筑物支付的价款无法在地上建筑物与土地使用权之间分配的，应当按照《企业会计准则第4号——固定资产》的规定，确认为固定资产原价。

企业改变土地使用权的用途，将其用于出租或作为增值目的时，应将其账面价值转为投资性房地产。

5. 专营权

专营权又称特许经营权，通常有两种形式：一种是由政府机构授权，准许特定企业在某一地区经营或销售某种特定商品的权利，如烟草专卖权、邮电通信等专营权；另一种是指企业间依照签订的合同，有限期或无限期地允许一家企业使用另一家企业的商标、商号、技术秘密等的权利，如肯德基、麦当劳等特许经营连锁店等。会计上的专营权主要是指第二种情况。只有支付了费用取得的特许权才能作为无形资产入账。

专营权业务涉及专营权的受让人与出让人两个方面。出让人一般要向受让人提供商标、商号等使用权，传授专有技术，并负责培训营业人员，提供经营所必需的设备和特殊原料。受让人则需支付一定的费用，包括取得专营权时支付的初始费用和开业后按其营业收入的比例或其他计算办法支付的使用费。受让人取得专营权所支付的初始费用又称定金，一般金额较大，而且能使受让人在较长时期内受益，因此应作为资本性支出，记入“无形资产——专营权”账户；而受让人每年支付的专营权使用费，由于其受益期仅限于当期，因此，应在支付期作为当期费用处理。

二、无形资产取得的核算

为了反映无形资产取得、摊销、转让等经济业务引起的无形资产价值增减变动的情况，会计核算系统中专门设置了“无形资产”总分类账户。“无形资产”账户属于资产类账户，借方登记企业取得各项无形资产的原始价值，贷方登记由于注销、转让等原因而减少的价值，余额在借方，表示期末企业拥有的无形资产原始价值。该账户通常按无形资产的项目内容设置明细账。“无形资产”账户的期末余额减去“累计摊销”和“无形资产减值准备”账户的期末余额直接形成期末资产负债表内无形资产项目的金额。

1. 外购无形资产的核算

企业外购的无形资产，按其外购发生的实际成本入账。外购实际成本包括购买价款、相关税费以及直接归属于使该项资产达到预定用途所发生的其他支出。

【例10-1】 某公司购入一项专营权，合同规定买方一次性契约费用为150 000元，并约定以后每年按销售收入的1%支付专营权使用费。取得专营权第一年的销售收入为500 000元。该公司应编制的会计分录如下：

（1）取得专营权时：

借：无形资产——专营权　　　　150 000

　　贷：银行存款　　150 000

(2) 以后支付使用费时：

借：管理费用　　5 000

　　贷：银行存款　　5 000

【例 10-2】 某公司通过向政府土地管理部门缴付土地出让金的方式获得一块地 50 年的使用权，共支付土地出让金 1 000 万元，另支付土地搬迁、平整等相关费用 50 万元，则会计分录为：

借：无形资产——土地使用权　　10 500 000

　　贷：银行存款　　10 500 000

购买无形资产的价款超过正常信用条件延期支付，实质上具有融资性质的，无形资产的成本以购买价款的现值为基础确定。实际支付的价款与购买价款的现值之间的差额，除按照《企业会计准则第 17 号——借款费用》应予资本化的以外，应当在信用期间内计入当期损益。

【例 10-3】 某上市公司 2016 年 1 月 10 日从 B 公司购买一项商标权，由于该上市公司资金周转比较紧张，经与 B 公司协议采用分期付款的方式支付款项。合同规定，该项商标权总计 6 000 000 元，每年年末付款 3 000 000 元，两年付清。假定银行同期贷款利率为 6%，2 年期间现值系数为 1.833 4。有关会计处理如下：

无形资产现值 = 3 000 000 × 1.833 4 = 5 500 200（元）

未确认融资费用 = 6 000 000 − 5 500 200 = 499 800（元）

第一年应确认的融资费用 = 5 500 200 × 6% = 330 012（元）

第二年应确认的融资费用 = 499 800 − 330 012 = 169 788（元）

(1) 取得商标权时：

借：无形资产——商标权　　5 500 200

　　未确认融资费用　　499 800

　　贷：长期应付款　　6 000 000

(2) 第一年年末付款时：

借：长期应付款　　3 000 000

　　贷：银行存款　　3 000 000

借：财务费用　　330 012

　　贷：未确认融资费用　　330 012

(3) 第二年年末付款时：

借：长期应付款　　3 000 000

　　贷：银行存款　　3 000 000

借：财务费用　　169 788

　　贷：未确认融资费用　　169 788

2. 接受投资无形资产的核算

企业接受投资者投入而取得的专利权，按投资各方评估确认的价值入账。账务处理为借记“无形资产——专利权”账户，贷记“实收资本”账户。

【例 10-4】 某企业接受 A 公司以其所拥有的专利权作为出资，双方协议约定的价值为 30 000 000 元，按照市场情况估计其公允价值为 30 000 000 元，已办妥相关手续。

借：无形资产——专利权　　30 000 000

　　贷：实收资本　　30 000 000

3. 自行开发无形资产的核算

自行开发的无形资产，其成本包括自满足无形资产确认条件后至达到预定用途前所发生的支出总额，但是对于以前期间已经费用化的支出不再调整。

【例 10-5】 某企业自行研究和开发一项新产品专利技术，在研究和开发过程中发生材料费 400 000 元、人工工资 100 000 元，以及其他费用 300 000 元，总计 800 000 元。其中，符合资本化条件的支出为 500 000 元，期末，该专利技术已经达到预定用途。

（1）发生各种支出时，其会计处理如下：

借：研发支出——费用化支出　　300 000

　　　　　　——资本化支出　　500 000

　　贷：原材料　　400 000

　　　　应付职工薪酬　　100 000

　　　　银行存款　　300 000

（2）登记注册专利后，其会计处理如下：

借：无形资产——专利权　　500 000

　　贷：研发支出——资本化支出　　500 000

4. 接受捐赠无形资产的核算

企业接受捐赠的无形资产，比照接受捐赠固定资产的方法核算。

【例 10-6】 某公司接受他人捐赠的一项土地使用权，捐赠方的凭证显示该土地使用权的实际成本为 80 万元，公司的所得税税率为 25%，双方已办妥相关的权利转让手续。其会计分录为：

借：无形资产——土地使用权　　800 000

　　贷：递延所得税负债　　200 000

　　　　营业外收入　　600 000

等到该土地开发利用时，再将其账面价值全部转入在建工程项目。

三、无形资产的摊销

无形资产摊销是指将无形资产应摊销金额在使用寿命内系统合理地分配到各会计期间的费用中。无形资产的应摊销金额为其入账成本扣除预计残值后的金额。已计提减值准备的无形资产，还应扣除已计提的无形资产减值准备累计金额。使用寿命有限的无形资产，其残值应当视为零，但以下情况除外：

（1）有第三方承诺在无形资产使用寿命结束时购买该无形资产。

（2）可以根据活跃市场得到预计残值信息，并且该市场在无形资产使用寿命结束时很可能存在。

无形资产摊销仅限于使用寿命有限的无形资产，对使用寿命不确定的无形资产不应摊销。影响每个会计期间无形资产摊销额的因素包括无形资产成本、预计使用寿命、无形资产残值以及无形资产摊销方法。

企业选择的无形资产摊销方法，应当反映与该项无形资产有关的经济利益的预期实现方式。无形资产摊销方法包括平均摊销法和加速摊销法两类。平均摊销法包括直线法、生产总量法、车流量法等；加速摊销法包括双倍余额递减法、年数总和法等。对电影、电视等著作权，在播放初期往往会取得较高的收入，而随着播放次数增多，收益逐年下降。因此，根据与这类无形资产有关的经济利益的预期实现方式，应该采用加速摊销法，在早期受益程度高时分摊较多的摊销额。如果采用直线法摊销，不符合配比原则和谨慎性原则。但新准则又规定：无法可靠确定预期实现方式的，应当采用直线法摊销。

【例 10-7】 企业申请了一项专利权，实际支付价款 60 万元，专利合同规定受益期限为 10 年，则该企业每月应摊销 5 000 元。其会计分录为：

借：管理费用——无形资产摊销	5 000	
贷：累计摊销——专利权		5 000

【例 10-8】 某股份有限公司从外单位购得一项商标权，支付价款 30 000 000 元，款项已支付，该商标权的使用寿命为 10 年，不考虑残值的因素。会计处理如下：

（1）购入商标权时：

借：无形资产——商标权	30 000 000	
贷：银行存款		30 000 000

（2）每年摊销商标权时：

借：管理费用	3 000 000	
贷：累计摊销		3 000 000

若预计某项无形资产已经不能给企业带来未来经济利益时，应当将该项无形资产的摊余价值全部转入当期管理费用。

四、无形资产的转让和报废

企业所拥有的无形资产，可以依法转让。企业转让无形资产的方式有两种：一是转让其所有权，二是转让其使用权。两者的会计处理有所区别。

1. 转让无形资产的所有权

转让无形资产的所有权，意味着放弃对无形资产的占有、使用、收益、处置的权利，而将这些权利转移给购买方。我国企业会计准则规定，企业出售无形资产时，应将所得价款与该无形资产账面价值的差额计入当期损益。出售无形资产不属于企业的日常经营活动，从而出售无形资产所得不符合《企业会计准则第14号——收入》中的收入定义。因此出售无形资产不能确认为收入，而应按净额在“营业外收入”或“营业外支出”科目反映。

【例10-9】 某公司将拥有的一项专利技术出售，取得收入8 000 000元，应交的增值税为480 000元。该专利技术的账面余额为7 000 000元，累计摊销额为3 500 000元，已计提的减值准备为2 000 000元。相关的会计分录为：

借：银行存款 8 000 000
　　累计摊销 3 500 000
　　无形资产减值准备 2 000 000
　　贷：无形资产 7 000 000
　　　　应交税费——未交增值税 480 000
　　　　营业外收入——处置非流动资产利得 6 020 000

【例10-10】 A公司于2016年6月购入价值60万元的专利权，摊销期为10年。A公司于2016年12月将其卖出，所有权转让价为50万元，转让应交增值税为3万元，且已办妥产权转让手续，转让款也已收到。这时由于6个月内已摊销了3万元的价值（无形资产取得当月开始摊销，出售当月停止摊销），因此无形资产的账面余额为57万元。相关的会计分录为：

借：银行存款 500 000
　　营业外支出 100 000
　　累计摊销 30 000
　　贷：无形资产 600 000
　　　　应交税费——未交增值税 30 000

2. 转让无形资产使用权

无形资产使用权的转让仅仅是将部分使用权让渡给其他单位或个人，出让方仍保留对该项无形资产的所有权，因而仍拥有使用、收益和处置的权利。受让方只能取得无形资产的使用权，在合同规定的范围内合理使用而无权转让。无形资产转让收入符合《企业会计准则第14号——收入》中的让渡资产使用权的定义，因此转让所得作为企业的收入处理。在转让无形资产使用权的情况下，由于转让企业仍拥有无形资产的所有权，因此，不应注销无形资产的账面摊余价值，发生与转让有关的各种费用支出，计入当期费用。对一般工商企业而言，无形资产使用权转让收入不是主营业务，可以通过“其他业务收入”和“其他业务支出”账户处理。

【例10-11】 上例公司2016年12月不是转让专利权的所有权，而是以10 000元的价格

转让使用权，且约定受让方每年按销售收入的2%支付年度使用费，2017年收到受让方支付的使用费15 000元。2017年公司为此发生了专利使用咨询、辅导费5 000元。应编制如下会计分录（暂不考虑增值税）：

（1）收取转让款10 000元时：

	借方	贷方
借：银行存款	10 000	
贷：其他业务收入		10 000

（2）收到年度使用费15 000元时：

	借方	贷方
借：银行存款	15 000	
贷：其他业务收入		15 000

（3）发生并支付专利使用咨询、辅导费时：

	借方	贷方
借：其他业务成本	5 000	
贷：银行存款		5 000

当无形资产预期不能为企业带来未来经济利益时，应将该无形资产的账面价值予以转销。

【例10-12】 某企业于2013年年初购入一项非专利技术，价款50万元，企业按5年摊销，到2015年年底，已经摊销30万元，并且计提5万元减值准备，2016年6月30日，企业认为现在已经有更好的技术代替该非专利技术，该非专利技术已经不能给企业带来未来经济利益，决定转销该非专利技术。此时技术已经摊销37.5万元，有关转销该非专利技术的会计分录如下：

	借方	贷方
借：营业外支出	75 000	
累计摊销	375 000	
无形资产减值准备	50 000	
贷：无形资产		500 000

五、无形资产减值

在科学技术日新月异、顾客需求不断变化的今天，企业无形资产的价值及其盈利能力受外界因素的影响很大。例如，当新技术、新方法出现时，企业原有的专利权或非专利技术可能会迅速变得一文不值；当顾客需求发生变化，而企业产品没有随之更新时，原有的商标价值也会贬值。这时如果不调整无形资产的账面价值，显然会高估无形资产的价值，从而误导会计信息使用者。因此，为了保障无形资产信息的价值，需要定期评估无形资产的价值，并根据实际情况进行相应调整。这在会计核算中是通过计提无形资产减值准备来进行的。

企业应当定期或至少于每年年度终了，检查各项无形资产预计给企业带来未来经济利益的能力，对预计可回收金额低于其账面价值的，应当计提减值准备。会计核算中设置“无形资产减值准备”总分类账户，反映无形资产减值准备的计提和冲销等情况。该账户是“无形资产”账户的备抵账户，账户贷方登记每期计提的无形资产减值准备，借方登记转销的减值准备，余额在贷方。“无形资产减值准备”账户期末余额抵减“无形资产”账户期末余额后的差额，形成期末资产负债表中无形资产项目的金额。

当存在下列一项或若干项情况时，应当计提无形资产减值准备：

（1）某项无形资产已被其他新技术替代，使其为企业创造经济利益的能力受到重大不利影响。

（2）某项无形资产的市价在当期大幅度下跌，并在剩余摊销年限内不会恢复。

（3）某项无形资产已超过法律保护期限，但仍然具有部分使用价值。

（4）其他足以证明某项无形资产实质上已经发生了减值的情形。

期末，企业所持有的无形资产的账面价值高于其可收回金额的，应按其差额，借记“资产减值损失——无形资产减值损失”科目，贷记“无形资产减值准备”科目。如已计提减值准备的无形资产价值又得以恢复，应在已计提减值准备的范围内转回，借记“无形资产减值准备”科目，贷记“资产减值损失——无形资产减值损失”科目。为了防止上市公司利用无形资产减值的计提和转回调整年度利润，2007 年实施的企业会计准则规定，无形资产减值一旦计提，就不可转回。

【例 10-13】 某公司 2015 年 7 月购入一项专利权，实际支付成本为 60 万元。根据相关法律规定，该专利权的有效年限为 6 年，该公司预计其可使用年限为 6 年。2015 年 12 月公司发现与该专利权使用有关的经济因素发生了不利的变化，导致该专利权发生价值减值，估计可收回的金额为 30 万元。相关会计处理为：

（1）按 6 年摊销无形资产，每个月摊销 8 333. 33 元，则 2015 年共摊销 5 万元。每个月摊销无形资产价值的分录为：

借：管理费用——无形资产摊销　　8 333. 33

　　贷：累计摊销——专利权　　8 333. 33

（2）2015 年 12 月应计提 25 万元（“无形资产”账面余值 55 万元减去可收回额 30 万元）的减值准备，会计分录为：

借：资产减值损失——无形资产减值损失　　250 000

　　贷：无形资产减值准备　　250 000

（3）2016 年将 30 万元的无形资产价值在剩余的 5. 5 年中进行摊销，则 2016 年共摊销 54 545. 45 元，会计分录为：

借：管理费用——无形资产摊销　　54 545. 45

　　贷：累计摊销——专利权　　54 545. 45

使用寿命不确定的无形资产不应摊销。如果发生减值，应当按照无形资产减值的会计处理进行。企业至少应当于每年年度终了，对使用寿命有限的无形资产的使用寿命及摊销方法进行复核。无形资产的使用寿命及摊销方法与以前估计不同的，应当改变摊销期限和摊销方法。企业应当在每个会计期间对使用寿命不确定的无形资产的使用寿命进行复核。如果有证据表明无形资产的使用寿命是有限的，应当估计其使用寿命，并按使用寿命有限的无形资产进行会计处理。

第三节　其他长期资产

其他长期资产是指不包括在流动资产、长期股权投资、固定资产、无形资产内的资产，通常是指摊销期限在一年以上的长期待摊费用。

长期待摊费用是指企业已经支出，但摊销期限在一年以上（不含一年）的各项费用，包括经营租入固定资产的改良支出、固定资产的大修理支出以及摊销期限在一年以上的其他待摊费用。会计核算系统中设置“长期待摊费用”总账专门归集、反映企业的长期待摊费用。

如果长期待摊费用项目不能使以后会计期间受益的，应当将尚未摊销的该项目的摊余价值全部转入当期损益。

一、经营租入固定资产的改良支出

企业从其他单位或个人租入的固定资产，所有权不属于企业，企业仅享有使用权。通常双方在协议中规定，承租企业除按照商定的用途使用外，还要承担对租入固定资产进行修理和改良的责任。

对租入固定资产的改良支出，不构成固定资产价值，其会计处理与自有固定资产的修理支出相同。一般情况下，对固定资产实施诸如扩建、装修等改良所发生的支出，因其有助于提高固定资产的效用和功能，所以应当计入改良后固定资产的原价。但是，租入固定资产的所有权不属于企业，因此，发生的改良支出只能作为待摊销的费用处理。租入固定资产改良支出按租赁期限与租赁资产尚可使用年限孰短的期限进行摊销，且只有摊销期限超过一年的，才作为长期待摊费用处理。其摊销费用可按租入固定资产的用途，分别记入“制造费用”“销售费用”“管理费用”等科目。“长期待摊费用”科目的期末余额反映的是该项支出的摊余价值。

【例10-14】　某公司2016年10月租入一仓库，租期5年。双方约定租赁期内发生的装修、改良支出由承租方负担。公司租入仓库后，组织职工按生产要求进行装修，共发生装修费用100 000元，装修了2个月。会计处理为：

（1）发生并支付装修费用时：

借：在建工程　　100 000

　　贷：银行存款（等相关科目）　　100 000

（2）装修工程完工投入使用时：

借：长期待摊费用　　100 000

　　贷：在建工程　　100 000

（3）以后每月摊销1 724. 14元（100 000/58）：

借：管理费用　　1 724. 14

　　贷：长期待摊费用　　1 724. 14

二、固定资产的大修理支出

固定资产的大修理支出应在大修理间隔期内平均摊销，如果摊销期限超过一年，则应作为长期待摊费用处理。

【例10-15】 某公司对甲关键设备实行每三年大修一次的制度。2014年共发生240 000元的修理费。其会计分录为：

（1）2014年发生修理费时：

借：长期待摊费用　　240 000
　　贷：银行存款（等相关科目）　　240 000

（2）大修理间隔期间（2014年、2015年、2016年）内，每年摊销80 000元修理费：

借：制造费用　　80 000
　　贷：长期待摊费用　　80 000

除长期待摊费用外的其他长期资产一般包括国家批准储备的特种物资、银行冻结存款以及临时设施和涉及诉讼中的财产等。其他长期资产可以根据资产的性质及特点单独设置相关会计科目核算。

进一步学习指南

关于无形资产的核算，人们有很多不同的认识，从无形资产的概念、计量、确认、摊销到无形资产的披露等各方面还有争议，如有学者认为无形资产还应该包括企业的核心竞争力、人才等内容。2007年实施的《企业会计准则第6号——无形资产》与以前公布的会计准则有比较大的差异，新准则适用范围不包括商誉，对研究和开发费用的处理规定更加详细，符合一定条件的可以资本化。此外，对无形资产的摊销方法、摊销的具体会计处理也有很多有别于原来的会计准则。要想具体了解相关内容，可以参见《企业会计准则第6号——无形资产》及其应用指南。

思 考 题

1. 什么是无形资产？它与固定资产有何区别？
2. 如何摊销无形资产的实际成本？
3. 为什么要计提无形资产减值准备？计提无形资产减值准备将对企业的经营业绩产生何种影响？

练 习 题

习题一

1. 目的：练习无形资产的核算。
2. 资料：甲公司2016年发生下列有关无形资产的经济业务：

（1）甲公司自行研究和开发一种实用新型产品专利，研发过程中发生材料费 100 000 元，人工工资 50 000 元，其他费用 60 000 元，共计 210 000 元，其中，符合资本化条件的支出为 160 000 元。年底，该专利技术已经达到预定用途。该专利合同有效期为 10 年，但预计使用寿命为 8 年。

（2）由于实施多元化经营战略，甲公司购入一项专营权，一次性支付 200 000 元后，每年按当年专营销售收入的 2% 支付使用费，第一年公司实现的销售收入为 800 000 元；相关费用通过银行付清。

（3）甲公司由于业务发展需要将一项土地使用权转让，转让价格为 1 000 000 元（暂不考虑增值税），土地使用权的账面摊余价值为 450 000 元。

（4）甲公司接受 M 公司一项非专利技术投资，其协议价为 120 000 元。

3. 要求：根据上述业务，编制相关会计分录。

习题二

1. 目的：练习无形资产减值准备的核算。

2. 资料：2011 年 1 月 1 日，甲公司购入一项专利权，实际支付价款 120 万元（暂不考虑增值税）。根据相关法律规定，该专利权的有效使用年限为 8 年，该公司预计其可使用年限为 6 年。2012 年 12 月 31 日，由于与该专利权使用有关的经济因素发生了不利变化，导致该专利权发生了减值，估计可收回金额为 20 万元。2013 年 12 月 31 日，发现导致该专利权 2012 年发生价值减少的因素已经消失，此时，预计可收回金额为 45 万元。

3. 要求：根据上述业务，编制会计分录。

第十一章

负　债

第一节　负债概述

一、负债的概念和特征

负债是指过去的交易或事项形成的，预期会导致经济利益流出企业的现时义务。从负债的定义可以看出，负债至少应具有以下几个基本特征：

(1) 负债是由过去的交易或事项产生的。也就是说，导致负债的交易或事项必须已经发生。例如，企业购买商品或接受劳务产生的应付款项，接受银行贷款产生的偿还贷款本息义务。在会计上，只有源于已经发生的交易或事项，才可能确认为一项负债。正在筹划的交易或事项，如刚签完合同尚未交易的业务，则不能确认为负债。

(2) 负债是企业承担的现时义务。这种义务有时可能源于具有约束力的合同或法定要求，此时义务具有强制执行的性质。例如，企业已收到货物或已接受劳务而产生的应付款项，即属于此类，此时会计上的义务与法律上的义务是一致的。此外，义务还可能产生于正常的业务活动、习惯以及为保持良好业务关系或公平处事的愿望。例如，企业因产品保修政策而产生的预计负债，因短期借款而产生的预提利息费用等，这种负债在法律上与会计上不一致，会计的确认早于法律义务的形成。

(3) 经济义务的履行通常关系到企业放弃含有经济利益的资产，以满足对方的要求。现时义务的履行，可以采用若干方式，例如，支付现金、转让其他资产；提供劳务，以其他义务代替该项义务；将该项义务转换为所有者权益等。

(4) 负债通常是在未来某一时日通过交付资产（包括现金和其他资产）或提供劳务来清偿的。有时企业可以通过承诺新的债务或转化为所有者权益来了结一项负债，前一种情况只是负债的延期；后一种情况则相当于增加所有者权益而了结债务。

(5) 负债是能用货币来确切计量或合理估计的。大多数负债通常都有一个到期要偿还的可确定的金额，有的负债可能一时没有确切的金额，但通过合理的估计后，可以确定一个比较正确和客观的金额。

二、负债的分类

为了便于分析企业的财务状况和偿债能力，企业的负债按其偿还期限可以分为流动负债和非流动负债两部分。

划分流动负债和非流动负债的标准之一是偿还时间。传统上，流动负债和非流动负债的区分是以1年为界限的，须在1年内（包括1年）偿付的负债归为流动负债，在1年以上偿付的负债列为非流动负债。但在经营周期超过1年的情况下，以“1年”为标准的划分方式不能真实反映企业的财务状况。这里所讲的“营业周期”是指企业在正常的生产经营中从取得存货、购买劳务一直到销售商品和劳务，最后收取货款和劳务款这一时间跨度。通常商业企业的经营周期较短，制造业企业的经营周期较长，有的超过1年。为了使经营周期较长的企业的财务状况也得到正确反映，我国企业会计准则规定以“1年或超过1年的一个经营周期”作为划分流动负债和非流动负债的界限，在1年或者超过1年的一个经营周期以内偿还的负债作为流动负债，将偿还期在1年或者超过1年的一个经营周期以上的负债作为非流动负债。因此，划分流动负债和非流动负债时，除了“短期借款”和“长期借款”以“1年”为界不受影响外，其他负债在企业经营周期超过1年时，就不再以“1年”作为划分标准，而是以“经营周期”为界来划分标准。

三、负债的报表披露和账户设置

为了让财务报表的使用者通过财务报表了解企业的财务状况，了解负债的形成原因和负债的金额，在财务报表中，首先，应将流动负债与非流动负债分别列示，使报表使用者通过对比企业所拥有的流动资产和所承担的流动负债，判断企业的短期偿债能力；其次，应按流动负债和非流动负债的形成原因，逐项列出应偿还的金额，对于金额需要估计的项目，还应在财务报表附注中说明估计采用的政策和方法。我国企业会计准则规定负债应填列的报表项目如表11-1所示。

表11-1 资产负债表中的负债项目

负债项目	年初数	期末数
流动负债：		
短期借款		
以公允价值计量且其变动计入当期损益的金融负债		
应付票据		
应付账款		
预收款项		
应付职工薪酬		
应付股利		
应交税费		
其他应付款		
一年内到期的非流动负债		
其他流动负债		
流动负债合计		
非流动负债：		
长期借款		
应付债券		
长期应付款		
专项应付款		

（续）

负债项目	年初数	期末数
预计负债		
递延所得税负债		
其他非流动负债		
非流动负债合计		
负债合计		

为了在会计期末取得编制财务报表所需的数据资料，企业应根据表11-1的财务报表项目，设置相应的会计账户，用以记录企业日常经营中发生的负债业务。本章后面分别介绍流动负债和非流动负债各项目的核算方法。由于负债核算不是独立的，很多内容在其他章节已出现过，因此本章仅做简单介绍。

第二节　流动负债

一、流动负债的分类

流动负债按不同标准可以分成不同的类别。

1. 按产生的原因分类

（1）借贷产生的流动负债，如向金融机构借款形成的短期借款、一年内到期的长期借款。

（2）利润分配产生的流动负债，如向股东分配利润形成的应付利润或应付股利。

（3）结算过程产生的流动负债，如与销售客户结算形成的预收账款，与供应商结算形成的应付账款、应付票据，与职工结算形成的应付职工薪酬，与税务机关结算形成的应交税费等。

2. 按金额是否确定分类

（1）应付金额确定的流动负债。这类负债一般在确认一项义务的同时，根据合同或法律的规定具有确切的金额乃至有确切的债权人和付款日，并且到期必须偿还，如应付账款、应付票据、短期借款、预收账款等。

（2）应付金额视经营情况而定的流动负债。这类流动负债需待一定的经营期末才能确定负债金额，在该经营期结束前，负债金额不能确定，如应交所得税、应付利润等，必须到会计期间终了后才能确定应交多少所得税，以及可向投资者分配多少利润。

（3）应付金额需要估计的流动负债。这类负债在发生时金额不能精确地计量，只能进行估计。

此外还有一类负债，称为或有负债。这类负债在资产负债表日尚不能确定其发生与否，只能根据当时所掌握的信息来判断其发生的可能性。对于很可能发生的负债，则根据估计额入账；对于有可能发生的负债，可在报表附注中说明；对于不大可能发生的负债，则可以不予披露。例如，担保产生的潜在负债，应收账款转让产生的潜在负债都属于或有负债。

二、常见流动负债的核算

流动负债项目很多，除了个别项目有专门的会计准则规定外，大多数流动负债项目的核算分散在其他各准则中。目前我国会计准则中，只有职工薪酬产生的负债的会计处理由《企业会计准则第 9 号——职工薪酬》进行规范，其他流动负债并没有专门的准则进行规范，本节主要介绍企业常见的流动负债。

（一）短期借款

短期借款是指企业向银行或其他金融机构借入的偿还期在 1 年以内（含 1 年）的各种借款。其主要目的是补充流动资金、偿还短期债务等。企业借入短期借款以后，不管用途如何，都构成了一种负债。企业不仅要在借款到期时归还本金，还要支付利息。短期借款的利息作为一项财务费用，计入当期损益。我国企业会计准则规定，"短期借款"账户仅用于反映借款本金，短期借款产生的利息费用不通过"短期借款"账户核算，而是根据利息金额大小分别采用"一次计入"和"分期预提"的方法来核算。

（1）一次计入方法。当每次支付的短期借款利息较小时，为了简化核算，可以在支付时将全部利息费用计入当期的财务费用。

（2）分期预提方法。当每次支付的借款利息较大时，为了符合应计制原则要求，应按月计算利息并预提，计入当月的财务费用。此时设置"应付利息"账户，用来核算已预提但尚未支付的利息费用。

【例 11-1】 康翔公司 2016 年 9 月 1 日借入一批借款 10 000 元，期限为 6 个月，年利率为 6%，每季度支付利息一次，到期还本。

（1）借入时，会计分录如下：

借：银行存款　　10 000

　　贷：短期借款　　10 000

（2）康翔公司认为总共支付利息 300 元，金额较小，可采用"一次计入"方法。在 2016 年 12 月 1 日支付利息时，编制会计分录如下：

借：财务费用　　150

　　贷：银行存款　　150

【例 11-2】 丰益公司 2016 年 7 月 1 日向银行贷款 500 万元，年利率为 6%，期限为 1 年，每季度支付利息一次，到期还本。有关会计分录如下：

（1）借款时：

借：银行存款　　5 000 000

　　贷：短期借款　　5 000 000

（2）由于每季度支付利息 75 000 元，金额较大，采用"分期预提"方法。7 月 31 日计提本月利息费用时的会计分录如下：

借：财务费用　　25 000

　　贷：应付利息　　25 000

8 月末和 9 月末同上。

9 月末支付利息 75 000 元时的会计分录如下：

借：应付利息　　75 000

　　贷：银行存款　　75 000

以后各季度核算与此相似。还本时，会计处理如下：

借：短期借款　　5 000 000

　　贷：银行存款　　5 000 000

（二）应付账款

应付账款是指因购买材料、商品或接受劳务等而发生的债务。这是买卖双方在购销活动中由于取得物资与支付货款在时间上不一致而产生的负债。

应付账款入账时间的确定，应以与所购买物资所有权有关的风险和报酬已经转移或劳务已经接受为标志。但在实践中应视具体情况而定，在物资和发票账单同时到达的情况下，应付账款一般待物资验收入库后，才按发票账单登记入账；在物资和发票账单未同时到达的情况下，若发票到而货物未到，则记入“在途物资”，并记应付账款；若货物已到而发票未到，则在月份终了，对货物和应付账款暂估入账，下月月初红字冲回，等到实际收到发票账单时再入账。

应付账款入账金额的确定涉及两个主要问题：一是是否考虑资金时间价值问题，因为应付账款是未来的支付款项，其价值要小于现在立即支付的金额；二是如何处理购货折扣问题。对于前一个问题，理论上应考虑资金的时间价值，应付账款的入账金额应按未来支付金额的现值入账。但在会计实务中，由于应付账款付款期一般较短，为简化核算，我国会计制度规定应付账款按实际发生的金额入账。对于后一个问题，如果应付账款是带有现金折扣的，与应收账款核算类似，理论上有总价法和净价法两种核算方法。在总价法下，应付账款按发票上记载的应付金额的总值入账，不考虑现金折扣。如果在折扣期内付款，享受的现金折扣视为企业的理财收益。在净价法下，应付账款按发票上记载的应付金额扣除折扣后的净值入账，由于超过折扣期而丧失的折扣，视为企业的理财费用。目前我国会计制度规定采用总价法。

【例 11-3】 康翔公司购入一批材料，发票上所列货款为 12 000 元，增值税为 2 040 元，付款条件为“2/10，*n*/30”，材料已经验收入库。该公司为增值税一般纳税人。

（1）材料入库时，编制会计分录：

借：原材料　　12 000

　　应交税费——应交增值税（进项税额）　　2 040

　　贷：应付账款　　14 040

（2）若在 10 天内支付货款，那么，现金折扣额 = 12 000 × 2% = 240（元），实际应付额 = 14 040 − 240 = 13 800（元），这时会计分录为：

借：应付账款　　14 040

　　贷：银行存款　　13 800

　　　　财务费用　　240

(3) 若在10天以后支付货款，则会计分录为：

借：应付账款 14 040

贷：银行存款 14 040

以上核算方法采用总价法。若采用净价法，则与应收账款的净价法核算类似。

(三) 应付票据

应付票据是由出票人出票，委托付款人在指定日期无条件支付确定的金额给收款人或持票人的票据。它通常是企业因购买材料、商品或接受劳务供应等而开出、承兑的商业汇票，包括商业承兑汇票和银行承兑汇票两种。

因真实交易而开出、承兑的商业汇票，在会计核算中设置“应付票据”科目，反映这项流动负债的现存义务。此外，企业还应设置“应付票据备查簿”，详细登记每一应付票据的种类、号数、签发日期、票面金额、票面利率、收款人、付款日等资料。票据到期时，应在备查簿内逐笔注销。

应付票据按是否带息分为带息应付票据和不带息应付票据两种。无论应付票据是否带息，在我国会计实务中都按票据的面值入账。对于带息商业汇票，企业在提供中报或年报时，应将已经发生的利息费用预提入账，实际支付或预提的利息费用均记入当期的“财务费用”。

【例11-4】 益丰公司购入一批原材料，根据发票账单，购入材料价款为100 000元，增值税进项税额为17 000元，对方代垫运杂费5 000元（暂不考虑增值税），材料已验收入库。公司开出期限为6个月，面值为122 000元的银行承兑汇票抵付账款。假如益丰公司为增值税一般纳税人。有关会计分录如下：

(1) 购入时：

借：原材料 105 000

应交税费——应交增值税（进项税额） 17 000

贷：应付票据 122 000

(2) 票据到期，收到银行付款通知时：

借：应付票据 122 000

贷：银行存款 122 000

开出的商业承兑汇票，如果到期不能支付，则应在票据到期时，将“应付票据”账面价值转入“应付账款”科目。企业开出的银行承兑汇票到期时需要银行无条件兑付，如果企业无法兑付款项，银行将款项作为企业的短期借款，并按照每天万分之五收取利息。企业在收到银行的有关通知后，借记“应付票据”，贷记“短期借款”。

假如上例中该企业在票据到期时无法支付，则在收到银行有关通知时，做会计处理如下：

借：应付票据 122 000

贷：短期借款 122 000

【例 11-5】 某公司 2016 年 9 月 1 日购入一批材料，价款 2 000 000 元，增值税 340 000 元。同日开出一张面值 2 340 000 元、期限 6 个月、年利率 6% 的银行承兑汇票抵付账款，同时用支票支付运杂费 50 000 元（暂不考虑增值税），材料已入库。有关会计处理如下：

（1）材料入库时的会计分录为：

借：原材料　　2 050 000
　　应交税费——应交增值税（进项税额）　　340 000
　　贷：应付票据　　2 340 000
　　　　银行存款　　50 000

（2）12 月 31 日预提已经发生的利息费用，会计分录为：

借：财务费用　　（2 340 000 ×6% ×4/12）46 800
　　贷：应付票据　　46 800

（3）票据到期收到银行的付款通知时，会计分录为：

借：应付票据　　2 386 800
　　财务费用　　（2 340 000 ×6% ×2/12）23 400
　　贷：银行存款　　2 410 200

（四）预收账款

预收账款是企业按照合同规定向购货方预先收取的款项，需要企业以后用提供商品或劳务的方式来偿还。企业可以单独设置“预收账款”账户来核算这类流动负债。在预收账款业务不多时，也可以不设“预收账款”账户，而将预收的款项直接记入“应收账款”账户的贷方。此时，在填列财务报表时，就要根据“应收账款”明细账进行分析填列。

【例 11-6】 康翔公司与华丰公司签订一份销售合同，合同规定，康翔公司销售 A 商品 100t 给华丰公司，货款 600 000 元，增值税 102 000 元，华丰公司须先支付 200 000 元货款，其余款项等收到 A 商品后 2 个月内偿还。康翔公司有关会计处理如下：

（1）收到华丰公司 200 000 元预付款时，会计分录为：

借：银行存款　　200 000
　　贷：预收账款——华丰公司　　200 000

（2）发出商品时，根据已开出发票，编制会计分录：

借：预收账款——华丰公司　　702 000
　　贷：主营业务收入　　600 000
　　　　应交税费——应交增值税（销项税额）　　102 000

（3）收到华丰公司汇来余额时，会计分录为：

借：银行存款　　502 000
　　贷：预收账款——华丰公司　　502 000

应付账款与预收账款虽然是负债类账户，但在会计实务中，往往作为双重账户来使用。

因此在会计期末，只能根据账户余额方向来判断账户的性质。当“应付账款”的某个明细账出现借方余额时，实质上是一项预付账款，属于企业的债权；同样，当“预收账款”的某个明细账出现借方余额时，实质上是一项应收账款，属于企业的债权，应在资产负债表的流动资产项目列示。因此，在填列应付账款报表项目时，应根据“应付账款”和“预付账款”明细账余额分析填列。同样，在填列预收款项时，应根据“应收账款”与“预收账款”明细账余额分析填列。具体填列方法如下：

（1）应付账款的报表数为“应付账款”和“预付账款”明细账贷方余额合计。

（2）预收款项的报表数为“应收账款”与“预收账款”明细账贷方余额合计。

具体方法可参见第六章例6-20。

（五）应交税费

企业在一定时期内取得的营业收入、实现的利润以及从事的其他应税项目，都要按照税法规定向国家缴纳各种税费。按照应计制原则，这些应交的税费应当预提计入有关科目。这些应交税费在尚未缴纳之前暂时停留在企业，形成企业的一项负债。具体包括：增值税、消费税、资源税、所得税、城市维护建设税、房产税、土地使用税、车船税等。这些税费可以分为两类：一类是企业须与税务机关定期结算或清算的，不是一次性缴纳的，这类税费在会计上必须通过“应交税费”账户进行核算。这类税费包括几乎所有的流转税、所得税、资源税和各种附加税费。另一类是在纳税义务发生时一次性缴纳，不存在与税务机关结算或清算关系的，这类税费不必通过“应交税费”账户核算。实际缴纳时，直接计入有关费用账户即可。这类税费主要有耕地占用税、契税等财产行为税。下面主要介绍一些常见税费的会计处理，所得税的账务处理将在第十三、十四章介绍。

为了核算应交税费的形成和缴纳，应设置“应交税费”科目，并按税费的种类设置明细科目进行核算。

1. 应交增值税

增值税征收通常包括生产、流通或消费过程中的各个环节，是基于增值额或价差为计税依据的中性税种，理论上包括农业各个产业领域（种植业、林业和畜牧业）、采矿业、制造业、建筑业、交通和商业服务业等，或者按原材料采购、生产制造、批发、零售与消费各个环节。在我国，增值税实行三档税率，并将纳税人按其经营规模和会计核算健全与否划分为一般纳税人和小规模纳税人两种身份。一般纳税人适用的基本税率为17%，营改增后增加两档税率11%和6%，小规模纳税人适用的征收率为3%。

在实际操作上的处理是：企业购进商品或接受劳务，向对方支付进项税，此时从销货方或提供劳务、服务方取得增值税专用发票，作为日后缴纳增值税的扣税凭证。这里需要注意的是，必须取得扣税凭证，否则，所交的进项税不能抵扣，只能计入所购商品的成本。

（1）增值税一般纳税人的会计处理。增值税一般纳税人是指年应税销售额在规定标准以上的企业或企业性单位。从税务角度来看，是指可以使用增值税专用发票的企业，其应纳增值税税额是根据当期的销项税额减去进项税额计算确定的。从会计核算上来看，一般纳税人在财务上实行价税分离的做法，价款与税款分离的依据为增值税专用发票上注明的价款和增值税。购进商品时，依据增值税专用发票，属于商品价款的部分计入商品的成本；属于增值税的部分计入进项税额。在销售商品时，增值税并不计入销售收入，而将其计入销项税额部分，只把价款作为销售收入。如果销售时采用价税合并的定价方法，则会计核算时，应按公式：销售额 = 含税销售额 ÷（1 + 税率），将含税销售额换算成不含税销售额作为销售收入，并按不含税销售额计算销项税额。

一般纳税人当期应交的增值税可以按下列公式计算：

当期应交增值税税额 = 当期销项税额 − 当期进项税额

上式中，销项税额 = 销售额 × 税率；进项税额 = 进价 × 扣除率。

根据上述账务处理特点，一般纳税人应在“应交税费”账户下设置“应交增值税”和“未交增值税”两个明细账户，并在“应交增值税”账户下分别设置“进项税额”“已交税金”“转出未交增值税”“减免税款”“销项税额”“出口退税”“进项税额转出”“转出多交增值税”等专栏，来核算企业增值税的发生、抵扣、缴纳、退税以及转出等情况。“应交税费——应交增值税”账户设置如表 11-2 所示。

表 11-2 应交增值税明细账

年		凭证		摘要	借方						贷方					借或贷	余额
月	日	字	号		合计	进项税额	已交税金	减免税款	出口抵减内销产品应纳税额	转出未交增值税	合计	销项税额	出口退税	进项税额转出	转出多交增值税		

上述主要专栏所反映的经济内容为：

1）“进项税额”：记录企业购入货物或接受应税劳务而支付的准予从销项税额中抵扣的税额。当企业从国内采购物资时，准予抵扣的进项税额是增值税专用发票上注明的增值税税额。当企业从国外进口物资时，准予抵扣的进项税额是海关提供的完税凭证上注明的增值税税额。当企业接受其他单位以生产用材料投资时，准予抵扣的进项税额是投资者提供的增值税专用发票上注明的增值税税额。由于进项税额可以抵扣本期应交的增值税税额，从而减少本期应交的税金，因此记在账户借方。

【例 11-7】 某公司购入一批原材料，增值税专用发票上注明的原材料价款为 200 000 元，增值税为 34 000 元，货款已用银行存款支付，另用现金支付运杂费 5 000 元（暂不考虑增值税），材料已经验收入库。该公司应编制的会计分录为：

借：原材料　　205 000

　　应交税费——应交增值税（进项税额）　　34 000

　　贷：银行存款　　234 000

　　　　库存现金　　5 000

如果增值税一般纳税人购进免税产品，按照规定，对农业生产者销售的自产农业产品、古旧图书等免征增值税。企业销售免税产品，不能开具增值税专用发票，只能开具普通发票。企业购进免税产品一般不能扣税，但税法规定，对于购入的免税农产品、收购的废旧物资等，可以按买价（或收购金额）的一定比率计算进项税额，并准予从销项税额中抵扣。在会计核算时，一是按购进免税农产品有关凭证上确定的金额（买价）或者按收购金额，

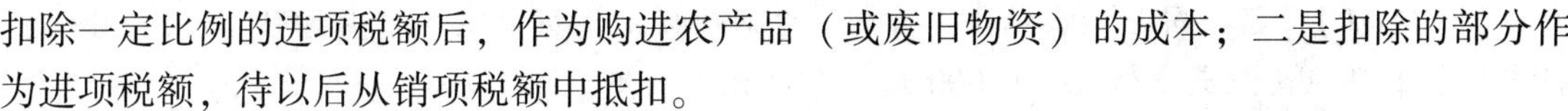

扣除一定比例的进项税额后，作为购进农产品（或废旧物资）的成本；二是扣除的部分作为进项税额，待以后从销项税额中抵扣。

【例 11-8】 某企业购入免税农产品，购入价为 10 000 元，规定的扣除率为 11%，则会计分录为：

借：原材料　8 900

　　应交税费——应交增值税（进项税额）　1 100

　　贷：银行存款　10 000

2）“销项税额”：记录企业销售货物或提供应税劳务应收取的增值税税额，它向购货方或接受劳务方收取，并交给国家，未上交前是企业的负债。企业销售商品时向购买方收取的销项税额对企业而言是一种代收款项，不能确认为企业的收入。

【例 11-9】 某公司本月销售 A 商品，其中开具增值税专用发票的销售额为 800 000 元，增值税专用发票上注明的增值税合计为 136 000 元，开具普通发票的价款和税款合计 200 000 元。在本月的销售中，到月底已收款 150 000 元（假设均通过银行结算），收到商业汇票面值 500 000 元，其余款未收。假设公司适用的增值税税率为 17%，那么公司月底应编制会计分录如下：

$$\text{开具普通发票的不含税销售额}=\frac{200\ 000}{1+17\%}=170\ 940.17\ (\text{元})$$

借：银行存款　150 000

　　应收票据　500 000

　　应收账款　486 000

　　贷：主营业务收入　970 940.17

　　　　应交税费——应交增值税（销项税额）　165 059.83

3）“已交税金”：记录企业已缴纳的增值税税额。当月企业应交的增值税应等于当月销项税额抵减当月进项税额。企业上交本月应交的增值税，通过本账户核算。月份终了，企业应将当月发生的应交未交的增值税税额自“应交税费——应交增值税”科目转入“未交增值税”明细科目，借记“应交税费——应交增值税（转出未交增值税）”科目，贷记“应交税费——未交增值税”科目，将本月多交的增值税自“应交税费——应交增值税”科目转入“应交税费——未交增值税”明细科目，借记“应交税费——未交增值税”科目，贷记“应交税费——应交增值税（转出多交增值税）”。

当月上交本月应交的增值税时，应借记“应交税费——应交增值税（已交税金）”科目，贷记“银行存款”科目；当月上交上月应交未交的增值税时，应借记“应交税费——未交增值税”科目，贷记“银行存款”科目。

【例 11-10】 某公司月初缴纳上月增值税 200 000 元，中旬缴纳本月增值税 300 000 元，月末结转本月应交未交增值税 180 000 元，会计分录如下：

借：应交税费——未交增值税　　200 000
　　贷：银行存款　　200 000
借：应交税费——应交增值税（已交税金）　　300 000
　　贷：银行存款　　300 000
借：应交税费——应交增值税（转出未交增值税）　　180 000
　　贷：应交税金——未交增值税　　180 000

4）“出口退税”：记录企业出口适用零税率的货物时，向海关办理报关手续后，凭出口报关单等有关凭证，向税务机关办理出口退税而收回的款项。

5）“进项税额转出”：记录企业购进货物、在产品、产成品等发生非常损失，以及因其他原因不能从销项税额中抵扣并按规定转出的进项税额。

【例 11-11】 某公司本月仓库发生一场火灾，经盘点，烧毁原材料价值 100 000 元。该材料在购进时已经抵扣进项税额 17 000 元，按税法规定应该转出，有关会计分录如下：

借：待处理财产损溢——待处理流动资产损溢　　117 000
　　贷：原材料　　100 000
　　　　应交税费——应交增值税（进项税额转出）　　17 000

（2）增值税小规模纳税人的会计处理。小规模纳税人是指年销售额在规定标准以下，并且会计核算不健全、不能够按规定报送有关税务资料的纳税人。小规模纳税人的会计核算特点主要有：①小规模纳税企业购买商品时，无论是否取得增值税专用发票，其所支付的增值税均不可以抵扣，而是将其直接计入商品的成本；② 小规模纳税企业销售收入与一般纳税企业类似，也是按不含税价格计算；③小规模纳税企业的应交增值税明细账应采用三栏式。小规模纳税企业应纳税额的计算公式如下，其中征收率为 3%：

$$小规模纳税人应纳税额 = 销售额 \times 征收率$$

【例 11-12】 某小规模纳税企业本期购入原材料一批，增值税专用发票上记载原材料的价格为 100 000 元，支付的增值税为 17 000 元，价款以银行存款支付。该企业本期销售产品，销售价格总额为 90 000 元（含税），货款已存银行。增值税小规模纳税人适用的征收率为 3%，则有关会计处理如下：

（1）购进货物时：

借：原材料　　117 000
　　贷：银行存款　　117 000

（2）销售货物时：

$$不含税价格 = 90\ 000 \div (1 + 3\%) = 87\ 378.64(元)$$

应交增值税=87 378.64×3%=2 621.36(元)

借：银行存款 90 000

　　贷：主营业务收入 87 378.64

　　　　应交税费——应交增值税 2 621.36

(3) 视同销售的情况。用应税商品进行对外投资等视同销售的情况，会计核算上不做销售处理，但是需要按规定缴纳增值税，并记入“应交税费——应交增值税”科目下的“销项税额”。

【例 11-13】 某企业用产品对外投资，该批产品成本为 250 000 元，计税价格为 300 000 元，增值税税率为 17%。经协商以成本作价，则有：

借：长期股权投资 301 000

　　贷：库存商品 250 000

　　　　应交税费——应交增值税（销项税额） 51 000

被投资企业收到产品做会计分录：

借：库存商品 250 000

　　应交税费——应交增值税（进项税额） 51 000

　　贷：实收资本 301 000

2. 应交消费税

消费税是世界各国普遍实行的税种。我国目前的流转税制，就是在对全部商品征收增值税的基础上，选择部分商品征收消费税，用来正确引导消费、优化资源配置。消费税的征收方法是采取从价定率和从量定额两种方法。即

$$应纳税额=销售额\times适用税率$$

或

$$应纳税额=销售数量\times单位税额$$

企业按规定应交的消费税，在“应交税费”科目下设置“应交消费税”明细科目核算。其借方表示实际缴纳和待扣的消费税；贷方表示应交的消费税；期末贷方余额反映尚未缴纳的消费税；期末借方余额表示多交或待扣的消费税。

(1) 销售产品的会计处理。企业将生产的产品直接对外销售时，其缴纳的消费税通过“税金及附加”科目核算。销售产品时按规定计算出应交的消费税，借记“税金及附加”科目，贷记“应交税费——应交消费税”科目。

【例 11-14】 某公司为增值税一般纳税人，本期销售产品价值为 300 000 元，该产品的增值税税率为 17%，消费税税率为 10%，货款已收。则有关会计分录如下：

借：银行存款 351 000

　　贷：主营业务收入 300 000

　　　　应交税费——应交增值税（销项税额） 51 000

借：税金及附加　　30 000
　　贷：应交税费——应交消费税　　30 000

企业生产的应税消费品若不是对外销售，而是用于在建工程或对外投资等，则按规定计算出来的消费税应计入有关成本。产品用于在建工程的，将其应交的消费税计入在建工程成本；产品用于对外投资的，将其应交的消费税计入投资成本。

（2）委托加工应税消费品的会计处理。按照税法规定，企业委托加工的应税消费品，由受托方向委托方于交货时代收代缴税款。受托方按应扣税款金额，借记“银行存款”或“应收账款”等科目，贷记“应交税费——应交消费税”科目。委托加工应税消费品收回后，分两种情况：直接用于销售的，委托方将受托方代缴代扣的消费税计入委托加工产品的成本，借记“委托加工物资”，贷记“银行存款”或“应付账款”等科目，待其销售时，不需要再交消费税；委托加工的产品回收后用于连续生产应税消费品的，受托方代缴代扣的消费税按规定准予抵扣的，委托方应按受托方代缴代扣的消费税，借记“应交税费——应交消费税”，贷记“银行存款”或“应付账款”等科目，待该产品加工完毕进行出售时，再缴纳消费税。

【例 11-15】 某公司委托另一家公司加工材料（非金银首饰），原材料价款为 200 000 元，加工费为 50 000 元，增值税为 8 500 元，由受托方代收代缴消费税为 5 000 元。材料已经加工完毕验收入库，加工费已付。有关会计处理如下：

（1）若委托方收回加工后的材料用于连续生产应税消费品，则委托方的会计处理为：

借：委托加工物资　　200 000
　　贷：原材料　　200 000
借：委托加工物资　　50 000
　　应交税费——应交增值税（进项税额）　　8 500
　　　　　　——应交消费税　　5 000
　　贷：银行存款　　63 500
借：原材料　　250 000
　　贷：委托加工物资　　250 000

（2）若委托方收回加工后的材料直接用于销售，则委托方的会计处理为：

借：委托加工物资　　200 000
　　贷：原材料　　200 000
借：委托加工物资　　55 000
　　应交税费——应交增值税（进项税额）　　8 500
　　贷：银行存款　　63 500
借：库存商品　　255 000
　　贷：委托加工物资　　255 000

（六）应付职工薪酬

职工薪酬包括工资、奖金、津贴、各类社会保险费用、住房公积金、工会经费、职工教育经费、未参加社会统筹的退休人员退休金和医疗费用以及辞退福利、带薪休假等其他与薪酬相关的支出。

职工薪酬的会计处理原则是：在职工提供服务的会计期间确认为负债，根据受益对象计入资产成本或当期费用。应由生产产品负担的职工薪酬，计入存货成本；应由在建工程负担的职工薪酬，计入建造固定资产成本；应由产品和在建工程负担以外的其他职工薪酬，计入当期费用。

企业每月确认的应付职工薪酬金额，很多项目是国家（或企业年金计划）统一规定了计提基础和计提比例的，例如，应向社会保险经办机构（或企业年金基金账户管理人）缴纳的医疗保险费、养老保险费、失业保险费、工伤保险费、生育保险费等社会保险费，应向住房公积金管理中心缴存的住房公积金，以及应向工会部门缴纳的工会经费等，这些有明确计提基础和计提比例的项目应当按照国家规定的标准计提。

国家（或企业年金计划）没有明确规定计提基础和计提比例的，企业应当根据历史经验数据和自身实际情况，计算确定应付职工薪酬金额。每个资产负债表日，应当根据实际发生金额与预计金额的差异，综合考虑物价变动、预计实施的职工薪酬计划等因素，对下一会计期间的预计金额进行调整。

企业应设置“应付职工薪酬”账户来集中反映根据有关规定应付给职工的各种薪酬。“应付职工薪酬”账户贷方反映应付职工的各种薪酬，借方反映实际支付给职工的各种薪酬。月末，企业应将本月应发放的职工薪酬按职工所在部门进行分配，记入有关费用科目，如生产部门人员的薪酬记入“生产成本”或“制造费用”科目，行政部门人员的工资记入“管理费用”科目等。

应付职工薪酬中还包括一些必须由职工个人负担的费用，需要由企业代扣代缴，如企业为职工代扣房租、代扣水电费、代扣个人所得税等，这时企业处于代理人的身份，而这些由企业代扣、职工负担的支出，应从应付职工薪酬中扣除，转入有关账户借方。

此外，职工薪酬还包括职工辞退福利。辞退福利包括两方面的内容：①在职工劳动合同尚未到期前，不论职工本人是否愿意，企业决定解除与职工的劳动关系而给予的补偿；②在职工劳动合同尚未到期前，为鼓励职工自愿接受裁减而给予的补偿，职工有权利选择继续在职或接受补偿离职。辞退福利通常采取解除劳动关系时一次性支付补偿的方式，也有通过提高退休后养老金或其他离职后福利标准的方式，或者将职工薪酬的工资部分支付到辞退后未来某一期末。下面举例说明。

（1）国家确定了计提基础和计提标准的，按规定标准计提。这部分包括“五险一金两费”，“五险”即医疗保险费、养老保险费（包括补充养老保险）、失业保险费、工伤保险费和生育保险费。“一金”即住房公积金。“两费”为工会经费和职工教育经费。

【例 11-16】 康翔公司 2016 年 4 月份工资如下：管理人员 2 000 元、销售人员 3 000 元，生产人员 50 000 元。“五险一金两费”的计提比例分别为：“五险”35%、住房公积金 8%、工会经费 2%、职工教育经费 1.5%。相关账务处理如下：

（1）分配本月工资：

借：管理费用　　2 000

　　销售费用　　3 000

　　生产成本　　50 000

　　贷：应付职工薪酬——工资　　55 000

（2）计提“五险一金两费”：

借：管理费用　　（2 000×46.5%）930

　　销售费用　　（3 000×46.5%）1 395

　　生产成本　　（50 000×46.5%）23 250

　　贷：应付职工薪酬——社会保险费　　（55 000×35%）19 250

　　　　　　　　　　——住房公积金　　（55 000×8%）4 400

　　　　　　　　　　——工会经费　　（55 000×2%）1 100

　　　　　　　　　　——职工教育经费　　（55 000×1.5%）825

（3）实际支付上述“五险一金两费”时，根据实际支付的金额处理，假设本月支付社会保险费19 250元，住房公积金4 400元，工会经费700元，职工教育经费500元，其中社会保险费、住房公积金、工会经费用银行转账支付，职工教育经费用现金支付。会计分录如下：

借：应付职工薪酬——社会保险费　　19 250

　　　　　　　　——住房公积金　　4 400

　　　　　　　　——工会经费　　700

　　　　　　　　——职工教育经费　　500

　　贷：银行存款　　24 350

　　　　库存现金　　500

（2）国家没有规定计提比例和计提基础的，企业应该根据历史经验和实际情况，合理预计当期应付职工薪酬。实际发生金额大于预计数，应该补提；实际发生额小于预计数，应冲回。

【例11-17】 康翔公司按销售收入的5%计提职工年终奖金，2016年度公司销售总额为2 000万元，已计提年终奖金100万元，年终实际发放奖金80万元，则年终应冲销20万元奖金。从理论上看，冲销渠道应该与计提渠道相同，如原来计提时计入销售费用的，冲销时也应冲销销售费用，但在实际会计工作中有时会存在困难，如原来计提时计入生产成本的，期末成本已经计算完毕，再调整成本，计算非常困难，为简化起见，如果冲销金额不大，也可以全部冲减管理费用。会计处理如下：

借：应付职工薪酬——应付年终奖金　　200 000

　　贷：管理费用　　20 0000

（3）以自产产品作为非货币性福利发放给职工的，应当根据受益对象，按产品的公允价

值计入相关资产或当期损益，同时确认为应付职工薪酬。

【例 11-18】 康翔公司有职工 220 人，其中：生产工人 200 人，销售人员 10 人，管理人员 10 人。2016 年 3 月将自产的电磁炉作为福利发放给职工，电磁炉每台成本 700 元，含税售价 1 000 元。假设康翔公司为小规模纳税人，增值税税率为 3%。相关账务处理如下：

（1）分配非货币性福利时：

借：生产成本 （200 × 1 000）200 000
　　销售费用 （10 × 1 000）10 000
　　管理费用 （10 × 1 000）10 000
　　贷：应付职工薪酬——非货币性福利 220 000

（2）发放非货币性福利时：

借：应付职工薪酬——非货币性福利 220 000
　　贷：主营业务收入 213 592. 23
　　　　应交税费——应交增值税 6 407. 77

同时结转成本：

借：主营业务成本 （700 × 220）154 000
　　贷：库存商品 154 000

（4）企业将拥有的房屋、车辆等资产提供给职工使用的，根据受益对象，将其应计提的折旧计入相关资产成本或当期损益，同时确认应付职工薪酬。租赁住房给职工无偿使用的，根据受益对象，将每期租金计入相关资产成本或当期损益，同时确认应付职工薪酬。难以认定受益对象的，计入当期损益和应付职工薪酬。

【例 11-19】 康翔公司为 2 名副总经理每人提供一辆奥迪轿车免费使用，每辆车的月折旧额为 6 000 元；另为每人提供一套公司自有住房免费使用，每套住房的月折旧额为 5 000 元；由于公司没有宿舍，于是租用了一栋宿舍楼给生产工人休息使用，月租金 30 000 元。相关账务处理如下：

借：管理费用 （6 000 × 2 + 5 000 × 2）22 000
　　制造费用 30 000
　　贷：应付职工薪酬——非货币性福利 52 000

同时：

借：应付职工薪酬——非货币性福利 22 000
　　贷：累计折旧 22 000
借：应付职工薪酬——非货币性福利 30 000
　　贷：银行存款 30 000

（5）企业在职工劳动合同到期之前解除与职工的劳动关系，或者为鼓励职工自愿接受裁减而提出给予补偿的建议，同时满足以下两个条件的，确认为辞退福利，并计入当期损益：①企业已经制订正式的解除劳动关系计划或提出自愿裁减建议，并将实施；②企业不能单方面撤回解除劳动关系计划或裁减建议。

【例 11-20】 康翔公司 2016 年度由于所接订单减少，需要提前解聘 10 名生产工人，按原来与工人签订的劳动合同，需要每人给予补偿 1 000 元，企业在 2016 年年底实施该计划。有关会计处理如下：

(1) 计提辞退福利时，会计分录为：

借：管理费用	10 000	
贷：应付职工薪酬——辞退福利		10 000

(2) 实际发放辞退福利时，假设将辞退福利直接转入职工工资卡，会计分录为：

借：应付职工薪酬——辞退福利	10 000	
贷：银行存款		10 000

(6) 企业代扣职工住房公积金、个人所得税的会计处理。

【例 11-21】 康翔公司 2016 年 4 月在职工工资核算中，住房公积金为 4 400 元，社会保险费为 6 000 元，个人所得税为 2 100 元，会计处理如下：

借：应付职工薪酬——工资	12 500	
贷：其他应付款——公积金管理中心		4 400
——社会保险管理机构		6 000
应交税费——代扣代缴个人所得税		2 100

实际支付时，会计处理如下：

借：其他应付款——公积金管理中心	4 400	
——社会保险管理机构	6 000	
应交税费——代扣代缴个人所得税	2 100	
贷：银行存款		12 500

企业除了应付票据、应付账款、应交税费、应付职工薪酬等以外，还会发生一些应付、暂收其他单位或个人的款项，如应付租入固定资产和包装物的租金、存入保证金、应付统筹退休金。这些暂收应付款，构成了企业的一项流动负债。在进行会计核算时，设置“其他应付款”科目进行核算。

第三节 非流动负债

一、非流动负债的特征

非流动负债是指偿还期在 1 年以上或超过 1 年的经营周期以上的债务。它是企业向债权人筹集的可供长期使用的资金。根据筹措方式的不同，非流动负债包括长期借款、应付债券、长期应付款和专项应付款等。与流动负债相比，非流动负债具有偿还期限较长、债务金额较大、偿还本息方式多样等特点。

一般地，企业为了满足生产经营的需要，特别是为了拓展企业规模，经常需要购建大型的机械设备、地产，增建或扩建厂房等。这些都需要企业投入大量的需要长期占用的资金。而企业所拥有的生产经营资金往往无法满足这种需求。如果等待企业内部积累足够的资金再去购建，则可能丧失企业发展的有利时机，因此企业需要筹集长期资金。企业筹集长期资金的渠道有两个：①由投资者投入新的资本（如股东追加投资、增发新股等）；②举借非流动负债。两种筹资渠道都有其优缺点，企业应根据自身特点和外部融资环境加以选择利用。与增加投入资本相比，举借非流动负债有以下优点：

（1）举借非流动负债不会影响企业的股权结构，有利于保护原有投资者（或股东）对企业的控制力。

（2）举借非流动负债在一定条件下可以增加投资者（或股东）的收益水平。企业的债权人无论企业经营状况如何，只能获得按固定利率计算的利息，不参与企业利润的分配。当企业所获得的投资利润率高于非流动负债的固定利率时，剩余利益全部归投资者（或股东）所有。

（3）非流动负债的利息支出，可以作为财务费用从利润中扣除，减少了企业应交的所得税。而股利只能从税后利润中支付，不能作为纳税扣减项目。

当然举借非流动负债也有不足之处，主要表现为：

（1）非流动负债的利息是企业必须定期支付的固定费用，如果企业经营状况不好，将成为企业的沉重负担。

（2）非流动负债的本金和利息都有明确的偿还日期，企业必须为债务的偿还做好财务安排。如果企业未能按期偿还利息或本金，将严重损害企业的信用，影响企业未来的经营和融资活动，甚至导致企业破产清算，因此非流动负债将增加企业的财务风险。

二、非流动负债费用的处理

非流动负债的费用，有时也称借款费用，是指企业因借入资金而发生的有关费用，包括借款的利息、因发行债券而产生的折价或溢价的摊销、与外币借款有关的汇兑损益、安排借款时发生的辅助费用，以及因融资租赁而形成的融资租赁费等。对借款费用的会计处理主要有两种方法可供选择：一是在发生时直接计入当期费用；二是资本化。所谓借款费用资本化，是指企业将借款费用作为所购置资产的历史成本的一部分。这两种方法各有所长。

我国对非流动负债利息费用的处理原则如下：

（1）除购建固定资产的专门借款所发生的借款费用以及购建固定资产挪用一般借款之外，其他借款费用均应于发生当期确认为财务费用，直接计入当期损益。

（2）企业因借款发生的辅助费用按以下原则处理：

1）专门借款发生的辅助费用，在所购建或者生产的符合资本化条件的资产达到预定可使用或者可销售状态之前发生的，应当在发生时根据其发生额予以资本化，计入符合资本化条件的资产成本；在所购建或者生产的符合资本化条件的资产达到预定可使用或者可销售状态之后发生的，应当在发生时根据其发生额确认为费用，计入当期损益。

2）一般借款发生的辅助费用，应当在发生时根据其发生额确认为费用，计入当期损益。

3）因安排专门借款而发生的除发行费用和银行借款手续费以外的辅助费用，如果金额较大，属于在所购建固定资产达到预定可使用状态之前发生的，应当在发生时计入所购建固定资产成本；在所购建固定资产达到预定可使用状态后发生的，直接计入当期财务费用。对于金额较小的辅助费用，也可以于发生当期直接计入财务费用。

(3) 借款利息、折价或溢价的摊销，汇兑损益的一般处理原则是：购建固定资产达到预定可使用状态前发生的，计入固定资产成本；在所购建固定资产达到预定可使用状态之后发生的，计入当期财务费用。

由于非流动负债的偿还期较长，因此对非流动负债的计量应当考虑资金的时间价值，即应按非流动负债的未来偿付金额的贴现值入账。但在我国会计实务中，为了简化核算，一般在非流动负债发生时，按其未来应付金额（面值）入账。企业会计准则规定，非流动负债应当以实际发生额入账。

三、长期借款

长期借款是指企业向金融机构借入的期限在1年以上的借款。企业借入借款，在会计核算中设置“长期借款”科目。借入时，借记“银行存款”等科目，贷记“长期借款”科目。

长期借款所发生的利息，应按期预提计入在建项目成本或计入当期财务费用。在具体核算时应分别处理：如果长期借款用于购建固定资产的，在固定资产达到预定可使用状态以前，其利息计入固定资产的成本，在固定资产达到预定可使用状态后，其利息计入财务费用；如果长期借款用于日常生产经营，则其利息作为财务费用计入当期损益。

【例11-22】 某公司2014年1月1日向银行借入资金10 000 000元，借款年利率为6%，期限为3年，每年年底归还借款利息，3年期满后一次还清本金。该企业将该借款全部用于兴建厂房。厂房2014年年底完工，有关会计处理如下：

(1) 取得借款时：

	借方	贷方
借：银行存款	10 000 000	
贷：长期借款		10 000 000

(2) 2014年年末计息：

	借方	贷方
借：在建工程	600 000	
贷：银行存款		600 000

(3) 2015年年末计息：

	借方	贷方
借：财务费用	600 000	
贷：银行存款		600 000

(4) 2016年年末还本付息：

	借方	贷方
借：长期借款	10 000 000	
财务费用	600 000	
贷：银行存款		10 600 000

【例 11-23】 若例 11-22 中利息结算方式为到期一次还本付息，且采用单利计息，则 2014 年年末 ~2016 年年末的计息和还本会计处理如下：

（1）2014 年年末计息：

借：在建工程 600 000

 贷：长期借款 600 000

（2）2015 年年末计息：

借：财务费用 600 000

 贷：长期借款 600 000

（3）2016 年年末还本付息：

借：长期借款 11 200 000

 财务费用 600 000

 贷：银行存款 11 800 000

此外，长期借款可能还有分期还本、复利计息等情形，都可比照上述方法处理。以上例题实际上隐含了企业一借到款项就全部用于工程的假设，现实中借款用于工程是逐步投入的，因此一般不能将全部利息费用资本化，具体资本化金额的计算请参见《企业会计准则第 17 号——借款费用》，这里不详细介绍。

四、应付债券

债券是企业为筹集长期资金，按照法定程序，向债权人发行的约定在一定日期偿还本金，并按期支付利息的一种书面凭证。债券筹资是企业的一种重要的筹资方式，其筹资范围很广。发行的债券若符合国家有关规定，可以在市场上自由转让、流通。

应付债券按不同的标准有不同的分类：①按有无抵押担保，分为抵押公司债券和无抵押公司债券；②按是否记名，可分为记名公司债券和无记名公司债券；③按利息支付方式，可分为付息的公司债券和贴现的公司债券；④按特殊偿还方式，可分为可赎回债券和可转换债券。

企业发行长期债券，应设置“应付债券”科目，用来核算企业为了筹集长期资金而实际发行的债券及应付的利息，并且在“应付债券”科目下设置“面值”“利息调整”“应计利息”三个明细科目。

债券的发行价格受同期市场利率影响较大，一般情况下，债券的票面利率高于市场利率时，可按超过债券面值的价格发行，称为溢价发行；如果债券票面利率低于发行时的市场利率，则可按低于债券面值的价格发行，称为折价发行。发行时，不论是折价发行还是溢价发行，都按债券面值记入“应付债券——面值”明细科目，实际收到的价款与面值的差额，记入“应付债券——利息调整”明细科目。债券的溢价或折价，在债券的存续期间进行摊销，摊销方法有直线法或实际利率法。目前我国会计准则要求采用实际利率法。

【例 11-24】 某公司在 2002 年 1 月 1 日发行 5 年期面值为 5 000 000 元的债券，票面年利率为 7%，企业按 5 100 000 元的价格出售，债券到期一次还本付息。溢出价摊销采用直线法，有关会计处理如下：

(1) 收到发行债券款时：

借：银行存款　　5 100 000

　　贷：应付债券——面值　　5 000 000

　　　　　　　　——利息调整　　100 000

(2) 2002 年 12 月 21 日计提利息和摊销溢价时：

　　每年应计债券利息 =5 000 000 ×7% =350 000 (元)

　　每年应摊销溢价金额 =100 000 ÷5 =20 000 (元)

　　每年实际的利息费用 =350 000 -20 000 =330 000 (元)

借：财务费用 (或在建工程)　　330 000

　　应付债券——利息调整　　20 000

　　贷：应付债券——应计利息　　350 000

2003 ~2006 年会计分录同上。

(3) 债券到期还本付息时，会计分录为：

借：应付债券——面值　　5 000 000

　　　　　　——应计利息　　1 750 000

　　贷：银行存款　　6 750 000

【例 11-25】 例 11-24 中，若债券发行价为 490 万元，其他条件均相同，则债券属于折价发行。若折价仍采用直线法摊销，则有关会计处理如下：

(1) 收到发行债券款时：

借：银行存款　　4 900 000

　　应付债券——利息调整　　100 000

　　贷：应付债券——面值　　5 000 000

(2) 2002 年 12 月 21 日计提利息和摊销折价时：

　　每年应计债券利息 =5 000 000 ×7% =350 000 (元)

　　每年应摊销折价金额 =100 000 ÷5 =20 000 (元)

　　每年实际的利息费用 =350 000 +20 000 =370 000 (元)

借：在建工程 (或财务费用)　　370 000

　　贷：应付债券——应计利息　　350 000

　　　　　　　　——利息调整　　20 000

2003 ~2006 年会计分录同上。

(3) 债券到期还本付息时，会计分录为：

借：应付债券——面值　　5 000 000

　　　　　　——应计利息　　1 750 000

　　贷：银行存款　　6 750 000

2007 年开始实施的《企业会计准则第 17 号——借款费用》，要求企业发行债券时发生的折价或溢价采用实际利率法摊销。实际利率法比较复杂，一般需要根据同期市场利率确定债券的价格，然后确定债券的溢价或折价。

【例 11-26】 若例 11-24 中债券发行时的市场利率为 8%，发行时间改为 2012 年 1 月 1 日，且该债券每年 12 月 31 日付息一次，则会计处理如下：

（1）计算债券的发行价格为：

债券现值 = 350 000 × 3. 992 7 + 5 000 000 × 0. 680 6 = 4 800 445（元）

债券折价 = 5 000 000 − 4 800 445 = 199 555（元）

（2）债券每年折价摊销计算如表 11-3 所示。

表 11-3 债券折价摊销表（实际利率法） 单位：元

会计年度	债券年初账面价值	当期实际利息	当期票面利息	当期摊销折价
	(1)	(2) = (1) × 8%	(3) = 5 000 000 × 7%	(4) = (2) − (3)
2012 年	4 800 445	3 840 35	350 000	34 035
2013 年	4 834 480	386 758	350 000	36 758
2014 年	4 871 238	389 699	350 000	39 699
2015 年	4 910 937	392 875	350 000	42 875
2016 年	4 953 812	396 188②	350 000	46 188①
合计	5 000 000	1 949 555	1 750 000	199 555

注：2016 年的数据是用倒推法计算的。

① 46 188 = 5 000 000 − 4 953 812；

② 396 188 = 46 188 + 350 000。

（3）根据表 11-3，各年会计处理如下：

1）2012 年收到发行债券款时：

借：银行存款　　4 800 445

　　应付债券——利息调整　　199 555

　　贷：应付债券——面值　　5 000 000

2）2012 年年末支付利息时：

借：财务费用（或在建工程）　　384 035

　　贷：银行存款　　350 000

　　　　应付债券——利息调整　　34 035

3）2013 年年末支付利息时：

借：财务费用（或在建工程）　　386 758

　　贷：银行存款　　350 000

　　　　应付债券——利息调整　　36 758

4）2014 年年末支付利息时：

借：财务费用（或在建工程）　　389 699

　　贷：银行存款　　350 000

　　　　应付债券——利息调整　　39 699

5）2015 年年末支付利息时：

借：财务费用（或在建工程）　　392 875

贷：银行存款　　350 000

　　应付债券——利息调整　　42 875

6）2016 年年末支付利息和归还本金时：

借：财务费用（或在建工程）　　396 188

　贷：银行存款　　350 000

　　应付债券——利息调整　　46 188

借：应付债券——面值　　5 000 000

　贷：银行存款　　5 000 000

【例 11-27】 若例 11-24 中债券发行时的市场利率为 6%，且该债券 2012～2016 年每年 12 月 31 日付息一次，则会计处理如下：

（1）计算债券发行价格（或者直接根据发行价格计算债券市场利率）：

债券现值 =350 000 ×4. 212 4 +5 000 000 ×0. 747 3 =5 210 840（元）

债券溢价 =5 210 840 −5 000 000 =210 840（元）

（2）债券每年溢价摊销计算如表 11-4 所示。

表 11-4　债券溢价摊销计算表（实际利率法）　　单位：元

会计年度	债券年初账面价值	当期实际利息	当期票面利息	当期摊销溢价
	（1）	（2）=（1）×6%	（3）=5 000 000 ×7%	（4）=（3）−（2）
2012 年	5 210 840	312 650	350 000	37 350
2013 年	5 173 490	310 409	350 000	39 591
2014 年	5 133 899	308 034	350 000	41 966
2015 年	5 091 933	305 516	350 000	44 484
2016 年	5 047 449	302 551	350 000	47 449
合计	5 000 000	1 539160	1 750 000	210 840

（3）根据表 11-4，各年会计处理如下：

1）2012 年收到发行债券款时：

借：银行存款　　5 210 840

　贷：应付债券——面值　　5 000 000

　　　　——利息调整　　210 840

2）2012 年年末支付利息时：

借：财务费用（或在建工程）　　312 650

　应付债券——利息调整　　37 350

　贷：银行存款　　350 000

3）2013 年年末支付利息时：

借：财务费用（或在建工程）　　310 409

　应付债券——利息调整　　39 591

　贷：银行存款　　350 000

4）2014 年年末支付利息时：

借：财务费用（或在建工程）　　308 034

应付债券——利息调整　　41 966
贷：银行存款　　350 000

5）2015 年年末支付利息时：

借：财务费用（或在建工程）　　305 516
应付债券——利息调整　　44 484
贷：银行存款　　350 000

6）2016 年年末支付利息和归还本金时：

借：财务费用（或在建工程）　　302 551
应付债券——利息调整　　47 449
贷：银行存款　　350 000

借：应付债券——面值　　5 000 000
贷：银行存款　　5 000 000

在公司债券中，若债券发行合同规定，债券持有人可以在一定时期以后，按规定的转换比率或转换价格，将持有的债券转换成发行公司的股票，则这种债券称为可转换公司债券。可转换公司债券既有债券的性质，又有股票的性质，对于投资者和发行者都有很大的吸引力。若债券发行合同规定，发行企业可以在债券到期前提前赎回债券，则这种债券称为可赎回债券。可转换债券的实际发行利率一般低于市场利率，而可赎回债券的实际发行利率一般高于市场利率。

五、长期应付款

企业发生的除了长期借款和应付债券以外的非流动负债，应设立“长期应付款”科目来进行核算。长期应付款主要包括应付补偿贸易方式引进国外设备价款、应付融资租入固定资产的租赁费以及以分期付款的方式购入固定资产发生的应付款项等。

1. 企业按照补偿贸易方式引进设备

企业按照补偿贸易方式引进设备时，按设备、工具、零配件等的价款以及国外运杂费的外币金额和规定的汇率折合为人民币记账，借记“在建工程”“原材料”等科目，贷记“长期应付款”科目。

企业用人民币借款支付进口关税、国内运杂费和安装费等，借记“在建工程”“原材料”等科目，贷记“银行存款”“长期借款”等科目。

按补偿贸易方式引进的国外设备交付验收使用时，将其全部价值，借记“固定资产”科目，贷记“在建工程”科目。

归还引进设备款时，借记“长期应付款”科目，贷记“银行存款”“应收账款”等科目。

2. 融资租入固定资产

《企业会计准则第 21 号——租赁》定义：融资租赁是指实质上转移了与资产所有权有关的全部风险和报酬的租赁。根据《企业会计准则第 21 号——租赁》的规定，融资租入的固定资产，应在租赁开始日以租赁资产的原账面价值与最低租赁付款额的现值两者低者，作为融资租入固定资产的入账价值，借记“在建工程”或“固定资产”科目，按最低租赁付款额，贷记“长期应付款——应付融资租赁款”，按其差额，借记“未确认融资费用”科目。

进一步学习指南

本章的核算内容较杂，很多核算项目与其他章节有交叉。本章所介绍的负债仅仅是一些常见的企业负债项目。对于一些不常见的负债和一些比较难以理解的业务的核算，如或有负债，借款费用资本化，可转换、可赎回债券核算，融资租赁等业务的具体会计处理方法，本书没有进一步介绍，需要进一步学习的，可以参见《企业会计准则第 13 号——或有事项》《企业会计准则第 21 号——租赁》《企业会计准则第 17 号——借款费用》。需要了解我国现行税收政策及其会计处理方法，可以查阅财政部网站的财税法规库。

思 考 题

1. 流动负债的借款利息费用如何处理？
2. 非流动负债的借款利息费用如何处理？
3. 长期债券的折价和溢价发行的原因是什么？
4. 增值税一般纳税人和小规模纳税人的会计核算有何区别？
5. 举借长期债务对企业有何好处？

练 习 题

习题一

1. 目的：练习带息应付票据的核算。

2. 资料：A 公司 2015 年 12 月 1 日购入一批价值为 60 000 元的商品，增值税进项税额为 10 200 元，收到销售方开来的增值税专用发票时开出一张期限为 6 个月，年利率为 8% 的银行承兑汇票。2016 年 5 月 1 日，该汇票到期，A 公司无力偿付。

3. 要求：根据上述经济业务编制会计分录。

习题二

1. 目的：掌握应交税费的会计核算。

2. 资料：A 公司为一般纳税人企业，原材料按实际成本计算，销售货物的增值税税率为 17%，应交消费税税率为 10%，公司销售商品的价格中均不含应向购买者收取的增值税销项税款。2016 年 5 月发生如下经济业务：

（1）向 B 公司采购甲材料，增值税专用发票上注明的增值税为 153 000 元，货款为 900 000 元，发票账单已经到达，货物已验收入库，货款已付。

（2）销售乙产品 5 000 件，单位售价为 200 元，单位销售成本为 150 元。该产品需缴纳消费税，货款尚未收到。

（3）收购免税农副产品，实际支付的价款为 80 000 元，农副产品已验收入库，按规定增值税扣除率为 11%。

（4）委托 D 公司加工原材料，原材料成本为 1 000 000 元，加工费用为 25 000 元，增值税进项税额为

4 250 元，由受托单位代收代交消费税 2 500 元。材料加工完毕验收入库，准备直接对外销售。加工费用和增值税、消费税已用银行存款支付。

3. 要求：

（1）根据上述经济业务编制会计分录。

（2）计算本月应交的增值税、消费税。

习题三

1. 目的：练习流动负债的核算。

2. 资料：以下是 A 公司 2016 年度发生的部分经济业务：

（1）3 月 1 日从银行借入一年期短期借款 2 000 000 元，年利率为 6%，到期一次还清本息。该企业短期借款利息费用采用预提的方法核算。

（2）5 月 30 日，汇总分配本月应付的职工薪酬，其中生产工人工资 350 000 元，车间管理人员工资 85 000 元，厂部管理人员工资 55 000 元，在建工程人员工资 110 000 元。企业代扣个人所得税 3 000 元。

（3）6 月 1 日提取现金 600 000 元，发放上月职工薪酬。

（4）6 月 10 日购入一批商品，金额 90 000 元，增值税税率为 17%。该商品于当期入库，付款条件为"2/10，*n*/30"（采用总价法核算）。

3. 要求：根据 A 公司的上述经济业务编制会计分录。

习题四

1. 目的：练习长期借款费用的处理。

2. 资料：2015 年 1 月 1 日，某企业为了改建厂房向银行借入 3 年期借款 1 000 000 元，年利率为 10%，每年年末付息，到期偿还本金。该厂房将在 2016 年 12 月 31 日投入使用。

3. 要求：编制从借款开始到偿还借款的会计分录。

习题五

1. 目的：练习增值税的会计处理。

2. 资料：某公司为增值税一般纳税人企业，产品适用增值税税率为 17%，本月发生以下经济业务：

（1）购入原材料一批，买价为 350 000 元，增值税税额为 59 500 元。运费为 12 000 元（不含税，运费的增值税税率为 11%），材料已验收入库，款项以商业汇票抵付（该企业按实际成本法核算原材料）。

（2）收购免税农产品一批，用作生产用材料。收购价为 250 000 元，农产品的增值税扣除率为 11%。

（3）向其他单位捐赠一批产品，成本价为 100 000 元，售价为 135 000 元。

（4）接受某公司投资的原材料一批，增值税专用发票上售价为 1 000 000 元，增值税税额为 170 000 元。

（5）在建工程（建设厂房）领用本企业产品一批。成本价为 150 000 元，售价为 180 000 元。

（6）销售产品一批，售价为 800 000 元，货款及增值税均已收到，存入银行。

（7）上缴上月欠缴的增值税 29 000 元，城市维护建设税 2 030 元，教育费附加 870 元。

3. 要求：编制各相关会计分录。

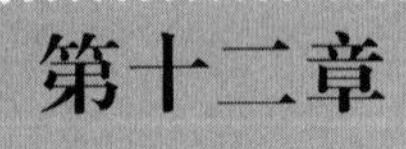

第十二章 所有者权益

第一节 所有者权益概述

一、所有者权益的性质

任何一个经济实体为了进行生产经营活动，都需要拥有一定数量的经济资源，这些经济资源在会计上总称为资产。权益就是对资产的要求权，即作为资产的提供者要求经济利益回报的权利。在实际工作中，企业资产的提供者往往由两类构成，即企业的投资人和债权人，他们对企业资产理所当然都有要求权。会计上，将投资人对企业资产的要求权称为所有者权益，而债权人对资产的要求权称为负债。在资产负债表上，这两项权益都反映在右方，两者的合计总额等于左方的资产总额。

企业的投资人和债权人虽然都对企业的资产具有要求权，但两者的权利有明显区别：①债权人与企业只有债权债务关系，无权参与企业的管理；而投资人有法定参与管理（或委托他人管理）企业的权利。②负债有规定的偿还期，体现了债权人提供资产的暂时性；而所有者权益在企业经营期间则无须偿还，除非终止经营，否则，不得要求返还资本。③债权人要求的经济利益回报只能是约定的利息；投资人则可按投资比例享有企业净利润的分配权。④负债是债权人对企业总资产的索偿权；而所有者权益是企业投资人对企业总资产扣除负债后的剩余资产（即净资产）的要求权。换句话说，债权人对企业资产的要求权优先于投资人，因而，债权又称为第一要求权，投资人对剩余资产的要求权则称为剩余权益。概言之，所有者权益是企业投资人（所有者）在企业资产中享有的经济利益，其金额为资产减去负债后的余额。

二、所有者权益的构成

如前所述，所有者权益实际上是企业所有者对企业净资产的要求权，但从其形成的过程考察，所有者权益的来源又有所不同：首先是企业投资者为了企业成立（也包括成立后）而投入的资本，称为实收资本（或股本）；其次是企业经营过程中可能发生的资本溢价或财产的增值，如发行股票的溢价收入、财产的重估增值等，这些溢价或增值形成企业的资本公积金；再次，企业进行生产经营后，将经营期间的所有收入扣除所有费用，形成企业的利润（或亏损），按企业会计准则的规定，企业所取得的利润虽归投资者所有，但必须提取一定的公积金和公益金留在企业，这部分留在企业的公积金和公益金合称为盈余公积金；提取完

盈余公积后的剩余才是可供投资者分配的利润。但在实际工作中，企业未必会将其一分钱不剩地分光，没有分配完的那部分利润将留到以后年度再分配给投资者，这就是所有者权益中的未分配利润，即提取盈余公积金实质上是对企业利润分配的限制，盈余公积金实质上是一种限制用途的企业留存收益，而未分配利润则是没有限制用途的留存收益。总体来说，所有者权益中的前两项可以视为投资者投入的，因而又将其合称为投入资本；而后两项均来源于企业利润，且都留在企业，所以又合称它们为留存利润，如图 12-1 所示。

在资产负债表中，所有者权益主要是上述四个项目，分别按资本的永久性程度，排列为实收资本（或股本）、资本公积、盈余公积和未分配利润。

所有者权益
- 投入资本
  - 实收资本（或股本）
  - 资本公积
- 留存利润
  - 盈余公积
  - 未分配利润

图 12-1　所有者权益的构成

三、企业组织形式对所有者权益核算的影响

在我国，对企业最常见的分类是按企业所有制性质分类。但从会计角度来看，影响所有者权益核算的不是企业所有制的性质，而是企业的组织形式。按是否依据《中华人民共和国公司法》（以下简称《公司法》）的规定成立，可将我国的企业分为公司制企业和其他企业（一般企业）两类，其中，公司制企业又有股份有限公司和有限责任公司之分。不同组织形式的企业，对资产、负债、收入、费用和利润的会计核算基本相同，但在所有者权益的核算上却有差别，主要体现在以下几个方面：

（1）对投资者投入资本的增减变动情况进行反映，股份有限公司应设置“股本”科目，其余企业（包括有限责任公司）应设置“实收资本”科目。

（2）目前，只有公司制的企业才提取法定盈余公积，而其他企业经股东大会类似权力机构批准，也可提取盈余公积。

（3）对盈余公积金用途的规定：大多数企业可将此用于弥补亏损或转增资本（或股本），上市公司（股份有限公司才可能上市）还可用于分派现金股利，因而形成独特的会计核算。

（4）企业计算出应支付给投资者的利润，股份有限公司记入“应付股利”科目，其余企业（包括有限责任公司）记入“应付利润”科目。

（5）从企业利润分配的形式来看，大多数企业只有现金分配，但上市公司还可采用股票股利的分配形式，这就形成上市公司独有的会计核算。

在我国会计核算中，股份有限公司的所有者权益又称为股东权益，实收资本又称为股本。

第二节　投 入 资 本

如上节所述，企业的投入资本包括投资者初始投入的资本和资本溢价与财产增值两部分，即实收资本和资本公积。在会计实务上，两者是分别核算的。

一、实收资本

1. 实收资本的含义

企业的实收资本是指投资者按照企业章程或合同、协议的约定，实际投入企业的资本。

《中华人民共和国企业法人登记管理条例》明确规定：企业申请开业，必须具备符合国家规定，并具备与其生产经营和服务规模相适应的资金数额。我国的《公司法》等企业法规，都有对企业注册资金的相关规定。如我国股份有限公司注册资本的最低限额为500万元。

这里有三个概念：一是注册资本；二是实收资本；三是投入资本。它们三者是什么关系呢？注册资本是企业在工商管理机关登记的投资者缴纳的出资额，该出资额须经中国注册会计师验证。我国设立企业采用注册资本制（或实收资本制），而且根据注册资本制的要求，企业会计核算中的实收资本即为法定资本，应当与注册资本一致，企业不得擅自改变注册资本或抽逃资金。对于不采用注册资本制的国家，如美国采用“授权资本制”，实收资本与注册资本就可能不一致。投入资本是投资者作为资本投入到企业的资本数额，一般情况下，投资者的投入资本即构成企业的实收资本，也正好等于其在登记机关的注册资本。但是在一些特殊情况下，投资者也会因种种原因超额投入（如溢价发行股票等），从而使得其投入资本超过企业的注册资本，在这种情况下，企业进行会计核算时，就应将这部分超过注册资本的部分单独核算，在我国这部分计入资本公积。

2. 企业实收资本（或股本）增减的主要途径

企业增加实收资本（或股本）主要有以下几条途径：

（1）投资者（包括企业原有投资者和新投资者）再投入，如配股、增发新股及债转股等。

（2）资本公积金转为实收资本（或股本），但资本公积各准备项目不能转增资本（或股本）。

（3）盈余公积金转为实收资本（或股本）。

（4）股份有限公司发放股票股利。

企业减少实收资本（或股本）主要有以下几条途径：

（1）以实收资本弥补亏损。企业在经营过程中发生重大亏损，财务状况严重恶化，短期内用利润、公积金弥补有困难时，可经有关机关批准或由股东大会决议同意，在履行减资手续后，用减少实收资本（或股本）的办法弥补亏损。

（2）股份回购。企业由于经营方针或业务发生变化，如经营规模缩小、资本过剩等特殊原因，由股东大会决议同意并经政府授权部门批准，可用企业的资金向原股东购回并注销股份。

（3）结束经营而被注销。企业由于经营期满而不愿意继续经营，或由于违法被解散，或由于经营不善等原因导致企业破产被清算的，企业将不再存续，实收资本（或股本）也将被注销。但这是特殊的会计处理业务。

我国对企业减少实收资本（或股本）有严格的限制，因而，企业除了被清算外，通过法定程序减少实收资本（或股本）的情况在实际工作中很少发生。

3. 实收资本的账务处理

企业应设置“实收资本”（或股本）账户，用以核算投资者按照章程、合同等的规定实际投入企业的资本。该账户的贷方反映企业实际收到投资者投入企业各种资产的价值，借方反映按规定程序减少注册资本的数额，期末贷方余额反映企业实有的资本或股本数额。企业收到投资者投入的资金超过在注册资本所占份额的部分，作为资本溢价或股本溢价，在“资本公积”账户核算，不记入“实收资本”账户。

【例 12-1】 甲、乙两个企业共同投资设立兴华有限责任公司，公司注册资本为 200 万元，双方各占 50% 的股权，其中：甲企业以厂房作价投入，其账面原值 150 万元，已计提折旧 40 万元，评估确认的固定资产原值为 160 万元，净值为 100 万元（暂不考虑增值税）；乙企业投入原材料一批，评估价值为 30 万元，该批材料的增值税税率为 17%，余额以银行存款投入。兴华有限责任公司的有关会计处理如下：

（1）实际收到甲企业投资时：

借：固定资产　　1 000 000

　　贷：实收资本——甲企业　　1 000 000

（2）实际收到乙企业投资时：

借：原材料　　300 000

　　应交税费——应交增值税（进项税额）　　51 000

　　银行存款　　649 000

　　贷：实收资本——乙企业　　1 000 000

二、资本公积

资本公积是投资者或他人投入到企业，所有权归属于投资者并且在金额上超过法定资本部分的资本。资本公积从形成来源上看，它不是由企业实现的利润转化而来的，其金额大小不取决于企业的经营活动，从本质上讲应属于投入资本范畴，因此它与留存利润有本质的区别，后者是由企业实现的利润转化而来的。此外，资本公积虽然属于投入资本范畴，但它与实收资本又不同。实收资本一般是投资者投入的、为谋求价值增值的原始投资，而且属于法定资本，无论在来源上，还是在金额上，都有比较严格的限制；资本公积在金额上则没有严格的限制，而且在来源上也相对多样化。它可以来源于投资者的额外投入，也可以来源于投资者以外的其他企业或个人。

【例 12-2】 某上市公司增发新股 1 000 万股，每股面值 1 元，增发价为每股 8 元。股票增发成功后，收到证券承销商存入本公司银行存款账户的股款（已扣除 3% 的发行手续等费用）。公司应做如下会计处理：

借：银行存款　　77 600 000

　　贷：股本　　10 000 000

　　　　资本公积——股本溢价　　67 600 000

股份有限公司发行股票支付的手续费、佣金等发行费用，减去发行股票冻结期间产生的利息收入后的余额，如股票溢价发行的，从发行股票的溢价中抵扣；股票发行没有溢价或溢价金额不足以支付发行费用的部分，应将不足支付的发行费用直接计入当期财务费用。

【例 12-3】 某股份公司发行股票 1 000 万股，发行价格为每股 1 元，发行期间取得冻结利息收入 5 万元，每股面值 1 元，发行费用金额为 120 万元，则会计处理如下：

借：银行存款 （10 000 000 × 1 + 50 000 − 1 200 000） 8 850 000

　　财务费用 1 150 000

　　贷：股本 10 000 000

【例 12-4】 华安公司经股东会决议通过，批准用资本公积金转增资本 50 万元，并履行了相关的增资手续。华安公司的会计处理如下：

借：资本公积 500 000

　　贷：实收资本 500 000

三、投入资本在报表中的披露

在资产负债表上，实收资本（或股本）和资本公积在“所有者权益”项目下分别列示，其中：“实收资本”（或股本）项目反映企业各投资者实际投入的资本（或股本）总额，应根据“实收资本”（或股本）账户的期末余额填列；“资本公积”项目反映企业资本公积的期末余额，应根据“资本公积”账户的期末余额填列。

第三节　留 存 利 润

一、留存利润的形成

如前所述，留存利润包括盈余公积金和未分配利润，它们都是从企业历年实现的利润中提取或形成的、是留存于企业内部的积累。其形成过程可见于企业利润的形成及其分配过程。企业进行生产经营后，将经营期间的收入扣除费用，形成企业的利润（或亏损）。按照相关规定，企业当年实现的利润，分配顺序一般如下：

（1）提取法定盈余公积。按照税后利润（减弥补亏损）10% 的比例提取，当法定盈余公积累计已达到公司注册资本的 50% 时，可不再提取。

（2）提取任意盈余公积。公司制企业在提取完法定盈余公积后，按照公司章程或股东会决议，可以提取任意盈余公积。

（3）向投资者分配利润（或股利）。企业提取公积金后的剩余利润，股份有限公司按照股东持股比例分配股利，其余企业通常按投资者的出资比例分配利润。

上述分配步骤结束后，提取的法定盈余公积和任意盈余公积，以及分配给投资者后仍剩余的部分将留在企业，分别构成企业留存利润中的盈余公积金（包括法定盈余公积和任意盈余公积）和未分配利润。

需要特别指出的是：企业将经营期间的收入扣除费用后，形成的若是亏损，则该亏损仍属于所有者权益，在会计上，是将其直接计入企业的未分配利润（减项，留待以后年度弥补的亏损）。此外，在实际工作中，企业一般到年末才分配利润，因此，平时月份实现的利

润（或亏损）还留在“本年利润”账户中。但这部分的利润（或亏损）在性质上也是未分配利润，归企业投资者所有。

二、盈余公积

（一）盈余公积的构成及其用途

前已述及，盈余公积实际上是企业按照规定从税后利润中提取的各种积累资金，包括法定盈余公积和任意盈余公积。其中：法定盈余公积和任意盈余公积可以用于弥补亏损、转增资本（或股本），但转增后留存的法定盈余公积的数额不得低于转增前注册资本的25%，符合规定条件的企业，也可用于分派现金股利。

（二）盈余公积的账务处理

企业应设置“盈余公积”账户，用以核算从净利润中提取的盈余公积，并按其构成项目分设明细账户进行明细核算。该账户的贷方反映企业盈余公积的提取数，借方反映运用数，期末贷方余额表示企业盈余公积的结存数。

当然，为了进行利润分配，企业还应该设置“利润分配”账户，属所有者权益类，反映企业历年积存的未分配利润（或未弥补的亏损）。该账户贷方反映税后利润（净利润）的转入数，借方反映实际分配数或亏损转入数，期末余额若在贷方则为企业的未分配利润数，期末余额若在借方则是企业未弥补的亏损数。该账户还应按利润分配的项目设置明细账户，进行明细核算。

1. 盈余公积的提取

【例12-5】 恒通有限责任公司（以下简称恒通公司）本年度实现净利润200万元，股东会通过如下提取盈余公积的决议：按净利润10%的比例提取法定盈余公积，按净利润20%的比例提取任意盈余公积。假设恒通公司没有未弥补的亏损，则恒通公司的会计处理如下：

（1）结转本年度净利润时：

借：本年利润　　2 000 000

　　贷：利润分配——未分配利润　　2 000 000

（2）提取盈余公积时：

借：利润分配——提取盈余公积　　600 000

　　贷：盈余公积——法定盈余公积　　200 000

　　　　盈余公积——任意盈余公积　　400 000

（3）结转利润分配明细科目时：

借：利润分配——未分配利润　　600 000

　　贷：利润分配——提取盈余公积　　600 000

2. 盈余公积转增资本

【例12-6】 恒通公司本年度股东会还通过以法定盈余公积转增资本的决议，决定将其中的50万元用于转增资本。恒通公司的会计处理如下：

借：盈余公积——法定盈余公积　　500 000

　　贷：实收资本　　500 000

3. 盈余公积弥补亏损

【例12-7】 假如某公司2016年期末“利润分配——未分配利润”科目的余额为借方余额500万元，公司董事会提议，并经股东大会批准用盈余公积金弥补亏损，此时应处理为：

（1）借：盈余公积　　5 000 000

　　贷：利润分配——盈余公积补亏　　5 000 000

（2）借：利润分配——盈余公积补亏　　5 000 000

　　贷：利润分配——未分配利润　　5 000 000

经过上述会计处理，“利润分配——未分配利润”账户的余额为零，即亏损已经得到弥补。

三、分配给投资者的利润

1. 投资者利润的分配形式

投资者将资本投资于企业，是期望日后能从所投资的企业获得经济利益回报，而这种回报主要是通过企业分配利润实现的。当企业的税后利润按规定提取了法定盈余公积，公司制企业提取了任意盈余公积后，剩余的利润就可以分配给投资者了。在实际工作中，企业分配给投资者的利润可以有以下几种形式：

（1）现金形式。这是所有类型的企业都可以采用的形式，也是最常见的利润分配形式。这里的现金是指库存现金和可以动用的银行存款。

（2）股票形式。股份有限公司用增发股票的方式发放股利，称为股票股利，其实质是将公司分配给股东的利润转为股本。

（3）财产形式。投资者利润的分配一般采用现金和股票的形式发放，但有时也可能用所持其他公司的有价证券和企业存货等非货币性资产发放，这就是利润分配的财产形式。

（4）负债形式。这种形式是指在某些特殊情况下，公司签发短期票据或用发行的公司债券来抵付已宣告发放的股利。这种负债股利在国外已是罕见，国内还未曾出现过。

2. 分配给投资者利润的账务处理

企业应设置“应付利润”账户，用以核算计算出的应付给投资者的利润。该账户贷方反映应付给投资者的利润，借方反映实际支付数。

【例12-8】 例12-5中，恒通公司股东会议通过的利润分配方案为：按本年度可供股东分配利润的80%分配本年度利润。该公司的有关会计处理如下：

（1）利润分配方案确定时：

借：利润分配——应付利润 (1 400 000 × 80%) 1 120 000

  贷：应付股利 1 120 000

(2) 结转利润分配明细科目时：

借：利润分配——未分配利润 1 120 000

  贷：利润分配——应付利润 1 120 000

(3) 实际支付时：

借：应付股利 1 120 000

  贷：银行存款 1 120 000

假设恒通公司年初未分配利润余额为 100 000 元，则利润分配的账务处理完毕，恒通公司的“利润分配——未分配利润”账户还有贷方余额 380 000 元，该余额即为公司的未分配利润（见图 12-2），可以留到以后年度再分配给投资者。

利润分配——未分配利润

借方	贷方
例 12-5(3)600 000 例 12-8(2)1 120 000	年初数 100 000 例 12-5(1)2 000 000
	年末数 380 000

图 12-2 “利润分配——未分配利润”账户

四、亏损的弥补

1. 亏损弥补的途径

企业进行生产经营后，将经营年度内的收入减去费用，得出的数额是正数，即为利润；得出的数额是负数（尤其是在企业刚开始经营的前几年），即为亏损。企业当年发生的亏损应与实现利润的情况相同，自“本年利润”账户转入“利润分配——未分配利润”账户，即借记“利润分配——未分配利润”账户，贷记“本年利润”账户。结转后，“利润分配”账户的借方余额，即为未弥补的亏损。

对发生的亏损，企业需自行弥补。企业弥补亏损主要有三种渠道：①用以后年度（5 年内）的税前利润弥补；②用以后年度（5 年后）的税后利润弥补；③用企业的盈余公积弥补。特殊情况下，经过有关主管机关批准，还可通过减少实收资本（或股本）的途径弥补。

2. 亏损弥补的账务处理

企业的亏损，无论是用以后年度的税前利润弥补，还是用税后利润弥补，均是将当年实现的利润自“本年利润”账户转入“利润分配——未分配利润”账户的贷方。结转后，“利润分配——未分配利润”账户的贷方发生额与借方余额（以前年度留下的、尚未弥补的亏损）自然抵补。因此，前两种亏损的弥补方式都不需要进行专门的账务处理，只是两者计算缴纳所得税时的处理不同。但企业以盈余公积弥补亏损，或通过减少实收资本（或股本）弥补亏损，则需进行专门的账务处理。

【例 12-9】 某公司以前年度累计未弥补亏损25万元，按照规定已超过了以税前利润弥补亏损的期间（5年外），公司董事会决议并经股东大会批准，以盈余公积全额弥补以前年度未弥补亏损。该公司进行账务处理时，应当编制以下会计分录：

借：盈余公积　　250 000
　　贷：利润分配——盈余公积补亏　　250 000
借：利润分配——盈余公积补亏　　250 000
　　贷：利润分配——未分配利润　　250 000

五、上市公司有关留存利润的特殊账务处理

1. 盈余公积分配股利

公司当年无利润，原则上不得分配股利。而为了维护公司股票的信誉，股东大会做出特别决议，也可用盈余公积分配股利。但须符合下列三个条件：①公司若有未弥补亏损的，应先以盈余公积弥补亏损，弥补后，此项公积金仍有结余的，方可用于分配股利；②用盈余公积金分配股利的股利率不得过高，一般不得超过股票面值的6%；③分配股利后，盈余公积不得低于注册资本的25%。按现行制度规定，公司虽有利润，但可供分配的利润不足以按股票面值6%的比例支付股利时，也可比照上述原则办理。

【例 12-10】 某上市公司的总股本为8 000万股，2016年度由于盈利不多，公司董事会决议并经股东大会特别批准，本年度的分配方案为以结余的盈余公积金每10股派1元。该公司进行账务处理时，应当编制以下会计分录：

借：盈余公积　　8 000 000
　　贷：应付股利　　8 000 000

2. 股票股利

在实际工作中，上市公司董事会决议提请股东大会批准的年度利润分配方案中，涉及分配股票股利的，在董事会确定利润分配方案时不做账务处理，但应当在其对外公布的财务报告中予以披露，直到实际发放股票股利时才做相应的账务处理。

【例 12-11】 某上市公司的总股本为6 000万股，董事会提出2016年度的分配预案为每10股送3股派2元。该公司相关账务处理如下：

（1）董事会提出分配预案时，只需对现金股利部分进行账务处理：

借：利润分配——应付利润　　12 000 000
　　贷：应付股利　　12 000 000

（2）股东大会批准后，实际发放股票股利时：

借：利润分配——应付利润　　18 000 000

贷：股本　　　　　　　　　　　　　　　　　　　　　18 000 000

（3）实际发放现金股利时：

借：应付股利　　　　　　　　　　　　　　12 000 000

贷：银行存款　　　　　　　　　　　　　　　　　　　12 000 000

六、留存利润在报表中的披露

在资产负债表上，企业的留存利润应在“所有者权益”项目下分别列示。“盈余公积”项目反映企业盈余公积的期末余额，应根据“盈余公积”账户的期末余额填列；“未分配利润”项目反映企业尚未分配的利润（或尚未弥补的亏损），应根据“本年利润”账户和“利润分配”账户的余额计算填列。

进一步学习指南

本章仅介绍所有者权益最常见业务的核算，还有很多新兴业务的会计处理没有涉及。例如，可转换债券和附有认股权证券的会计处理、向职工发行股票的会计处理、公司期权激励计划的会计处理、每股收益的会计问题等，这些会计问题在我国较少出现，需要进一步了解的，可以参见美国会计原则委员会意见第 14 号《可转换债券和附有认股权证券的会计处理》、第 15 号《每股收益》、第 25 号《向职工发行股票的会计处理》和美国财务会计准则委员会解释第 28 号《对股票增值权和其他企业奖励计划的会计处理》，以及我国《企业会计准则第 34 号——每股收益》等。

思　考　题

1. 所有者权益与负债的区别主要体现在哪些方面？
2. 所有者权益主要由哪几部分构成？
3. 企业增减实收资本（或股本）的途径有哪些？
4. 资本公积有哪些来源？它与实收资本有什么区别？
5. 利润分配的一般顺序是怎样的？
6. 盈余公积包括哪几部分？其主要用途是什么？
7. 企业利润的分配形式主要有哪些？常见的形式是哪两个？
8. 弥补亏损的途径主要有哪些？它们是否要做专门的账务处理？
9. 所有者权益（股东权益）在资产负债表上应如何列示？

练　习　题

习题一

1. 目的：练习投入资本的会计处理。

2. 资料：海星有限责任公司的注册资本为 800 万元，经过 5 年经营，该公司账上已有盈余公积 500 万元（其中，法定盈余公积为 300 万元，任意盈余公积为 200 万元），未分配利润为 300 万元。现发生以下经济业务：

（1）收到某企业以原材料、厂房以及土地使用权作价投资。其中：厂房原值为200万元，已计提折旧60万元，合同确认的价值为150万元；土地使用权的评估价为600万元（暂不考虑增值税）；原材料合同确认价为50万元（增值税税率为17%）。双方所签合同还规定：该企业所占股份仅为公司股份的1/2。

（2）持有可供出售金融资产账面价值为100万元，现公允价值为110万元。

（3）公司筹备改组成股份有限公司，按照规定进行公司资产的重新评估。会计师事务所的评估报告确认：公司的设备价值下跌20万元；存货（库存商品）价值下跌30万元；土地使用权增值100万元（不考虑未来应交所得税）。

3. 要求：根据上述经济业务，编制海星有限责任公司的有关会计分录。

习题二

1. 目的：练习留存收益的会计处理。

2. 资料：（承接习题一）

（1）海星有限责任公司本年度实现净利润200万元，公司董事会提议并经股东会批准，本年度的分配方案为：按净利润10%的比例计提法定盈余公积；按净利润30%的比例计提任意盈余公积；按净利润20%的比例分配给股东。

（2）向公司股东派发本年度红利，款项已从银行转出。

（3）公司股东会决议将任意盈余公积中的200万元用于转增资本。

3. 要求：根据上述经济业务，编制海星有限责任公司的有关会计分录。

习题三

1. 目的：练习弥补亏损的会计处理。

2. 资料：

（1）华兴企业2010～2016年的盈亏情况如表12-1所示。

表12-1　华兴企业2010～2016年的盈亏情况　　单位：万元

年　度	2010年	2011年	2012年	2013年	2014年	2015年	2016年
利润（或亏损）	－80	－20	10	10	20	30	50

（2）该企业管理层做出决定：以法定盈余公积金弥补以前年度（5年外）留下的亏损。

3. 要求：

（1）根据资料（1），结转各年的本年利润（或亏损），计算弥补亏损后应缴纳的所得税（税率为25%），并编制有关会计分录。

（2）根据资料（2），编制有关会计分录。

第十三章

收入、费用和利润

第一节 收入、费用和利润概述

一、收入的定义和确认

（一）收入的定义和分类

1. 收入的定义

收入是指企业在日常经营活动中形成的、会导致所有者权益增加的、与所有者投入资本无关的经济利益总流入，包括销售商品收入、劳务收入、利息收入、使用费收入、租金收入、股利收入等，但不包括为第三方或客户代收的款项。对收入的定义可以从以下几方面来理解：

（1）收入从企业日常的经营活动中产生，而不是从偶尔的交易或事项中产生。例如，工业企业的收入是从其销售商品、提供劳务等日常活动中产生的，而偶然发生的固定资产处置收入或者转让无形资产收入不属于工业企业收入的范畴。由此可见，我国会计准则中的收入是一种狭义上的收入，专指营业收入。由于不同行业的日常活动不同，其收入的内容也不同。例如，商业银行收入的主要内容是利息收入和手续费收入，建筑企业的收入主要是劳务收入。

（2）收入可能表现为企业资产的增加，如增加银行存款、应收账款等，也可能表现为企业负债的减少，如以商品或劳务抵偿债务，或者两者兼而有之，如商品销售的货款中部分抵偿债务，部分收取现金。

（3）收入能导致所有者权益增加。收入能增加资产或减少负债或两者兼而有之。因此，根据会计恒等式“资产 = 负债 + 所有者权益”，企业取得收入一定能增加所有者权益。有人也许会问，如果企业购入的商品价格为 100 元，出售价格为 80 元，这样的销售也能增加所有者权益吗？其实，会计中收入的概念是指总收入，而不是净收入。该例中每销售一件商品，收入会增加 80 元，尽管净收入是 -20 元。

（4）收入不包括为第三方或客户代收的款项。例如，销售商品时收取的增值税属于代税务机关收取的款项，不属于企业的收入范围。

在理解收入定义时还要联系其他会计要素，首先应与负债相区别，其次还要与投入资本相区别。并非所有的货币收入都是营业收入。例如，股东追加的投资只是资本增加，而不是营业收入。再如，从银行取得的借款，只是负债，也不是营业收入。只有企业向其他单位提供商品或劳务时，才能获得营业收入。

2. 收入的分类

收入有广义和狭义之分。广义的收入是指企业的一切所得，包括经营所得和非经营所得。狭义的收入仅指企业的营业收入，即企业的日常经营活动取得的收入。企业的日常经营活动是指企业为完成其经营目标而从事的所有活动以及与之相关的其他活动，如制造业企业销售产品，商品流通企业销售商品、出租固定资产，商业银行提供贷款服务，广告公司提供广告策划等。营业收入具有经常性、稳定性的特点。企业日常经营活动以外的活动所形成的收益，通常称为利得。利得具有偶发性的特点。会计上的营业外收入（利得）列入利润的组成部分。我国会计准则规定的收入是一个狭义的收入概念，即专指营业收入。

按不同业务所得的收入占企业总收入比重的大小，可将收入分为主营业务收入和其他业务收入两类。主营业务收入是指企业按照营业执照上规定的主营业务内容所取得的营业收入。不同行业的主营业务收入包括的内容是不同的。制造业企业的主营业务收入主要包括销售产成品、半成品和提供工业性劳务作业取得的收入；商品流通企业的主营业务收入是销售商品所取得的收入；旅游服务企业的主营业务收入主要包括门票收入、客房收入、餐饮收入等。其他业务收入是指企业除主营业务收入以外的其他销售或其他业务的收入，如材料销售、代购代销、包装物出租等收入。主营业务收入在企业收入中占有很大的比重，对企业经济效益的高低有着重要影响。与主营业务收入相比较，其他业务收入占企业收入总额的比重较小，具有收入数额不稳定、服务对象不固定的特点。主营业务收入和其他业务收入的划分并不是绝对的。某一企业的主营业务收入可能是另一企业的其他业务收入；而另一企业的其他业务收入可能是某一企业的主营业务收入。这两类收入的划分是以其占企业总收入的比重大小及其发生的稳定性为标准进行判断的。

3. 收入、收益和利得的关系

收益是指会计期间经济利益的增加，其表现形式为因资产的流入或增加、负债的减少而导致的所有者权益的增加，但不包括由于投资者出资而引起的所有者权益的增加。

利得是指收入以外的其他收益，通常从偶发的经济业务中取得，属于那种不经过经营活动就能取得或不曾期望获得的收益，如固定资产处置收入等。利得也会导致所有者权益增加，但它是一种偶发的收益，不能被称为收入。

收益包括收入和利得，收入是在日常活动中形成的，而利得是在偶发经济业务中取得的。

（二）收入的确认

1. 收入确认的一般原则

收入的确认应贯彻实现原则和配比原则。所谓实现原则，是指收入只有在经济利益很可能流入从而导致企业资产增加或者负债减少，且经济利益的流入额能够可靠计量时才能予以确认。这一原则规范了记录收入的时间和数额。记录收入的时间是指企业应在其生产经营循环的某一时点来反映收入，从而确定收入应归属的会计期间。一般而言，收入确认的时间有商品交货时、劳务履行时、收到现金时、完成生产时以及生产过程中某一时点等，即收入的确认按时间分有销售法、生产法和收现法三种。记录收入的数额是指收入在量上的确定，即对某次交易额在某一时点上究竟有多少应作为收入予以反映。所谓配比原则，是指以实现的收入与所发生的费用的直接联系为基础，将所有与收入产生有关的成本在同一会计期间转为

费用。按照配比原则，对以实现收入为目的、对象化在产品上的费用，在产品销售并实现收入以后，都应转为当期费用，这部分费用是以商品销售成本的形式表示的。

2. 不同交易业务收入的确认

（1）商品销售收入的确认原则。按照收入确认原则的要求，企业通过商品销售活动获得的收入同时满足以下五个条件时，才能予以确认：

1）企业已将商品所有权上的主要风险和报酬转移给买方。这里的主要风险是指商品由于贬值、损坏、报废等造成的损失；报酬是指商品中包含的未来经济利益，包括商品升值等给企业带来的经济利益。

2）企业既没有保留通常与所有权相联系的继续管理权，也没有对已售出的商品实施控制。如果企业的商品售出以后，仍然具有与所有权相联系的商品继续管理权或者需要对所售商品实施控制，则不能确认相应的收入。例如，售后回购业务，如果按照协议规定卖方在销售商品以后的一定时间内必须回购，此时不能改变卖方仍对售出的商品实施控制的现实，因此，这种售后回购本质上并不是一种销售行为，只是一项融资协议而已，所以，整个交易就不能确认收入。

3）相关的经济利益很可能流入企业。企业在销售商品以后，只有在确定销售商品的价款能够收回的情况下才确认收入。有时，企业虽然按照协议或合同规定售出商品，但是由于一些意外情况的出现而影响了收入的确认。例如，企业销售商品时知悉买方在另一项交易中发生了巨额亏损，资金周转相当困难；企业在出口商品时，不能确定进口企业所在国是否允许将款项汇出等。这些情况出现时，应推迟收入的确认，只有确定了能够收回商品价款时才对收入进行确认。

4）收入的金额能够可靠地计量。销售业务成立时，应在账面上记录收入的金额。但这项工作需要一个前提条件，即收入的金额必须能够可靠计量，否则收入就不予以确认。例如，对于售价已定的销售业务，如果售价由于某种因素的影响而出现变动，则在新的售价确定之前是不能确认收入的。

5）相关的已发生或将要发生的成本能够可靠地计量。例如，如果企业采用按订单生产销售的方式，在这种销售情况下，企业接到订单时，如果没有库存现货，需要制造或仍在第三方，那么与收入相配比的成本（费用）是无法在量上进行确定的，因此即使企业已收到买方全部或部分货款也不能确认收入。此时，企业收到买方的货款应作为预收货款处理，形成企业的负债。

实务上，在确认商品销售收入时，除了应满足上述五个条件外，还应考虑企业在销售商品时所采用的不同结算方式。具体情况如下：

1）委托银行收款和托收承付结算方式下的销售，在办妥托收手续时确认收入。企业销售产品时，经常采用委托银行收款和托收承付的结算方式。销售产品后，企业应及时将发票、账单、运输机构提货单等单据提交银行，办理委托收款手续，手续办妥以后，就应确认收入。

2）交款提货方式下的销售，只要发票、提货单均交给购货方，不管商品是否发出，都应作为收入实现，因为此时物权已经转移，购货方可随时提货。

3）销售商品时采用支付手续费方式委托代销的，在收到代销单位的代销清单时确认收入。

4）采用预收款销售方式销售的，企业在销售产品时，预收购货单位的货款不能确认收入，只有在企业发出商品以后，才可以将构成发出商品的价款部分转为当期收入。货款差额属于结算问题。

5）销售商品需要安装和检验的，在购买方接受商品以及安装和检验完毕前，不确认收入，待安装和检验完毕时确认收入。如果安装程序比较简单，则可在发出商品时确认收入。

（2）提供劳务收入的确认原则。企业能够提供的劳务种类有很多，如运输、广告、咨询、代理、培训、产品安装等。这些劳务由于完成时间长短不同以及最终的交易结果能否进行可靠计量等因素，使得其收入的确认体现出不同的特点。一般有以下两种情况：

1）某项劳务从开始到结束的期间均在同一会计年度时，即不跨年度劳务，应按完成合同法确认收入。完成合同法是指在同一会计年度内开始并完成的交易，在交易合同完成时，根据合同或协议总金额确认收入的一种方法。劳务或建造工程合同收入的确认可以采用这种方法。

2）某项劳务从开始到结束的期间跨越一个会计年度时，即跨年度劳务，如果在资产负债表日企业能对劳务交易的结果做出可靠估计，则应按完工百分比法确认收入；如果在资产负债表日企业对劳务交易的结果不能可靠估计，则不能采用完工百分比法确认收入。具体确认金额分别下列情况处理：①如果已经发生的劳务成本预计能够得到补偿，则按照已经发生的劳务成本金额确认提供劳务收入，并按相同金额结转成本，即不确认利润；②如果已经发生的劳务成本预计不能够得到补偿，则应当将已经发生的劳务成本计入当期损益，不确认劳务收入。

（3）让渡资产使用权收入的确认原则。企业让渡资产使用权包括他人使用本企业货币资金而产生的利息收入，以及按照有关合同或协议收取的资产使用费收入。让渡资产使用权收入必须同时满足以下两个条件，才能予以确认：①相关的经济利益很可能流入企业；②收入的金额能够可靠地计量。

二、费用的定义和确认

（一）费用的定义和特征

费用是指企业在日常活动中发生的、会导致所有者权益减少的、与向所有者分配利润无关的经济利益的总流出。

费用有广义和狭义之分。广义的费用是指企业在生产经营过程中发生的各项耗费，包括劳动对象、劳动手段和活劳动三个方面，既包括企业为生产产品、提供劳务等经营活动中发生的耗费，也包括各种损失。它一般表现为企业资产的减少或负债的增加。狭义的费用是指与企业当期营业收入相配比的那部分费用，包括两部分：①直接为取得营业收入所发生的费用，如产品的销售成本；②有助于当期营业收入的取得或者为数不大、不值得在各期分摊的费用，即期间费用。各项耗费的发生，一方面能使企业充分有效地管理和组织企业的生产经营活动；另一方面又能根据客户的需要生产出市场接受的产品，并通过销售活动实现收入，从而建立起企业生存和发展的物质基础。根据企业会计准则的规定，费用包括以下三部分：①为生产产品、提供劳务等发生的可归属于产品成本、劳务成本的费用；②企业发生的不产生经济利益的支出，或者能够产生经济利益，但不能确认为资产的交易或事项；③导致企业承担了一项负债而又不能确认为一项资产的交

易或事项。费用具有如下特征：

(1) 企业发生费用，表明企业资产的减少或负债的增加，即费用的发生将最终减少企业的资源。费用对于企业而言总伴随着以资产形式表示的资源的流出。即使因费用而增加的负债最终也需要以企业所拥有或控制的资源来偿还，但企业支付或耗费的资产，并不完全表明发生了费用。例如，企业为购置和建造固定资产、无形资产以及对外投资的支出，实质上是企业的一种资产向另一种资产的转化，因此，并不构成费用。

(2) 费用会减少企业的所有者权益。一般而言，企业的所有者权益会随着收入的增长而增加；相反，费用的增加会减少所有者权益。但是所有者权益减少也不一定都列入费用，如企业偿债性支出和向投资者分配利润，显然减少了所有者权益，但不能归入费用。

(3) 费用应按会计期间进行归集。不同会计期间的费用不能相互混淆，否则会影响到各期损益计算的准确性。应归属于本期的费用，即使本期没有发生，也应作为本期费用进行核算。不应归属于本期的费用，即使在本期支出，也不应作为本期费用进行核算。企业在一定期间发生的费用中，为生产一定种类和一定数量的产品所发生的部分，构成产品的生产成本。因此，成本是对象化在产品上的费用，而费用则是成本计算的基础。

(二) 费用的分类

给费用分类是为了正确计算企业的产品成本，客观地反映企业的各期损益，同时为控制企业费用的发生、降低企业费用的支出、进行费用分析提供一个有效的手段和可行的途径。一般可以从以下几个方面对费用进行分类：

1. 按费用的经济内容分类

这种分类的目的是反映企业在一定时期发生了哪些费用，数额是多少，从而为分析企业各个时期各种费用占全部费用的比重、考核费用计划的执行情况提供参考资料。按照这种标准可以将企业的费用划分为若干个费用要素，具体包括以下几个方面：

(1) 外购材料。外购材料是指企业为进行生产而耗用的一切由企业外部购入的原料及主要材料、半成品、辅助材料、包装物、修理用备件、低值易耗品等。

(2) 外购燃料。外购燃料是指企业为进行生产而耗用的由企业外部购进的各种燃料，包括固体燃料、液体燃料、气体燃料。外购燃料与外购材料从性质上看是相同的，可归为一类，但在许多企业，由于燃料是重要的能源，在成本中所占的比重较大，故将其单独列为一类进行核算。

(3) 外购动力。外购动力是指企业为进行生产而耗用的由企业外部购进的各种动力，如电力、蒸汽等。

(4) 职工薪酬。职工薪酬是指企业为获得职工提供的服务而给予的各种形式的报酬以及其他相关支出。

(5) 折旧费。折旧费是指企业按照一定的方法计算的固定资产的折旧费。

(6) 税金。税金是指企业应计入生产费用中的各种税金，如房产税、车船税、城镇土地使用税、印花税等。

(7) 利息支出。利息支出是指企业计入会计期间的因负债产生的利息净支出（即利息支出减利息收入后的余额）。

(8) 其他费用。其他费用是指不属于以上各项要素的费用，如邮电费、差旅费、租赁费、外部加工费等。

2. 按费用的经济用途分类

费用按经济用途分类，首先要将企业发生的费用划分为应计入产品成本、劳务成本的费用和不应计入产品成本、劳务成本的费用。对于应计入产品成本、劳务成本的费用可以继续划分为直接费用和间接费用；对于不应计入产品成本、劳务成本的期间费用可以继续划分为管理费用、财务费用和销售费用。具体如图 13-1 所示。

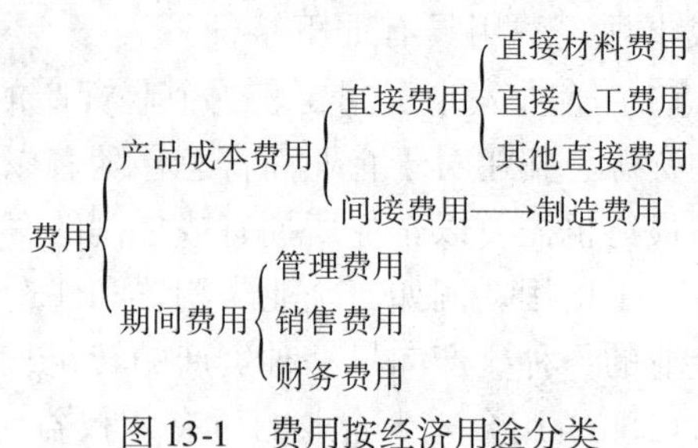

图 13-1　费用按经济用途分类

3. 按费用与产品产量的关系分类

按照费用与产品产量的关系划分，可分为变动费用和固定费用。变动费用是指随产品产量变动而发生相对变动的费用，如原材料费用。这里所说的“变动”，是就费用总额而言的，即变动费用总额随产量的增减而成正比例地增减变动。但就单位产品应负担的费用来说，则不随产品产量的增减发生变动。固定费用是指与产品产量变动没有直接联系而相对固定的费用，如车间管理人员的工资、固定资产折旧等。这里所说的“固定”也是指费用总额，不是指单位产品应负担的费用额固定不变。相反，如果产量增加，则单位产品应负担的费用额将随之减少。对费用做这种分类，对于分析成本的升降原因和寻求降低成本的途径有很大的作用。由于变动费用一般受消耗定额的影响，因而降低单位产品成本中的变动费用，主要应从降低单位产品的消耗定额着手，单位产品成本中的固定费用往往同时受产量与费用发生额增减的影响，所以，要降低产品成本中的固定费用，除了要增加产量外，还要降低固定费用的发生额。

（三）费用的确认

1. 费用确认的一般原则

费用确认的目的是正确合理地计算企业的损益。由于费用的发生一方面与一定的会计期间相联系，另一方面又以实现收入为目的，所以就费用而言，应计制或权责发生制是确认本期费用的基本会计原则。按照这一原则的要求，凡是属于本期的费用，不论款项是否在本期支付，都应作为本期费用处理；凡是不属于本期的费用，即使款项已经在本期支付，也不能列为本期的费用。此外，费用的确认还应遵循配比原则。配比原则是以所发生的费用与所取得的收入之间的直接联系为基础的，要求所有与收入产生有关的成本均应在同一会计期间转为费用。按照这一原则，企业对于以实现收入为目的对象化在产品上并形成产品生产成本的费用在产品销售并实现收入以后，都应转为当期费用。在实务上，这部分费用是以产品销售成本形式表示的。它是在期末时，根据产品的生产成本按照一定的方法进行计算并结转的。

2. 费用确认的标准

费用只有在经济利益很可能流出，从而导致企业资产减少或者负债增加，且经济利益的流出额能够可靠计量时才能予以确认。以下介绍费用确认时一般采用的三种标准：

（1）企业为生产产品、提供劳务等发生的可归属于产品成本、劳务成本的费用，应当在确认产品销售收入、劳务收入时，将已销售的产品、已提供劳务的成本计入当期损益。企业出售的商品直接与所产生的收入相联系，因此该项销售产品的成本就可以随同本期的销售收入而作为该期费用计入当期损益。

（2）企业发生的支出不产生经济利益的，或者即使能够产生经济利益但不符合或者不

再符合资产确认条件的，应当在发生时确认为费用，计入当期损益。例如，企业支出的广告费，不能确认为一项资产，在支出时确认为一项费用；再如，企业支付的工会经费等不产生经济利益，在发生时确认为费用。

（3）企业发生的交易或事项导致其承担一项负债而又不确认为一项资产的，应当在发生时确认为费用，计入当期损益。例如，企业因司法纠纷而发生的未决诉讼，因此而确认的一项预计负债，同时确认一项费用。

三、利润的定义和构成

1. 利润的定义

利润是指企业在一定会计期间的经营成果。利润可以及时反映企业在一定会计期间的经营业绩和获利能力，反映企业的投入产出效率和经济效益，有助于企业投资者和债权人据此进行盈利预测，评价企业的经营绩效，做出正确的决策。

2. 利润的构成

利润包括收入减费用后的净额、直接计入当期利润的利得和损失等。直接计入当期利润的利得和损失是指应当计入当期损益、会导致所有者权益发生增减变动的、与所有者投入资本或者向投资者分配利润无关的利得或者损失。

四、收入、费用和利润的列示

收入、费用和利润是利润表的项目，应在利润表中按规定格式列示。利润表的格式如表 13-1 所示。

表 13-1　利润表

编制单位：　　　　　　　　　　年　　月　　　　　　　　　　单位：元

项　　目	本期金额	上期金额
一、营业收入		
减：营业成本		
税金及附加		
销售费用		
管理费用		
财务费用		
资产减值损失		
加：公允价值变动收益（损失以“－”号填列）		
投资收益（损失以“－”号填列）		
二、营业利润（损失以“－”号填列）		
加：营业外收入		
减：营业外支出		
其中：非流动资产处置损失		
三、利润总额（损失以“－”号填列）		
减：所得税费用		
四、净利润（净亏损以“－”号填列）		
五、其他综合收益的税后净额		

（续）

项　目	本期金额	上期金额
六、综合收益总额		
七、每股收益：		
（一）基本每股收益		
（二）稀释每股收益		

除了主表内容外，还要在附表披露营业收入的构成、公允价值变动收益的来源、投资收益的来源、资产减值损失、营业外收支内容和金额等。为此，企业要根据编制财务报表的需要，设置相应的会计科目和会计账户，以便对日常发生的收入、费用和利润项目进行核算。

第二节　营业收入的核算

一、商品销售收入的核算

商品销售业务包括销售产成品、自制半成品等业务。这些业务构成了企业的主营业务。因此，通过商品销售业务所取得的收入就成为企业的主营业务收入。企业的商品销售业务是其生产经营活动的重要环节，也是最后一个环节。这个过程的完成一方面表明企业的生产成果得到了社会的承认，满足了用户的需要；另一方面企业从中取得了收入，实现了商品的价值。企业获得的收入如果弥补了其成本和费用，不仅可以使其生产经营规模得以维持和扩大，而且还可以向它的投资者提供一定的投资收益。为了反映企业通过商品销售业务取得的主营业务收入，需要设置“主营业务收入”科目。该科目应该按照实际价款进行登记，并按主营业务的种类设置明细账，以详细反映各类主营业务所实现的收入。下面结合不同的销售结算方式说明商品销售收入的核算。

1. 用托收承付结算方式销售商品

托收承付结算方式销售商品应填写一式五联的托收承付结算凭证。在商品发出后，应按照规定及时到银行办理托收手续，并根据结算凭证的回单联记录实现的销售收入。企业代购买单位垫付的运杂费，应在“应收账款”科目内进行核算，代垫时，借记“应收账款”科目，贷记“库存现金”“银行存款”科目。

【例13-1】 丰益公司2016年8月1日采用托收承付结算方式销售一批商品，数量为100件，单位售价为500元，增值税税率为17%，同时代购货单位支付运杂费2 000元（暂不考虑增值税）。该商品的单位生产成本为350元。公司已到银行办妥托收手续，托收金额合计60 500元。做出会计处理如下：

（1）根据代垫运杂费账单：

借：应收账款　　　　2 000

　　贷：银行存款　　　　2 000

（2）根据托收承付凭证回单联：

借：应收账款　　　　58 500

贷：主营业务收入　　50 000

应交税费——应交增值税（销项税额）　　8 500

（3）结转已售商品的实际成本时，根据商品出库单：

借：主营业务成本　　35 000

贷：库存商品　　35 000

2. 用支票等结算方式销售商品

企业收到购货单位按规定交来的货款结算支票时，不论商品是否发出，销售都已经成立，此时应确认收入。所以，应借记“银行存款”科目，贷记“主营业务收入”“应交税费”科目。

【例 13-2】 丰益公司 2016 年 8 月 29 日销售一批电器 10 台，单位售价为 700 元，单位成本为 500 元，增值税税率为 17%。购货单位交来支票一张，结算款项为 8 190 元，同时提货。根据发票及有关单证，做会计处理如下：

借：银行存款　　8 190

贷：主营业务收入　　7 000

应交税费——应交增值税（销项税额）　　1 190

借：主营业务成本　　5 000

贷：库存商品　　5 000

企业对于已经销售商品的成本结转，可以在月终将商品出库单汇总后一起结转，不必逐笔结转。

3. 以分期收款结算方式销售商品

分期收款结算方式是指企业销售商品应收取的款项分次向用户收取，每次收取的金额可以是等额的也可以是非等额的，这种方式主要适用于单位商品金额比较大的商品的销售。采用分期收款结算方式销售商品时，由于合同或协议价款的收取采用递延方式，实质上具有融资性质，应当按照应收的合同或协议价款的公允价值确定销售商品的收入金额。应收的合同或协议价款与其公允价值之间的差额应当在合同或协议期间进行摊销，计入当期损益。企业会计准则规定，摊销方法应采用实际利率法。下面举例说明分期收款销售核算的账务处理。

【例 13-3】 甲公司售出大型设备一套，协议约定采用分期收款结算方式，从销售当年年末分 5 年分期收款，每年 2 000 万元，合计 10 000 万元。增值税在销售时一次收取，金额为 1 700 万元。假定购货方在销售成立日支付货款，只需付 8 000 万元。该设备成本为 6 000 万元。

分析：应收金额的公允价值可以认定为 8 000 万元，据此可计算得出将名义金额折现为当前售价的利率为 7.93%。计算过程如下：$8\ 000 = 2\ 000 \times \left[\frac{1-(1+i)^{-5}}{i}\right]$，推出 $i=7.93\%$。有关会计处理如下：

(1) 计算每年利息收入，如表13-2所示。

表13-2 每年利息计算表 单位：万元

项目	未收本金 $A=A-C$	利息收入 $B=A\times7.93\%$	本金收现 $C=D-B$	总收现 D
销售日	8 000	0	0	0
第1年年末	8 000	634	1 366	2 000
第2年年末	6 634	526	1 474	2 000
第3年年末	5 160	410	1 590	2 000
第4年年末	3 570	283	1 717	2 000
第5年年末	1 853	147	1 853	2 000
总额		2 000	8 000	10 000

(2) 各年会计处理如下（以“万元”为单位）：

销售成立时：

借：长期应收款 10 000
　　贷：主营业务收入 8 000
　　　　未实现融资收益 2 000

借：银行存款 1 700
　　贷：应交税费——应交增值税（销项税额） 1 700

借：主营业务成本 6 000
　　贷：库存商品 6 000

第1年年末：

借：银行存款 2 000
　　贷：长期应收款 2 000

借：未实现融资收益 634
　　贷：财务费用 634

第2年年末：

借：银行存款 2 000
　　贷：长期应收款 2 000

借：未实现融资收益 526
　　贷：财务费用 526

第3年年末：

借：银行存款 2 000
　　贷：长期应收款 2 000

借：未实现融资收益 410
　　贷：财务费用 410

第4年年末：

借：银行存款 2 000
　　贷：长期应收款 2 000

借：未实现融资收益　　283
　贷：财务费用　　283

第 5 年年末：

借：银行存款　　2 000
　贷：长期应收款　　2 000

借：未实现融资收益　　147
　贷：财务费用　　147

4. 税金及附加

税金是指企业在商品销售过程中应缴纳的各种税费。这里主要指各种包含在商品或劳务价格中的价内税，如消费税、资源税和城市维护建设税及房产税、城镇土地使用税、车船税、印花税等。附加是指各种附加行政收费，如教育费附加等。

为了反映企业向国家缴纳的各种销售税金及附加情况，企业应设置“税金及附加”科目。企业按照规定计算应由主营业务负担的税金及附加时，借记“税金及附加”科目，贷记“应交税费”科目。期末时，企业应将“税金及附加”科目余额转入“本年利润”科目，结转后本科目没有余额。

【例 13-4】 2016 年 7 月 5 日，大众公司销售汽车 100 辆，每辆售价为 100 000 元，汽车消费税税率为 8%，则应交消费税为 800 000 元。做出会计处理如下：

借：税金及附加　　800 000
　贷：应交税费——应交消费税　　800 000

【例 13-5】 大众公司计算本月应交的城市维护建设税为 500 000 元，教育费附加为 350 000 元。会计处理如下：

借：税金及附加　　850 000
　贷：应交税费——应交城市维护建设税　　500 000
　　　　　　——应交教育费附加　　350 000

二、劳务收入的核算

劳务收入是指企业通过利用职工的某种特殊技能，提供各种劳动服务而取得的收入。企业提供的各种劳务，如在其营业执照上规范为主营业务，这种收入则为主营业务收入，如运输公司的运输业务收入、广告公司的广告收入等。从事产品生产的企业提供的劳务，一般而言，并不构成其主营业务，故实现的劳务收入不是企业的主营业务收入，而是它的其他业务收入。

为了记录企业实现的劳务收入，需要设置“主营业务收入”（或“其他业务收入”）和“劳务成本”科目。其中“劳务成本”科目用来核算企业对外提供劳务所发生的成本。企业记录提供各项劳务发生的成本时，应借记“劳务成本”科目，贷记“银行存款”“应付职工薪酬”“原材料”等科目；结转已完成劳务的成本时，应借记“主营业务成本”（或“其他业务成本”）科目，贷记“劳务成本”科目。“劳务成本”科目应按接受劳务的种类设置明细账，进行明细核算。下面举例说明劳务收入核算的账务处理。

【例13-6】 2015年11月1日，企业接受一项为客户提供安装业务的劳务。劳务期限为5个月，该项劳务预计2016年3月末完工。按合同规定，该项劳务总收入为400 000元（暂不考虑增值税）。至2015年年末，已发生劳务成本120 000元，其中，耗用原材料35 000元，用银行存款支付费用39 400元，劳务人员的工资40 000元，提取福利费5 600元。该项劳务预计2016年度仍会发生劳务成本180 000元。企业接受劳务时已预收劳务款150 000元。2015年度有关业务的账务处理如下：

（1）预收劳务款时：

	借方	贷方
借：银行存款	150 000	
贷：预收账款		150 000

（2）发生劳务成本时：

	借方	贷方
借：劳务成本	120 000	
贷：原材料		35 000
应付职工薪酬		45 600
银行存款		39 400

（3）2015年12月31日，确认劳务收入：

$$应确认劳务收入=\frac{120\ 000}{120\ 000+180\ 000}\times 400\ 000=160\ 000（元）$$

	借方	贷方
借：预收账款	160 000	
贷：主营业务收入		160 000

结转劳务成本时：

	借方	贷方
借：主营业务成本	120 000	
贷：劳务成本		120 000

2016年3月31日，企业按合同规定如期完成安装劳务，并验收合格。实际发生劳务成本175 600元，其中，耗用原材料62 520元，用银行存款支付费用13 330元，劳务人员的工资87 500元，提取福利费12 250元。2016年4月5日企业收到劳务结算款250 000元。有关业务的账务处理如下：

（1）发生劳务成本时：

	借方	贷方
借：劳务成本	175 600	
贷：原材料		62 520
应付职工薪酬		99 750
银行存款		13 330

（2）2016年3月31日，确认当年劳务收入为240 000元时：

	借方	贷方
借：预收账款	240 000	
贷：主营业务收入		240 000

（3）结转劳务成本时：

	借方	贷方
借：主营业务成本	175 600	

贷：劳务成本　　175 600

（4）2016 年 4 月 5 日企业收到劳务结算款 250 000 元时：

借：银行存款　　250 000

贷：预收账款　　250 000

三、让渡资产使用权收入的核算

让渡资产使用权收入是指企业因他人使用本企业的资产取得的收入，包括他人使用本企业的现金而收取的利息收入以及他人使用本企业的无形资产（如商标权、专利权、专营权、软件、版权）等而形成的使用费收入。企业的各种让渡资产使用权业务，如在其营业执照上规范为主营业务，这种收入则为企业的主营业务收入，如专门从事技术开发和转让的高科技开发企业的技术转让收入、专门从事软件开发和销售的软件收入等。有些让渡资产使用权业务，如委托贷款、转让商标使用权业务，如果只是偶尔发生，则不构成企业的主营业务，其实现的收入也不能作为企业的主营业务收入。让渡资产使用权收入确认时应满足两个条件：①与交易相关的经济利益能够流入企业；②收入的金额能够可靠地计量。

企业在将其资产让渡给他人使用时，一般都要与对方订立合同或签订协议，详细规定收费的时间和方法，故让渡资产使用权收入的确认需要根据双方的合同或协议进行。在确认让渡资产使用权收入时还应考虑收入收回的可能性。如果可能性不大，就不应确认收入。这一点应该根据对方的信誉情况、当年的效益情况以及双方就结算方式、付款期限等达成的协议等因素进行判断。下面举例说明让渡资产使用权收入核算的账务处理。

【例 13-7】 泉州环保科技开发公司于 2016 年 5 月 6 日转让一项专利权的使用权。转让合同规定，转让期为 6 年，每年收取使用费 30 000 元（暂不考虑增值税）。

企业按规定收取使用费收入时：

借：银行存款　　30 000

贷：主营业务收入　　30 000

如果在转让技术使用权时发生诸如材料费、培训费等，则记入“主营业务成本”账户。

四、其他业务收入的核算

其他业务收入是指企业除主营业务收入以外的其他销售或其他业务收入，如材料销售、代购代销、包装物出租等收入。其他业务收入在整个企业收入中所占的比例相对较小，具有服务对象不固定、业务量不稳定的特点，但它是企业主营业务收入的重要补充。企业发生其他销售或是其他业务所实现的收入以及相关的支出通过“其他业务收入”及“其他业务成本”科目进行核算。

企业取得其他业务收入时，应借记“银行存款”“应收账款”科目，贷记“其他业务收入”“应交税费——应交增值税（销项税额）”科目；对于发生的其他业务支出，应借记“其他业务成本”科目，贷记“原材料”“周转材料——包装物”等科目。期末时，“其他业务收入”“其他业务成本”科目的余额应转入“本年利润”科目，结转后两个科目应无余额。下面举例说明其他业务收入核算的账务处理。

【例 13-8】 某企业销售多余材料一批，成本为 30 000 元，售价为 32 000 元，应交增值税为5 440 元，货款收到并存入银行。

(1) 收到款项存入银行时：

借：银行存款	37 440	
贷：其他业务收入		32 000
应交税费——应交增值税（销项税额）		5 440

(2) 月末，结转销售材料成本时：

借：其他业务成本	30 000	
贷：原材料		30 000

(3) 月末结转“其他业务收入”和“其他业务成本”科目余额时：

借：其他业务收入	32 000	
贷：本年利润		32 000
借：本年利润	30 000	
贷：其他业务成本		30 000

第三节 费用的核算

一、直接费用的核算

为了反映企业发生的直接费用，需要设置一定的会计科目。在制造业企业中，是通过设置“生产成本”科目来记录各种直接费用的发生情况的。生产成本是制造业企业进行工业性生产，包括生产各种产品（包括产成品、自制半成品、提供劳务等）、自制材料、自制工具、自制设备等所发生的各项生产费用。为了分别反映企业基本生产车间和辅助生产车间发生的生产费用，需要在“生产成本”科目下设置“基本生产成本”和“辅助生产成本”两个明细科目。企业发生的直接材料、直接人工和其他直接费用，直接计入基本生产成本和辅助生产成本中，属于企业辅助生产车间为生产产品而发生的直接费用，应在本科目“辅助生产成本”明细科目记录后，再转入本科目“基本生产成本”明细科目。企业发生的各项间接费用，先在“制造费用”科目归集，月份终了，需要按一定的分配标准，分配记入到本科目中。

企业发生的各项直接费用，借记本科目（基本生产成本、辅助生产成本），贷记“原材料”“库存现金”“银行存款”“应付职工薪酬”等科目；对于应由各生产车间负担的制造费用，借记本科目（基本生产成本、辅助生产成本），贷记“制造费用”科目；企业辅助生产车间为基本生产车间、企业管理部门和其他部门提供的劳务与产品，月份终了，对于按一定分配方法分配给各受益对象的费用，借记本科目（基本生产成本）、“管理费用”“销售费用”“其他业务成本”“在建工程”等科目，贷记本科目（辅助生产成本）。月份终了，对

于完工验收入库的产成品，应按其实际成本，借记“库存商品”科目，贷记本科目。本科目月末余额，表示尚未加工完成的各种产品的成本。

【例 13-9】 华欣公司本月生产部门耗用材料总额的实际成本为 129 107 元，其中基本生产车间为生产产品耗用 83 032 元，辅助生产车间耗用 46 075 元。会计处理如下：

借：生产成本——基本生产成本　　83 032
　　　　　　——辅助生产成本　　46 075
　贷：原材料　　129 107

【例 13-10】 华欣公司本月基本生产车间生产产品的生产工人工资 32 800 元，辅助生产车间本月生产工人工资 13 700 元。按工资总额的 14% 提取职工福利费。会计处理如下：

（1）分配工资费用时：

借：生产成本——基本生产成本　　32 800
　　　　　　——辅助生产成本　　13 700
　贷：应付职工薪酬——工资　　46 500

（2）提取职工福利费时：

借：生产成本——基本生产成本　　4 592
　　　　　　——辅助生产成本　　1 918
　贷：应付职工薪酬——职工福利　　6 510

这里值得注意的是：提取职工福利费不是从工资中扣除一部分作为职工福利费，而是在工资总额之外，将职工福利费计入本期产品成本或期间费用，通过本期产品销售，收回的这部分资金留在企业，作为职工的福利开支，如为职工缴纳社会保险、医疗保险等。

【例 13-11】 华欣公司本月基本生产车间共发生制造费用 10 370 元。假设该车间只生产一种产品，月末将制造费用转入生产成本。会计处理如下：

借：生产成本——基本生产成本　　10 370
　贷：制造费用　　10 370

【例 13-12】 华欣公司本月共发生辅助生产成本 61 693 元，月末经过分配，结果如下：基本生产车间负担 41 656 元，行政管理部门负担 9 600 元，固定资产建造工程负担 10 437 元。分配辅助生产费用的会计分录如下：

借：生产成本——基本生产成本　　41 656
　　管理费用　　9 600
　　在建工程　　10 437
　贷：生产成本——辅助生产成本　　61 693

【例 13-13】 月末，华欣公司加工完成一批产品，经检验合格并已验收入库，其成本由例 13-9 ~ 例 13-12 会计分录中的“生产成本——基本生产成本”账户借方归集，合计 172 450元。根据产品入库单，会计处理如下：

借：库存商品　　172 450
　贷：生产成本——基本生产成本　　172 450

二、制造费用的核算

制造费用是企业内部生产单位（分厂、车间）为组织和管理生产经营活动而发生的间接费用。具体包括如下内容：工资及福利费、折旧费、修理费、办公费、水电费、机物料消耗、劳动保护费、季节性和修理期间的停工损失等。按照制造成本法的要求，期末时，制造费用需要采用一定的方法分配计入产品的制造成本中，分配的方法有生产工人工时比例法、生产工人工资比例法、联合分配法以及预算分配率分配法等。为了反映企业发生的制造费用，应设置“制造费用”科目。除季节性生产外，制造费用经分配结转后，月末“制造费用”科目无余额。

企业发生制造费用时，借记本科目，贷记“原材料”“其他应付款”“应付职工薪酬”“累计折旧”等科目；月末分配制造费用时，借记“生产成本——基本生产成本”科目，贷记本科目。

【例 13-14】 华欣公司本月基本生产车间领用一般消耗材料，实际成本为 2 450 元。会计处理如下：

借：制造费用　　2 450
　　贷：原材料　　2 450

【例 13-15】 华欣公司本月基本生产车间管理人员工资为 3 000 元，提取的职工福利费为 420 元。会计处理如下：

借：制造费用　　3 420
　　贷：应付职工薪酬——工资　　3 000
　　　　　　　　　　——职工福利　　420

【例 13-16】 经计算，华欣公司本月基本生产车间使用的固定资产应计提折旧 2 000 元。会计处理如下：

借：制造费用　　2 000
　　贷：累计折旧　　2 000

【例 13-17】 华欣公司本月共发生水电费 4 000 元，其中基本生产车间应负担 2 500 元，行政部门应负担 1 500 元，款项已通过银行支付。会计处理如下：

借：制造费用　　2 500
　　管理费用　　1 500
　　贷：银行存款　　4 000

【例 13-18】 月末结转应由基本生产车间生产的产品负担的制造费用 10 370 元。会计处理如下：

借：生产成本——基本生产成本　　10 370
　　贷：制造费用　　10 370

三、期间费用的核算

1. 管理费用的核算

管理费用是企业行政管理部门为组织和管理生产经营活动而发生的各项费用。管理费用

应作为期间费用，直接转入当期损益，而不计入产品成本。其具体包括以下内容：

（1）公司经费。公司经费是指应由企业统一负担的公司经费。具体包括行政管理部门人员工资、职工福利费、折旧费、修理费、物料消耗、低值易耗品摊销、办公费、差旅费和其他公司经费等。

（2）工会经费。工会经费是指按职工工资总额的2%拨交给工会的经费。

（3）职工教育经费。职工教育经费是指为职工学习先进技术和提高文化水平而支付的费用，按照工资总额的2.5%计提。

（4）劳动保险费。劳动保险费是指退休职工的退休金、价格补贴、医药费（包括离退休人员参加医疗保险基金）、异地安家补助费、职工退职金、职工死亡丧葬补助费、抚恤费和按规定支付给离休干部的各项经费以及实行社会统筹办法的企业按规定提取的统筹基金。

（5）待业保险费。待业保险费是指企业按国家规定缴纳的待业保险基金。

（6）董事会费。董事会费是指企业最高权力机构（如董事会）及其成员为履行职务而发生的各项费用，包括差旅费、会议费等。

（7）咨询费。咨询费是指聘请经济技术顾问、律师等支付的费用。

（8）审计费。审计费是指聘请注册会计师进行查账、验资以及进行资产评估等发生的各项费用。

（9）诉讼费。诉讼费是指因起诉而发生的各项费用。

（10）排污费。排污费是指企业按规定缴纳的排污费用。

（11）绿化费。绿化费是指企业对厂区、矿区进行绿化而发生的零星绿化费用。

（12）土地使用费（海域使用费）。土地使用费（海域使用费）是指企业使用土地（海域）而支付的费用。

（13）矿产资源补偿费。矿产资源补偿费是指在中华人民共和国领域和其管辖的海域开采矿产资源，按其收入的一定比例缴纳的矿产资源补偿费。

（14）技术转让费。技术转让费是指企业使用专有技术而支付的费用。

（15）研究与开发费用。研究与开发费用是指企业使用研究开发新产品、新技术、新工艺所发生的新产品设计费，工艺规程制定费，设备调试费，原材料和半成品试验费，技术图书资料费，未纳入国家计划的中间试验费，研究人员的工资，研究设备的折旧，与产品试制、技术研究有关的其他经费，委托其他单位进行的科研试制费用以及试制失败损失。

（16）无形资产摊销。无形资产摊销是指土地使用权、工业产权及非专利技术和其他无形资产的摊销。

（17）业务招待费。业务招待费是指企业为业务经营的合理需要而支付的费用，应据实列入管理费用。

（18）存货盘盈和盘亏。存货盘盈和盘亏是指企业存货盘点的盘亏、盘盈净额，但不包括应计入营业外支出的存货非正常损失。

（19）其他。其他是指不包括在以上项目内的管理费用。

为了总括反映管理费用的发生和结转情况，需要设置“管理费用”科目。它是一个损益类科目，用来核算企业行政管理部门为组织和管理生产经营活动而发生的各种支出。发生管理费用时，借记“管理费用”，贷记“应付职工薪酬”“累计折旧”“累计摊销”“银行存款”等。期末应从贷方转入“本年利润”科目。结转后，本科目无余额。下面举例说明管理费用的账务处理。

【例 13-19】 华欣公司本月经计算应由本期管理费用负担的折旧费为 2 600 元，行政管理部门人员工资为 5 000 元，福利费为 700 元。

借：管理费用　　8 300
　贷：累计折旧　　2 600
　　应付职工薪酬——工资　　5 000
　　　　——职工福利　　700

【例 13-20】 华欣公司本月以现金 569 元购买办公用品。

借：管理费用　　569
　贷：银行存款　　569

【例 13-21】 华欣公司本月除发生上述管理费用外，还发生了无形资产摊销、差旅费（具体分录略）。本月共发生管理费用 26 800 元，月末结转本月发生的管理费用。做出会计处理如下：

借：本年利润　　26 800
　贷：管理费用　　26 800

2. 财务费用的核算

财务费用是指企业为筹集生产经营所需资金等而发生的费用，包括利息支出（减利息收入）、汇兑损失（减汇兑收益）以及相关的手续费等。为购建固定资产的专门借款所发生的借款费用，在固定资产达到预定可使用状态前按《企业会计准则第 17 号——借款费用》的规定应予资本化的部分，不包括在财务费用范围内。

为了核算企业发生的财务费用，需要设置“财务费用”科目。发生财务费用时，借记“财务费用”科目，贷记“应付利息”“银行存款”“长期借款”等科目。发生应冲减财务费用的利息收入、汇兑收益时，应借记“银行存款”“长期借款”科目，贷记“财务费用”科目。期末时，应将“财务费用”科目余额转入“本年利润”科目，结转后本科目应无余额。

【例 13-22】 2016 年 12 月，华欣公司发生下列业务：

（1）提取短期借款利息 1 260 元。其会计处理如下：

借：财务费用　　1 260
　贷：应付利息　　1 260

（2）收到银行转来的企业银行存款利息收入通知，银行存款利息收入 380 元。其会计分录为：

借：银行存款　　380
　贷：财务费用　　380

（3）计提企业长期借款利息 5 900 元（假设借款是到期一次还本付息的）。其会计处理如下：

借：财务费用　　5 900

　　贷：长期借款　　5 900

（4）结转“财务费用”科目借方余额6 780元。其会计处理如下：

借：本年利润　　6 780

　　贷：财务费用　　6 780

3. 销售费用的核算

销售费用是指企业在商品销售过程中所发生的费用，它是在商品流通领域中为实现产品的价值而支付的费用。这部分费用与期间相联系，直接冲减当期损益。销售费用包括以下内容：

（1）运输费。运输费是指企业为销售商品而发生的运输劳务费用。

（2）装卸费。装卸费是指企业在发运商品过程中所发生的劳务费用。

（3）包装费。包装费是指为包装商品所消耗的包装材料，如消耗的桶、箱、瓶、坛、袋等。委托外单位包装商品所发生的劳务费用，也应列入本项目内。

（4）保险费。保险费是指商品发运过程中所支付的运输保险费。

（5）展览费。展览费是指为展览商品而发生的各种费用。

（6）代销手续费。代销手续费是指支付给商品经纪人，以及代企业销售商品的机构或个人的手续费。

（7）广告费。广告费是指为商品做广告而支付的各项费用。

（8）专设销售机构经费。专设销售机构经费是指为销售本企业商品而专设的销售机构的职工工资、福利费、差旅费、办公费、折旧费、修理费、物料消耗、低值易耗品摊销、租赁费、业务费等经常费用。

（9）商业性公司在进货过程中发生的运输费、装卸费、包装费、保险费、运输途中的合理损耗和入库前的挑选整理费用等。

为了反映企业发生的销售费用，需要设置“销售费用”科目。企业发生销售费用时，借记“销售费用”科目，贷记“库存现金”“银行存款”“应付职工薪酬”等科目；期末时，应将“销售费用”科目余额转入“本年利润”科目，结转后本科目应无余额。

【例13-23】 2016年9月15日，华欣公司为销售商品，以银行存款支付厂外运输费1 200元，运输途中保险费450元，装卸费560元。其会计处理如下（暂不考虑增值税）：

借：销售费用——运输费　　1 200

　　　　　　——保险费　　450

　　　　　　——装卸费　　560

　　贷：银行存款　　2 210

【例13-24】 2016年9月28日，华欣公司为销售商品以银行存款支付展览费2 560元，广告费5 000元。其会计处理如下（暂不考虑增值税）：

借：销售费用——展览费　　2 560

　　　　　　——广告费　　5 000

贷：银行存款　　　　　　　　　　　　　　　　　　　　　　7 560

【例 13-25】 2016 年 9 月 30 日，企业专设销售机构发生下列费用：销售机构人员工资 2 400 元，提取福利费 336 元，以银行存款支付办公费 240 元。其会计处理如下（暂不考虑增值税）：

借：销售费用——专设销售机构经费　　　　　　　　　　2 976

　　贷：应付职工薪酬——工资　　　　　　　　　　　　　　2 400

　　　　　　　　　　——职工福利　　　　　　　　　　　　　336

　　　　银行存款　　　　　　　　　　　　　　　　　　　　　240

【例 13-26】 2016 年 9 月 30 日，企业结转“销售费用”科目的余额 14 486 元。其会计处理如下：

借：本年利润　　　　　　　　　　　　　　　　　　　　14 486

　　贷：销售费用　　　　　　　　　　　　　　　　　　　　14 486

第四节　利润的计算与分配

一、本年利润的结转

利润是企业在一定期间的经营成果，它可以综合反映企业生产经营活动的各方面情况，如企业产品质量的高低、生产费用的升降，以及企业技术和管理水平的高低等。获取利润是企业生产经营的主要目的。一个企业能否获得利润，不仅关系到生产的稳定发展和职工生活水平的提高，也会影响社会财富的积累及发展，所以，企业必须把利润放在首位，采取各种有效手段和措施。

本年利润的结转包括两方面的内容：一是构成本年利润总额各个组成部分有关收入、支出项目的结转，主要反映利润的形成；二是利润总额减去所得税费用后的余额，即净利润的结转，主要反映年末可供分配的利润。为了反映这两方面的业务，需要设置“本年利润”科目。“本年利润”科目用来核算企业实现的利润（或发生的亏损）总额。期末结转利润时，应将“主营业务收入”“其他业务收入”“营业外收入”等科目的余额，转入“本年利润”科目，即借记“主营业务收入”“其他业务收入”“营业外收入”等科目，贷记“本年利润”科目；将“主营业务成本”“税金及附加”“其他业务成本”“销售费用”“管理费用”“财务费用”“营业外支出”“所得税费用”等科目的期末余额，转入“本年利润”科目，即借记“本年利润”科目，贷记“主营业务成本”“税金及附加”“其他业务成本”“销售费用”“管理费用”“财务费用”“营业外支出”“所得税费用”等科目。应将“投资收益”“公允价值变动收益”科目的贷方余额，转入“本年利润”科目，即借记“投资收益”“公允价值变动收益”科目，贷记“本年利润”科目；如为借方余额，则做相反的会计分录。年终时，应将本年收入和支出相抵后结出的本年实现的净利润，从“本年利润”科目转出，借记“本年利润”科目，贷记“利润分配——未分配利润”科目；如为净亏损，则做相反的会计分录。经过上述结转后，“本年利润”科目应无余额。

【例 13-27】 2016 年 12 月 31 日，华欣公司各有关收入、支出类账户结转前余额如表 13-3 所示。

表 13-3　华欣公司损益账户余额表　　单位：元

账户名称	余　额	余额方向
主营业务收入	1 780 000	贷方
主营业务成本	900 000	借方
税金及附加	56 000	借方
销售费用	50 000	借方
管理费用	70 000	借方
财务费用	6 000	借方
其他业务收入	89 000	贷方
其他业务成本	4 000	借方
投资收益	75 000	贷方
营业外收入	23 000	贷方
营业外支出	28 000	借方

根据上述资料，华欣公司应做以下会计分录：

（1）结转本年各收入（益）类科目余额：

借：主营业务收入　　1 780 000
　　其他业务收入　　89 000
　　投资收益　　75 000
　　营业外收入　　23 000
　　贷：本年利润　　1 967 000

（2）结转本年各费用、损失科目余额：

借：本年利润　　1 114 000
　　贷：主营业务成本　　900 000
　　　　税金及附加　　56 000
　　　　销售费用　　50 000
　　　　管理费用　　70 000
　　　　财务费用　　6 000
　　　　其他业务成本　　4 000
　　　　营业外支出　　28 000

（3）假设华欣公司 2016 年度的会计利润与纳税所得完全一致，所得税税率为 25%，则公司 2016 年度应缴纳的所得税为 213 250 元[（1 967 000 – 1 114 000）×25%]。会计分录如下：

借：所得税费用　　213 250
　　贷：应交税费——应交所得税　　213 250
借：本年利润　　213 250
　　贷：所得税费用　　213 250

(4) 计算并结转本年净利润：

利润总额 = 1 967 000 - 1 114 000 = 853 000（元）

净利润 = 853 000 - 213 250 = 639 750（元）

借：本年利润　　639 750

　　贷：利润分配——未分配利润　　639 750

二、利润分配的核算

利润总额，即会计所得，是根据会计的有关规定进行计算的，它是企业计算并缴纳所得税的基础。由于会计所得是根据会计准则计算的，而纳税所得是根据税法的规定计算的，两者在计算时所遵循的原则、计量的标准和包括的经济内容的范围不尽相同，所以应该按照税法的有关规定对会计所得做相应调整后，才可以计算并缴纳所得税。所得税作为一项费用按规定直接从利润总额中扣除。利润总额扣除所得税后的余额即为净利润。企业实现净利润，应当按照国家的规定、公司章程和董事会的决议进行分配。为了维护投资者的利益、给投资者以回报，以及考虑到企业的长远发展，企业的净利润加上以前年度的未分配利润（或减年初未弥补亏损）和其他转入后的余额，作为当年可供分配的利润，并按照一定的程序进行分配。

企业的法定盈余公积一般应按当年净利润的10%提取。如果法定盈余公积累计已达企业注册资金的50%，则可不再提取此项公积金。法定盈余公积可用于弥补公司亏损以及转增公司资本金等。

企业可供分配的利润，减去已经提取的法定盈余公积后，作为可供投资者分配的利润，按下列顺序进行分配：①支付优先股股利；②提取任意公积金；③支付普通股股利；④转作资本（或股本）的普通股股利。

优先股的股利一般应按照优先股股票面值的一定比率（股息率）进行支付；优先股股票无面值时，可按一定的金额进行支付。在我国，目前不允许公司发行无面值的股票。因此，优先股股利的计算和支付应按股票面值的一定比例支付。

任意公积金可按公司的章程或董事会决议的规定计算提取。任意公积金是为了满足企业未来某项活动对资金的需要，如扩大生产经营规模、添置耐用设备、建立偿债基金等。

按公司的章程或者董事会决议确定应分配的普通股股利，应当按照各个普通股股东持有的公司股份的比例进行分配。

转作资本（或股本）的普通股股利是指企业以分派股票股利的形式转作的资本（或股本）。

企业的利润在按上述规定顺序分配后的余额，为当年度的未分配利润。这部分未分配利润需要转入下一年度继续进行分配。

为了核算企业利润的分配情况，需要设置“利润分配”科目。该科目用来核算企业的利润分配（或亏损的弥补）和在历年分配（或弥补）后的结存余额。为了核算的需要，“利润分配”科目应设置如下明细科目，以反映企业利润分配的详细情况：①其他转入；②提取法定盈余公积；③提取储备基金；④提取企业发展基金；⑤提取职工奖励及福利基金；

⑥利润归还投资；⑦应付优先股股利；⑧提取任意盈余公积；⑨应付普通股股利；⑩转作资本（或股本）的普通股股利；⑪未分配利润。

企业发生的利润分配业务及账务处理方法如下：①企业用盈余公积弥补亏损时，借记“盈余公积”科目，贷记“利润分配——盈余公积补亏”科目。②企业按规定从净利润中提取盈余公积时，借记“利润分配——提取法定盈余公积（或提取任意盈余公积）”科目，贷记“盈余公积——法定盈余公积（或任意盈余公积）”科目；企业按规定应分配给股东现金股利，借记“利润分配——应付普通股股利”科目，贷记“应付股利”科目。③年度终了，企业应结转本年实现的净利润，借记“本年利润”科目，贷记“利润分配——未分配利润”科目；如为净亏损，则做相反的会计分录，同时将“利润分配”科目下的其他明细科目的余额转入“利润分配”科目的“未分配利润”明细科目。结转后，除“未分配利润”明细科目外，“利润分配”科目的其他明细科目均应无余额。“利润分配——未分配利润”科目年末余额反映企业的未分配利润（或未弥补亏损）。

【例13-28】 接上例，华欣公司2016年终了时，董事会决议确定的年度利润分配方案是：①根据规定按净利润的10%计算提取法定盈余公积；②公司总股本为100万股（普通股），每股发放股利0.235元。账务处理如下：

（1）提取法定盈余公积：

提取的法定盈余公积 = 639 750 × 10% = 63 975(元)

	借方	贷方
借：利润分配——提取法定盈余公积	63 975	
贷：盈余公积——法定盈余公积		63 975

（2）提取应付普通股股利：

应付普通股股利 = 1 000 000 × 0.235 = 235 000(元)

	借方	贷方
借：利润分配——应付普通股股利	235 000	
贷：应付股利		235 000

（3）结转“利润分配”科目所属各明细科目：

	借方	贷方
借：利润分配——未分配利润	298 975	
贷：利润分配——提取法定盈余公积		63 975
——应付普通股股利		235 000

进一步学习指南

本章仅仅以工业企业为例叙述了一些常见的收入、费用和利润的计算问题。对于其他行业，如建筑、房地产等行业，收入的确认和核算具有一些特殊性，需要进一步学习的，可以参见《企业会计准则第15号——建造合同》的规定；对工商企业的一些特殊销售形式，如委托代销、售后回购、非货币性交易等业务，其核算方法可以参见现行会计准则的规定。在成本费用核算中，最重要的产品成本核算，因内容较复杂，可参考有关成本会计的内容；对所得税的计算和核算，可参见第十四章的介绍。

思 考 题

1. 什么是我国会计准则中界定的收入？收入与利得的最主要区别是什么？
2. 收入的确认有哪几种方式？
3. 收入确认的条件是什么？
4. 费用确认的原则是什么？
5. 分期收款销售如何确认收入？

练 习 题

习题一

1. 目的：练习收入的核算。

2. 资料：某企业2016年9月发生以下业务：

（1）企业销售一批商品，商品成本为200 000元，售价为300 000元，增值税为51 000元，收到买方签发的商业承兑汇票一张，面值351 000元。

（2）企业采用分期收款销售方式销售商品400 000元，分4期收款，增值税为68 000元在销售时收取。假定购货方在销售成立日支付货款只需付300 000元，该批发出商品生产成本为200 000元，实际利率为13%。

（3）本月收到上月销售商品退货20 000元，该商品按现在库存商品的成本计价为15 000元，企业用银行存款支付退货款及增值税23 400元。

（4）企业本月发出一批商品，成本为50 000元，售价为80 000元，增值税销项税额为13 600元，税款已存银行，但到月末该批销售尚未完全满足收入确认的条件。

3. 要求：编制上述业务的会计分录。

习题二

1. 目的：练习收入和费用的核算。

2. 资料：甲企业2016年9月发生以下业务：

（1）甲企业向乙企业出售商品30件，每件售价500元（不含应向购买者收取的增值税），单位成本300元，甲企业已按合同规定发货，并以银行存款代垫运费300元。货款尚未收到。假定增值税税率为17%，消费税税率为8%，应缴纳城市维护建设税150元，应缴纳教育费附加60元。甲企业已开出增值税专用发票。假如甲、乙企业均为增值税一般纳税人企业。

（2）甲企业采用分期收款方式向D企业销售商品1 000件，每件售价500元，共计价款500 000元。合同规定分4次等额付款。假定购货方在销售成立日支付货款只需405 000元。该商品单位成本为300元，增值税税率为17%，分期收款实际利率为9%。

（3）甲企业以托收承付方式向B企业销售一批商品，成本为80 000元，增值税专用发票上注明的售价为120 000元，增值税为20 400元。该批商品已经发出，并由银行办妥托收手续。

（4）甲企业在2016年9月1日销售一批商品200件，增值税专用发票上注明的价款为20 000元，增值税为3 400元。企业提供现金折扣的条件为“2/10，1/20，*n*/30”，货款已于9月15日收到。假定计算现金折扣时不考虑增值税。

3. 要求：根据上述资料做相应会计处理。

习题三

1. 目的：练习收入和费用的核算。

2. 资料：某工业企业为增值税一般纳税人企业，生产销售的甲、乙产品应缴纳消费税。该企业产成品按实际成本计价核算，产品售价不含增值税。甲产品单位售价为 800 元，单位成本为 450 元；乙产品单位售价为 500 元，单位成本为 330 元。该企业适用的有关税率分别为：增值税税率为 17%，消费税税率为 8%。为简化核算，产品销售成本于月末一次结转，销售退回产品，直接从本月的销售数量中扣除。该企业 2016 年 12 月发生下列经济业务：

（1）3 日，采用托收承付结算方式销售甲产品 1 000 件，用银行存款代垫运杂费 2 000 元，产品已经发出，开出增值税专用发票，并向银行办妥手续。

（2）采用商业汇票结算方式销售乙产品 2 000 件，产品已经发出，开出增值税专用发票，收到购货单位签发的商业承兑汇票。企业在销售乙产品时，还领用不单独计价的包装物一批，实际成本为 1 250 元。

（3）10 日，销售甲产品 750 件，增值税专用发票上注明金额为 600 000 元，产品已发出。购销合同规定，购货单位应于提货当月月末支付全额货款及增值税税额。

（4）15 日，上月销售的甲产品 50 件因质量问题发生退货，购货单位交来税务机关开具的《开具红字增值税专用发票通知单》。该批产品的原价为 40 000 元，增值税为 6 800 元，企业用银行存款支付退回的货款及增值税税额。退回的产品成本为 22 500 元，已验收入库。

（5）20 日，向某单位转让一项专利技术的所有权，转让收入为 200 000 元，已存入银行，该项专利技术的账面价值为 150 000 元（暂不考虑增值税）。

（6）22 日，用银行存款支付广告费 50 000 元（暂不考虑增值税）。

（7）31 日，计算并结转本月产品销售成本。

3. 要求：根据上述经济业务编制会计分录。

习题四

1. 目的：练习利润的计算与分配。

2. 资料：

（1）中易公司 2016 年有关损益类账户的发生额如表 13-4 所示。

表 13-4　中易公司 2016 年有关损益类账户的发生额　　单位：元

账户名称	借方发生额	贷方发生额
主营业务收入	50 000	880 000
主营业务成本	450 000	20 000
税金及附加	80 000	
销售费用	53 500	
其他业务收入		10 000
其他业务成本	5 000	
管理费用	65 500	
财务费用	3 800	300
营业外收入		2 000
营业外支出	5 000	

（2）假定企业的会计利润与应纳税所得额相等，企业所得税税率为 25%，中易公司 2016 年度的利润分配方案为：按净利润 10% 的比例提取法定盈余公积，按净利润 50% 的比例分配给股东红利。

（3）假定年初未分配利润为 100 000 元。

3. 要求：

（1）结转损益类各账户余额，并计算中易公司 2016 年的利润总额。

（2）计算中易公司 2016 年应交所得税，并做相应会计分录。

（3）编制中易公司 2016 年利润分配有关会计分录，并计算年末未分配利润余额。

第十四章 所得税会计

第一节 所得税会计概述

一、所得税会计的历史沿革

财务会计和税法分别遵循各自的原则、法规，服务于不同的目的。财务会计规定以会计准则和会计制度为核算基准，核算时必须遵循一般会计原则。税法以课税为目的，根据经济合理、公平税负、促进竞争的原则，确定一定时期纳税人的应纳税所得额，并以此为基础向纳税人征税。利润表中的利润总额（以下简称会计利润）是遵循会计准则而产生的，而应纳税所得额（以下简称应税所得或应税利润）是按照所得税法规确定计算的，两者之间不可避免地会存在差异。在计算应交所得税时，要先按照所得税法规将会计利润调整为应税所得，因而就产生了所得税会计。

简单地讲，所得税会计就是研究如何处理按照财务会计规定计算的税前会计利润（或亏损）与按照税法规定计算的应税所得（或亏损）之间差异的会计处理方法。

1994 年以前，我国会计制度与税法在收入、费用、资产和负债确认方面的规定基本一致，会计制度服从于税法，因此，会计利润与应税利润基本一致。1994 年税制改革以后，会计准则与税法对收入、费用等确认的差异逐步扩大。对此，财政部于 1994 年发布了《企业所得税会计处理的暂行规定》，对所得税会计处理做了以下几点调整：

（1）明确企业可以采用应付税款法或纳税影响会计法进行所得税会计核算。采用纳税影响会计法核算的企业，可以在递延法和债务法（利润表债务法）两种方法中选择。

（2）确认所得税作为一项费用，在利润表净利润前扣列。

（3）采用纳税影响会计法进行核算时，应确认时间性差异对未来所得税的影响，并将其金额反映在资产负债表的递延借项或递延贷项内。

2001 年 1 月 1 日实施的《企业会计制度》将上述方法正式纳入会计制度中，成为企业处理会计利润与应税利润的基本原则。由于资产负债表债务法比利润表债务法能够提供更多的对决策有用的会计信息，2006 年 2 月 15 日财政部颁布《企业会计准则第 18 号——所得税》，规定企业应采用债务法中的资产负债表债务法对所得税进行会计处理，实现了与国际会计准则的趋同。

国际会计准则委员会（IASC）自 1979 年颁布 IAS 12《所得税会计》以来，要求企业核算所得税所采用的方法经历了递延法、利润表债务法和资产负债表债务法几个阶段，直到

2000 年修订的 IAS 12《企业所得税》将企业所得税会计处理方法确定为资产负债表债务法。

二、永久性差异

永久性差异是指在某一会计期间，由于会计准则和税法在计算收入、费用或损失时的口径不一致所产生的税前会计利润与应税所得之间的差异。永久性差异在本期发生，不在以后期间转回或消除，即该项差异不影响其他会计期间。永久性差异有以下两类：

1. 会计规定与税法在收入金额上的确定不一致

（1）会计规定在核算时作为收益计入会计利润，但在计算应税所得时不确认为收益。例如，按我国税法规定，企业购买国债所产生的利息收入不计入应税所得，符合条件的居民企业之间的股息、红利等权益性投资收益，在中国境内设立机构、场所的非居民企业从居民企业取得与该机构、场所有实际联系的股息、红利等权益性投资收益等也不计入应税收入。

（2）会计规定核算不作为收益计入会计利润，但在计算应税所得时要计入应税利润，需要缴纳所得税。例如，企业将自产的产品用于工程项目，会计规定上按成本结转，不产生利润，但税法上规定，按该产品的售价与成本的差额计入应税所得。

2. 会计规定与税法在费用或损失上确定的金额不一致

（1）按会计规定核算时确认为费用或损失计入会计利润，但在计算应税所得时则不允许扣减，如各种赞助费，按会计制度规定作为营业外支出减少当期会计利润，但计算应税所得时则不允许扣减。

（2）按会计规定核算时不确认为费用或损失，但在计算应税所得时则允许扣减。例如，企业开发新技术、新产品、新工艺发生的研究和开发费用，除了按实际发生的费用据实扣除外，还可以在此基础上增加一定比例的扣除额；安置残疾人员及国家鼓励安置的其他就业人员所支付的工资也类似，可以加计扣除。

根据我国 2008 年 1 月 1 日实施的《中华人民共和国企业所得税法》（以下简称《企业所得税法》）的规定，在会计实务中，常见的永久性差异主要有以下几种：

（1）企业发生的公益性捐赠支出，在年度利润总额 12% 以外的部分，不允许在计算应纳税所得额时扣除。

（2）违法经营罚款和被没收财物的损失，以及各项税收滞纳金等。这类损失在会计核算上作为费用、支出列支。但违反国家法律、法规和规章所处以的罚没款支出，税法不允许在计算应税所得时扣除。

（3）各种赞助支出。税法不允许扣除的赞助支出是指各种非广告性的赞助支出。

（4）未经核定的准备金支出。这是指未经税法规定或税务机关核定的减值损失。这类损失在会计中计入损益减少当年利润，但未经税务机关核定，不得减少纳税所得。

（5）各种符合税法规定的免税、减税收入，在会计中仍然作为收入计入当期损益，但在纳税时不用计入应纳税额。除了前面所述的国债利息等免税收入外，《企业所得税法》规定的减税收入主要有：①从事农、林、牧、渔业项目的所得；②从事国家重点扶持的公共基础设施项目投资经营的所得；③从事符合条件的环境保护、节能节水项目的所得；④符合条件的技术转让所得等。

永久性差异的存在将产生两种结果：一是税前会计利润大于应税所得；二是税前会计利润小于应税所得。前一种结果下，永久性差异不需缴纳所得税，在计算应税所得时，从税前会计利润扣除永久性差异，将税前会计利润调整为应税所得。在第二种结果下，产生的永久性差异需要缴纳所得税，永久性差异产生的应交所得税应在当期确认为所得税费用。在计算应税所得时，应将税前会计利润加上永久性差异调整为应税所得。

三、时间性差异

时间性差异是指税法与会计规定在确认收入、费用或损失时，因时间不一致而产生的税前会计利润与应税利润之间的差额。时间性差异发生于某一会计期间，将在以后期间转回。时间性差异主要有以下两类：

1. 会计规定与税法在收入时间上的确认不一致

根据会计规定与税法在确认收益的时间先后可分为以下两种情形：

（1）会计规定对收益的确认先于税法的情形。企业取得的某项收益，在会计上确认为当期收益，但按照税法的规定需待以后期间确认为应纳税所得额。例如，按会计规定，对长期股权投资权益法核算的企业，应在期末按照被投资企业的净利润以及投资比例确认为投资收益。但按照 2008 年以前的税法规定，如果投资企业的所得税税率大于被投资企业的所得税税率，投资企业从被投资企业分得的利润要补交所得税，这部分投资收益补交的所得税需待投资企业实际分得利润或于被投资企业宣告分派利润时才计入应纳税所得额，从而产生应纳税的时间性差异。

（2）税法对收益的确认先于会计规定的情形。企业获得的某项收益，按会计规定应在以后期间确认收益，但按税法规定需计入当期应税所得。例如，企业会计准则规定，企业的某项销售收入在不符合收入确认原则时，不应确认为当期收入，待以后符合收入确认条件时，再在以后期间确认收入。但在很多情况下，只要开出发票，按税法规定就要求作为收入计入企业的当期所得，从而产生时间性差异。

2. 会计规定与税法在费用、损失确认时间上的不一致

根据会计规定与税法在确认费用或损失的时间先后，也可以分为以下两种情形：

（1）会计规定对费用和损失的确认先于税法的情形。企业发生的某项费用或损失，在会计上确认为当期费用或损失，但按照税法的规定可从以后期间应纳税所得额中扣减。例如产品保修费用，按会计规定，可于产品销售的当期估计可能发生的保修费用，并预提计入当期费用；但按照税法的规定，这些预提的保修费不能扣减当期的应税所得，应于实际发生时扣减，从而产生可抵减时间性差异。这里的可抵减时间性差异是指未来可以从应税所得中扣除的时间性差异。各种资产减值准备的提取，情况与此类似。

（2）税法对费用和损失的确认先于会计规定的情形。企业发生的某项费用或损失，在会计上于以后期间确认为费用或损失，但按照税法的规定可以从当期应纳税所得额中扣减。例如，固定资产折旧，按照税法规定，可以采用加速折旧法；而若财务会计采用直线法，则在固定资产使用初期，从应纳税所得额中扣减的折旧金额会大于计入当期损益的折旧金额，从而产生应纳税时间性差异。

时间性差异的特征是会计规定与税法在税前会计利润与应税利润的计算口径的规定是一致的，差异只是确认收入和费用或损失的时间不同。从某一会计期间来看，税前会计利润与应税利润不同，但从若干会计期间的税前会计利润与应税利润总额来看，则是相等的。

四、暂时性差异

暂时性差异是指资产或负债的账面价值与其计税基础之间的差额。未作为资产和负债确认的项目，按照税法规定可以确定其计税基础的，该计税基础与其账面价值之间的差额也属于暂时性差异。暂时性差异随时间推移将会消除。

按照暂时性差异对未来期间应税金额的影响，分为应纳税暂时性差异和可抵扣暂时性差异。

应纳税暂时性差异是指在确定未来收回资产或清偿负债期间的应纳税所得额时，将导致产生应税金额的暂时性差异。具体可分为以下两类：一是资产的账面价值大于其计税基础产生的应纳税暂时性差异；二是负债的账面价值小于其计税基础产生的应纳税暂时性差异。

可抵扣暂时性差异是指在确定未来收回资产或清偿负债期间的应纳税所得额时，将导致产生可抵扣金额的暂时性差异。具体可分为以下两类：一是负债的账面价值大于其计税基础产生的可抵扣暂时性差异；二是资产的账面价值小于其计税基础产生的可抵扣暂时性差异。另外，按照税法规定，允许抵减以后年度利润的可抵扣亏损，视同可抵扣暂时性差异。

暂时性差异包括时间性差异。时间性差异是从利润表出发考虑由于收入或费用项目在税法和会计上归属期间不同而产生的差异，而所有影响损益的会计事项都会在资产负债表中反映出来。所以基于资产负债表确认的暂时性差异就包括了时间性差异的情况。以下情况将产生暂时性差异而不产生时间性差异：

（1）资产和负债的初始确认的账面金额不同于其初始计税基础。

（2）资产评估产生的资产增值或减值，会计予以确认，但计税不予调整。

（3）购买法下企业合并按购入的可辨认资产、负债的公允价值入账，而税法按其账面价值计税。

（4）子公司、联营企业或合营企业没有向母公司分配全部利润。

（5）对子公司、分支机构和联营企业的投资或联营企业中的权益等方面产生的差异。

（6）作为报告企业整体组成部分的国外经营主体的非货币性资产和负债以历史汇率折算。

资产的账面价值大于其计税基础或者负债的账面价值小于其计税基础，产生应纳税暂时性差异；资产的账面价值小于其计税基础或者负债的账面价值大于其计税基础，产生可抵扣暂时性差异。

具体来讲，所得税会计是以企业的资产负债表及其附注为依据，结合相关账簿资料，分析计算各项资产、负债的计税基础，通过比较资产、负债的账面价值与其计税基础之间的差异，确定应纳税暂时性差异和可抵扣暂时性差异。

第二节 所得税的会计处理

会计规定和税法在收益、费用或损失、资产和负债的确认和计量原则方面的不同而产生的差异，在会计核算中可以采用应付税款法、递延法、利润表债务法和资产负债表债务法等进行处理。应付税款法在所得税会计处理中完全把所得税作为与本期配比的费用项目，所得税的确认和计量完全遵照税法，将税法对企业财务的影响充分体现出来，是税法导向的所得税会计处理方法，适用于中小企业的会计处理。递延法将税法和会计标准不同造成的会计利润和应纳税所得额之间的差异分为永久性差异和时间性差异，对时间性差异采用跨期摊提的方法，试图把税法对企业财务会计信息的影响降到最低，以确保各种会计交易和事项所遵从的法规和确认标准的一致性。但是，它忽视了所得税事项计量的特殊性，在税率或税基变动时，没有考虑税率或税基变动对时间性差异的影响。应付税款法和递延法由于自身的不足以及不适应新的会计理论与原则而逐渐被淘汰。下面分别介绍各种方法的具体应用。

一、应付税款法

1. 应付税款法及其理论基础

应付税款法是以企业纳税申报表上所列示的本期应付所得税作为本期所得税费用，列入利润表。在这种方法下，本期所得税费用等于本期应缴纳的所得税。时间性差异产生的影响所得税的金额，在财务报表中不反映为一项负债或资产。

应付税款法的基本理由是，所得税与应税所得存在必然的联系，所得税只来源于应税所得，只有当经济事项的所得与确定该期的应税所得结合起来时才产生所得税。所以，在发生应税所得时，才确认相应的所得税费用。此法的重点放在当期所得税的发生额上。

2. 应付税款法的会计处理

应付税款法多用于永久性差异的核算，也可用于时间性差异的核算。首先按税法的规定将本期税前会计利润调整为应税所得，然后在应税所得的基础上计算本期应缴纳的所得税，并作为本期所得税费用。处理程序如图 14-1 所示。

税前会计利润 —调整→ 应税所得 —×税率→ 应交所得税

图 14-1　应付税款法的会计处理程序

根据税法计算的应交所得税，会计分录为：

借：所得税费用　　×××

　　贷：应交税费——应交所得税　　×××

【例 14-1】　某企业 2016 年全年的税前会计利润为 6 200 000 元，其中国库券利息收入为 100 000 元，非广告性赞助支出为 500 000 元；其他收入和费用与税法规定均相同，企业适用的所得税税率为 25%。

该企业的本期应税所得和所得税费用如下：

（1）税前会计利润	6 200 000
加：赞助支出	+500 000
减：国债利息收入	-100 000
应税所得	6 600 000

应交所得税 = 6 600 000 × 25% = 1 650 000（元）

（2）根据上述资料，应编制如下会计分录：

借：所得税费用　　1 650 000

　　贷：应交税费——应交所得税　　1 650 000

（3）实际缴纳税款时，应编制如下会计分录：

借：应交税费——应交所得税 1 650 000

贷：银行存款 1 650 000

二、纳税影响会计法

（一）纳税影响会计法及其理论基础

纳税影响会计法将时间性差异所产生的未来所得税影响数分别确认为负债或资产，并递延为以后期间的所得税费用（或收益）。纳税影响会计法的基本理由是，所得税由交易或事项所引起，一个时期的经营成果与所得税存在密切关系，因此，当交易或事项产生会计收益时，应于同期确认所得税费用，遵循配比原则。本期所得税费用直接与本期税前会计利润相联系，能真实反映企业各期的净利润，避免采用应付税款法造成的各期净利润忽高忽低的现象。

（二）纳税影响会计法的会计处理

时间性差异可采用应付税款法核算，也可采用纳税影响会计法核算。在采用应付税款法核算时，不需要核算时间性差异对未来所得税的影响金额，只需设置“所得税费用”“应交税费——应交所得税”账户。在采用纳税影响会计法核算时，由于需要核算时间性差异对未来所得税的影响金额，故尚需加设“递延所得税资产”和“递延所得税负债”账户。在核算时，首先按税前会计利润计算当期所得税费用，然后根据应纳税所得额确定应交所得税，最后根据所得税费用与当期应纳税款之差，倒轧出本期的递延税款。具体处理程序如图 14-2 所示。

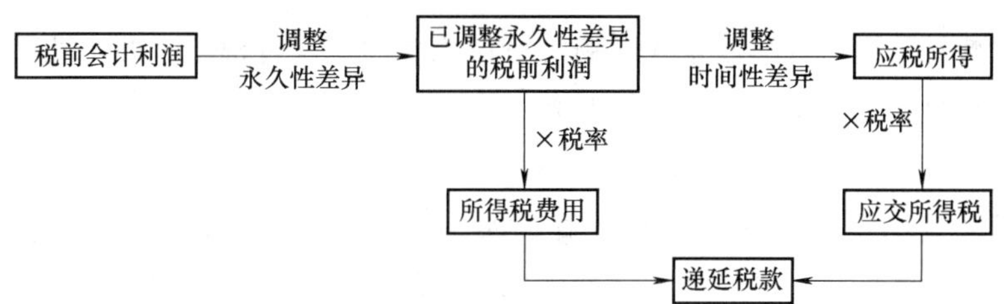

图 14-2 纳税影响会计法的会计处理程序

图 14-2 的处理程序说明如下：

（1）由于纳税影响会计法仅适用于时间性差异，因此在应用此会计处理方法前，首先要将税前会计利润调整为“已调整永久性差异的税前利润”。

（2）进一步将“已调整永久性差异的税前利润”调整为应税所得。

（3）将“已调整永久性差异的税前利润”乘以税率即为当期的“所得税费用”，记入“所得税费用”账户借方。

（4）将应税所得乘以税率即为当期应交所得税，记入“应交税费——应交所得税”账户贷方。

（5）上述（3）和（4）之间的差异即为递延税款，记入“递延所得税资产”账户借方或“递延所得税负债”账户贷方。

纳税影响会计法强调收入与费用的配比，将所得税作为企业获取收益时发生的一项费用，因此，时间性差异影响的所得税金额既包括在利润表的所得税费用中，也体现在资产负债表的递延所得税资产或递延所得税负债余额中。在具体运用纳税影响会计法时，依据税率变化时的不同处理方式，纳税影响会计法又可采用递延法和负债法两种方法。

1. 递延法

递延法是将本期时间性差异产生的影响所得税的金额，递延和分配到以后期间，同时转回原已确认的时间性差异对本期所得税的影响金额。递延法有以下特点：

(1) 在税率变动或开征新税时，对“递延所得税资产”或“递延所得税负债”的账面余额不做调整。

(2) 资产负债表上反映的“递延所得税资产”或“递延所得税负债”余额，不代表收款的权利或付款的义务。

(3) 本期发生的时间性差异影响所得税的金额，用现行税率计算；以前发生而在本期转回的各项时间性差异影响所得税的金额，用当初的原有税率计算。

采用递延法时，一定时期的所得税费用包括：①本期应交所得税；②本期发生或转回的时间性差异所产生的递延的所得税资产或负债。

在递延法下，一定时期的应交所得税是按应税所得和现行所得税税率计算的。本期发生或转回的时间性差异所产生的递延所得税负债会增加本期所得税费用，减少本期应交所得税；而递延所得税资产会减少所得税费用，增加应交所得税。计算公式如下：

本期所得税费用＝本期应交所得税＋本期发生的时间性差异所产生的递延所得税负债金额－本期发生的时间性差异所产生的递延所得税资产金额＋本期转回原确认的递延所得税资产金额－本期转回原确认的递延所得税负债金额

上式中，本期发生的时间性差异影响的所得税金额用现行税率，而本期转回以前确认的时间性差异影响的所得税金额用当初的原有税率。

【例 14-2】 某企业 2012 年 12 月 20 日购入一原价为 8 000 元的设备，会计上采用平均年限法，按 2 年计提折旧，残值为零。税法规定必须按 4 年计提折旧和确认应税所得。该企业的所得税税率为 25%，第一～四年每年税前会计利润均为 22 000 元，第一～四年都有国债利息收入 10 000 元。除了以上时间性差异和永久性差异外，企业所有的收入和费用的处理都同时满足税法和会计制度的规定。该企业的具体情况如表 14-1 所示。

表 14-1 企业会计利润调整表 单位：元

项目 \ 年份	2013 年	2014 年	2015 年	2016 年
会计折旧	4 000	4 000		
税法折旧	2 000	2 000	2 000	2 000
时间性差异	2 000	2 000	−2 000	−2 000
永久性差异	−10 000	−10 000	−10 000	−10 000
会计利润	22 000	22 000	22 000	22 000
调整永久性差异后的税前会计利润	12 000	12 000	12 000	12 000
应税所得	14 000	14 000	10 000	10 000

根据上述资料，该企业的具体会计处理如下：

（1）2013 年：

借：所得税费用 （12 000 ×25%）3 000

　　递延所得税资产 500

　　贷：应交税费——应交所得税 （14 000 ×25%）3 500

（2）2014 年的会计分录同上。

（3）2015 年、2016 年：

借：所得税费用 （12 000 ×25%）3 000

　　贷：递延所得税资产 500

应交税费——应交所得税 （10 000 ×25%）2 500

“递延所得税资产”账户金额的变化如图 14-3 所示。

递延所得税资产

借方		贷方	
2013 年	500		
2014 年	500		
		2015 年	500
		2016 年	500
余额	0		

图 14-3 “递延所得税资产”账户

若税率有所变动，递延法不要求调整“递延所得税资产”的账面余额，但本期转回以前年度的时间性差异影响的所得税金额要采用当时的税率。

【例 14-3】 若在例 14-2 中，2014 年起企业所得税税率改为 15%，其他资料不变。此时“递延所得税资产”的账面借方余额为 500 元，它将在 2015 年转销。该企业的会计处理如下：

（1）2013 年：

借：所得税费用 （12 000 ×25%）3 000

　　递延所得税资产 500

　　贷：应交税费——应交所得税 （14 000 ×25%）3 500

（2）2014 年：

借：所得税费用 （12 000 ×15%）1 800

　　递延所得税资产 300

　　贷：应交税费——应交所得税 （14 000 ×15%）2 100

（3）2015 年：

借：所得税费用 2 000

　　贷：递延所得税资产 （2 000 ×25%）500

　　　　应交税费——应交所得税 （10 000 ×15%）1 500

（4）2016 年：

借：所得税费用 1 800

贷：递延所得税资产　　　　　　　　　　　　　（2 000×15%）300
　　应交税费——应交所得税　　　　　　　　　（10 000×15%）1 500

"递延所得税资产"账户金额的变化如图14-4所示。

递延所得税资产

借方		贷方	
2013年	500		
2014年	300		
		2015年	500
		2016年	300
余额	0		

图14-4 "递延所得税资产"账户

2. 负债法

（1）利润表债务法。利润表债务法是指将本期由于时间性差异产生的影响所得税金额，递延和分配到以后期间，并同时转回已确认的时间性差异对所得税的影响金额。利润表债务法有以下特点：

1）在税率变动或开征新税时，"递延所得税资产"或"递延所得税负债"的账面余额按现行税率进行相应的调整。

2）本期时间性差异预计对未来所得税的影响金额，在资产负债表上作为将来应付税款的债务或作为代表预付未来税款的资产。

3）对本期发生或转回的时间性差异的所得税影响数，均用现行税率计算确定。采用债务法时，一定时期的所得税费用包括：①本期应交所得税；②本期发生或转回的时间性差异产生的递延所得税负债或递延所得税资产；③由于税率变动或开征新税，需要对以前各期确认的递延所得税资产或递延所得税负债的账面余额进行调整。在债务法下，所得税费用计算如下：

本期所得税费用＝本期应交所得税＋本期发生的时间性差异所产生的递延所得税负债－本期发生的时间性差异所产生的递延所得税资产＋本期转回的原确认的递延所得税资产－本期转回的原确认的递延所得税负债＋本期税率变化或开征新税调减的递延所得税资产或调增的递延所得税负债－本期税率变化或开征新税调增的递延所得税资产或调减的递延所得税负债

【例14-4】 为便于比较，沿用例14-2和例14-3递延法的有关资料。有关会计分录如下：

（1）2013年：

借：所得税费用　　　　　　　　　　　（12 000×25%）3 000
　　递延所得税资产　　　　　　　　　　　　　　　　500
　贷：应交税费——应交所得税　　　　　　　　　　　　3 500

（2）2014 年，税率降为 15%。

1）按 2014 年的税率确定时间性差异对未来纳税影响的金额：

借：所得税费用　　（12 000 ×15%）1 800

　　递延所得税资产　　（2 000 ×15%）300

　　贷：应交税费——应交所得税　　2 100

2）按 2014 年税率调整 2013 年形成的“递延所得税资产”账户余额，由于税率降低，应相应减少“递延所得税资产”账户余额。调整金额 =2 000 ×（25% −15%）=200（元），会计分录如下：

借：所得税费用　　200

　　贷：递延所得税资产　　200

（3）2015 年，转销以前的所得税影响金额，采用现行税率，会计分录如下：

借：所得税费用　　（12 000 ×15%）1 800

　　贷：应交税费——应交所得税　　（10 000 ×15%）1 500

　　　　递延所得税资产　　300

2016 年的会计处理与（3）相同。“递延所得税资产”账户金额的变化如图 14-5 所示。

递延所得税资产

借方		贷方	
2013 年	500		
2014 年	300	2014 年	200
		2015 年	300
		2016 年	300
余额	0		

图 14-5　“递延所得税资产”账户

若例 14-3 中 2014 年的税率改为 40%，则

（1）2013 年的分录同上。

（2）2014 年：

借：所得税费用　　（12 000 ×40%）4 800

　　递延所得税资产　　800

　　贷：应交税费——应交所得税　　（14 000 ×40%）5 600

借：递延所得税资产　　[2 000 ×（40% −25%）]300

　　贷：所得税费用　　[2 000 ×（40% −25%）]300

（3）2015 年与 2016 年：

借：所得税费用　　（12 000 ×40%）4 800

　　贷：递延所得税资产　　800

　　　　应交税费——应交所得税　　（10 000 ×40%）4 000

“递延所得税资产”账户金额的变化如图 14-6 所示。

递延所得税资产

借方		贷方	
2013 年	500		
2014 年	800		
2014 年	300		
		2015 年	800
		2016 年	800
余额	0		

图 14-6 “递延所得税资产”账户

(2) 资产负债表债务法。作为债务法的具体分析方法，利润表债务法和资产负债表债务法都以业主权益理论为基础，将所得税支出视为经营费用而非利润分配，均符合持续经营假设和配比原则，递延所得税都代表未来应付或应收的所得税。但是两者之间仍存在许多不同之处，最主要的区别在于利润表债务法注重时间性差异，资产负债表债务法注重暂时性差异。利润表债务法以时间性差异为概念依据，将时间性差异对未来所得税的影响看作是对本期所得税费用的调整，而资产负债表债务法是从暂时性差异产生的本质出发，分析暂时性差异产生的原因以及对期末资产负债的影响。《企业会计准则第 18 号——所得税》要求企业采用资产负债表债务法，这种方法有别于以前使用的利润表债务法。为了更完整地介绍这种方法，本章专设一节来介绍。

第三节 资产负债表债务法

在资产负债表债务法下，所得税会计的关键在于确定资产、负债的计税基础，资产、负债的计税基础一经确定，即可计算暂时性差异并在此基础上确认递延所得税资产、递延所得税负债以及递延所得税费用。

一、资产和负债的计税基础

为了更好地理解资产负债表债务法的本质，首先必须了解资产和负债计税基础的概念，及资产和负债计税基础变化而产生的暂时性差异。一般来说，资产负债表债务法下所得税会计处理应遵循以下步骤：①确定一项资产或负债的计税基础；②分析计算暂时性差异；③确认由于暂时性差异造成的递延所得税资产或递延所得税负债；④将递延所得税资产或递延所得税负债及相应的所得税费用在报表中予以列示。

1. 资产的计税基础

资产的计税基础是指企业收回资产账面价值过程中，计算应纳税所得额时按照税法规定可以自应税经济利益中抵扣的金额。通俗地说，资产的计税基础就是将来收回资产时可以抵税的金额。如果这些经济利益不需要纳税，那么该资产的计税基础即为其账面价值。通常情况下，资产取得时其入账价值与计税基础是相同的，后续计量因会计准则规定与税法规定不同，可能造成账面价值与计税基础的差异。

【例 14-5】 甲企业于 2015 年 12 月 1 日购入一项固定资产，取得时按照会计规定及税法规定确定的成本均为 100 000 元，企业预计该项固定资产的使用年限为 8 年，税法规定折旧年限为 5 年，净残值为零，会计核算及计税时均按照直线法计提折旧。则甲企业 2016 年年末：

固定资产的账面价值 = 100 000 − 100 000 ÷ 8 = 87 500（元）

资产的计税基础 = 100 000 − 100 000 ÷ 5 = 80 000（元）

即按照税法规定可以自应税经济利益中抵扣的金额为 80 000 元。资产账面价值与资产计税基础差异 7 500 元。

各项资产如发生减值提取的减值准备，按照会计准则规定，资产的可变现净值或可收回金额低于其账面价值时，应当计提相关的减值准备；税法规定，企业提取的减值准备一般不能税前抵扣，只有在资产发生实质性损失时才允许税前扣除，产生了资产的账面价值与计税基础之间的差异即暂时性差异。

【例 14-6】 假定某企业期末持有一批存货，成本为 1 000 万元，按照会计准则规定，估计其可变现净值为 800 万元，对于可变现净值低于成本的差额，应当计提存货跌价准备 200 万元，由于税法规定资产的减值损失在发生实质性损失前不允许税前扣除，存货在出售时可以按其购入成本（账面余额）抵税 1 000 万元，该批存货的计税基础仍为 1 000 万元，其账面价值为 800 万元，两者之间的差额 200 万元即为可抵扣暂时性差异。

【例 14-7】 一台设备的价值为 100 万元，折旧 30 万元，已在当期和以前期间抵扣，折余价值 70 万元将在未来期间作为折旧或通过处置作为一项减项从应税利润抵扣，未来收回时 70 万元都不构成应税利润，该设备的计税基础就是其账面价值 70 万元，没有差异。

又如，我国企业会计准则规定，企业自行开发的无形资产在满足资本化条件后发生的支出应当资本化，确认为无形资产成本；税法规定，企业的研究和开发支出一般可于发生当期税前扣除，由此产生自行开发的无形资产在持有期间的暂时性差异。

2. 负债的计税基础

负债的计税基础是指负债的账面价值减去未来期间计算应纳税所得额时按照税法规定可予抵扣的金额。通俗地说，负债的计税基础就是将来支付时不能抵税的金额。一般而言，短期借款、应付票据、应付账款、其他应付款等负债的确认和偿还，不会对当期损益和应纳税所得额产生影响，其计税基础即为账面价值。

在某些情况下，负债的确认可能会涉及损益，进而影响不同会计期间的应纳税所得额，使得其计税基础与账面价值之间产生差额，如企业因或有事项确认的预计负债。会计上，对于预计负债，按照最佳估计数确认，计入相关资产成本或者当期损益。按照税法规定，与预计负债相关的费用都在实际发生时税前扣除，该类负债的计税基础为 0，形成会计上的账面价值与计税基础之间的暂时性差异。

【例 14-8】 甲公司 2016 年年末预计负债账面金额为 100 万元（预提产品保修费用），假设产品保修费用在实际支付时抵扣，该预计负债计税基础为 0，即负债计税基础 = 负债账面价值 100 − 其在未来期间计算应税利润时可予抵扣的金额 100 = 0。

又如，账面金额 100 万元的应付职工薪酬，本期计税时相关的费用已抵扣，未来期间支付后不得从应纳税所得额中抵扣，该应付职工薪酬的计税基础是 100 万元，没有差异。

账面金额为 100 万元的预收房地产业务收入，相关收入按应计制予以征税，并已完税，未来结转时可以抵扣应税利润为 100 万元，计税基础为 0，产生暂时性差异 100 万元。

二、暂时性差异及其计算

暂时性差异是指资产或负债的账面价值与其计税基础之间的差额。按照暂时性差异对未来期间应税金额的影响，可以分为应纳税暂时性差异和可抵扣暂时性差异。

应纳税暂时性差异是指在确定未来收回资产或清偿负债期间的应纳税所得额时，将导致产生应税金额的暂时性差异。资产的账面价值大于其计税基础或者负债的账面价值小于其计税基础，产生应纳税暂时性差异。

可抵扣暂时性差异是指在确定未来收回资产或清偿负债期间的应纳税所得额时，将导致产生可抵扣金额的暂时性差异。资产的账面价值小于其计税基础或者负债的账面价值大于其计税基础，产生可抵扣暂时性差异。按照税法规定允许抵减以后年度利润的可抵扣亏损，视同可抵扣暂时性差异。

【例 14-9】 例 14-5 中，2016 年年末该固定资产的账面价值为 87 500 元，计税基础是 80 000 元，由此产生应纳税暂时性差异 7 500 元。

【例 14-10】 例 14-6 中，期末资产账面价值为 800 万元，计税基础为 1 000 万元，由此产生可抵扣暂时性差异 200 万元。

【例 14-11】 某企业将应计产品保修费用 500 万元确认为一项负债，该费用直到支付时才能在计税时抵扣，则该负债计税基础为 0，而账面价值为 500 万元，产生可抵扣暂时性差异 500 万元。

三、递延所得税资产或递延所得税负债

1. 应纳税暂时性差异与递延所得税负债

期末递延所得税负债 = 应纳税暂时性差异 × 税率

本期确认或转回的递延所得税负债 = 期末递延所得税负债 − 期初递延所得税负债

【例 14-12】 例 14-5 中，2016 年应纳税暂时性差异为 7 500 元，若所得税税率为 25%，期初递延所得税负债为 0，则期末递延所得税负债 = 应纳税暂时性差异 × 税率 = 7 500 ×

25% =1 875（元），本期确认递延所得税负债 = 期末递延所得税负债 - 期初递延所得税负债 =1 875 -0 =1 875（元）。会计分录如下：

借：所得税费用——递延所得税费用　　1 875

　贷：递延所得税负债　　1 875

【例 14-13】 甲公司 2013 年年末购入一台设备，原值 300 万元，预计使用年限为 3 年。税法与会计规定使用年限一致，预计净残值为 0，会计上采用直线法计提折旧，税法规定按年数总和法计提折旧。假设 2013 年年末本期递延所得税负债余额为 0，2014 年所得税税率为 25%，2015 年 1 月 1 日起所得税税率为 15%，各年年末固定资产账面价值和计税基础计算如表 14-2 所示。

表 14-2　甲公司 2013 ~ 2016 年固定资产账面价值和计税基础计算　单位：万元

年　份	2013 年年末	2014 年年末	2015 年年末	2016 年年末（已清理）
固定资产原值	300	300	300	0
减：累计折旧	0	100	200	0
固定资产净值	300	200	100	0
减：减值准备	0	0	0	0
固定资产净额（账面价值）	300	200	100	0
税法计算的累计折旧	0	150	250	0
计税基础	300	150（300 - 150）	50（300 - 250）	0
应纳税暂时性差异	0	50（200 - 150）	50（100 - 50）	0
递延所得税负债余额	0	12.5（50 × 25%）	7.5（50 × 15%）	0

注：会计折旧额每年都是 100 万元。税法每年计提折旧额：2014 年为 300 × (3/6) = 150（万元）；2015 年为 300 × (2/6) = 100（万元）；2016 年为 300 × (1/6) = 50（万元）。

上述甲公司每年年末所得税账务处理如下：

(1) 2014 年：

本期递延所得税负债 =12.5 -0 =12.5（万元）

借：所得税费用——递延所得税费用　　125 000

　贷：递延所得税负债　　125 000

(2) 2015 年：

本期递延所得税负债 =7.5 -12.5 = -5（万元）

借：递延所得税负债　　50 000

　贷：所得税费用——递延所得税费用　　50 000

(3) 2016 年：

本期递延所得税负债 =0 -7.5 = -7.5（万元）

借：递延所得税负债　　75 000

　贷：所得税费用——递延所得税费用　　75 000

“递延所得税负债”账户金额的变化如图 14-7 所示。

递延所得税负债

借方		贷方	
		2014年	125 000
2015年	50 000		
2016年	75 000		
余额	0		

图 14-7 “递延所得税负债”账户

从图 14-7 可以看出，当应纳税暂时性差异消失后，相应的“递延所得税负债”账户余额为0。

【例 14-14】 假定某企业持有一项交易性金融资产，成本为 1 000 万元，期末公允价值为 1 500 万元，该资产账面价值为 1 500 万元，计税基础为 1 000 万元，应纳税暂时性差异为 500 万元。假定该企业适用的所得税税率为 25%，递延所得税资产和递延所得税负债不存在期初余额，对该 500 万元应纳税暂时性差异，应确认 125 万元递延所得税负债。会计处理如下：

借：所得税费用——递延所得税费用　　1 250 000

　　贷：递延所得税负债　　1 250 000

假设资产负债表日根据应纳税暂时性差异计算的递延所得税负债应为 125 万元，期初“递延所得税负债”科目贷方余额为 100 万元，则会计处理如下：

借：所得税费用——递延所得税费用　　250 000

　　贷：递延所得税负债　　250 000

假设期初“递延所得税负债”科目贷方余额为 185 万元，则会计处理如下：

借：递延所得税负债　　600 000

　　贷：所得税费用——递延所得税费用　　600 000

2. 可抵扣暂时性差异与递延所得税资产

期末递延所得税资产 = 可抵扣暂时性差异 × 税率

本期确认或转销递延所得税资产 = 期末递延所得税资产 − 期初递延所得税资产

【例 14-15】 例 14-11 中的可抵扣暂时性差异为 500 万元，若所得税税率为 25%，期初递延所得税资产为 0，则期末递延所得税资产 = 可抵扣暂时性差异 × 税率 = 500 × 25% = 125（万元），本期确认递延所得税资产 = 期末递延所得税资产 − 期初递延所得税资产 = 125 − 0 = 125（万元）。会计分录如下：

借：递延所得税资产　　1 250 000

　　贷：所得税费用——递延所得税费用　　1 250 000

【例 14-16】 甲公司 2013 年 12 月购入一台设备，原值 120 万元，预计使用年限为 3 年，预计净残值为 0，按直线法计提折旧。2014 年 12 月 31 日，计提固定资产减值准备 20 万元。计提减值后，原预计使用年限和预计净残值不变。假设所得税税率为 25%，2013 年年末递延所得税资产余额为 0，则各年年末固定资产账面价值和计税基础计算如表 14-3 所示。

表 14-3　甲公司 2013～2016 年固定资产账面价值和计税基础计算　　单位：万元

年　份	2013 年年末	2014 年年末	2015 年年末	2016 年年末（已清理）
固定资产原值	120	120	120	0
减：累计折旧	0	40	70	0
固定资产净值	120	80	50	0
减：减值准备	0	20	20	0
固定资产净额（账面价值）	120	60	30	0
税法计算的累计折旧	0	40	80	0
计税基础	120	80（120－40）	40	0
可抵扣暂时性差异	0	20（80－60）	10（40－30）	0
递延所得税资产余额	0	5（20×25%）	2.5（10×25%）	0

注：会计每年计提折旧额：2014 年为(120－0)/3＝40（万元）；2015 年为(60－0)/2＝30（万元）；2016 年为(30－0)/1＝30（万元）。税法折旧额每年都是 40 万元。

上述甲公司每年年末所得税账务处理如下：

（1）2014 年：

借：递延所得税资产　　50 000

　　贷：所得税费用——递延所得税费用　　50 000

（2）2015 年：

年末递延所得税资产＝2.5 万元

年初递延所得税资产＝5 万元

本年确认的递延所得税资产＝2.5－5＝－2.5（万元）

会计分录为：

借：所得税费用——递延所得税费用　　25 000

　　贷：递延所得税资产　　25 000

（3）2016 年：

年末递延所得税资产＝0

年初递延所得税资产＝2.5 万元

本年确认的递延所得税资产＝0－2.5＝－2.5（万元）

会计分录为：

借：所得税费用——递延所得税费用　　25 000

　　贷：递延所得税资产　　25 000

注意：当暂时性差异消失时，相应的“递延所得税资产”账户余额为 0。

【例 14-17】　某企业因某事项在当期确认了 100 万元负债，计入当期损益。假定按照税法规定，与确认该负债相关的费用，在实际发生时准予税前扣除，该负债的计税基础为 0，其账面价值与计税基础之间形成可抵扣暂时性差异 100 万元。

假定该企业适用的所得税税率为 25%，递延所得税资产和递延所得税负债不存在期初余额，对于负债产生的 100 万元可抵扣暂时性差异，应确认 25 万元递延所得税资产。会计分录为：

借：递延所得税资产　　250 000

　　贷：所得税费用——递延所得税费用　　250 000

假设资产负债表日企业根据可抵扣暂时性差异计算的递延所得税资产应为 25 万元，期初“递延所得税资产”科目借方余额为10万元，则会计处理如下：

借：递延所得税资产　　150 000

　　贷：所得税费用——递延所得税费用　　150 000

假设“递延所得税资产”科目期初借方余额为43万元，则会计处理如下：

借：所得税费用——递延所得税费用　　180 000

　　贷：递延所得税资产　　180 000

【例14-18】 假定甲企业适用的所得税税率为25%，2015年利润总额为750万元。该企业当年会计与税收之间的差异包括以下事项：

（1）国债利息收入50万元。

（2）税款滞纳金60万元。

（3）交易性金融资产公允价值增加60万元。

（4）提取存货跌价准备200万元。

（5）因售后服务预计费用100万元。

相应的会计处理如下：

（1）计算确定应纳税所得额及应交所得税：

应纳税所得额＝利润总额750－国债利息收入50＋税款滞纳金60－交易性金融资产公允价值增加60＋提取存货跌价准备200＋因售后服务预计费用100
＝1 000（万元）

应交所得税＝1 000×25%＝250（万元）

借：所得税费用——当期所得税费用　　2 500 000

　　贷：应交税费——应交所得税　　2 500 000

（2）假设甲企业2015年12月31日资产负债表中部分项目账面价值与计税基础情况如表14-4所示（假设年初递延所得税资产和递延所得税负债的账面余额为0）。

表14-4　甲企业2015年年末部分资产、负债的账面价值与计税基础

项　目	账面价值	计税基础	差　异	
			应纳税	可抵扣
以公允价值计量且其变动计入当期损益的金融资产	2 600 000	2 000 000	600 000	
存货	20 000 000	22 000 000		2 000 000
预计负债	1 000 000	0		1 000 000
总计			600 000	3 000 000

1）可抵扣暂时性差异300万元，递延所得税资产的应有余额为75万元（300×25%）。

借：递延所得税资产　　750 000

　　贷：所得税费用——递延所得税费用　　750 000

2）应纳税暂时性差异60万元，递延所得税负债的应有余额为15万元（60×25%）。

借：所得税费用——递延所得税费用　　150 000

　　贷：递延所得税负债　　150 000

（3）假设2016年该企业应纳税所得额为2 000万元，资产负债表中部分资产、负债的

情况如表14-5所示。

表14-5　甲企业2016年年末部分资产、负债的账面价值与计税基础

项　目	账面价值	计税基础	差　异	
			应纳税	可抵扣
以公允价值计量且其变动计入当期损益的金融资产	2 800 000	3 800 000		1 000 000
存货	26 000 000	26 000 000		
预计负债	600 000	0		600 000
无形资产	2 000 000	0	2 000 000	
总计			2 000 000	1 600 000

1）计算应交所得税：

应交所得税 =2 000 ×25% =500(万元)

借：所得税费用——当期所得税费用　　5 000 000

　　贷：应交税费——应交所得税　　5 000 000

2）可抵扣暂时性差异160万元，“递延所得税资产”科目应有余额40万元（160 ×25%），期初余额为75万元，递延所得税资产减少35万元（75 –40），会计分录为：

借：所得税费用——递延所得税费用　　350 000

　　贷：递延所得税资产　　350 000

3）应纳税暂时性差异200万元，“递延所得税负债”科目应有余额50万元，期初余额为15万元，递延所得税负债增加35万元。会计分录为：

借：所得税费用——递延所得税费用　　350 000

　　贷：递延所得税负债　　350 000

由上述会计处理过程可以看出，企业利润表中的所得税费用由两部分内容构成：一是按照税法规定计算的“当期所得税费用”，二是按照上述规定计算的本期“递延所得税费用”。

3. 弥补亏损产生的可抵扣暂时性差异

按照税法规定，发生亏损后允许企业向后递延弥补5年；企业会计准则规定：“企业对于能够结转以后年度的可抵扣亏损和税款抵减，应当以很可能获得用来抵扣可抵扣亏损和税款抵减的未来应纳税所得额为限，确认相应的递延所得税资产。”

【例14-19】 乙公司所得税税率为25%，2013～2016年应纳税所得额为 –100万元、40万元、40万元、50万元。假设没有其他纳税调整事项，则乙公司各年可抵扣暂时性差异和递延所得税资产变化如表14-6所示。

表14-6　乙公司暂时性差异和递延所得税资产变化　　单位：万元

年　份	2013年	2014年	2015年	2016年
可抵扣暂时性差异	100	60	20	0
递延所得税资产余额	25	15	5	0
递延所得税资产变化	+25	–10	–10	–5

乙公司所得税会计处理如下：

（1）2013 年年末：

借：递延所得税资产　（1 000 000×25%）250 000

　贷：所得税费用——递延所得税费用　250 000

（2）2014 年年末：

借：所得税费用——递延所得税费用　100 000

　贷：递延所得税资产　（400 000×25%）100 000

（3）2015 年年末：

借：所得税费用——递延所得税费用　100 000

　贷：递延所得税资产　（400 000×25%）100 000

（4）2016 年年末：

借：所得税费用——当期所得税费用　（30 000×25%）75 000

　贷：应交税费——应交所得税　75 000

借：所得税费用——递延所得税费用　50 000

　贷：递延所得税资产　（200 000×25%）50 000

4. 递延所得税的特殊处理

某些情况下，递延所得税产生于直接计入所有者权益的交易或事项，或者产生于企业合并中资产、负债的账面价值与其计税基础之间的差异。这类交易或事项中产生的递延所得税，不影响利润表中确认的所得税费用，其所得税影响应视情况分别确认。

（1）直接计入所有者权益的交易或事项产生的递延所得税。根据《企业会计准则第 18 号——所得税》第二十二条的规定，直接计入所有者权益的交易或事项，如可供出售金融资产公允价值的变动，相关资产、负债的账面价值与计税基础之间形成暂时性差异的，应当按照准则规定确认递延所得税资产或递延所得税负债，记入“资本公积——其他资本公积”科目。

【例 14-20】 甲公司 2016 年持有丙公司股票，作为可供出售金融资产计量。购买时公允价值为 300 万元，2016 年 12 月 31 日公允价值为 360 万元，甲公司所得税税率为 25%。

由于资产的账面价值为 360 万元，计税基础为 300 万元，产生应纳税差异 60 万元，故递延所得税负债 =60×25% =15（万元），会计处理如下：

借：资本公积——其他资本公积　150 000

　贷：递延所得税负债　150 000

（2）企业合并中产生的递延所得税。因会计准则规定与税法规定对企业合并类型的划分标准不同，某些情况下会造成合并中取得资产、负债的入账价值与其计税基础的差异。因企业合并产生的应纳税暂时性差异或可抵扣暂时性差异的影响，应在确认递延所得税负债或递延所得税资产的同时，相应调整合并中应予确认的商誉。

进一步学习指南

2006年2月15日财政部颁布《企业会计准则第18号——所得税》，关于所得税会计在应交所得税基础上确定所得税费用，在原会计制度采用应付税款法下，所得税费用等于应交所得税，而在采用资产负债表债务法下，所得税费用不一定等于应交所得税，所得税费用应在应交所得税基础上考虑暂时性差异的影响的相关规定变化不大。要了解会计准则的具体规定，可参考《企业会计准则第18号——所得税》。

思　考　题

1. 为什么会产生所得税会计问题？

2. 什么是永久性差异？什么是时间性差异？什么是暂时性差异？比较它们的内容和相关会计处理。

3. 试比较利润表负债法和资产负债表负债法的核算程序的差异。

练　习　题

习题一

1. 目的：练习暂时性差异的确认与会计处理。

2. 资料：B股份有限公司（以下简称B公司）所得税的核算采用资产负债表债务法，所得税税率为25%。2016年有关所得税业务事项如下：

（1）B公司存货采用先进先出法核算，库存商品年末账面余额为500万元，未计提存货跌价准备。按照税法规定，存货在销售时可按实际成本在税前抵扣。

（2）B公司2016年年末无形资产账面余额为600万元，已计提无形资产减值准备200万元。按照税法规定，计提的资产减值准备不得在税前抵扣。

（3）B公司2016年9月支付1 200万元购入交易性金融资产，2016年年末，该交易性金融资产的公允价值为1 350万元。按照税法规定，交易性金融资产在出售时可以抵税的金额为其初始成本。

3. 要求：

（1）分析判断上述业务事项是否形成暂时性差异；如果形成暂时性差异，请指出属于何种暂时性差异，并说明理由。

（2）形成暂时性差异的，请按规定确认相应的递延所得税资产和递延所得税负债，并进行会计处理。

习题二

1. 目的：练习资产负债表债务法所得税会计处理。

2. 资料：A公司系2016年年初新成立的企业，所得税核算采用资产负债表债务法，所得税税率为25%，公司预计会持续盈利，各年能够获得足够的应纳税所得额。2016年全年实现的净利润总额为600万元。2016年其他相关资料如下：

（1）3月10日购入A股票10万股，支付价款120万元，划分为交易性金融资产；4月20日收到A公司宣告并发放的现金股利8万元；年末A公司持有的A股票的市价为150万元。

（2）12月31日应收账款余额为800万元，应计提坏账准备84万元。按照税法规定，坏账准备按期末应收账款余额的5‰计提，可在所得税前扣除。

(3) 12 月 31 日存货账面实际成本为 600 万元，预计可变现净值为 540 万元，存货期末按成本与可变现净值孰低法计价。

(4) 2016 年度支付广告性质的赞助费 16 万元，支付税收滞纳金 5 万元，支付非公益救济性捐赠 4 万元，支付广告费 20 万元，另发生国债利息收入 15 万元。

3. 要求：

(1) 编制上述资料 (1) ~ (3) 的有关会计分录。

(2) 计算 A 公司 2016 年度应交所得税并编制有关会计分录。

(3) 计算因上述事项所产生的应纳税暂时性差异和可抵扣暂时性差异及应确认的递延所得税资产和递延所得税负债的金额，并编制相关会计分录。

第三部分　财务报表的编制与分析

财务报表是综合反映企业一定时期（或时点）财务状况、经营成果以及现金流量情况的书面文件，主要由资产负债表、利润表、现金流量表和所有者权益变动表以及报表附注组成。财务报表分析是以企业编制的财务报表及相关资料为基础，运用一定的方法和手段，对企业的财务状况、经营成果及现金流量情况进行系统的分析和评价，以便更好地为决策者服务。由于会计信息使用者很多，会计受成本约束，不能分别为每个信息使用者提供满足其个性要求的特殊报告，只能根据信息使用者的一般性要求提供通用财务报表。各会计信息使用者可以对通用财务报表进行进一步加工分析来获得所需的信息。本部分共有两章，第十五章介绍四种主要财务报表的内容、格式和编制方法；第十六章介绍财务报表分析的基本方法，通过对各种财务比率的计算和比较，分析企业的偿债能力、营运能力和盈利能力。通过本部分的学习，学生可以了解财务报告的组成、各报表的编制方法，以及如何根据需要对财务报表进行进一步加工分析，以获取所需特殊财务信息。本部分内容是实际应用会计信息的关键。

第十五章

财务报告

会计核算的最终目的就是向相关决策者提供信息。在企业的日常会计核算中，虽然对所发生的各项经济业务在账簿中进行了记录，但这些信息都是零散的，不便于信息使用者全面、综合地了解企业的财务状况、经营成果及现金流量情况。于是就要将分散在各账簿中的信息进行归类、加工，编制成财务报告。财务报告是反映企业一定时期财务状况、经营成果以及现金流量情况等财务信息的总结性书面文件。编制财务报告是会计核算的最后环节，也是一项非常重要的工作。

财务报告由财务报表和其他财务报告组成，其中财务报表是财务报告的核心部分，包括资产负债表、利润表、现金流量表和所有者权益变动表；其他财务报告是对财务报表的补充说明，包括财务报表附注等。其实，在很多时候财务报告和财务报表并没有严格的区分，经常混同使用。

财务报表将分散在各账簿中的信息进行综合、加工，可以更系统、更全面地反映企业的财务情况。编制财务报表的最终目的是向使用者提供信息。财务报表的使用者包括投资者、债权人、顾客、企业管理部门、政府及有关机构等。投资者、债权人是与企业利益关系最密切的个人或集体，通过财务报表了解企业的财务状况、经营成果及现金流动方面的信息，以便及时做出投资、信贷决策；企业管理者通过财务报表，了解企业经营方面的信息，以满足企业经营管理的需要；政府与有关机构也需要通过财务报表，了解企业的财务状况和经营成果，以检验宏观政策的实施效果。

第一节　利润表与所有者权益变动表

一、利润表的作用及利润的计算

利润表又称损益表或收益表，是反映企业一定期间经营成果的财务报表。它是一张动态报表。利润是企业经营成果的最直接的体现，也是企业生存和发展的动力。通过利润表可以了解企业收入、成本和费用情况，分析企业利润增减变动的原因，考核企业管理人员的业绩。同时，利润表也是企业经营成果分配的重要依据。通过不同时期利润表的比较，也可以分析企业今后的利润发展趋势和获利能力。

利润的计算方法有利润表法和资产负债表法。利润表法以利润表为基础，根据应计制原则，将一定期间的收入和相关的成本费用进行配比，从而计算出企业的利润。资产负债表法以资产负债表为基础，计算出企业一定期间的净资产的变动额减去股权变动后的余额，作为

当期的利润。在现行的会计实务中较常采用的是利润表法。

二、利润表的结构

利润表根据其结构的不同分为单步式利润表和多步式利润表。单步式利润表是将企业所有的收入和所有的成本费用分别汇总，然后用收入总额减去成本费用总额计算出净利润。多步式利润表将利润按其构成分层次逐步计算最后得出净利润。单步式利润表只能得到利润的最终结果，无法得到利润形成过程的信息；多步式不仅可以得到利润的最终结果，而且还可以得到利润形成过程的信息。目前我国会计准则规定的利润表格式是多步式利润表。根据《企业会计准则第30号——财务报表列报》的规定，利润表至少应当单独列示反映下列信息的项目：①营业收入；②营业成本；③税金及附加；④管理费用；⑤销售费用；⑥财务费用；⑦投资收益；⑧公允价值变动损益；⑨资产减值损失；⑩非流动资产处置损益；⑪所得税费用；⑫净利润；⑬其他综合收益的税后净额；⑭综合收益总额。一般工商企业多步式利润表格式如表15-1所示。

表15-1 利润表

编制单位： 年 月 单位：元

项　目	本期金额	上期金额
一、营业收入		
减：营业成本		
税金及附加		
销售费用		
管理费用		
财务费用		
资产减值损失		
加：公允价值变动收益（损失以“－”号填列）		
投资收益（损失以“－”号填列）		
其中：对联营企业和合营企业的投资收益		
二、营业利润（亏损以“－”号填列）		
加：营业外收入		
减：营业外支出		
其中：非流动资产处置损失		
三、利润总额（亏损总额以“－”号填列）		
减：所得税费用		
四、净利润（净亏损以“－”号填列）		
五、其他综合收益的税后净额		
六、综合收益总额		
七、每股收益：		
（一）基本每股收益		
（二）稀释每股收益		

三、利润表编制举例

1. 资产负债表法计算利润

资产负债表法虽然不是计算企业利润的主要方法，但对很多中小企业来说，在开办初期往往会计基础较为薄弱，核算资料不全，在正式建账时，经常要采用资产负债表法确定一定期间的利润，并确定资产、负债、所有者权益各账户余额。

【例15-1】 惠康公司是2016年年初由惠明和康祥两个投资者各出资50万元创办的。由于公司刚创立，财务制度不健全，企业没有设会计，只有一名出纳负责日常现金收支和银行结算。6月末，公司管理层认为目前公司已走上正轨，决定健全其财务制度。为此决定对开办以来的财产状况及盈利状况进行清查和核算。经过盘点，公司现有的资产和负债情况如下：

(1) 资产方面：

1) 出纳保管现金有5 000元，银行账户上存款有204 000元。

2) 应收客户欠款305 000元，都是因销售商品产生的。

3) 公司总经理惠明借款50 000元，副总经理康祥借款30 000元。

4) 仓库存货经盘点，其价值为485 000元。

5) 公司在成立时购买的设备、电器为230 000元，购买公司经营用房屋400 000元。

6) 公司从其他公司购买一项专营权50 000元。

(2) 负债方面：

1) 公司1月份向银行贷款300 000元，作为流动资金，期限为1年，年利率为6%，第二季度利息4 500元尚未支付。

2) 因采购商品应付供应商欠款280 000元，至今尚未偿还。

3) 公司纳税实行核定制度，税务机关核定公司每个月应交税金总额为5 000元，6月份尚未缴纳。

4) 公司每月职工工资，下月份发放，6月份应付职工工资12 000元。

(3) 相关会计政策：

1) 固定资产中设备和电器的折旧年限为5年，预计残值率为10%。房屋的折旧年限为20年，无残值。固定资产均采用直线法计提折旧。

2) 公司购买的专营权期限为5年，按5年摊销。

3) 公司的银行贷款利息按应计制原则预提。

下面根据上述资料计算惠康公司开业以来实现的利润，并编制6月末的资产负债表。

(1) 计算1~6月份固定资产的折旧额和专营权的摊销额。

$$\text{设备、电器的折旧额}=\frac{230\ 000\times(1-10\%)}{5}\times\frac{6}{12}=20\ 700(\text{元})$$

$$\text{房屋的折旧额}=\frac{400\ 000}{20}\times\frac{6}{12}=10\ 000(\text{元})$$

$$\text{专营权的摊销额}=(50\ 000\div 5)\times\frac{6}{12}=5\ 000(\text{元})$$

(2) 假设公司除初始投资外，本年度尚未增减投资和分配利润，且暂不考虑企业所得税，惠康公司1～6月份实现的利润额计算如下：

将上述资料填入表15-2中，计算惠康公司6月30日的净资产为1 121 800元，年初净资产为1 000 000元，由此得到惠康公司1～6月实现净资产增值为121 800元。由于惠康公司1～6月没有增减投资，也没有分配利润，因此净资产增值121 800元即为惠康公司1～6月实现的利润。将此数据填入表15-2中的“未分配利润”项目，即可得到惠康公司2016年6月30日的资产负债表。

表15-2　资产负债表

编制单位：惠康公司　　2016年6月30日　　单位：元

资　　产	金　　额	负债和所有者权益	金　　额
货币资金	209 000	短期借款	300 000
应收账款	305 000	应付票据	
应收票据		应付账款	280 000
预付款项		应付职工薪酬	12 000
其他应收款	80 000	应交税费	5 000
存货	485 000	应付利息	4 500
		流动负债合计	601 500
固定资产	599 300	非流动负债：	
无形资产	45 000	所有者权益：	
		实收资本	1 000 000
		未分配利润	121 800
		所有者权益合计	1 121 800
资产总计	1 723 300	负债和所有权益合计	1 723 300

2. 利润表法计算利润

【例15-2】 A公司2016年1月1日有关科目的余额如表15-3所示。

表15-3　科目余额表

2016年1月1日　　单位：元

账户名称	借方余额	贷方余额
库存现金	3 650	
银行存款	1 015 000	
交易性金融资产	20 000	
应收票据	326 000	
应收账款	320 000	
坏账准备		960
预付账款	120 000	
其他应收款	6 900	
原材料	2 360 000	

（续）

账户名称	借方余额	贷方余额
周转材料	543 500	
库存商品	875 000	
长期待摊费用	56 250	
长期股权投资	300 000	
固定资产	1 500 000	
累计折旧		450 000
在建工程	1 800 000	
无形资产	1 200 000	
累计摊销		200 000
短期借款		320 000
应付票据		140 000
应付账款		285 000
其他应付款		125 000
应付职工薪酬		154 000
应交税费		43 600
应付利息		1 200
长期借款		1 720 000
实收资本		6 850 000
盈余公积		156 540
利润分配		0
合计	10 446 300	10 446 300

A 公司 2016 年发生的经济业务如下：

（1）购入原材料一批，用银行存款支付货款 350 000 元，增值税 59 500 元（增值税税率按 17% 计算），材料已验收入库。

（2）销售产品一批，销售价款为 1 200 000 元，销货增值税为 204 000 元，该产品成本为 720 000 元，产品已发出，货款尚未收到。销售成本于期末一次结转。

（3）用银行存款支付到期的商业承兑汇票 120 000 元。

（4）购入不需安装设备一台，价款为 280 000 元，增值税为 47 600 元，支付包装费、运杂费 1 000 元（包装费、运杂费暂不考虑增值税），全部款项已签发转账支票支付。设备已交付使用。

（5）抛售短期持有的、成本为 20 000 元的股票，收到价款 22 000 元存入银行。

（6）在建工程应负担的长期借款利息为 180 000 元，款项尚未支付。

（7）出售设备一台，该设备原值 500 000 元，已计提折旧 150 000 元。收到价款 420 000 元，价款已存入银行（暂不考虑增值税）。

（8）收到应收账款 1 084 000 元，存入银行。

（9）提取应计入本期损益的借款利息共计 25 800 元，其中短期借款利息 13 800 元，长期借款利息 12 000 元。

（10）以商业承兑汇票结算方式销售产品一批，销售价款为 325 000 元，销货增值税为

55 250 元，收到 380 250 元的商业承兑汇票一张。该产品成本为 195 000 元，产品已发出。

（11）将上述商业承兑汇票到银行办理贴现，贴现息为 26 000 元。

（12）基本生产车间报废一台设备，原价 250 000 元，已提折旧 225 000 元，清理费 600 元，残值收入 1 000 元，均通过银行存款收支。该项固定资产已清理完毕。

（13）收到现金股利 60 000 元，存入银行（该投资按成本法核算，该股息所得符合《企业所得税法》规定的免税条件）。

（14）用银行存款偿还长期借款 1 000 000 元。

（15）分配应支付的职工工资 700 000 元，其中，生产工人工资 385 000 元，车间管理人员工资 14 000 元，行政管理人员工资 21 000 元，在建工程应负担的工资 280 000 元。

（16）按工资总额的 14% 提取福利费 98 000 元，其中生产工人福利费 53 900 元，车间管理人员福利费 1 960 元，行政管理人员福利费 2 940 元，在建工程应负担的福利费 39 200 元。

（17）计提固定资产折旧 112 500 元，其中，车间固定资产折旧 90 000 元，管理部门固定资产折旧 22 500 元。

（18）用银行存款支付工资 700 000 元。

（19）归还短期借款本金 300 000 元，利息 15 000 元，已预提。

（20）基本生产车间领用原材料 980 000 元，领用包装产品用包装物 56 500 元，领用低值易耗品 70 000 元（采用一次摊销法）。

（21）摊销无形资产 67 500 元，摊销基本生产车间固定资产修理费 56 250 元（此项已列入长期待摊费用）。

（22）出售包装物一批，价款 30 000 元，增值税 5 100 元。该款项已存入银行，这批包装物的成本为 23 000 元。

（23）按应收账款余额的 3‰计提坏账准备。

（24）计算并结转本期完工产品成本，期初期末均无在产品。

（25）用银行存款支付广告费 98 000 元。

（26）一张应收银行承兑汇票到期，票款 270 000 元已存入银行。

（27）用银行存款缴纳增值税 123 000 元。

（28）向银行借入长期借款 650 000 元。

（29）结转本期产品销售成本 915 000 元。

（30）结转本年利润。

（31）计提本期应纳企业所得税，税率为 25%。

（32）“本年利润”账户的余额转入“利润分配”账户。

（33）按税后利润的 10% 提取法定盈余公积。

（34）缴纳所得税 36 500 元。

（35）将利润分配各明细账户转入“利润分配——未分配利润”账户。

根据上述业务，编制会计分录如下：

（1）借：原材料　　350 000

　　应交税费——应交增值税（进项税额）　　59 500

　　贷：银行存款　　409 500

(2) 借：应收账款　1 404 000
　　贷：主营业务收入　1 200 000
　　　　应交税费——应交增值税（销项税额）　204 000
(3) 借：应付票据　120 000
　　贷：银行存款　120 000
(4) 借：固定资产　281 000
　　应交税费——应交增值税（进项税额）　47 600
　　贷：银行存款　328 600
(5) 借：银行存款　22 000
　　贷：交易性金融资产　20 000
　　　　投资收益　2 000
(6) 借：在建工程　180 000
　　贷：长期借款——应计利息　180 000
(7) 借：固定资产清理　350 000
　　累计折旧　150 000
　　贷：固定资产　500 000
　借：银行存款　420 000
　　贷：固定资产清理　420 000
　借：固定资产清理　70 000
　　贷：营业外收入——处置固定资产净收益　70 000
(8) 借：银行存款　1 084 000
　　贷：应收账款　1 084 000
(9) 借：财务费用　25 800
　　贷：应付利息　13 800
　　　　长期借款——应计利息　12 000
(10) 借：应收票据　380 250
　　贷：主营业务收入　325 000
　　　　应交税费——应交增值税（销项税额）　55 250
(11) 借：财务费用　26 000
　　银行存款　354 250
　　贷：应收票据　380 250
(12) 借：固定资产清理　25 000
　　累计折旧　225 000
　　贷：固定资产　250 000
　借：固定资产清理　600
　　贷：银行存款　600
　借：银行存款　1 000
　　贷：固定资产清理　1 000
　借：营业外支出——处置固定资产净损失　24 600

	贷：固定资产清理		24 600
(13)	借：银行存款	60 000	
	贷：投资收益		60 000
(14)	借：长期借款	1 000 000	
	贷：银行存款		1 000 000
(15)	借：生产成本	385 000	
	制造费用	14 000	
	管理费用	21 000	
	在建工程	280 000	
	贷：应付职工薪酬——工资		700 000
(16)	借：生产成本	53 900	
	制造费用	1 960	
	管理费用	2 940	
	在建工程	39 200	
	贷：应付职工薪酬——职工福利		98 000
(17)	借：制造费用	90 000	
	管理费用	22 500	
	贷：累计折旧		112 500
(18)	借：应付职工薪酬	700 000	
	贷：银行存款		700 000
(19)	借：短期借款	300 000	
	应付利息	15 000	
	贷：银行存款		315 000
(20)	借：生产成本	1 036 500	
	贷：原材料		980 000
	周转材料——包装物		56 500
	借：制造费用	70 000	
	贷：周转材料——低值易耗品		70 000
(21)	借：管理费用——无形资产摊销	67 500	
	贷：累计摊销		67 500
	借：管理费用——固定资产修理费	56 250	
	贷：长期待摊费用		56 250
(22)	借：银行存款	35 100	
	贷：其他业务收入		30 000
	应交税费——应交增值税（销项税额）		5 100
	借：其他业务成本	23 000	
	贷：周转材料——包装物		23 000
(23)	借：资产减值损失——坏账损失	960	
	贷：坏账准备		960

(24) 借：生产成本　　175 960
　　贷：制造费用　　175 960
借：库存商品　　1 651 360
　　贷：生产成本　　1 651 360
(25) 借：销售费用　　98 000
　　贷：银行存款　　98 000
(26) 借：银行存款　　270 000
　　贷：应收票据　　270 000
(27) 借：应交税费——应交增值税（已交税金）　　123 000
　　贷：银行存款　　123 000
(28) 借：银行存款　　650 000
　　贷：长期借款　　650 000
(29) 借：主营业务成本　　915 000
　　贷：库存商品　　915 000
(30) 借：主营业务收入　　1 525 000
　　其他业务收入　　30 000
　　营业外收入　　70 000
　　投资收益　　62 000
　　贷：本年利润　　1 687 000
借：本年利润　　1 283 550
　　贷：主营业务成本　　915 000
　　　　其他业务成本　　23 000
　　　　销售费用　　98 000
　　　　管理费用　　170 190
　　　　财务费用　　51 800
　　　　营业外支出　　24 600
　　　　资产减值损失　　960
(31) 计提本期应纳企业所得税：
本年应交所得税 =（1 687 000 - 1 283 550 - 60 000）×25% = 85 862.50（元）
借：所得税费用　　85 862.50
　　贷：应交税费——应交所得税　　85 862.50
借：本年利润　　85 862.50
　　贷：所得税费用　　85 862.50
(32) 借：本年利润　　317 587.50
　　贷：利润分配——未分配利润　　317 587.50
(33) 提取法定盈余公积：
应计提法定盈余公积 =(403 450 - 85 862.50) ×10% = 31 758.75(元)
借：利润分配——提取法定盈余公积　　31 758.75
　　贷：盈余公积——法定盈余公积　　31 758.75

(34) 借：应交税费——应交所得税　　36 500
　　贷：银行存款　　36 500

(35) 借：利润分配——未分配利润　　31 758.75
　　贷：利润分配——提取法定盈余公积　　31 758.75

根据以上会计分录可得表15-4和表15-5。

表15-4　利润表科目本期发生额

2016年度　　单位：元

项　　目	借方发生额	贷方发生额
主营业务收入		1 525 000
主营业务成本	915 000	
税金及附加	0	
其他业务收入		30 000
其他业务成本	23 000	
销售费用	98 000	
管理费用	170 190	
财务费用	51 800	
投资收益		62 000
营业外收入		70 000
营业外支出	24 600	
所得税费用	85 862.50	
资产减值损失	960	

表15-5　利润表

编制单位：A公司　　2016年度　　单位：元

项　　目	本期金额	上期金额
一、营业收入	1 555 000	
减：营业成本	938 000	
税金及附加		
销售费用	98 000	
管理费用	170 190	
财务费用	51 800	
资产减值损失	960	
加：公允价值变动收益（损失以“－”号填列）		
投资收益（损失以“－”号填列）	62 000	
其中：对联营企业和合营企业的投资收益	60 000	
二、营业利润（亏损以“－”号填列）	358 050	
加：营业外收入	70 000	
减：营业外支出	24 600	
其中：非流动资产处置损失	24 600	
三、利润总额（亏损总额以“－”号填列）	403 450	
减：所得税费用	85 862.50	

（续）

项　目	本期金额	上期金额
四、净利润（净亏损以“-”号填列）	317 587.50	
五、其他综合收益的税后净额	0	
六、综合收益总额	317 587.50	
七、每股收益：		
（一）基本每股收益		
（二）稀释每股收益		

四、所有者权益变动表

所有者权益变动表是企业会计准则规定的第四大报表，是由原来上市公司资产负债表的附表——股东权益变动表发展而来的。所有者权益变动表根据所有者权益变动的性质，分别按照综合收益总额、所有者投入和减少资本、利润分配、所有者权益内部结转等情况分别填列。由于所有者权益变动表已经包含企业利润分配的内容，企业会计准则取消了利润分配表。利润分配表原来是利润表的附表。

1. 所有者权益变动表的结构

所有者权益变动表由四部分构成：上年年末所有者权益各项目余额、本年年初所有者权益各项目余额、本年所有者权益各项目增减变动金额、本年年末所有者权益各项目余额，其中，本年度所有者权益各项目增减变动金额又根据所有者权益变动的主要原因分为四类：综合收益总额、所有者投入和减少资本、利润分配和所有者权益内部结转。

2. 所有者权益变动表的阅读与理解

所有者权益变动表是年报，主要根据年末利润表和有关账簿记录进行填列。由于所有者权益变动表中的内容大多数发生在年初和年末，而且对大多数企业来说，发生所有者权益变动的会计记录一般不多，直接根据年初和年末的会计记录就可以填列该表。各项目的填列内容如下：

（1）会计政策变更。企业本年度采用的会计政策如果不同于上年度会计政策，除了会计准则有特别的规定外，必须采用追溯调整法调整以前年度的损益。由于以前的会计账簿已经结账，不能再调整，一般只能根据会计政策变更的内容，调整相应的报表项目。当会计政策变更涉及上年度所有者权益项目的，必须在本年度所有者权益变动表中进行调整。例如，B公司2016年年初对某项设备折旧由原来的直线法改为双倍余额递减法，采用追溯调整法，调增累计折旧160 000元，调减盈余公积18 000元（计提比例为净利润的15%），调减未分配利润102 000元，调增递延所得税资产40 000元（企业所得税适用税率为25%），此时一方面要调整资产负债表相关项目的年初数，另一方面要在所有者权益变动表中调减年初的盈余公积18 000元，未分配利润102 000元，如表15-6所示。

（2）前期差错更正。这是指以前年度在会计核算时，由于计量、确认、记录等方面出现的错误，这种会计差错在本会计年度发现并进行更正。企业发现以前期间相关的重大会计差错，如果影响损益，则应按其对损益的影响数调整发现当期的期初留存收益，财务报表其他相关项目的期初数也应一并调整；如不影响损益，则应调整财务报表相关项目的期初数。

表 15-6 所有者权益变动表

编制单位：B公司　　　　2016年度　　　　单位：元

项目	本年金额							上年金额						
	实收资本（或股本）	资本公积	减：库存股	其他综合收益	盈余公积	未分配利润	所有者权益合计	实收资本（或股本）	资本公积	减：库存股	其他综合收益	盈余公积	未分配利润	所有者权益合计
一、上年年末余额														
加：会计政策变更					-18 000	-102 000								
前期差错更正					22 500	127 500								
二、本年年初余额														
三、本年增减变动金额（减少以“-”号填列）														
（一）综合收益总额														
（二）所有者投入和减少资本														
1. 所有者投入资本														
2. 股份支付计入所有者权益的金额														
3. 其他														
（三）利润分配														
1. 提取盈余公积														
2. 对所有者（或股东）的分配														
3. 其他														
（四）所有者权益内部结转														
1. 资本公积转增资本（或股本）														
2. 盈余公积转增资本（或股本）														
3. 盈余公积弥补亏损														
4. 其他														
四、本年年末余额														

【例 15-3】 2016 年年初 B 公司发现，2015 年公司将一项未完工工程应负担的长期借款利息费用 200 000 元计入了当期损益，但在所得税申报表中没有扣除该项利息费用。公司 2015 年适用企业所得税税率为 25%。该公司按净利润的 10% 提取法定盈余公积金，按净利润的 5% 提取任意盈余公积。

该项会计差错使上年工程成本虚减 200 000 元；少计所得税费用 50 000 元；少计净利润 150 000 元；少提法定盈余公积金和任意盈余公积分别为 15 000 元和 7 500 元。2016 年不仅要调整资产负债表中的在建工程、递延所得税资产和未分配利润的年初数，还要将盈余公积和未分配利润等项目的调整数在所有者权益变动表中列示，如表 15-6 所示。㊀

（3）综合收益总额。综合收益总额应根据利润表中的“其他综合收益的税后净额”和“净利润”项目填列，并对应列在“其他综合收益”和“未分配利润”栏。

（4）所有者投入和减少资本

1）所有者投入资本。这一项目根据“实收资本（或股本）”和“资本公积”账户的贷方发生额分析填列。

2）股份支付计入所有者权益的金额。股份支付是指企业为获取职工和其他方提供服务而授予权益工具或者承担以权益工具为基础确定的负债的交易。例如，企业授予职工期权、认股权证等衍生工具或其他权益工具，对职工进行激励或补偿，以换取职工提供的服务，实质上这属于职工薪酬的组成部分。但由于股份支付是以权益工具的公允价值为计量基础的，因此在所有者权益上反映。本项目根据“实收资本（或股本）”或“资本公积”账户贷方发生额分析填列。

（5）利润分配。利润分配是所有者权益变动的一个重要方面，包括以下两部分：

1）提取盈余公积。提取盈余公积只会改变所有者权益的构成，不会改变其总金额。

2）对所有者（或股东）的分配。对所有者分配利润使所有者权益总额减少。

（6）所有者权益内部结转

1）资本公积转增资本（或股本）。转增结果使资本公积减少，股本（或实收资本）增加，所有者权益总额不变。

2）盈余公积转增资本（或股本）。转增结果使盈余公积减少，股本（或实收资本）增加，所有者权益总额不变。

3）盈余公积弥补亏损。补亏后盈余公积减少，未分配利润的借方余额减少，所有者权益总额不变。

第二节　资产负债表

一、资产负债表及其作用

资产负债表也叫财务状况表，是反映企业在某一特定时点上财务状况的财务报表。它是

㊀ 为简单起见，对于所得税会计本例采用应付税款法进行处理，而按企业会计准则的规定，应采用资产负债表债务法，见第十四章。

一种静态报表，反映了企业在某一特定时点上的资产、负债和所有者权益的情况及其相互联系。它根据会计恒等式“资产 = 负债 + 所有者权益”编制而成。

资产负债表的作用主要有以下几个方面：

（1）资产负债表反映了企业所拥有的经济资源及其分布情况。资产负债表的资产一栏将企业的各种资产按一定的顺序归类列示出来，从而更清晰地反映了企业所拥有的经济资源情况。

（2）资产负债表反映了企业的资金来源及其构成情况，从而反映了企业的财务风险。资产负债表将企业的资金来源分为负债和所有者权益两大类，而负债和所有者权益在总资产中所占的比重反映了企业的财务风险大小，因为负债都有固定的偿还期限，而所有者权益是对企业剩余资产的请求权，所以，负债越高，企业的财务风险越大。

（3）资产负债表可以间接反映企业的盈利情况。企业的盈利情况除了可以从利润表直接得到体现之外，还可以利用资产负债表计算得出。企业净资产即所有者权益的变动额减去当年投资者增加的投资，其余额就是当期的利润。

（4）资产负债表可以反映企业的变现能力、偿债能力。资产负债表中资产和负债是按其流动性大小排列的，通过流动资产与流动负债比较，总资产与总负债比较，可以比较清晰地反映企业的偿债能力。

（5）资产负债表为企业的财务分析及预测提供了重要的资料。

二、资产负债表的结构

资产负债表是根据会计恒等式“资产 = 负债 + 所有者权益”进行编制的。资产部分按照资产的流动性，也就是资产的变现能力分类，变现能力强的排在前面，变现能力弱的排在后面。负债按照偿还期限的远近排列，偿还期限近的排在前面，偿还期限远的排在后面。所有者权益按永久性大小排列，永久性大的排在前面，永久性小的排在后面。

三、资产负债表的格式

资产负债表由表头、主体组成。表头主要列示资产负债表的名称、编制单位、编制日期、货币单位。主体部分是资产负债表的核心部分，它反映企业特定日期的资产、负债和所有者权益情况。

资产负债表的主体部分按编制格式的不同分为账户式、报告式和财务状况式三种。账户式将企业的资产放在左边，负债和所有者权益放在右边，如表 15-7 所示。报告式也称垂直式，它将资产、负债和所有者权益按顺序垂直列示，如表 15-8 所示。财务状况式也称营运资本式，它将营运资本单独列出，以强调营运资本的重要性，如表 15-9 所示，这种格式一般不太常用。我国目前采用的资产负债表格式为比较账户式，除了提供编表日的数据外，还要提供年初数据，以方便报表使用者比较分析。

表 15-7 账户式资产负债表结构

项　目	金　额	项　目	金　额
资产		负债和所有者权益	
流动资产		流动负债	

（续）

项　目	金　额	项　目	金　额
长期股权投资		非流动负债	
固定资产		所有者权益	
⋮		⋮	
资产合计		负债和所有者权益合计	

表 15-8　报告式资产负债表结构

项　目	金　额
资产	
⋮	
资产合计	
负债	
⋮	
负债合计	
所有者权益	
⋮	
所有者权益合计	
负债和所有者权益合计	

表 15-9　财务状况式资产负债表结构

项　目	金　额
流动资产	
减：流动负债	
营运资本	
加：非流动资产	
减：非流动负债	
所有者权益	

四、资产负债表的编制方法

资产负债表的编制是以日常会计核算记录的数据为基础进行归类、整理和汇总，加工成报表项目的过程。我国资产负债表主体部分的各项目都列有“年初余额”和“期末余额”两个栏目，是一种比较资产负债表。下面分别说明各栏目的填列方法。

1. “年初余额”的填列方法

表中“年初余额”栏内各项数据，应根据上年年末资产负债表的“期末余额”栏内所列数字填列。如果本年度资产负债表规定的各个项目的名称和内容与上年度不一致，则应对上年年末资产负债表各项目的名称和数字按照本年度的规定进行调整，然后按调整后的数字填入本表的“年初余额”栏内。

2. “期末余额”的填列方法

“期末余额”是指某一会计期末的数字，即月末、季末、半年末或年末的数字。资产负债表各项目“期末余额”的数据来源，可以通过以下几种方式取得：

（1）直接根据总账科目余额填列。这些项目有应收票据、应收股利、应收利息、递延所得税资产、短期借款、应付票据、应付职工薪酬、应交税费、应付股利、其他应付款、递延所得税负债、实收资本、资本公积、盈余公积等。

（2）根据几个总账科目的余额计算填列。这些项目主要有货币资金和存货等。

（3）根据有关明细科目的余额计算填列。这些项目主要有应收账款、预收款项、应付账款、预付款项等。

（4）根据总账科目和明细科目的余额分析填列。例如，“长期借款”“应付债券”“长期应付款”项目，根据“长期借款”“应付债券”“长期应付款”总账余额扣除所属明细账

中将于一年内到期的部分分析计算填列。这些项目还有持有至到期投资等。

（5）根据有关资产科目与其备抵科目抵销后的净额填列。例如，“固定资产”项目，要根据“固定资产”账户期末余额，减去“累计折旧”“固定资产减值准备”账户期末余额后的金额填列。这些项目有应收账款、其他应收款、存货、长期股权投资、在建工程、无形资产等。

有关报表项目的具体填列方法，在前面企业会计实务中已经介绍过，这里不再说明。表15-10是根据例15-2的资料编制的资产负债表。

表15-10 资产负债表

编制单位：A公司　　　　2016年12月31日　　　　单位：元

资　　产	年初余额	期末余额	负债和所有者权益（或股东权益）	年初余额	期末余额
流动资产：			流动负债：		
货币资金	1 018 650	783 800	短期借款	320 000	20 000
以公允价值计量且其变动计入当期损益的金融资产	20 000		以公允价值计量且其变动计入当期损益的金融负债		
应收票据	326 000	56 000	应付票据	140 000	20 000
应收账款	319 040	638 080	应付账款	285 000	285 000
预付款项	120 000	120 000	预收款项		
应收利息			应付职工薪酬	154 000	252 000
应收股利			应交税费	43 600	127 212.50
其他应收款	6 900	6 900	应付利息	1 200	0
存货	3 778 500	3 735 360	应付股利		
一年内到期的非流动资产			其他应付款	125 000	125 000
其他流动资产			一年内到期的非流动负债	1 000 000	
流动资产合计	5 589 090	5 340 140	其他流动负债		
非流动资产：			流动负债合计	2 068 800	829 212.50
可供出售金融资产			非流动负债：		
持有至到期投资			长期借款	720 000	1 562 000
长期应收款			应付债券		
长期股权投资	300 000	300 000	长期应付款		
投资性房地产			专项应付款		
固定资产	1 050 000	843 500	预计负债		
在建工程	1 800 000	2 299 200	递延所得税负债		
工程物资			其他非流动负债		
固定资产清理			非流动负债合计	720 000	1 562 000
生产性生物资产			负债合计	2 788 800	2 391 212.50
油气资产			所有者权益（或股东权益）：		
无形资产	1 000 000	932 500	实收资本（或股本）	6 850 000	6 850 000
开发支出			资本公积		
商誉			减：库存股		
长期待摊费用	56 250	0	盈余公积	156 540	188 298.75

（续）

资　　产	年初余额	期末余额	负债和所有者权益（或股东权益）	年初余额	期末余额
递延所得税资产			未分配利润	0	285 828.75
其他非流动资产			所有者权益（或股东权益）合计	7 006 540	7 324 127.50
非流动资产合计	4 206 250	4 375 200			
资产总计	9 795 340	9 715 340	负债和所有者权益（或股东权益）总计	9 795 340	9 715 340

第三节　现金流量表

一、现金流量表及其作用

现金流量表是反映企业一定期间经营活动、筹资活动、投资活动引起的现金流入及流出情况的财务报表。它是一种动态报表。利润表和资产负债表都是以应计制为基础编制的，而现金流量表是以现金制为基础编制的。现金流量表可以反映企业在一定期间内现金流入和流出的原因，财务报表使用者可以根据现金流量表提供的资料分析评估企业在未来会计期间产生现金流量的能力，企业偿还债务和支付投资者利润的能力，以及企业经营过程中获取的利润与现金发生差异的原因。此外，现金流量表还可以在一定程度上克服应计制和配比原则下有些项目人为操纵，以及会计处理方法的不一致而造成的影响。它也是连接资产负债表和利润表的纽带。

二、现金流量表中现金的概念

现金流量表中的现金是一种广义的现金，有时也称为准现金，它包括货币资金和现金等价物。具体内容如下：

（1）库存现金。库存现金就是企业“库存现金”账户核算的现金。

（2）银行存款。银行存款是指企业存入金融机构的随时可以用于支付的存款，如结算户存款、通知存款。它与企业“银行存款”账户的区别在于不能随时支取的定期存款不作为现金流量表中的现金。但只要提前通知金融机构就可以支取的定期存款则应算作现金流量表中的现金。

（3）其他货币资金。其他货币资金是指企业存储于金融机构的有特定用途的资金，如外埠存款、银行汇票存款、银行本票存款、信用证保证金存款、信用卡存款和在途资金。它与企业“其他货币资金”账户的内容一致。

（4）现金等价物。现金等价物是指企业持有的期限短、流动性强、易于转换为已知金额现金、价值变动风险很小的投资。通常是指从购买日起 3 个月内就可转换为现金的债券投资。

三、现金流量的分类

现金流量是指一定会计期间企业现金的流入和流出，按其发生的性质分为三大类，即经

营活动产生的现金流量、投资活动产生的现金流量和筹资活动产生的现金流量。

1. 经营活动产生的现金流量

经营活动是指企业投资活动和筹资活动以外的所有交易和事项。经营活动的现金流入包括销售商品或提供劳务、收到税费返还等收到的现金。经营活动的现金流出包括购买商品或接受劳务、支付给职工以及为职工支付的现金、缴纳税费等支付的现金。经营活动的现金流量是企业自身创造现金流量能力的反映，可以说明企业不动用外部筹资的情况下通过经营活动产生的现金流量是否足以偿还负债、支付利润和对外投资。它也是评价企业获取现金流量能力、偿债能力、支付能力最重要的指标。

各类企业由于所处行业特点不同，它们在对经营活动的认定上存在一定的差异。在编制现金流量表时，应根据企业的实际情况对现金流量进行合理的归类。

2. 投资活动产生的现金流量

投资活动是指企业长期资产的构建和不包括在现金等价物范围内的投资活动及其处置活动。现金流量表中的“投资”既包括对外投资，也包括对内投资，其含义与财务学中的投资含义相同。投资活动的现金流入包括收回投资、取得投资收益、处置固定资产、无形资产和其他长期资产等所收到的现金。投资活动的现金流出包括购建固定资产、无形资产和其他长期资产支付的现金、权益性投资以及债权性投资等所支付的现金。投资活动的现金流量可以反映企业通过投资获取现金流量的能力，以及投资活动现金流量对企业总体现金流量的影响。

3. 筹资活动产生的现金流量

筹资活动也称理财活动，是指导致企业资本及债务规模和构成发生变化的活动。筹资活动的现金流入包括吸收权益性投资、发行债券以及借款等所收到的现金。筹资活动的现金流出包括偿还债务、发生筹资费用、融资租赁、减少注册资本以及分配股利、利润和偿还利息所支付的现金等。筹资活动的现金流量可以反映企业通过筹资获取现金流量的能力，以及筹资活动对企业总体现金流量的影响。

从上述现金流量分类来看，投资活动和筹资活动产生的现金流量是严格的分类，而经营活动产生的现金流量是不严格的分类。在会计实务中，判别一项现金流量属于哪一类别，首先应判别它是否属于投资活动或筹资活动产生的现金流量，如果不属于投资或筹资活动产生的现金流量，则属于经营活动产生的现金流量，而不管该现金流量在性质上与经营活动的含义是否吻合。例如，企业对外捐赠一笔款项，由于它不是投资活动和筹资活动，所以将其归为经营活动。

四、现金流量表的格式及编制方法

（一）现金流量表的格式

现金流量表由正表和补充资料两部分组成。正表包括经营活动产生的现金流量、投资活动产生的现金流量、筹资活动产生的现金流量、汇率变动对现金及现金等价物的影响、现金及现金等价物净增加额、期末现金及现金等价物金额六部分。补充资料包括将净利润调节为经营活动现金流量、不涉及现金收支的重大投资和筹资活动、现金及现金等价物净变动情况三部分。正表与补充资料的有关项目之间存在对应关系：正表第一项的经营活动产生的现金流量净额应与补充资料第一项的经营活动产生的现金流量净额相等；正表第五项的现金及现金等价物净增加额应与补充资料第三项的现金及现金等价物净增加额相等。

（二）现金流量表的编制方法

1.“经营活动产生的现金流量”各项目内容和填列方法

经营活动现金流量的编制方法有直接法和间接法两种。我国的现金流量表正表中的“经营活动产生的现金流量”采用直接法编制，补充资料中的经营活动现金流量采用间接法编制。

（1）直接法。直接法是指通过现金收入和现金支出的主要类别来反映企业经营活动的现金流量。它能比较直观地反映企业经营活动的现金流入和流出情况。直接法编制经营活动的现金流量一般以主营业务收入为起点，调节与经营活动有关的增减变动，将其转化为经营活动中各种现金收入与支出。经营活动现金收入分为三项，经营活动现金支出分为四项。

经营活动现金收入包括以下三项：

1）销售商品、提供劳务收到的现金。该项目反映企业销售商品、提供劳务收到的现金，其中包含收到的增值税销项税额。不仅包括本期销售商品、提供劳务收到的现金，还包括以前年度销售商品、提供劳务本期收到的现金，以及本期收到的预收账款，扣除本期退回本期销售的商品和前期销售本期退回的商品支付的现金。计算方法如下：

销售商品、提供劳务收到的现金 = 当期销售商品、提供劳务收到的现金 + 当期收回的前期应收账款和应收票据 + 当期预收的账款 − 当期销售退回而支付的现金 + 当期收回前期核销的坏账损失

2）收到的税费返还。该项目反映企业收到的增值税、消费税、所得税、教育费附加的返还等。

3）收到其他与经营活动有关的现金。该项目反映除了上述项目外，收到的其他与经营活动有关的现金，如罚款收入、经营性租赁的租金收入、流动资产损失中由个人赔偿的现金收入等。若数额较大，应单列项目反映。

经营活动的现金支出包括以下四项：

1）购买商品、接受劳务支付的现金。该项目反映企业购买商品、接受劳务所支付的现金，其中包含支付的增值税进项税额。不仅包括本期销售商品、提供劳务支付的现金，还包括前期购买商品、接受劳务本期支付的现金以及本期的预付账款等，扣除本期发生购货退回收到的现金。计算方法如下：

购买商品、接受劳务支付的现金 = 当期购买商品、接受劳务支付的现金 + 当期支付的前期应付账款和应付票据 + 当期预付的账款 − 当期因购货退回而收到的现金

2）支付给职工以及为职工支付的现金。该项目反映企业实际支付给职工以及为职工支付的现金，包括本期实际支付给职工的工资、奖金、津贴、补贴，以及为职工支付的其他费用，如缴纳的社会保险基金和住房公积金等。而企业支付给离退休人员的各项费用和支付给在建工程人员的工资则分别在“支付其他与经营活动有关的现金”和“购建固定资产、无形资产和其他长期资产支付的现金”中反映。

3）支付的各项税费。该项目反映企业本期实际缴纳给税务部门的各种税费，以及支付的教育费附加、矿产资源补偿费、印花税、房产税、土地增值税、车船税、预交的所得税等。而有关投资项目发生的税款支出，如耕地占用税，则在“购建固定资产、无形资产和

其他长期资产支付的现金”中反映。

4）支付其他与经营活动有关的现金。该项目反映企业除上述各项目外，支付的其他与经营活动有关的现金，如罚款支出，支付的差旅费、业务招待费、保险费等。若数额较大，应单列项目反映。

【例15-4】 根据例15-2的资料，编制该企业2016年度现金流量表正表。

为简化起见，可以设置多栏式现金日记账，将企业现金流量分类后填入相应栏目中，期末结账得到各类现金流量的本年发生额，直接填入现金流量表的正表中。具体步骤如下：

1）设置“经营活动现金流量”“投资活动现金流量”“筹资活动现金流量”三个多栏式明细账。

2）将本会计期间与现金收支有关的业务分别记入上述多栏式现金日记账。

3）通过结账得出各报表项目金额。

企业经营活动现金流量填入多栏式日记账，如表15-11所示。

表15-11 经营活动现金流量日记账 单位：元

业务号	现金收入			现金支出			
	销售商品、提供劳务收到的现金	收到的税费返还	其他	购买商品、接受劳务支付的现金	支付给职工以及为职工支付的现金	支付的各项税费	其他
(1)				409 500			
(3)				120 000			
(8)	1 084 000						
(11)	354 250						
(18)					420 000		
(22)	35 100						
(25)							98 000
(26)	270 000						
(27)						123 000	
(34)						36 500	
合计	1 743 350			529 500	420 000	159 500	98 000

将表15-11中的合计数直接填入表15-12（现金流量表正表）中。

表15-12 现金流量表

编制单位：A公司 2016年12月 单位：元

项目	本期金额	上期金额
一、经营活动产生的现金流量：		
销售商品、提供劳务收到的现金	1 743 350	
收到的税费返还		
收到其他与经营活动有关的现金		
经营活动现金流入小计	1 743 350	
购买商品、接受劳务支付的现金	529 500	

（续）

项　　目	本期金额	上期金额
支付给职工以及为职工支付的现金	420 000	
支付的各项税费	159 500	
支付其他与经营活动有关的现金	98 000	
经营活动现金流出小计	1 207 000	
经营活动产生的现金流量净额	536 350	
二、投资活动产生的现金流量：		
收回投资收到的现金	22 000	
取得投资收益收到的现金	60 000	
处置固定资产、无形资产和其他长期资产收回的现金净额	420 400	
处置子公司及其他营业单位收到的现金净额		
收到其他与投资活动有关的现金		
投资活动现金流入小计	502 400	
购建固定资产、无形资产和其他长期资产支付的现金	608 600	
投资支付的现金		
取得子公司及其他营业单位支付的现金净额		
支付其他与投资活动有关的现金		
投资活动现金流出小计	608 600	
投资活动产生的现金流量净额	－106 200	
三、筹资活动产生的现金流量：		
吸收投资收到的现金		
取得借款收到的现金	650 000	
收到其他与筹资活动有关的现金		
筹资活动现金流入小计	650 000	
偿还债务支付的现金	1 300 000	
分配股利、利润或偿付利息支付的现金	15 000	
支付其他与筹资活动有关的现金		
筹资活动现金流出小计	1 315 000	
筹资活动产生的现金流量净额	－665 000	
四、汇率变动对现金及现金等价物的影响		
五、现金及现金等价物净增加额	－234 850	
加：期初现金及现金等价物余额	1 018 650	
六、期末现金及现金等价物余额	783 800	

企业投资活动现金流量日记账和筹资活动现金流量日记账分别如表15-13和表15-14所示。

表 15-13 投资活动现金流量日记账

单位：元

业务号	现金收入					现金支出			
	收回投资收到的现金	取得投资收益收到的现金	处置固定资产、无形资产和其他长期资产收回的现金净额	处置子公司及其他营业单位收到的现金净额	其他	购置固定资产、无形资产和其他长期资产支付的现金	投资支付的现金	取得子公司及其他营业单位支付的现金净额	其他
(4)						328 600			
(5)	22 000								
(7)			420 000						
(12)			400						
(13)		60 000							
(18)						280 000			
合计	22 000	60 000	420 400			608 600			

表 15-14 筹资活动现金流量日记账

单位：元

业务号	现金收入			现金支出		
	吸收投资收到的现金	取得借款收到的现金	其　　他	偿还债务支付的现金	分配股利、利润或偿付利息支付的现金	其　　他
(14)				1 000 000		
(19)				300 000	15 000	
(28)		650 000				
合计		650 000		1 300 000	15 000	

（2）间接法。间接法以本期净利润为起点，调整不涉及现金的收入、费用、营业外收入以及应收应付等项目的增减变动，据此计算并列示经营活动的现金流量。需要调整的项目可分为：

1）实际没有支付现金的费用，如折旧费、无形资产摊销。这部分应加入净利润中。

2）实际没有收到现金的收入，如固定资产盘盈、债券溢价摊销。这部分应从净利润中减去。

3）不属于经营活动的损益，如处置固定资产损益、投资损益、财务费用等，由于这部分损益不属于经营活动，应扣除掉。

4）经营性应收应付项目的增减变动，应从净利润中减去应收项目的增加，加上应付项目的增加。

【例 15-5】 根据例 15-2 中的资料，用间接法编制补充资料的各项目计算过程如下：

（1）净利润。直接根据利润表的金额填列，该项目金额为 317 587.50 元。

（2）资产减值准备。根据各资产减值账户贷方发生额分析填列。本年度提取的坏账准备金 960 元，没有其他资产减值项目，所以该项目金额为 960 元。

（3）固定资产折旧。根据累计折旧本年贷方发生额分析填列。本年度计入损益的固定资产折旧只有业务（17），金额为112 500元。

(4) 无形资产摊销。根据“累计摊销”账户贷方发生额分析填列。本年度计入损益的无形资产摊销只有业务（21），金额为67 500元。

(5) 长期待摊费用摊销。根据“长期待摊费用”账户贷方发生额分析填列。本年度发生的长期待摊费用摊销只有业务（21），金额为56 250元。

(6) 处置固定资产、无形资产和其他长期资产的损失。根据“营业外收入”和“营业外支出”账户的发生额分析填列。本年度只处置一台设备，取得处置收入70 000元，所以该项目金额为 -70 000元。

(7) 固定资产报废损失。根据营业外收入和营业外支出本年度发生额分析填列。本年度只报废一台设备，报废损失24 600元，所以该项目金额为24 600元。

(8) 财务费用。根据“财务费用”账户借方发生额分析填列。企业本年度发生的计入损益的利息、手续费等只有业务（9），金额为25 800元，所以本项目金额为25 800元。

(9) 投资损失。根据“投资收益”账户本年度发生额填列。企业本年度有两项投资收益，分别在业务（5）和（13），合计投资收益为62 000元，所以本项目金额为 -62 000元。

(10) 存货减少。根据资产负债表存货项目分析填列。由于本年度企业存货没有提减值准备，存货减少只需根据资产负债表期末余额和期初余额相减得到，金额为43 140元。

(11) 经营性应收项目的减少。经营性应收项目包括应收账款、应收票据、预付账款和其他应收款等。将资产负债表中这些项目的年初余额与期末余额相减就可以得到所需数据，但因提取坏账准备而减少的应收款项减少的要扣除。因此本项目金额计算如下：(326 000 + 319 040 + 120 000 + 6 900) - (56 000 + 638 080 + 120 000 + 6 900) - 960 = -50 000(元)。

(12) 经营性应付项目的增加。经营性应付项目包括应付票据、应付账款、其他应付款、应付职工薪酬、应交税费等。将资产负债表中这些项目的期末余额减年初余额就可以得到所需数据，但应付职工薪酬中应付的工程人员工资要扣除，因为应付的工程人员工资及福利费属于投资产生的现金流量。因此本项目金额计算如下：(20 000 - 140 000) + (252 000 - 154 000 - 39 200) + (127 212.50 - 43 600 + 47 600) = 70 012.50(元)。

上式中第二部分中的39 200元是本年度应付职工薪酬中的工程人员薪酬，本题假设年初应付职工薪酬中没有应付工程人员薪酬。

将上述分析计算结果填入现金流量表补充资料，结果如表15-15所示。

表15-15　现金流量表补充资料　　单位：元

补充资料	本期金额	上期金额
1. 将净利润调节为经营活动现金流量：		
净利润	317 587.50	
加：资产减值准备	960	
固定资产折旧、油气资产折耗、生产性生物资产折旧	112 500	
无形资产摊销	67 500	
长期待摊费用摊销	56 250	
处置固定资产、无形资产和其他长期资产的损失（收益以“-”号填列）	-70 000	
固定资产报废损失（收益以“-”号填列）	24 600	
公允价值变动损失（收益以“-”号填列）		

（续）

补充资料	本期金额	上期金额
财务费用（收益以“-”号填列）	25 800	
投资损失（收益以“-”号填列）	-62 000	
递延所得税资产减少（增加以“-”号填列）		
递延所得税负债增加（减少以“-”号填列）		
存货的减少（增加以“-”号填列）	43 140	
经营性应收项目的减少（增加以“-”号填列）	-50 000	
经营性应付项目的增加（减少以“-”号填列）	70 012.50	
其他		
经营活动产生的现金流量净额	536 350	
2. 不涉及现金收支的重大投资和筹资活动：		
债务转为资本	33 662.50	
一年内到期的可转换公司债券		
融资租入固定资产		
3. 现金及现金等价物净变动情况：		
现金的期末余额	783 800	
减：现金的期初余额	1 018 650	
加：现金等价物的期末余额		
减：现金等价物的期初余额		
现金及现金等价物净增加额	-234 850	

2. 投资活动产生的现金流量

投资活动产生的现金流入包括以下几项：

（1）收回投资收到的现金。该项目反映企业出售、转让或到期收回除现金等价物以外的短期投资、长期股权投资而收到的现金，以及收回长期债权投资本金而收到的现金，不包括长期债权投资收回的利息以及收回的非现金资产。

（2）取得投资收益收到的现金。该项目反映企业因各种投资取得的现金股利、利润、利息等，包括在现金等价物范围内的债券投资取得的利息。

（3）处置固定资产、无形资产和其他长期资产收回的现金净额。该项目反映企业处置固定资产、无形资产和其他长期资产所收到的现金，减去处置这些资产而发生的现金支出后的净额，以及因自然灾害等原因造成的固定资产等长期资产损失而收到的保险赔偿收入。

（4）处置子公司及其他营业单位收到的现金净额。该项目反映企业处置子公司及其他营业单位收到的现金扣除处置过程中支付的各项费用后的净额。

（5）收到其他与投资活动有关的现金。该项目反映企业除上述各项以外，收到的其他与投资活动有关的现金。若数额较大，应单列项目反映。

投资活动产生的现金流出包括以下几项：

（1）购建固定资产、无形资产和其他长期资产支付的现金。该项目反映企业购建固定资产，取得无形资产和其他长期资产所支付的现金，不包括为购建固定资产而发生的借款利息资本化的部分，以及融资租入固定资产的租赁费，这两项都在筹资活动产生的现金流量中反映。

（2）投资支付的现金。该项目反映企业进行除现金等价物外的各种投资所支付的现金，以及为取得投资而支付的佣金、手续费等附加费用。需要指出的是，企业购买股票和债券时，实际支付的价款内包含的已宣告但尚未取得的现金股利，或已到付息期但尚未领取的债券利息，应在投资活动“支付其他与投资活动有关的现金”项目中反映。收回上述现金股利或债券利息时应在投资活动的“收到其他与投资活动有关的现金”中反映。

（3）取得子公司及其他营业单位支付的现金净额。该项目反映企业取得子公司及其他营业单位购买出价中以现金支付的部分，减去子公司或其他营业单位持有的现金和现金等价物后的净额。

（4）支付其他与投资活动有关的现金。该项目反映企业除上述各项以外，支付的其他与投资活动有关的现金。若数额较大，应单列项目反映。

3. 筹资活动产生的现金流量

筹资活动产生的现金收入包括以下几项：

（1）吸收投资收到的现金。该项目反映企业收到的投资者投入的现金，包括以发行股票、债券筹集资金时发行收入减去支付的佣金等发行费用后的净额。而以发行股票方式筹集资金由企业支付的审计、咨询等费用，以及发行债券支付的发行费用在筹资活动“支付其他与筹资活动有关的现金”中反映。

（2）借款收到的现金。该项目反映企业举借各种短期和长期借款所收到的现金。

（3）收到其他与筹资活动有关的现金。该项目反映企业除上述各项外，收到的其他与筹资活动有关的现金，如接受捐赠收到的现金等。

筹资活动产生的现金支出包括以下几项：

（1）偿还债务支付的现金。该项目反映企业偿还各种债务的本金所支出的现金。而偿还债务利息所支付的现金，则在筹资活动“分配股利、利润或偿付利息支付的现金”项目中反映。

（2）分配股利、利润或偿付利息支付的现金。该项目反映企业实际支付的现金股利、利润以及支付的借款利息、债券利息等。

（3）支付其他与筹资活动有关的现金。该项目反映企业除上述各项外，支付的其他与筹资活动有关的现金，如捐赠支出的现金等。

一般企业发生的筹资业务也不多，可以直接根据账簿记录填列，或者将本年度发生的筹资活动，通过设置“筹资活动现金流量”多栏式日记账进行记录，年末汇总后根据各项目余额填列。

4. 汇率变动对现金及现金等价物的影响

该项目反映企业外币现金流量及境外子公司的现金流量折算为人民币时，所采用的现金流量发生日汇率或平均汇率折算的人民币金额与“现金及现金等价物净增加额”按期末汇率折算的人民币金额之间的差额。

第四节 财务报表附注

一、财务报表附注概述

财务报表附注是对资产负债表、利润表、现金流量表和所有者权益变动表等报表中列示

的项目的文字描述或明细资料，以及对未能在这些报表中列示的项目进行的说明。财务报表附注所提供的会计信息应当与资产负债表、利润表、现金流量表和所有者权益变动表的相关项目相互参照。附注一般应当按照以下顺序披露：

（1）财务报表的编制基础。

（2）遵循企业会计准则的声明。

（3）重要会计政策的说明，包括财务报表项目的计量基础和会计政策的确定依据等。

（4）重要会计估计的说明，包括下一会计期间内很可能导致资产、负债账面价值重大调整的会计估计的确定依据等。

（5）会计政策和会计估计变更以及差错更正的说明。

（6）对已在资产负债表、利润表、现金流量表和所有者权益变动表中列示的重要项目的进一步说明，包括终止经营税后利润的金额及其构成情况等。

（7）或有和承诺事项、资产负债表日后非调整事项、关联方关系及其交易等需要说明的事项。

财务报表附注是财务报表的重要组成部分，企业应当按照规定披露附注信息。附注披露的信息主要包括下列内容：

（1）企业的基本情况

1）企业注册地、组织形式和总部地址。

2）企业的业务性质和主要经营活动。

3）母公司以及集团最终母公司的名称。

4）财务报告的批准报出者和财务报告批准报出日。

（2）财务报表的编制基础。

（3）遵循企业会计准则的声明。企业应当声明编制的财务报表符合企业会计准则的要求，真实、完整地反映了企业的财务状况、经营成果和现金流量等有关信息。

（4）重要会计政策和会计估计。企业应当披露采用的重要会计政策和会计估计，不重要的会计政策和会计估计可以不披露。在披露重要会计政策和会计估计时，应当披露重要会计政策的确定依据和财务报表项目的计量基础，以及会计估计中所采用的关键假设和不确定因素。

（5）会计政策和会计估计变更以及差错更正的说明。企业应当按照《企业会计准则第28号——会计政策、会计估计变更和差错更正》及其应用指南的规定，披露会计政策和会计估计变更以及差错更正的有关情况。

（6）报表重要项目的说明。企业对报表重要项目的说明，应当按照资产负债表、利润表、现金流量表、所有者权益变动表及其项目列示的顺序，采用文字和数字描述相结合的方式进行披露。报表重要项目的明细金额合计，应当与报表项目金额相衔接。

二、披露格式

对一般工商企业，主要报表项目披露格式如下：

1. 以公允价值计量且其变动计入当期损益的金融资产

以公允价值计量且其变动计入当期损益的金融资产的披露格式如表15-16所示。

表 15-16　以公允价值计量且其变动计入当期损益的金融资产明细表

项　　目	期末公允价值	年初公允价值
1. 交易性债券投资		
2. 交易性权益工具投资		
3. 指定为以公允价值计量且其变动计入当期损益的金融资产		
4. 衍生金融资产		
5. 其他		
合计		

2. 应收款项

（1）应收账款按账龄结构披露的格式如表 15-17 所示。

（2）应收账款按客户类别披露的格式如表 15-18 所示。

表 15-17　应收账款按账龄结构分类表

账 龄 结 构	期末账面余额	年初账面余额
1 年以内（含 1 年）		
1 ~ 2 年（含 2 年）		
2 ~ 3 年（含 3 年）		
3 年以上		
合计		

注：有应收票据、预付账款、长期应收款、其他应收款的，比照应收账款进行披露。

表 15-18　应收账款按客户类别分类表

客 户 类 别	期末账面余额	年初账面余额
客户 1		
⋮		
其他客户		
合计		

注：有应收票据、预付账款、长期应收款、其他应收款的，比照应收账款进行披露。

3. 存货

（1）存货的披露格式如表 15-19 所示。

表 15-19　存货分类表

存 货 种 类	年初账面余额	本期增加额	本期减少额	期末账面余额
1. 原材料				
2. 在产品				
3. 库存商品				
4. 周转材料				
5. 消耗性生物资产				
⋮				
合计				

（2）存货跌价准备的披露格式如表 15-20 所示。

表 15-20 存货跌价准备明细表

存货种类	年初账面余额	本期计提额	本期减少额		期末账面余额
			转回	转销	
1. 原材料					
2. 在产品					
3. 库存商品					
4. 周转材料					
5. 消耗性生物资产					
6. 建造合同形成的资产					
⋮					
合计					

4. 长期股权投资

（1）长期股权投资的披露格式如表 15-21 所示。

表 15-21 长期股权投资明细表

被投资单位	期末账面余额	年初账面余额
1.		
⋮		
合计		

（2）被投资单位由于所在国家或地区及其他方面的影响，其向投资企业转移资金的能力受到限制的，应当披露受限制的具体情况。

（3）当期及累计未确认的投资损失金额。

5. 投资性房地产

（1）企业采用成本模式进行后续计量的，应当披露的信息如表 15-22 所示。

表 15-22 投资性房地产明细表

项目	年初账面余额	本期增加额	本期减少额	期末账面余额
一、原价合计				
1. 房屋、建筑物				
2. 土地使用权				
二、累计折旧和累计摊销合计				
1. 房屋、建筑物				
2. 土地使用权				
三、投资性房地产减值准备累计金额合计				
1. 房屋、建筑物				
2. 土地使用权				
四、投资性房地产账面价值合计				
1. 房屋、建筑物				
2. 土地使用权				

（2）企业采用公允价值模式进行后续计量的，应当披露投资性房地产公允价值的确定

依据及公允价值金额的增减变动情况。

(3) 如有房地产转换的，应当说明房地产转换的原因及其影响。

6. 固定资产

(1) 固定资产的披露格式如表15-23所示。

表15-23 固定资产及累计折旧明细表

项目	年初账面余额	本期增加额	本期减少额	期末账面余额
一、原价合计				
其中：房屋、建筑物				
机器设备				
运输工具				
⋮				
二、累计折旧合计				
其中：房屋、建筑物				
机器设备				
运输工具				
⋮				
三、固定资产减值准备累计金额合计				
其中：房屋、建筑物				
机器设备				
运输工具				
⋮				
四、固定资产账面价值合计				
其中：房屋、建筑物				
机器设备				
运输工具				

(2) 企业确有准备处置固定资产的，应当说明准备处置的固定资产名称、账面价值、公允价值、预计处置费用和预计处置时间等。

7. 无形资产

(1) 无形资产的披露格式如表15-24所示。

表15-24 无形资产及累计摊销明细表

项目	年初账面余额	本期增加额	本期减少额	期末账面余额
一、原价合计				
1. 专利权				
⋮				
二、累计摊销额合计				
1. 专利权				
⋮				
三、无形资产减值准备累计金额合计				
1. 专利权				
⋮				

（续）

项　目	年初账面余额	本期增加额	本期减少额	期末账面余额
四、无形资产账面价值合计				
1. 专利权				
⋮				

（2）计入当期损益和确认为无形资产的研究开发支出的金额。

8. 递延所得税资产和递延所得税负债

（1）已确认递延所得税资产和递延所得税负债的披露格式如表15-25所示。

表15-25　递延所得税资产与负债明细表

项　目	期末账面余额	年初账面余额
一、递延所得税资产		
1.		
⋮		
合计		
二、递延所得税负债		
1.		
⋮		
合计		

（2）未确认递延所得税资产的可抵扣暂时性差异、可抵扣亏损等的金额（存在到期日的，还应披露到期日）。

9. 资产减值准备

资产减值准备的披露格式如表15-26所示。

表15-26　资产减值明细表

项　目	年初账面余额	本期计提额	本期减少额		期末账面余额
			转回	转销	
一、坏账准备					
二、存货跌价准备					
三、可供出售金融资产减值准备					
四、持有至到期投资减值准备					
五、长期股权投资减值准备					
六、投资性房地产减值准备					
七、固定资产减值准备					
八、工程物资减值准备					
九、在建工程减值准备					
十、生产性生物资产减值准备					
其中：成熟生产性生物资产减值准备					
十一、油气资产减值准备					
十二、无形资产减值准备					
十三、商誉减值准备					
十四、其他					
合计					

10. 所有权受到限制的资产

（1）资产所有权受到限制的原因。

（2）所有权受到限制的资产的披露格式如表15-27所示。

表15-27 所有权受到限制的资产状况表

所有权受到限制的资产类别	年初账面价值	本期增加额	本期减少额	期末账面价值
一、用于担保的资产				
1.				
⋮				
二、其他原因造成所有权受到限制的资产				
1.				
⋮				
合计				

11. 以公允价值计量且其变动计入当期损益的金融负债

以公允价值计量且其变动计入当期损益的金融负债的披露格式如表15-28所示。

表15-28 以公允价值计量且其变动计入当期损益的金融负债明细表

项 目	期末公允价值	年初公允价值
1. 发行的交易性债券		
2. 指定为以公允价值计量且其变动计入当期损益的金融负债		
3. 衍生金融负债		
4. 其他		
合计		

12. 职工薪酬

（1）应付职工薪酬的披露格式如表15-29所示。

表15-29 应付职工薪酬明细表

项 目	年初账面余额	本期增加额	本期支付额	期末账面余额
一、工资、奖金、津贴和补贴				
二、职工福利费				
三、社会保险费				
其中：1. 医疗保险费				
2. 基本养老保险费				
3. 年金缴费				
4. 失业保险费				
5. 工伤保险费				
6. 生育保险费				
四、住房公积金				
五、工会经费和职工教育经费				
六、非货币性福利				
七、因解除劳动关系给予的补偿				
八、其他				
其中：以现金结算的股份支付				
合计				

（2）企业本期为职工提供的各项非货币性福利形式、金额及其计算依据。

13. 应交税费

应交税费的披露格式如表 15-30 所示。

表 15-30 应交税费明细表

税 费 项 目	期末账面余额	年初账面余额
1. 增值税		
⋮		
合计		

14. 短期借款和长期借款

（1）借款的披露格式如表 15-31 所示。

表 15-31 借款明细表

项 目	短 期 借 款		长 期 借 款	
	期末账面余额	年初账面余额	期末账面余额	年初账面余额
信用借款				
抵押借款				
质押借款				
保证借款				
合计				

（2）对于期末逾期借款，应分别贷款单位、借款金额、逾期时间、年利率、逾期未偿还原因和预期还款期等进行披露。

15. 应付债券

应付债券的披露格式如表 15-32 所示。

表 15-32 应付债券明细表

项 目	年初账面余额	本期增加额	本期减少额	期末账面余额
1.				
⋮				
合计				

16. 营业收入

营业收入的披露格式如表 15-33 所示。

表 15-33 营业收入分类表

项 目	本期发生额	上期发生额
1. 主营业务收入		
2. 其他业务收入		
合计		

17. 投资收益

（1）投资收益的披露格式如表 15-34 所示。

表 15-34　投资收益来源明细表

产生投资收益的来源	本期发生额	上期发生额
1.		
⋮		
合计		

（2）按照权益法核算的长期股权投资，直接以被投资单位的账面净损益计算确认投资损益的事实及原因。

18. 资产减值损失

资产减值损失的披露格式如表 15-35 所示。

表 15-35　资产减值损失明细表

项　　目	本期发生额	上期发生额
一、坏账损失		
二、存货跌价损失		
三、可供出售金融资产减值损失		
四、持有至到期投资减值损失		
五、长期股权投资减值损失		
六、投资性房地产减值损失		
七、固定资产减值损失		
八、工程物资减值损失		
九、在建工程减值损失		
十、生产性生物资产减值损失		
十一、油气资产减值损失		
十二、无形资产减值损失		
十三、商誉减值损失		
十四、其他		
合计		

19. 营业外收入

营业外收入的披露格式如表 15-36 所示。

表 15-36　营业外收入明细表

项　　目	本期发生额	上期发生额
1. 非流动资产处置利得合计		
其中：固定资产处置利得		
无形资产处置利得		
⋮		
合计		

20. 营业外支出

营业外支出的披露格式如表 15-37 所示。

表 15-37 营业外支出明细表

项　　目	本期发生额	上期发生额
1. 非流动资产处置损失合计		
其中：固定资产处置损失		
无形资产处置损失		
⋮		
合计		

21. 所得税费用

（1）所得税费用（收益）的组成，包括当期所得税、递延所得税。

（2）所得税费用（收益）与会计利润的关系。

22. 每股收益

（1）基本每股收益和稀释每股收益分子、分母的计算过程。

（2）列报期间不具有稀释性但以后期间很可能具有稀释性的潜在普通股。

（3）在资产负债表日至财务报告批准报出日之间，企业发行在外普通股或潜在普通股股数发生重大变化的情况，如股份发行、股份回购、潜在普通股发行、潜在普通股转换或行权等。

23. 分部报告

（1）主要报告形式是业务分部，披露格式如表 15-38 所示。

表 15-38 企业业务分部报告表

项　　目	××业务		××业务		…	其他		抵销		合计	
	本期	上期	本期	上期		本期	上期	本期	上期	本期	上期
一、营业收入											
其中：对外交易收入											
分部间交易收入											
二、营业费用											
三、营业利润（亏损）											
四、资产总额											
五、负债总额											
六、补充信息											
1. 折旧和摊销费用											
2. 资本性支出											
3. 折旧和摊销以外的非现金费用											

注：主要报告形式是地区分部的，比照业务分部格式进行披露。

（2）在主要报告形式的基础上，对于次要报告形式，企业还应披露对外交易收入、分部资产总额。

此外，企业还要在附注中披露或有事项、资产负债表日后事项及关联方交易等方面的信息。

进一步学习指南

2007年1月1日实施的企业会计准则对资产负债表和利润表的格式和内容做了较大修改，除了增加所有者权益变动表为第四大报表、取消利润分配表外，在报表附注上也做了较多的补充，要了解会计准则的具体规定可参考《企业会计准则第30号——财务报表列报》及其应用指南。

思考题

1. 财务报告由哪几部分组成？
2. 资产负债表法和利润表法计算利润有何特点？两者计算结果是否一致？
3. 资产负债表和利润表的主要缺陷在哪里？现金流量表的主要作用是什么？
4. 现金流量表中的"现金"与资产负债表中的"货币资金"有何异同？
5. 企业的净利润与现金净流量有何关系？

练习题

习题一

1. 目的：练习利润表的编制。

2. 资料：某企业为一般纳税人企业，本年度有关资料如下：

（1）企业赊销一批产品，共计1 500 000元，增值税税率为17%（下同）。该批产品的成本为900 000元。

（2）企业销售产品2 500 000元，款项已存入银行。销售成本为1 500 000元。

（3）转让一项无形资产使用权，价款为200 000元（暂不考虑增值税）。发生与转让有关的各项费用支出100 000元。

（4）以银行存款支付广告费用50 000元（暂不考虑增值税）。

（5）计提不应计入固定资产价值的一次还本付息长期借款利息30 000元。

（6）以银行存款对外捐赠10 000元。

（7）本期获得现金股利收入12 000元。

（8）用银行存款支付管理费用112 000元。

（9）购入原材料2 000 000元，增值税进项税额为340 000元，其中用银行存款支付1 500 000元，剩余款项用商业汇票结算。

（10）用银行存款缴纳本月增值税260 000元。

（11）用银行存款支付所得税，所得税税率为25%。

3. 要求：

（1）根据以上资料编制会计分录。

（2）编制利润表。

习题二

1. 目的：练习利润表的编制。

2. 资料：天宇股份有限公司为增值税一般纳税人企业，所得税核算采用资产负债表债务法，所得税税率为25%，增值税税率为17%。库存材料采用计划成本核算，材料成本差异率为1%，该公司2015年年末未分配利润为670万元。该公司2016年度内发生如下有关经济业务：

（1）销售产品一批，增值税专用发票上注明的价款为200万元，增值税税款为34万元，销售成本为120万元，款项尚未收到。

（2）取得罚款收入6万元，存入银行。

（3）结转固定资产清理净损失6.8万元。

（4）以银行存款支付违反税收规定的罚款3万元，非公益性捐赠支出5万元。

（5）以银行存款支付广告费7万元。

（6）销售材料一批，该批材料计划成本为7万元，销售价格为10万元，款项已经收到并存入银行。

（7）计提本期应负担的城市维护建设税30万元。

（8）计提本年销售应负担的教育费附加1万元。

（9）计提短期借款利息5万元。

（10）天宇股份有限公司拥有A企业10%的股权，A企业本年度宣告分派现金股利66万元（假设分回的利润均是投资后产生的）。该被投资企业适用的所得税税率为25%。

（11）计提管理部门使用的固定资产年折旧，该固定资产系2015年12月购入并投入使用，其原价为50.5万元，折旧年限为4年，预计净残值为0.5万元，采用直线法计提折旧。

（12）公司本年度发生其他管理费用3万元，已用银行存款支付。

（13）计算本年度所得税费用和应交所得税（暂不考虑纳税调整事项）。

3. 要求：

（1）编制2016年度有关经济业务的会计分录。

（2）编制2016年度利润表。

习题三

1. 目的：练习基本财务报表的编制。

2. 资料：某企业为一般纳税人企业，2015年12月31日各科目余额如表15-39所示。

表15-39 科目余额表 单位：元

会计科目	借方余额	贷方余额	会计科目	借方余额	贷方余额
库存现金	2 000		短期借款		160 000
银行存款	507 500		应付票据		70 000
交易性金融资产	10 000		应付账款		142 500
应收票据	163 000		其他应付款		62 500
应收账款	160 000		应付职工薪酬		77 000
坏账准备		480	应交税费		21 800
预付账款	60 000		应付利息		600
其他应收款	3 450		长期借款		860 000
原材料	1 180 000		实收资本		3 425 175
周转材料	271 750		盈余公积		78 270
库存商品	437 500		未分配利润		0
长期待摊费用	28 125				
长期股权投资	150 000				
固定资产	750 000				
累计折旧		225 000			
在建工程	900 000				
无形资产	500 000				
合计	5 223 325	325 480	合计		4 897 845

2016年发生的经济业务如下：

（1）购入原材料一批，货款为160 000元，增值税为27 200元，材料已验收入库。款项尚未支付。

（2）销售产品一批，销售价款为1 300 000元，增值税为221 000元，该产品成本为780 000元，产品已发出，货款尚未收到。

（3）用银行存款支付到期的商业承兑汇票10 000元。

（4）购入不需安装的设备一台，价款为80 000元，增值税为13 600元，支付包装费、运杂费1 000元（暂不考虑增值税），全部款项已签发转账支票支付。设备已交付使用。

（5）将上月购入的股票投资10 000元兑现，收到价款13 000元，存入银行。

（6）在建工程应负担的长期借款利息为50 000元，到期本息一次偿还。

（7）出售一台设备，原值为500 000元，已计提折旧150 000元，收到价款420 000元，价款已存入银行（暂不考虑增值税）。

（8）收到某公司支付前欠款520 000元，存入银行。

（9）计提应计入本期损益的借款利息共计12 900元，其中短期借款利息6 900元，长期借款利息6 000元。

（10）收到现金股利50 000元，存入银行（按成本法核算，被投资企业所得税税率与本企业相同）。

（11）用银行存款偿还长期借款本金500 000元。

（12）分配应支付的职工工资280 000元，其中，生产工人工资154 000元，车间管理人员工资14 000元，行政管理人员工资21 000元，在建工程应负担工资91 000元。

（13）按工资总额的14%提取福利费39 200元，其中生产工人福利费21 560元，车间管理人员福利费1 960元，行政管理人员福利费2 940元，在建工程应负担福利费12 740元。

（14）计提固定资产折旧56 250元，其中，生产车间固定资产折旧45 000元，行政管理部门固定资产折旧11 250元。

（15）用银行存款支付工资280 000元。

（16）归还短期借款本金120 000元，利息6 000元，已预提。

（17）基本生产车间领用原材料490 000元，车间管理人员领用低值易耗品30 000元（采用一次摊销法）。

（18）摊销无形资产25 000元，印花税4 250元，基本生产车间固定资产修理费20 000元（后两项已列入长期待摊费用）。

（19）用银行存款支付应付账款150 000元。

（20）计算并结转本期完工产品成本，期初期末均无在产品。

（21）用银行存款支付广告费、展览费40 000元（暂不考虑增值税）。

（22）企业持有的一张应收银行承兑汇票到期，票款150 000元已存入银行。

（23）用银行存款缴纳增值税61 000元。

（24）向银行借入长期借款300 000元。

（25）按应收账款余额的3‰计提坏账准备。

（26）结转本年利润。

（27）计提本期应纳企业所得税，税率为25%。

（28）分别按税后利润的10%和5%提取法定盈余公积和任意盈余公积。

（29）缴纳所得税12 000元。

（30）将利润分配各明细账户及本年利润账户的余额转入未分配利润明细账户。

3. 要求：

（1）根据以上经济业务编制会计分录。

（2）编制该公司2016年度的利润表。

（3）编制该公司2016年12月31日的资产负债表。

（4）编制该公司2016年度的现金流量表。

第十六章 财务报表分析

财务报表分析是以企业编制的财务报表及相关资料为基础，运用一定的方法和手段，对企业的财务状况、经营成果及现金流量情况进行系统分析和评价，以便更好地为决策者服务。财务报表分析的方法主要有比率分析法、比较分析法和因素分析法，这几种方法也可综合使用。本章主要采用比率分析法对企业的偿债能力、营运能力、盈利能力、现金流量分析进行介绍。一般来说，资产负债表中的数据之间的比率反映企业风险的大小；利润表的数据与资产负债表的数据的比率反映企业的盈利能力和管理效率；利润表数据之间的比率反映企业的盈利能力；现金流量表的数据与资产负债表或利润表的数据的比率，以现金流量为基础，是对企业的偿债能力或盈利能力的更进一步说明。

第一节　财务报表分析的意义和方法

一、财务报表分析的意义

财务报表分析是以企业的财务报表及相关资料为基础，运用一定的方法和手段，得出系统、科学的财务指标，分析企业的财务状况、经营成果、营运效率和发展潜力，从而为相关人员提供决策依据的一项财务活动。企业的财务报表虽然已完整、系统地反映了企业一定时期的财务状况、经营成果和现金流量情况，但这些信息毕竟是一般性的、表面性的，往往不能直接满足使用者决策的需要。要获得对决策有用的信息，必须对报表中的数据有重点地进行加工分析。财务报表分析的意义主要有以下几点：

（1）通过财务报表分析，可以评价企业的财务状况、经营成果和现金流量等情况，揭示企业经营管理中存在的问题和成功的经验，为企业经营决策和财务决策提供依据。

（2）通过财务报表分析，可以为特定报表使用者提供其决策所需的特定资料。企业的财务报表，是按照全体报表使用者的一般要求设计的。一般来说，报表的使用者不同，他们希望从报表中获得的财务信息也就不同。例如，投资者可能比较关心企业的盈利能力；债权人可能更关心企业的偿债能力；企业内部管理者比较关心企业各方面的信息；政府管理部门则关心企业的纳税情况、遵守相关法律法规的情况。通过财务报表分析，可以满足这些特定使用者的特定要求。

（3）通过财务报表分析，可以评价企业内部各部门和各单位的工作业绩，总结企业经营管理中的经验和教训，不断完善和提高企业的经营管理水平。

二、财务报表分析的方法

财务报表分析的方法主要有比率分析法、比较分析法和因素分析法。

1. 比率分析法

比率分析法是通过对同一时期财务报表中相关项目的金额进行对比，得出相应的财务比率，来分析企业财务情况的一种方法。它是一种很重要的财务分析方法。

2. 比较分析法

比较分析法是对两个或多个相关数据进行对比，揭示其差异的财务分析方法。比较分析法按不同的标准有以下不同的分类：

（1）按比较对象可分为趋势分析法、横向比较法和差异比较法。

1）趋势分析法，即将本企业不同时期的财务指标进行对比。

2）横向比较法，即将本企业的财务指标与同行业平均水平或竞争对手的相应指标进行比较。

3）差异比较法，即将本期实际指标与计划或预算指标进行比较。

（2）按比较的形式可分为绝对数比较法和结构百分比法。

1）绝对数比较法，即对会计要素的总金额进行比较。它既可以对企业不同时期相同项目的总金额进行比较，分析企业的发展趋势，也可以用于同行业的比较，分析企业在行业中所处的地位。

2）结构百分比法，即将财务报表中某一关键项目的金额作为100%，再计算出其余项目占该项目的比重，从而得出结构百分比报表，分析报表中各项目的相对地位以及与关键项目的关系。例如，在利润表中，可以将主营业务收入看作100%，再计算利润表中其他项目占主营业务收入的比重。

3. 因素分析法

因素分析法是用来分析各因素对某一综合指标影响程度大小的一种方法。它在成本控制中经常用到。假设某一经济指标 y 由相互联系的 a、b、c 三个因素组成，它们与该指标的关系为乘积关系：

$$\text{计划或标准指标 } y_0 = a_0 b_0 c_0$$

$$\text{实际指标 } y_n = a_n b_n c_n$$

测定各因素变动对指标 y 的影响程度时，计算如下：

$$\text{第一项替代 } y_1 = a_n b_0 c_0$$

$$\text{第二项替代 } y_2 = a_n b_n c_0$$

$$\text{第三项替代(实际指标)} y_n = a_n b_n c_n$$

a 因素变动的影响为 $y_1 - y_0$；b 因素变动的影响为 $y_2 - y_1$；c 因素变动的影响为 $y_n - y_2$；总影响为 $y_n - y_0$。

第二节 偿债能力分析

一、短期偿债能力分析

短期偿债能力是指企业偿还流动负债的能力。一般来说，企业的流动负债都要用流动资

产来偿还。流动资产与流动负债的关系，以及流动资产的变现能力，是影响企业短期偿债能力的主要因素。衡量企业短期偿债能力的指标主要有流动比率、速动比率和现金比率。

1. 流动比率

流动比率是流动资产与流动负债的比率。其计算公式为

$$流动比率=\frac{流动资产}{流动负债}$$

根据例15-2中A公司的资产负债表相关资料，可计算出A公司2016年年末的流动比率为

$$流动比率=\frac{5\ 340\ 140}{829\ 212.50}=6.44$$

该比率反映企业用流动资产偿还流动负债的能力。一般来说，流动比率越高，企业偿还流动负债的能力越强，流动负债的偿还就越有保障。但是，流动比率太高也不好。流动比率太高，说明企业的资金没有充分有效地利用，占有太多本来可以获得更多收益的资金；或者是存货、应收账款太多，说明企业产品可能销路不好，大量积压，收账工作也没有做好。通常情况下，流动比率维持在2左右是比较合理的。因为流动资产中变现能力最差的存货金额约占流动资产总额的一半，剩下的流动性较大的流动资产至少要与流动负债相等，流动负债的偿还才会有保障。但是，这并不是绝对的标准，流动比率的分析还要考虑企业所处的行业，行业不同，流动比率的标准也不同。

2. 速动比率

速动比率也叫酸性测试比率，是速动资产与流动负债的比率。企业的速动资产的定义目前尚有争议，一般是指从流动资产中扣除存货的部分。前面已经提到过，在企业的流动资产中，存货的变现能力最差，因此，把存货扣除，可以进一步反映企业的短期偿债能力。速动比率的计算公式为

$$速动比率=\frac{速动资产}{流动负债}=\frac{流动资产-存货}{流动负债}$$

根据例15-2中A公司的有关资料，计算出其速动比率为

$$速动比率=\frac{5\ 340\ 140-3\ 735\ 360}{829\ 212.50}=1.94$$

一般来说，速动比率维持在1左右是比较理想的。速动比率太高，可能是现金没有充分利用，或者是应收账款太多，收账工作没做好。速动比率太低，企业的短期债务风险较大，短期偿债能力得不到保障。

计算速动比率时，除了从流动资产中扣除存货外，还可以将预付账款等与当期现金流量无关的项目从流动资产中扣除。如保守速动比率，其计算公式为

$$保守速动比率=\frac{货币资金+以公允价值计量且其变动计入当期损益的金融资产+应收票据+应收账款净额}{流动负债}$$

将例15-2中A公司的有关数据代入：

$$保守速动比率=\frac{783\ 800+0+56\ 000+638\ 080}{829\ 212.50}=1.78$$

3. 现金比率

现金比率是现金类资产与流动负债的比率，这里的现金类资产是指广义的现金，包括现

金和现金等价物，即货币资金和短期投资。现金比率的计算公式如下：

$$现金比率=\frac{现金类资产}{流动负债}=\frac{现金+现金等价物}{流动负债}$$

$$=\frac{货币资金+以公允价值计量且其变动计入当期损益的金融资产}{流动负债}$$

将例 15-2 中 A 公司的相关数据代入：

$$现金比率=\frac{783\ 800+0}{829\ 212.50}=0.95$$

因为速动资产中的应收账款周转较慢，且存在出现坏账的可能，所以，剔除这部分后的现金比率比速动比率更可靠地反映了企业的短期偿债能力，它可以反映企业的直接偿债能力。一般情况下，速动比率越高，企业的直接偿债能力就越强。但是，现金比率太高，可能是企业保留有过多的现金资产，现金没有得到有效利用，企业将失去一些获利机会。一般认为，现金比率在 0.25 左右比较理想。此外，现金比率还存在一个问题，即企业为了使现金比率提高，可以期末借钱下期期初再还，这就给人为操纵现金比率提供了可能性。

二、长期偿债能力分析

长期偿债能力是指企业偿还长期债务的能力。在分析企业长期偿债能力时，还要考虑短期负债，因为企业总是长期持有短期负债，可以将其视为长期资本来源的一部分，如果企业短期负债的偿还出现问题，长期负债的偿还也势必会受到影响。衡量企业长期偿债能力的指标主要有资产负债率、产权比率、权益乘数、有形净值债务率和利息保障倍数。

1. 资产负债率

资产负债率是企业的负债总额与资产总额的比率。它反映了企业的总资产中债权人所提供的资金的比重，同时也可以看出债权人的债权受保障的程度。其计算公式为

$$资产负债率=\frac{负债总额}{资产总额}\times100\%=\frac{流动负债+非流动负债}{流动资产+非流动资产}\times100\%$$

$$=\frac{流动负债+非流动负债}{负债总额+所有者权益总额}\times100\%$$

将例 15-2 中 A 公司的相关数据代入：

$$资产负债率=\frac{2\ 391\ 212.50}{9\ 715\ 340}\times100\%=25\%$$

资产负债率是从资本结构的角度考察企业偿还长期债务的能力。对于企业的债权人来说，他们最关心的是借给企业的钱能否按时还本付息。资产负债率越高，说明企业的资金大部分是通过借款筹集来的，所有者提供的资金只占较小的比例，债权人承担的风险也就越大。所以债权人一般希望企业的资产负债率低一点，这样，他们的债权保障程度就高一些。

对于企业的所有者来说，他们关心的是投资收益率的大小。由于企业借来的钱和所有者投入的钱发挥着相同的作用，只要借款的利率低于投资报酬率，负债越大，所有者获得的收益就越大。此外，由于负债的杠杆作用，企业所有者可以通过举债经营，以较少的资金控制企业，从而提高其收益。

对企业的经营者来讲，资产负债率过高，企业所承担的财务风险就越大；资产负债率过低，则说明企业太保守，不能充分利用财务杠杆的作用。在国外，通常认为资产负债率在

0.5 左右比较合理；在国内，通常认为资产负债率在 0.5 ~ 0.7 较理想。

2. 产权比率

产权比率也叫负债与所有者权益比率，是负债总额与所有者权益总额的比率。其计算公式为

$$产权比率 = \frac{负债总额}{所有者权益总额}$$

将例 15-2 中 A 公司的有关数据代入：

$$产权比率 = \frac{2\ 391\ 212.50}{7\ 324\ 127.50} = 0.33$$

该比率反映了债权人投入的资本受所有者权益的保障程度。该比率越小，说明负债受所有者权益保障的程度越高。产权比率也反映出企业基本财务结构是否稳定。高的产权比率是高风险、高报酬的财务结构；低的产权比率是低风险、低报酬的财务结构。

3. 权益乘数

权益乘数是资产总额与所有者权益总额的比率。其计算公式为

$$权益乘数 = \frac{资产总额}{所有者权益总额} = \frac{资产总额}{资产总额 - 负债总额} = \frac{1}{1 - 资产负债率}$$

它表示企业所有者每投入 1 元钱可以控制的资产金额。权益乘数越大，说明总资产中所有者投入越少，负债所占比重越大。

将例 15-2 中 A 公司的相关数据代入：

$$权益乘数 = \frac{9\ 715\ 340}{7\ 324\ 127.50} = 1.33$$

4. 有形净值债务率

有形净值债务率是负债总额与有形净资产的比率。其计算公式为

$$有形净值债务率 = \frac{负债总额}{有形净资产} = \frac{负债总额}{所有者权益总额 - 无形资产}$$

有形净值债务率实际上是产权比率的延伸。因为在所有者权益中，无形资产不一定能用来还债，所以，将无形资产从所有者权益中扣除，能更谨慎、更可靠地反映出在企业清算时，债权人投入的资本受所有者权益保障的程度。

将例 15-2 中 A 公司的相关数据代入：

$$有形净值债务率 = \frac{2\ 391\ 212.50}{7\ 324\ 127.50 - 932\ 500} = 0.37$$

5. 利息保障倍数

利息保障倍数也叫已获利息倍数，是息税前利润与利息费用的比率。其计算公式为

$$利息保障倍数 = \frac{息税前利润}{利息费用} = \frac{税前利润 + 利息费用}{利息费用} = \frac{净利润 + 所得税 + 利息费用}{利息费用}$$

公式中分子的利息费用仅指计入财务费用的利息费用，而分母的利息费用是指本期发生的全部利息费用，包括计入财务费用的利息费用和计入固定资产的资本化利息。

例 15-2 中 A 公司 2016 年的税前利润为 403 450 元，计入财务费用的利息费用为51 800元，资本化利息为 180 000 元，利息保障倍数为

$$利息保障倍数 = \frac{403\ 450 + 51\ 800}{51\ 800 + 180\ 000} = 1.96$$

利息保障倍数反映的是企业支付债务利息的能力。利息保障倍数越大，企业支付债务利息的能力就越强。它是企业举债经营的前提依据，也是衡量企业长期偿债能力大小的重要标志。一般来说，利息保障倍数大于3是比较理想的，最低不能低于1。

第三节 营运能力分析

营运能力分析主要通过计算企业资产的周转情况来衡量企业资产经营管理效率。因为资产的周转情况和企业的变现能力是紧密相连的，进而影响着企业的偿债能力和盈利能力。反映营运能力的指标主要有存货周转率、应收账款周转率、总资产周转率、流动资产周转率等。

一、存货周转率

存货周转率是企业一定时期内销售成本与平均存货余额的比率。它可以反映企业的存货变现能力和销货能力。其计算公式如下：

$$存货周转率=\frac{年销售成本}{存货平均余额}=\frac{年销售成本}{(期初存货+期末存货)/2}$$

将例15-2中A公司的有关数据代入：

$$存货周转率=\frac{915\ 000}{(3\ 778\ 500+3\ 735\ 360)/2}=0.24$$

在一般情况下，存货周转率越低，说明企业销售能力越低，产品大量积压，占用资金多，管理不力。存货周转率越高，说明企业销售工作做得好，存货管理得好，经营占用资金少。但是，如果存货周转率过高，则说明企业可能缺乏资金，无法保持足够的存货，经常缺货，这会影响企业的正常生产经营；也可能是企业采购批量太小，次数过于频繁，这会使企业丧失可能获得的批量折扣，增加了采购成本。

存货的周转情况用时间来表示，就是存货周转天数。其计算公式为

$$存货周转天数=\frac{360}{存货周转率}=\frac{360}{销售成本/平均存货}=\frac{360\times 平均存货}{销售成本}$$

例15-2中A公司的存货周转天数为

$$存货周转天数=\frac{360}{0.24}=1\ 500(天)$$

二、应收账款周转率

应收账款周转率是企业一定时期内的赊销净额与应收账款平均净余额的比率。它反映了应收账款的变现能力。其计算公式为

$$应收账款周转率=\frac{赊销净额}{应收账款平均净余额}=\frac{销售收入-现销收入-销售折扣-销售折让-销售退回}{(期初应收账款净额+期末应收账款净额)/2}$$

公式中，赊销净额是指扣除现销收入、销售折扣、折让、退回后的销售收入。

同理，应收账款周转情况也可以用应收账款周转天数来反映：

$$应收账款周转天数=\frac{360}{应收账款周转率}=\frac{360\times 应收账款平均净余额}{赊销净额}$$

由于赊销净额这项数据从财务报表中很难得到，因此常用销售收入净额来代替，这实际上是把现销收入看作收账时间为零的赊销。

将例 15-2 中 A 公司的有关数据代入：

$$应收账款周转率=\frac{1\ 525\ 000}{(319\ 040+638\ 080)/2}=3.19$$

$$应收账款周转天数=\frac{360}{3.19}=112.85(天)$$

一般来说，应收账款周转率越高，说明企业应收账款变现速度越快，短期偿债能力越强，相应的坏账损失也就越小。应收账款周转率过高，可能是企业采用了较高的现金折扣，这会使企业的实际成本增加；或者是企业使用了苛刻的信用条件，这会影响企业以后销售量的扩大。

三、总资产周转率

总资产周转率是销售收入净额与平均资产总额的比率。其计算公式为

$$总资产周转率=\frac{销售收入净额}{平均资产总额}=\frac{销售收入净额}{(期初资产总额+期末资产总额)/2}$$

将例 15-2 中 A 公司的相关数据代入：

$$总资产周转率=\frac{1\ 525\ 000}{(9\ 795\ 340+9\ 715\ 340)/2}=0.16$$

总资产周转率越大，说明企业总资产的利用效率越高，销售能力也就越强，这将直接影响企业的获利能力。

四、流动资产周转率

流动资产周转率是销售收入净额与流动资产平均余额的比率。其计算公式为

$$流动资产周转率=\frac{销售收入净额}{流动资产平均余额}=\frac{销售收入净额}{(期初流动资产+期末流动资产)/2}$$

将例 15-2 中 A 公司的相关数据代入：

$$流动资产周转率=\frac{1\ 525\ 000}{(5\ 589\ 090+5\ 340\ 140)/2}=0.28$$

流动资产周转率越大，流动资产的利用效率就越高，可以节约流动资金。

第四节　盈利能力分析

盈利能力是指企业赚取利润的能力，它是企业生存与发展的动力。不论是企业的所有者、债权人、管理者，还是企业的员工，都很关心企业的盈利能力。评价企业盈利能力的指标主要有销售毛利率、销售净利率、资产报酬率、所有者权益报酬率、资本保值增值率、每股收益、市盈率等。

一、销售毛利率

销售毛利率是销售毛利与销售收入净额的比率。其计算公式为

$$销售毛利率=\frac{销售毛利}{销售收入净额}\times100\%=\frac{销售收入净额-销售成本}{销售收入净额}\times100\%$$

将例 15-2 中 A 公司的相关数据代入：

$$销售毛利率=\frac{1\ 525\ 000-915\ 000}{1\ 525\ 000}\times100\%=40\%$$

销售毛利率是销售净利率的基础，没有足够多的毛利率便不能盈利。销售毛利率越高，说明企业销售成本在销售收入净额中所占的比例越小，在期间费用和其他业务利润一定的情况下，营业利润就越高。销售毛利率还与企业的竞争力和企业所处的行业有关。

二、销售净利率

销售净利率是净利润与销售收入净额的比率。其计算公式为

$$销售净利率=\frac{净利润}{销售收入净额}\times100\%$$

将例 15-2 中 A 公司的相关数据代入：

$$销售净利率=\frac{317\ 587.50}{1\ 525\ 000}\times100\%=21\%$$

销售净利率反映企业每销售 1 元钱所获得的净利润。销售净利率越高，说明企业通过销售获取利润的能力越强。有些时候，通过对销售净利率和销售毛利率的比较，还可以看出企业生产部门和销售管理部门的工作情况。如果企业销售毛利率很高，而销售净利率很低，则说明企业生产部门的工作做得较好，销售部门和管理部门的工作做得不好。

三、资产报酬率

资产报酬率也叫资产净利率或投资报酬率，是净利润与平均资产总额的比率。其计算公式为

$$资产报酬率=\frac{净利润}{平均资产总额}\times100\%=\frac{净利润}{(期初资产总额+期末资产总额)/2}\times100\%$$

将例 15-2 中 A 公司的相关数据代入：

$$资产报酬率=\frac{317\ 587.50}{(9\ 795\ 340+9\ 715\ 340)/2}\times100\%=3.26\%$$

资产报酬率反映了企业运用资产获取利润的能力，有时资产报酬率也可以用以下公式计算：

$$资产报酬率=\frac{息税前利润}{平均资产总额}\times100\%=\frac{税前利润+利息费用}{平均资产总额}\times100\%$$

四、所有者权益报酬率

所有者权益报酬率也叫净资产收益率，是净利润与平均所有者权益的比率。其计算公式为

$$所有者权益报酬率=\frac{净利润}{平均所有者权益}\times100\%=\frac{净利润}{(期初所有者权益+期末所有者权益)/2}\times100\%$$

将例 15-2 中 A 公司的相关数据代入：

$$所有者权益报酬率=\frac{317\ 587.50}{(7\ 006\ 540+7\ 324\ 127.50)/2}\times100\%=4.43\%$$

所有者权益报酬率是一个综合性很强的指标，它反映了所有者每投资 1 元钱可以获得的利润。该指标越大，说明所有者投入资本的获利能力越强。

五、资本保值增值率

资本保值增值率是期末所有者权益与期初所有者权益的比率。其计算公式为

$$资本保值增值率=\frac{期末所有者权益}{期初所有者权益}$$

将例 15-2 中 A 公司的相关数据代入：

$$资本保值增值率=\frac{7\ 324\ 127.50}{7\ 006\ 540}=1.05$$

资本保值增值率反映了所有者投入企业的资本的保值增值情况。一般来说，如果该比率大于 1，则说明所有者权益增加，企业的增值能力较强。

六、每股收益

每股收益也叫每股盈余或每股利润，是净利润扣除优先股股利后的余额，除以发行在外的普通股平均股数。其计算公式为

$$每股收益=\frac{净利润-优先股股利}{发行在外的普通股平均股数}$$

假设例 15-2 中 A 公司没有发行优先股，发行在外的普通股平均股数为 1 000 000 股，则 A 公司的每股收益为：

$$每股收益=\frac{317\ 587.50}{1\ 000\ 000}=0.32(元/股)$$

每股收益是评价上市公司盈利能力最重要的财务指标之一。它反映了股份公司的获利能力。每股收益越高，股份公司的获利能力就越强。它也在很大程度上影响着股票的价格和股利支付能力。

七、市盈率

市盈率是普通股每股市价与每股收益的比值。其计算公式为

$$市盈率=\frac{每股市价}{每股收益}$$

假设例 15-2 中 A 公司的每股市价为 5 元，则 A 公司的股票市盈率为

$$市盈率=\frac{5}{0.32}=15.63(倍)$$

市盈率是投资者投资决策的重要参考依据。它反映了投资者对每 1 元钱净利润所愿意支付的价格。市盈率高，说明投资者对该公司的前景看好，公司的成长性较好，投资者愿意出较高的价格购买该公司的股票。但是，如果市盈率过高，则说明投资风险较大，投资回收期较长。一般来说，对于一些成长性好的高科技公司，其股票市盈率应高一些，对于传统公司，其股票市盈率应低一些。总之，市盈率过高和过低都不好，正常的市盈率应为 5 ~ 20 倍。

第五节 综合分析

要对企业的财务状况、经营成果等方面的情况进行全面分析和评价，单独运用任何一类指标都是不够的，必须将偿债能力、营运能力、盈利能力综合起来，进行全面、系统的分析，才能对企业的整体财务状况做出客观、合理的评价。综合分析的方法主要有财务比率综合评分法和杜邦体系分析法。本节主要介绍杜邦体系分析法。

杜邦体系分析法是由美国杜邦公司的经理首先创造的，又称为杜邦系统（Do Pont System）。它把不同财务比率结合起来，对企业的财务情况进行综合分析和评价。通过杜邦体系分析法可以揭示指标变动的原因和变动的趋势，为采取措施指明方向。下面仍以例 15-2 为例，图 16-1 所示即为 A 公司的杜邦体系分析图。

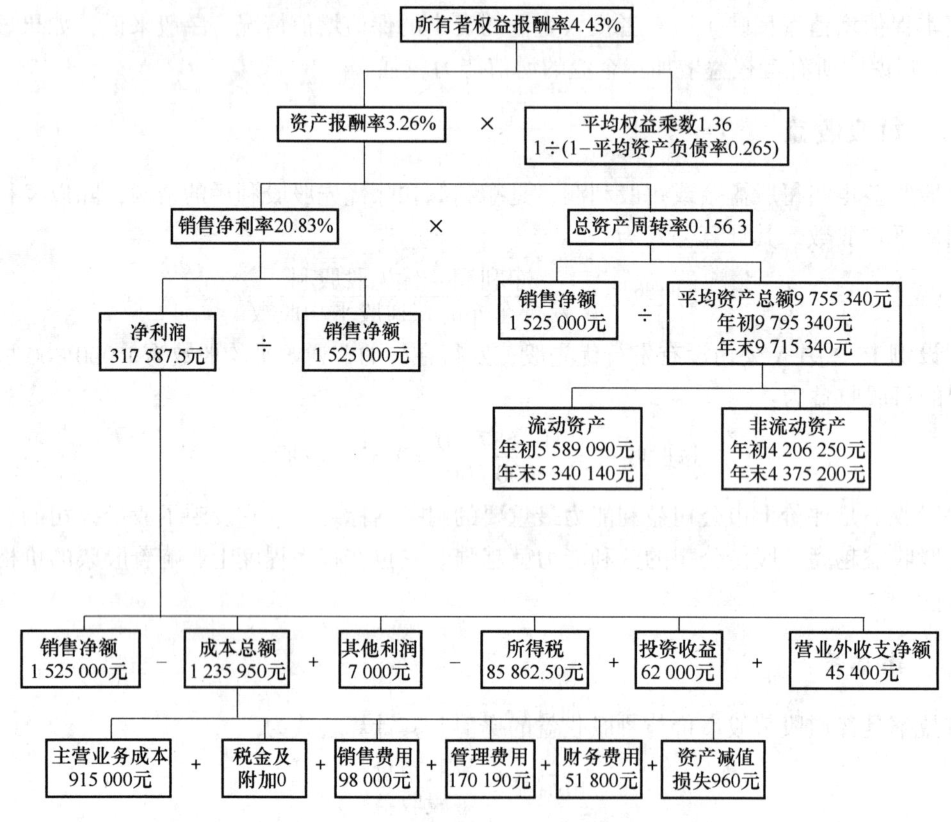

图 16-1 A 公司的杜邦体系分析图

上一节提到过所有者权益报酬率是一个具有很强综合性的指标。杜邦体系分析法正是以所有者权益报酬率为起点，利用财务比率间的相互关系，对指标进行逐层分解，这样不但可以发现问题产生的原因，还可以更清楚、更全面地反映企业的财务情况。它利用了下面的财务比率关系：

（1）所有者权益报酬率 = 资产报酬率 × 平均权益乘数。

需要特别指出的是，这里用的是平均权益乘数，它是平均资产总额与平均所有者权益的

比值。即

$$平均权益乘数=\frac{平均资产总额}{平均所有者权益}=\frac{(期初资产总额+期末资产总额)/2}{(期初所有者权益+期末所有者权益)/2}$$

$$A公司的平均权益乘数=\frac{(9\ 795\ 340+9\ 715\ 340)/2}{(7\ 006\ 540+7\ 324\ 127.50)/2}=1.36$$

平均权益乘数还可根据平均资产负债率来计算：

$$\begin{aligned}平均权益乘数&=1\div(1-平均资产负债率)\\&=1\div\left[1-\frac{(期初负债总额+期末负债总额)/2}{(期初资产总额+期末资产总额)/2}\right]\\&=1\div\left[1-\frac{(2\ 788\ 800+2\ 391\ 212.50)/2}{(9\ 795\ 340+9\ 715\ 340)/2}\right]\\&=1\div[1-0.265]=1.36\end{aligned}$$

因为

$$所有者权益报酬率=\frac{净利润}{平均所有者权益}$$

所以

$$\frac{净利润}{平均所有者权益}=\frac{净利润}{平均资产总额}\times\frac{平均资产总额}{平均所有者权益}$$

即

$$所有者权益报酬率=资产报酬率\times平均权益乘数$$

（2）资产报酬率 = 销售净利率 × 总资产周转率。

因为

$$资产报酬率=\frac{净利润}{平均资产总额}$$

$$销售净利率=\frac{净利润}{销售收入净额}$$

$$总资产周转率=\frac{销售收入净额}{平均资产总额}$$

所以

$$\frac{净利润}{平均资产总额}=\frac{净利润}{销售收入净额}\times\frac{销售收入净额}{平均资产总额}$$

即

$$资产报酬率=销售净利率\times总资产周转率$$

所以所有者权益报酬率可表示为

$$所有者权益报酬率=销售净利率\times总资产周转率\times平均权益乘数$$

从以上公式可以看出，影响所有者权益报酬率的因素主要有销售净利率、总资产周转率和平均权益乘数。再对这三个比率分别进行分解：

（1）销售净利率是净利润与销售收入净额的比率。它的大小取决于销售收入和成本费用的多少，要提高销售净利率就要想办法增加销售，节约成本。

（2）总资产周转率是销售收入净额与平均资产总额的比率。它反映了企业运用资产产生销售收入的能力。它的大小与企业的销售收入、各种资产的营运能力、资产结构等因素有关，应分别对这些方面进行进一步分析，找出影响总资产周转率变化的主要原因。

（3）平均权益乘数是平均资产总额与平均所有者权益的比值。它与企业的资本结构有很大的关系，企业的平均负债比重越大，平均权益乘数就越高。

通过杜邦体系分析法可以全面地了解影响指标变动的各种因素，便于分析企业存在的问题，从而对症下药。它不仅可以对企业不同时期的财务指标进行分析，找出变化的原因，还可以通过与本行业的平均指标或同类企业的相关指标对比，找出差异原因。

第六节　现金流量分析

一、现金流量分析及其意义

现金流量分析是以现金流量表中的数据为基础，结合资产负债表和利润表对企业的财务情况进行的分析和研究。

前面介绍的财务分析都是以资产负债表和利润表为基础，由于配比原则存在的主观估计成分，使得利用这两张报表得出的分析结果具有一定的局限性。例如，在流动比率中，应收账款、存货等流动资产的变现价值往往与其账面价值不相等，且流动资产与流动负债的到期日也不一定相同，这在一定程度上影响了该指标的判断效果。虽然利润可以在一定程度上说明企业具有一定的偿债能力，但是有利润并不一定就有正的现金流量。在某些情况下，企业虽然有净利润，但如果应收账款数额大，资金困难，仍然不能偿还到期债务。

现金流量分析可以在一定程度上克服利用资产负债表和利润表分析的局限性，更具客观性。

现金流量分析主要有结构分析和比率分析。现金流量的结构分析就是对现金流量表中经营活动、筹资活动、投资活动的现金流入流出结构，以及与企业总的现金流量的关系进行比较分析。现金流量的比率分析主要是将经营活动的现金流量与资产负债表、利润表的相关项目进行分析比较，更客观、更可靠地评价企业的偿债能力和盈利能力，以弥补仅利用资产负债表和利润表评价的局限性。本章主要介绍现金流量的比率分析。

二、现金流量的比率分析

1. 现金流动负债比

现金流动负债比是经营活动现金净流量与流动负债的比率。它是衡量企业短期偿债能力的一个重要指标。该比率越高，企业的短期偿债能力就越强。其计算公式为

$$现金流动负债比=\frac{经营活动现金净流量}{流动负债}$$

将例15-2中A公司的相关数据代入：

$$现金流动负债比=\frac{536\ 350}{829\ 212.50}=0.65$$

2. 现金债务总额比

现金债务总额比是经营活动现金净流量与负债总额的比率。它反映了企业偿还全部债务的能力。其计算公式为

$$现金债务总额比=\frac{经营活动现金净流量}{负债总额}$$

将例15-2中A公司的相关数据代入：

$$现金债务总额比=\frac{536\ 350}{2\ 391\ 212.50}=0.22$$

因为真正用于偿还债务的是现金流量，所以该比率能比较可靠地从整体上反映企业的偿债能力。该比率越高，企业的偿债能力越强。

3. 销售现金比率

销售现金比率是企业经营活动现金净流量与销售收入净额的比率。它反映了企业每销售1元钱产品得到的净现金。其计算公式为

$$销售现金比率=\frac{经营活动现金净流量}{销售收入净额}$$

将例15-2中A公司的相关数据代入：

$$销售现金比率=\frac{536\ 350}{1\ 525\ 000}=0.35$$

4. 现金净利润比率

现金净利润比率是企业经营活动现金净流量与净利润的比率。该比率越高，说明企业获取现金利润的能力越强。

$$现金净利润比率=\frac{经营活动现金净流量}{净利润}$$

将例15-2中A公司的相关数据代入：

$$现金净利润比率=\frac{536\ 350}{317\ 587.50}=1.69$$

5. 全部资产现金回收率

全部资产现金回收率是经营活动现金净流量与资产总额的比率。它反映了企业运用资产创造现金的能力，在一定程度上弥补了资产报酬率的不足。其计算公式为

$$全部资产现金回收率=\frac{经营活动现金净流量}{资产总额}$$

将例15-2中A公司的相关数据代入：

$$全部资产现金回收率=\frac{536\ 350}{9\ 715\ 340}=0.06$$

6. 现金股利保障倍数

现金股利保障倍数是经营活动现金净流量与支付的现金股利的比率。该比率越高，企业支付现金股利的能力就越强。

$$现金股利保障倍数=\frac{经营活动现金净流量}{支付的现金股利}$$

假设例15-2中A公司本年发放现金股利100 000元，则

$$现金股利保障倍数=\frac{536\ 350}{100\ 000}=5.36$$

7. 现金利息保障倍数

现金利息保障倍数是息税前经营活动现金净流量与付现利息费用的比率。它反映了企业用经营活动现金流量支付利息的能力，剔除了资产减值准备等非现金项目，在一定程度上弥补了利息保障倍数指标的不足。其计算公式为

$$现金利息保障倍数=\frac{经营活动现金净流量+付现所得税+付现利息费用}{付现利息费用}$$

例15-2中A公司本期支付的所得税为36 500元，支付的利息费用为15 000元，则

$$现金利息保障倍数=\frac{536\ 350+36\ 500+15\ 000}{15\ 000}=39.19$$

进一步学习指南

财务报表分析是会计学或财务管理专业的一门专业课程，本章仅介绍了一些基本分析指标的计算方法。要实际分析一个企业的基本财务状况，仅仅计算其财务指标是不够的，这些指标还要与企业以往历史数据进行比较，与同行业的其他企业进行比较，才能形成对被分析企业的比较完整的评价。需要进一步了解财务分析方法的学生，可以进一步学习有关财务报表分析、上市公司财务分析的书籍，同时找一些上市公司的财务报表进行实际的案例分析，特别是对一些已出现问题的上市公司的财务报表进行深入分析，可以起到理论与实践相结合的效果。

思　考　题

1. 财务报表分析的方法主要有哪些？
2. 评价企业偿债能力的指标有哪些？
3. 流动比率、速动比率和现金比率有什么区别？
4. 评价企业营运能力的指标有哪些？
5. 评价企业盈利能力的指标有哪些？
6. 什么是杜邦体系分析法？
7. 现金流量分析的指标有哪些？

练　习　题

习题一

1. 目的：练习财务比率的计算。

2. 资料：某企业2016年12月31日的资产负债表如表16-1所示。

表16-1　资产负债表　　单位：万元

资　　产	年初余额	期末余额	负债和所有者权益	年初余额	期末余额
流动资产：			流动负债：		
货币资金	90	92	短期借款	50	65
应收账款	120	150	应付账款	160	150
存货	160	170	流动负债合计	210	215
预付款项	30	35	长期借款	290	372
流动资产合计	400	447	负债合计	500	587
固定资产净值	800	860	所有者权益合计	700	720
合　　计	1 200	1 307	合　　计	1 200	1 307

该公司本年销售收入为1 000万元，销售成本为650万元。2016年净利润为120万元，所得税税率为25%，利息费用为50万元。

3. 要求：根据以上资料计算该公司下列指标：

(1) 流动比率、速动比率、现金比率、资产负债率、利息保障倍数。

（2）存货周转率、应收账款周转率、流动资产周转率、总资产周转率。

（3）销售净利率、资产报酬率、所有者权益报酬率。

习题二

1. 目的：练习财务比率的计算。

2. 资料：某企业 2016 年 12 月 31 日资产负债表如表 16-2 所示。

表 16-2　资产负债表

编制单位：某企业　　　　　　　　　　　　　　　　　　　　　　　　　　单位：万元

资　　产	期末余额	负债和所有者权益	期末余额
货币资金		短期借款	
应收账款	170	应付账款	100
存货		长期借款	
预付款项		实收资本	
固定资产	800	未分配利润	100
合　　计		合　　计	1 200

该企业本年销售收入为 1 200 万元，销售毛利率为 0.25，期末存货周转率为 6，权益乘数为 1.5，流动比率为 2。

3. 要求：

（1）将以上资产负债表补全。

（2）计算速动比率、资产负债率、期末应收账款周转率。

习题三

1. 目的：练习现金流量的比率分析。

2. 资料：第十五章习题三。

3. 要求：计算现金流动负债比、销售现金比率、现金净利润比率、全部资产现金回收率、现金利息保障倍数。

参考文献

[1] 陈信元．会计学［M］．4 版．上海：上海财经大学出版社，2013.

[2] 中华人民共和国财政部．企业会计准则［M］．北京：经济科学出版社，2006.

[3] 魏明海，龚凯颂．会计理论［M］．4 版．大连：东北财经大学出版社，2014.

[4] 财政部会计资格评价中心．中级会计实务［M］．北京：经济科学出版社，2016.

[5] 陆正飞，黄慧馨，李琦．会计学［M］．3 版．北京：北京大学出版社，2016.

[6] 崔智敏，陈爱玲．会计学基础［M］．5 版．北京：中国人民大学出版社，2016.

[7] 魏素艳，孙利沿．新编会计学［M］．4 版．北京：清华大学出版社，2016.

[8] 企业会计准则编审委员会．企业会计准则——应用指南（2015 年版）［M］．上海：立信会计出版社，2015.

[9] 于晓镭，徐兴恩．新企业会计准则实务指南与讲解（修订版）［M］．北京：机械工业出版社，2007.